疯狂创新者

埃隆·马斯克、彼得·蒂尔
与硅谷冒险家的故事

[美] 吉米·索尼
（Jimmy Soni）◎著

万　锋◎译

FOUNDERS

THE STORY OF PAYPAL AND THE ENTREPRENEURS
WHO SHAPED SILICON VALLEY

中信出版集团 | 北京

图书在版编目（CIP）数据

疯狂创新者 /（美）吉米·索尼著；万锋译 . -- 北京：中信出版社，2023.11
书名原文：THE FOUNDERS：THE STORY OF PAYPAL AND THE ENTREPRENEURS WHO SHAPED SILICON VALLEY
ISBN 978-7-5217-6004-0

Ⅰ.①疯… Ⅱ.①吉…②万… Ⅲ.①金融公司－企业管理－经验－美国 Ⅳ.① F837.123

中国国家版本馆 CIP 数据核字（2023）第 194163 号

THE FOUNDERS: THE STORY OF PAYPAL AND THE ENTREPRENEURS WHO SHAPED SILICON VALLEY
by Jimmy Soni
Copyright © 2022 by Jimmy Soni
All rights reserved.
This edition is arranged with CAROL MANN AGENCY
Through BIG APPLE AGENCY, INC., LABUAN, MALAYSIA.
Simplified Chinese translation copyright © 2023 by CITIC Press Corporation
ALL RIGHTS RESERVED
本书仅限中国大陆地区发行销售

疯狂创新者
著者：　　［美］吉米·索尼
译者：　　万锋
出版发行：中信出版集团股份有限公司
（北京市朝阳区东三环北路 27 号嘉铭中心　邮编　100020）
承印者：　三河市中晟雅豪印务有限公司

开本：787mm×1092mm 1/16　　印张：30.25　　字数：404 千字
版次：2023 年 11 月第 1 版　　　　印次：2023 年 11 月第 1 次印刷
京权图字：01-2023-4689　　　　　 书号：ISBN 978-7-5217-6004-0
定价：90.00 元

版权所有·侵权必究
如有印刷、装订问题，本公司负责调换。
服务热线：400-600-8099
投稿邮箱：author@citicpub.com

献给
我的女儿威尼斯
她在本项目刚开始时到来

也献给
已故的编辑爱丽丝
她在项目刚完成时离开了我们

目 录

i 前言

第一部分
硅谷防御

002 **第一章**
基石

019 **第二章**
卖点

033 **第三章**
正确的问题

047 **第四章**
"我在乎的是赢"

063 **第五章**
转账者

083 **第六章**
败局已定

103 **第七章**
有钱能使鬼推磨

第二部分
坏主教

120　**第八章**
如果你建起来

142　**第九章**
部件战争

156　**第十章**
崩溃

170　**第十一章**
酒吧政变

190　**第十二章**
循规蹈矩

212　**第十三章**
剑

230　**第十四章**
雄心的代价

第三部分
双车

246　**第十五章**
伊戈尔

265　**第十六章**
使用强力

277 **第十七章**
犯罪进行中

290 **第十八章**
游击队

307 **第十九章**
征服世界

321 **第二十章**
措手不及

337 **第二十一章**
不法之徒

355 **第二十二章**
我只得到一件 T 恤

374 **结局**
地板

394 **后记**

404 **致谢**

410 **关于信息来源和方法的说明**

413 **注释**

必须记住，再没有比着手率先采取新制度更困难的了，再没有比此事的成败更加不确定，执行起来更加危险的了。这是因为革新者使所有在旧制度之下顺利的人成为敌人，而使那些在新制度之下可能顺利的人成为三心二意的拥护者。这种三心二意之所以产生，部分原因是这些人对他们的对手心怀恐惧，因为他们的对手拥有有利于自身的法律；部分原因是人类不轻易信任的心理——新的事物在没有取得牢靠的经验之前，他们是不会确实相信的。

——尼科洛·马基雅维利，《君主论》

那些已经学会行走在未知世界起点的人，利用人们常说的精密科学，凭借想象的美丽的白色翅膀，有望进一步翱翔在我们生活的未知领域。

——阿达·洛夫莱斯

前言

"该死,你这是要让我在阁楼好一通翻找。"埃隆·马斯克说。

我们正坐在他家客厅里,但这个比喻还是很贴切的。马斯克正要告诉我贝宝的故事。

我们于 2019 年 1 月见面,此时距离他联合创办贝宝公司已经过去了大约 20 年,贝宝也许已成为他创业路上最遥远的回忆。前一天,他刚刚宣布特斯拉汽车的大规模裁员计划,那是他自 2003 年以来一直掌管的电动汽车公司;在那一周前,他刚裁掉太空探索技术公司 1/10 的员工,那是他在 2002 年创立的航空航天制造和运输公司。面对眼前的局面,我不清楚马斯克愿意花多少时间回顾过去,也准备好他会翻出几点来老调重弹,然后打发我出门。

但当说起互联网的发展和贝宝的诞生时,他一发不可收。他谈到在一家加拿大银行的第一次实习,成立第一家初创企业,接着是第二家,以及作为首席执行官被赶下台的感受。

当天傍晚时分,也就是近 3 个小时后,我提议先停一下。本来我们只安排了一小时的见面,虽然马斯克不吝付出时间,但我不想耗尽对方的热情。不过，就在起身送我出门时，他又开始讲述另一段贝宝的往事。47 岁的马斯克说起话来激情澎湃，像是一个更为年长的人受邀回顾自己的光辉岁月："没想到已经 20 年了！"

难以想象的不光是已经过去多少年，还有贝宝团队成员在此期间取得的成就。如果你在过去 20 年中使用过互联网，你就一定接触过和贝宝创办者有关的产品、服务或网站。当今，包括视频网站优兔、点评网站 Yelp、特斯拉、太空探索技术公司、领英、大数据分析公司 Palantir 等多家领军企业的创始人都是贝宝早期的员工，其他人则在谷歌、脸书和硅谷的大牌风险投资公司担任高级职务。

过去 20 年中，贝宝团队成员在台前幕后，创立企业、为企业投资或为硅谷几乎所有重要企业提供咨询。作为团队，他们组成史上最强大和成功的关系网之一，其能量和影响被"PayPal 黑帮"这一充满争议的称谓诠释。多名亿万富翁和许多千万富翁都出自贝宝团队。该团队净资产总和超过了新西兰的国内生产总值。

但如果只看到他们的财富和在科技领域的影响力，就忽略了贝宝团队更为广泛的影响：贝宝团队成员成立了改变世界的非营利小额贷款组织，制作获奖影片，写作畅销书，并且从州议会厅到白宫，为各级官员提供建议。他们的行动远未结束。如今，贝宝团队成员的使命包括整理世界族谱，修复 30 亿英亩[①]的森林生态系统，以及发起"改变爱"运动等，每一次行动都用到了他们在贝宝积累的经验。

他们还处于当今最大的社会、文化和政治争论中心，激烈辩论的话题包括言论自由、金融监管、技术隐私、收入不均、数字货币效力和硅谷歧视现象。对仰慕者而言，贝宝创始者是值得效仿的对象；对批评者来说，贝宝团队体现了大型科技公司的弊端，将前所未有的巨大权力交到一小帮技术乌托邦自由论者的手里。要找到关于贝宝创始

---

① 1 英亩 ≈ 4 046.86 平方米。——编者注

人的温和观点确实很难，他们不是英雄就是枭雄，就看是谁做出的判断。

* * *

尽管如此，贝宝时代往往被一笔带过。人们如果提起早年经历，一般会用一段客套话，说贝宝使他们之后更辉煌的成就成为可能。贝宝团队后来的成功遐迩闻名，他们的争议也引人注目，这使创立贝宝的往事黯然失色。毕竟，相较于支付服务，太空旅行是更好的创作素材。

但这在我看来很奇怪。这些人仿佛在同一个小镇长大，但没人愿意了解他们的具体情况。而且让人遗憾的是，跳过贝宝的创立就忽略了这些创始人最有趣的一面，错过了他们早期职业生涯中至关重要的经历，而这段经历决定了之后发生的很多事。

我开始四处搜寻，询问创立贝宝的情况，逐渐发现这个故事有多少部分曾被忽略，其中有多少中心人物在讲述中缺席。我的访谈对象中，有不止一位此前从未被详细问起其在贝宝的生涯。而他们的故事就像那些家喻户晓的人物那样丰富多彩、发人深省。

正是在大量工程师、交互设计师、网络架构师、产品专员、反诈斗士和支持人员的回忆中，贝宝的故事才变得栩栩如生。正如一位前雇员所说："这里有彼得·蒂尔、麦克斯·拉夫琴和里德·霍夫曼那样的大人物，但我刚进公司时，人们都把数据库管理员奉为神明。"

从1998年到2002年，有数百人曾在贝宝工作过，他们有的为人所知，有的默默无闻，但都将这段经历视为分水岭。它影响了他们面对领导工作、战略和技术的态度。多名贝宝团队成员表示，他们在之后的职业生涯中，一直在寻找拥有同等投入程度、才智水平和主动性的团队。"贝宝确实有与众不同的地方，我想我们当时可能都没有意识到,"产品团队的一名成员说,"而现在,每当加入团队,我就会寻找早期在贝宝那里发现的魔力。它很少见,但我一直在找。"

一名员工评价贝宝的蝴蝶效应,认为它不仅包括马斯克、拉夫琴和霍夫曼等人取得的成就(他们的创造影响了无数人),还包括创造贝宝时在场的数百人的人生。他说:"它……定义了我和我的人生,也许还会定义我的一生。"

了解贝宝时代有助于我们了解科技史上的一段非凡时期,以及创造它的杰出人物。随着了解的深入,我愈加确信,这间"阁楼"值得好好翻找。

* * *

贝宝的创立是互联网时代一起了不起的偶然事件。20年后,在我们生活和购物的时代,"电子商务"中的"电子"都变得多余了,贝宝这样的服务很容易被视为理所当然。当点击几下就能叫车到门口,通过网络汇款就显得没什么开创性了。但是,如果认为电子资金转账背后的技术容易实现,或者贝宝注定会成功,那就错了。

我们今天所知的贝宝是两家公司融合的结果。其中一家最初名为 Fieldlink,后来更名为 Confinity,由当时还是无名之辈的麦克斯·拉夫琴和彼得·蒂尔于1998年创立。在寻找自我定位的过程中,Confinity 建立了一个框架,将金钱与电子邮件联系起来,这项俗称"贝宝"的服务在拍卖网站易贝(eBay)上受到用户的热捧。

但 Confinity 并不是唯一一家从事数字支付的公司。刚卖掉自己的第一家初创公司,埃隆·马斯克就创立了 X.com,这也是一家帮助用户用电子邮件转账的公司。不过,这与他最初的雄心壮志相去甚远。马斯克坚信,人们需要颠覆金融服务,而 X.com 将是实现这一目标的平台。他将新的初创公司定位为一家以单个字母命名的金融网站,提供所有可用的金融产品或服务。但一系列战略转变使 X.com 瞄准了与 Confinity 相同的在线支付市场,将数字支付作为进军更多金融服务领域的门户。

为争夺易贝的市场份额,Confinity 和 X.com 展开了激烈竞争,这场竞争激起两家公司团队的愤怒,并以不稳定的合并告终。在接下来的几年里,公司的生存是一个悬而未决的问题。被起诉、欺诈、抄袭、嘲笑——从一开始,贝宝就是一家遭到围攻的初创企业。它的创始人打交道的对象,包括坐拥数十亿美元的金融公司、挑剔的媒体、多疑的公众、充满敌意的监管机构,甚至外国诈骗犯。在短短 4 年内,公司挺过了互联网泡沫的破灭、州检察长的调查,以及自己的一位投资者推出的山寨产品的威胁。

贝宝也面临激烈的市场竞争。在贝宝的发展关键期,有十几家新公司进入支付领域。与此同时,它还在阻挡其他对手进入该领域,包括维萨和万事达等老牌信用卡协会,以及数十亿美元规模的银行。此外,由于贝宝成为易贝的主要支付平台,它也成了易贝高管的眼中钉,他们认为贝宝是窃取易贝应得服务费的入侵者。易贝收购并推出了自己的支付平台,以取代贝宝,成为贝宝早期的竞争对手。

* * *

也许是意料中的,外部的惊涛骇浪并没有给公司内部带来平静。"称我们为帮派是对帮派的侮辱,"早期董事会成员约翰·马洛伊开玩笑说,"帮派的组织可比我们强多了。"在成立后的头两年,贝宝换了三任首席执行官,其高层管理团队也两次威胁要集体辞职。

这并不是说贝宝的高管拥有很多传统意义上的资历。许多创始人和早期员工在 20 多岁时就加入公司,大多数人都是大学刚毕业。在贝宝工作是他们第一次接触职场。仅仅是员工年轻,在 20 世纪 90 年代末的硅谷并不罕见，那里到处都是希望赚大钱的年轻技术人员。但即使以硅谷的标准衡量，贝宝的文化也是打破传统的。它最早聘用的员工包括高中辍学生、国际象棋高手和智力游戏冠军。这些人之所以被选中，往往是因为他们的怪僻和独特之处，他们的这些特质并没有被忽视。

贝宝公司办公室一度推出了一个名为"世界支配指数"的指标，用于跟踪当天的用户情况，并悬挂一条横幅，上面写着"Memento Mori"（拉丁语，意思是"记住你会死"）。贝宝团队的古怪想法是，要么主宰世界，要么在尝试中死去。

大多数观察人士预测的是后一种结果。在20世纪90年代末，只有10%的在线商务活动通过数字方式进行，绝大多数交易仍然以买家邮寄支票结束。对在网上输入个人信用卡或银行信息，许多人持怀疑态度，而像贝宝这样的网站，往往被认为是洗钱或出售毒品和武器等从事非法活动的门户。在贝宝首次公开募股前夕，一家知名行业刊物宣称，美国不需要贝宝，"就像不需要炭疽一样"。

负面新闻可以忽略不计，而惊天动地的事件却不能无视。就在贝宝的创始人准备让公司上市，敲定本应标志他们最伟大胜利的条款时，两架飞机呼啸着穿过纽约上空，撞上了双子塔。贝宝是2001年9月11日之后第一家申请首次公开募股的公司，当时美国和金融市场刚开始从袭击中恢复。

在进行首次公开募股的过程中，贝宝面临一系列诉讼。在其他公司爆出多起引人注目的会计丑闻后，美国证券交易委员会（SEC）也在密切关注着贝宝。贝宝完成了艰难的合并，曾遭受数千万美元的欺诈损失，作为科技股面临着严酷的环境。在经历几乎无穷无尽的挫折之后，贝宝取得了近似不可能的成功：实现极为顺利的首次公开募股，并在同年被易贝以15亿美元的价格收购。

***

马斯克后来纠正了一位采访者的错误，对方说贝宝是一家很难创建的公司。马斯克说，创建这家公司一点儿也不难。相反，"这是一家很难活下去的公司"。20年后的今天，贝宝可以宣布取得了同时代公司少有的胜利：它还在。最终，易贝将贝宝独立出来，本书成书时它的市值约为3 000亿美元，是世界上最大的公司之一。

从X.com和Confinity合并到贝宝在纳斯达克首次公开募股，仅仅过去了两年多时间，但许多员工觉得好像已经工作了一辈子。在许多人的记忆中，这家公司是一座熔炉，无情而富有创造力，而且紧张得让人喘不过气。从上班第一天开始，有位员工就清楚地看到了这一点。走到她在贝宝的小隔间时，她发现右边有一大堆泰诺止痛片。在她左边的隔间里，她无意中听到另一位员工在责备失落的丈夫。"我记得她跟她丈夫说：'听着，我今晚不回家！所以别再问我了！'"

一个又一个员工形容那段时期是一团"模糊"——充满疲惫、兴奋和焦虑。一名工程师在此期间睡得很少，以至深夜从贝宝办公室开车回家时，在路上撞坏了两辆车，而不是一辆。该公司的首席技术官称，团队成员感觉"就像参加激烈军事行动的老兵"。

尽管如此，贝宝的前员工还是很怀念过去。"那太令人兴奋了，"艾米·罗·克莱门特说，"我想，当我们在火箭飞船上时，我们甚至没有完全意识到飞船的存在。"很多人表示，他们在这一时期完成了一生中最出色的工作。质量保证分析师奥克萨纳·伍顿说："我感觉自己是某项伟大事业的一部分，这是我以前从未有过的感受。"欺诈分析师杰里米·罗伊巴尔说："直到今天，我身上仍然流淌着贝宝的血。"

* * *

许多最终在贝宝工作的人都是间接来到这家公司的。本书也是以类似的方式出现的。我的上一本书是克劳德·香农博士的传记，香农博士是信息论的创始人，也是20世纪被遗忘的伟大天才之一。在写作过程中，我考查了他的雇主贝尔实验室。贝尔实验室是贝尔电话公司的研究部门。作为团队，贝尔的科学家和工程师获得了6项诺贝尔奖，发明了按键拨号、激光、蜂窝网络、通信卫星、太阳能电池和晶体管等。

我开始思考其他像贝尔一样的人才集群，包括像贝宝、通用魔术和仙童半导体这样的科技公司，也包括像美国文化团体逃亡者派、布鲁姆斯伯里团体和美国音乐团体Soulquararians这样的非技术群体。英国音乐家兼制作人布赖恩·埃诺曾说，他在学习视觉艺术时，学到艺术革命源于独自创作的人物，如毕加索、康定斯基和伦勃朗。但当他研究这些改革者时，他发现他们是"非常丰富的环境的产物，涉及很多很多人，其中一些是艺术家，一些是收藏家，一些是策展人、思想家、理论家……各种各样的人创造了一种人才生态"。

埃诺称之为"景才"（scenius）。他说："景才是整个……企业或群体的智慧。事实上，我认为这是思考文化的一种更有用的方式。"这也是思考贝宝故事的一种有效的方法，我们可以将它理解为关于几百个人生活、交集和互动的叙述，背景设定在消费者互联网形成的时期。

现代科技叙事通常被描述为个人成就的故事，更多的是"人才"而非"景才"。乔布斯与苹果的往事密不可分，就像贝佐斯与亚马逊、盖茨与微软、扎克伯格与脸书一样。贝宝的成功则是另一种故事，没有单一的男女主角。在公司历史上的不同时刻，不同团队成员取得关键突破，拯救了公司。移走其中任何一个角色，整个"星系"都有可能轰然坍塌。

此外，贝宝的许多标志性成就来自团队的有效摩擦——产品、工程和业务部门之间的紧张关系结出了创造的果实。公司的早期历史充满了深刻的分歧，但正如早期工程师詹姆斯·霍根所言："在某些方面，我们没有在人际交往和情感上冒犯彼此，从而导致系统障碍。"在贝宝，不和谐催生了新发现。

我想要把握这个生态系统，把握参与其中之人的有效组合，把握他们所面临的挑战，以及他们在科技史上所处的那个时刻。

* * *

对于有望记录贝宝故事的作者来说，贝宝的创业往事写起来令人生畏又令人兴奋。首先，我详尽研究了关于该问题已经说过和写过的东西。值得庆幸的是，公司的许多创始人都拥有丰富的公开资料，他们写书，开播客，在会议、电视、广播和报刊上谈论贝宝。我看了几百个小时他们之前的评论，读了几百篇关于贝宝发展时期的文章，以及一些以贝宝为案例的书籍和学术论文。

我也尝试联系了很多贝宝首次公开募股前的员工，并在撰写本书的过程中采访了数百人。我很庆幸自己采访了公司所有最初的联合创始人、大部分董事会成员和最早的投资人。我还与提供宝贵观点的外部人士进行交流，包括公司的技术顾问、提出"贝宝"这个名字的人、差点儿就拍板的潜在投资人、竞争对手公司的领导，以及其他许多人。很多人大方地允许我翻看他们保存的笔记、文件、照片、纪念品，以及始于贝宝早期的数万页电子邮件通信，对此我十分感激。

在很多情况下，我发现了之前不为人知的贝宝故事，包括Confinity和X.com合并险些失败的悲惨往事，以及公司在几个关键时刻差点儿破产的经历。在这一团乱麻中，我试图理解贝宝如何取得互联网创新，并形成今天的互联网格局。

从关于那些年的研究中，我读到了一个充满雄心、创造和迭代的故事。在一段艰难的岁月中，诞生了一代企业家，他们后来的作品都带有贝宝的印记。但是作为第一次胜利，贝宝的成功来之不易。恰当的说法是，贝宝的故事是一段4年的征程，它曾一次又一次地濒临失败。

那么，贝宝的故事从一场历史性的技术崩溃开始讲起是再合适不过的了。那场距离硅谷数千英里[①]的灾难，让未来的贝宝创始人之一第一次接触到了计算机技术。

[①] 1 英里 ≈ 1.609 千米。——编者注

第一部分 硅谷防御

第一章 / 基石
第二章 / 卖点
第三章 / 正确的问题
第四章 /「我在乎的是赢」
第五章 / 转账者
第六章 / 败局已定
第七章 / 有钱能使鬼推磨

第一章
基石

《苏联生活》(*Soviet Life*)杂志1986年2月刊登了一篇长达10页的用亮光纸印刷的文章:《普里皮亚季的和平与富足》。文章描述,普里皮亚季是一个都市桃花源。"今天,这座小镇的居民来自苏联各地30多个不同民族,"作者写道,"街上到处都是鲜花。一幢幢公寓楼耸立在松林中。每个居民区附近都有一所学校和一座图书馆,还有商店、体育设施和操场。早上,周围的人比较少,只有推着婴儿车的年轻妇女在不慌不忙地走着。"

如果说这个小镇有什么问题,那就是它缺乏足够的空间来容纳新人。"普里皮亚季目前正在经历生育高峰,"市长说,"我们已经建立了几十所日托中心和幼儿园,还有更多正在建设中,但它们仍然无法满足需求。"

这种需求是可以理解的,因为普里皮亚季拥有苏联的技术奇迹——切尔诺贝利核电站。这家核电站是一个重要雇主,根据文章的说法,它提供了高薪工作和能源,"在生态上,核电站比燃烧大量化石燃料的火电厂要清洁得多"。

那安全问题呢？一位苏联部长被直接问及此事，他的回答带着官僚的自信和确定。他夸口说："熔毁的概率是万年一遇。"

当然，在《苏联生活》大肆宣扬普里皮亚季的生活短短几个月后，这个小镇就变成了一片冒烟的放射性废墟。1986年4月26日凌晨1点23分，切尔诺贝利核电站4号反应堆熔毁，引发爆炸，将数千吨重的屋顶炸飞。很快，普里皮亚季的天空遍布放射性物质，浓度是广岛原子弹爆炸后的400多倍。

切尔诺贝利发生爆炸时，马克西米利安·麦克斯·拉菲洛维奇·拉夫琴只有10岁，他正在90英里外睡觉。他醒来后，发现自己的生活被这场灾难改变和塑造了。在最初的紧张时刻，父母把他和弟弟送上了驶离当地的火车。半路上，他被人用盖革计数器测量辐射，并触发了仪器的警报。一根插在他鞋子里的玫瑰刺是产生辐射的罪魁祸首。有那么一刻，想到自己可能会被截肢，他感到惊慌失措。

* * *

拉夫琴全家都受到切尔诺贝利灾难的影响，包括他的母亲艾维娜·泽尔兹曼。她是一名物理学家，在食品科学研究所的放射测量实验室工作。

在切尔诺贝利事故之前，这是一个没意思的工作。拉夫琴说，他母亲每天都在验证乌克兰（无放射性）面包供应的安全性。但在切尔诺贝利事故后，随着放射性食品开始在乌克兰北部出现，她的责任越来越大，任务也愈加紧急。

为了协助她的工作，苏联政府给艾维娜的办公室送去两台计算机：一台苏联DVK-2和一台民主德国Robotron PC 1715。拉夫琴偶尔会陪母亲上班，一开始，他觉得那两台计算机既无聊又笨重。直到那台DVK-2计算机上出现了一款游戏：Stakan（也叫《俄罗斯方块》，

第一章 基石

是苏联科学院工程师于 1984 年开发的）。他迷上了这款游戏。

拉夫琴的好奇心很快转向那台 Robotron。它带有 Pascal 编译器，那是一种将人类代码转换为机器命令的程序。盒子里还有一份盗版的 Turbo Pascal 3.0 版手册，说明编译器如何使用。这样的文本在苏联很少见，这本手册成了拉夫琴的宝典。

不久之后，拉夫琴就能编写基本的程序了，而他也入了迷。"在未来，你可以让机器做你事后才会知道的事情，这是一个深远的认识，"他在多年后说，"从现在开始，我不需要知道一切才能完成工作。我可以先写下来，然后它就会自动完成。"在此之前，拉夫琴渴望成为一名数学老师。而现在，他夸口说长大后要编写计算机程序。

拉夫琴很享受最初的编程和游戏，但计算机并不是给他玩的，而应该是帮助艾维娜报告苏联食品中的辐射情况。看到儿子的技术水平超过了自己，艾维娜便让他施展才能，并与他达成协议：一旦她完成工作，计算机就都是他的。

这样一来，拉夫琴就没有多少时间悠闲地编写代码了。因此，为了节约使用 Robotron 的宝贵时间，他想了一个办法：用铅笔和纸写代码。在他家附近的公园里，他完整草拟并编写程序。母亲的工作一完成，拉夫琴就把笔记本上的内容转移到计算机上。然后，机器就会做出裁决。"如果我把笔记本上的内容逐字打出来，它是一开始就编译并运行，还是我必须调试一下？"

这样的学习过程形成了严格的标准。"作为程序员，我从这些破旧的计算机开始，"拉夫琴说，"使用……各种不同的汇编语言来编程都很程式化……这可能让我变得更精英主义，但确实也让我成为一名非常执着的开发者。我想我从来没有捷径可走。"

＊＊＊

不走捷径是拉夫琴家族的传统。作为生活在反犹主义国家的犹太人，他们为取得成就加倍努力，同时面临他人没有的障碍。一天早上，拉夫琴的父亲醒来，发现自家前门上涂鸦着大卫之星。父母告诉拉夫琴，由于他的宗教信仰，成为高中优秀毕业生将是他进入顶尖大学的唯一机会。

尽管有这些障碍，这个家族还是取得了辉煌的成就，其中的代表是拉夫琴的外祖母。弗里玛·约西福夫娜·卢卡茨卡娅博士是一位身高4英尺[①]8英寸[②]的非凡人物，她拥有天体物理学硕士学位，曾在基辅科学院的主天文台工作。她推动了天文光谱学领域的发展，这是一门测量恒星"食变星"的科学。她的长篇论文《不规则和半规则变星亮度的自相关分析》和《变星和类星体的光辐射特性》发表在著名期刊上。

对拉夫琴来说，她是坚忍的化身：作为女人，在男性主导的领域取得胜利；作为犹太人，在充满敌意的国家获得成功。在他看来，她的勇气几乎是不可思议的。拉夫琴出生那年，卢卡茨卡娅被确诊患有一种罕见的恶性乳腺癌。"她大概说，'我不能死，我的孙子在呢'。于是她坚定信心，又活了25年，"拉夫琴说，"这就是个活生生的例子，在任何情况下都决不投降。"

20世纪80年代初，拉夫琴进入青少年时期。当时苏联经济急速衰退，政治局势陷入恐慌。卢卡茨卡娅曾亲眼看见第二次世界大战的恐怖，现在她又不安地看到二战的影子。据拉夫琴一家所知，克格勃一直在监视他的父亲。

---

① 1英尺 ≈ 0.304 8米。——编者注
② 1英寸 = 2.54厘米。——编者注

第一章 基石

卢卡茨卡娅向一家犹太难民机构申请资金,并为拉夫琴一家移民美国做了安排。这家人的离开是一个严格保守的秘密。"那是个疯狂的年代,我提前一年左右就知道,我们要离开这个国家,但我不能告诉任何人。"拉夫琴回忆道。

全家人前往机场,随身带着行李。尽管7月的天气温暖宜人,拉夫琴一家还是穿着羽绒冬衣抵达航站楼,以避免报关。在与一名苏联边境特工进行最后的出境面谈后,对方明确提醒,他们的移民将是不能反悔的。之后,他们登上了飞往美国的航班。

* * *

1991年7月18日,穿着大衣的拉夫琴一家在芝加哥奥黑尔国际机场下了飞机。第二天,芝加哥遭遇了致命的热浪。他们把那些大衣以极低的价格卖给地下交易商,但有限的收入发挥了很大作用。就在他们离开乌克兰之前,卢布暴跌,他们几千美元的积蓄只剩几百美元。

对他的家人来说,移民美国是有风险的,但对刚满16岁的拉夫琴来说,这是伟大征程的第一步,冒险马上开始。拉夫琴一直是优秀学生,他想让芝加哥教育委员会认证他在乌克兰高中的成绩单。拉夫琴没有向父母寻求帮助,而是自己跳上一辆城市公交车去完成任务。

在下错站后,拉夫琴发现自己身处卡布里尼-格林住宅区内部,这是当时芝加哥最危险的社区之一。"我边溜达边想,'哦,这里没有一个人像我。你们好啊,善良的美国人',"拉夫琴回忆道,"我完全没有注意到……我是一个瘦瘦的犹太小孩,留着巨大的爆炸头,看起来就像穿着圣彼得堡工厂的衣服——我确实穿了。"

拉夫琴断断续续地融入新环境。到美国后不久,他从垃圾堆里捞出一台坏掉的电视,研究物理学的家人修好了它。现在他可以看情景喜剧《细路仔》了。多年后，他告诉记者莎拉·莱西，他的英语发音模仿的是由加里·科尔曼饰演的在哈勒姆长大的阿诺德·杰克逊。拉夫琴的一个老师问他："你在哪里学的英语？"因为他对拉夫琴那纽约和基辅腔混杂又抑扬顿挫的口音很好奇。"你在说什么，哈里斯先生？"拉夫琴答道。老师温和地建议他扩大电视节目范围。

美国的语言和文化都是新的，但有一点没变，那就是拉夫琴对计算机的热爱。在美国，他终于得到了一台可以在闲暇时使用的计算机。这是一个亲戚送的礼物，它做到了他的旧计算机做不到的事——连接互联网。拉夫琴很快就陷入万维网无法自拔，他发现网络和论坛里到处都是志同道合的数字爱好者。

他在学校也发现了同道中人。在芝加哥北部的斯蒂芬·廷·马瑟高中，拉夫琴加入国际象棋俱乐部，协助管理计算机俱乐部，并在学校的乐队演奏单簧管。他的朋友埃里克·克莱因演奏长号，后来成为他在贝宝的同事。在马瑟高中，拉夫琴表现出他标志性的高度专注的早期迹象。他的朋友，后来成为贝宝员工的吉姆·凯拉斯回忆说，有一次，他和拉夫琴单独坐在美术课教室后面。无聊之余，他们决定把美工刀像飞镖一样插进墙里。"拉夫琴……是个完美主义者，他总是想在每件事上都做到最好。于是他就坐在那里，把手指放在刀上，一边衡量它的重量一边说，'哦，这是投掷的最佳姿势'，"凯拉斯回忆道，"我说，'不，不，不，用力点儿扔就行了'。"

拉夫琴在数学和科学科目上表现出色，所以当大学申请季到来时，他踌躇满志地找到马瑟高中的指导老师，说他想去"MTI"。"我说，'我真的很想进 MTI，你得让我进 MTI'。她说'MTI 是什么'？"

当然，拉夫琴指的是麻省理工学院（MIT）。升学顾问建议他申请附近的伊利诺伊大学厄巴纳-香槟分校。这里也有一个问题：拉夫琴错过了香槟分校的申请截止日期。但浏览申请要求时，他注意到国际学生的截止日期还没有过。他发现了一个机会："我算是国际学生，我不是美国公民,来美国不到两年,怎么不算了?"出于这个理由,香槟分校录取了拉夫琴。

* * *

由于在家里待烦了,拉夫琴便提前两周搬到大学。当时食堂还没开门,于是他在格林街的麦当劳吃了大学的第一顿饭。他也试图保持低调。在到达学校之前,拉夫琴收到一封信,通知他有个迎新会将在附近的威拉德机场迎接国际新生,听起来所有人都必须参加。

"我害怕他们会把我当成偷偷溜进来的。"他回忆说。所以,在迎新会那天,他离开校园,带着两个重新打包的行李箱去机场。他假装惊奇地睁大眼睛,仿佛第一次来到他生活了两年的家——美国。"整个计划——或者骗局——相当周密。"拉夫琴说。

不管是不是骗局,麦克斯·拉夫琴被香槟分校录取是机缘巧合的产品和市场的契合:一个崭露头角、精力充沛的技术专家进入了世界计算机中心之一。几十年来,香槟分校的研究人员开创数字技术,并建立了世界上最早的部分社交网络。就在拉夫琴假扮外国新生时,香槟分校的国家超级计算应用中心发布了一款名为 Mosaic 的新浏览器。该浏览器在网页上增加了图片显示,简化了安装过程,还有其他改进。这些改变使互联网成为主流,并加速了它的发展,而香槟分校是这一切的中心。

对大一新生麦克斯·拉夫琴来说,学校在计算机领域的成就引人注目,但在当时,他追求的是所有新生都想要的东西:归属感和娱乐。他在校园社团纳新日发现了这两点,学生组织会在那天招收新生。拉夫琴发现一群看起来像计算机迷的人,他们站在一台计算机旁边,显示器周围罩着一个纸板箱。这个箱子保护屏幕免受阳光照射,并向未来的计算机协会成员表示，阳光不会影响屏幕的使用时间。"他们都是像我这样的人。"拉夫琴得出结论。

他们的确和他一样。香槟分校计算机协会分会成立于20世纪60年代中期，它迅速成为校园里所有和计算机有关的活动中心，以及几代计算机科学专业本科生真正的家。拉夫琴进校时，计算机协会的各种特殊兴趣团体（简称SIG）已经涵盖从高级网络设计到沉浸式虚拟现实的一切。"我见过整个（计算机科学）系，"当时的一名协会成员夸口说，"他们的计算能力还赶不上我们协会办公室。"

拉夫琴在这里感觉十分自如，很快，他在数字计算机实验室的协会办公室待的时间，比在布莱斯德尔厅宿舍的还多。"我可以告诉你，埃里克·约翰逊的吉他乐 Ah Via Musicom 的播放时间，和早上7点从布莱斯德尔厅骑自行车到实验室的时间一样。我这样做过很多次。"多年后，他向学校的校友杂志表示。

* * *

在协会，拉夫琴还遇到两个本科生，他们后来对他的人生和贝宝产生了重要影响。他们是卢克·诺塞克和斯科特·班尼斯特。三人第一次见面时，诺塞克和班尼斯特在深夜走进协会办公室，发现拉夫琴正不停地敲击键盘，几乎没有注意到他们的存在。那时，拉夫琴已经成了那里的常客，这引起了他们的好奇。

"你在忙什么？"诺塞克问道。

"我在做一个爆炸模拟器。"拉夫琴说。

"那是做什么的？有什么用呢？"班尼斯特问道。

"什么意思？它太美了，"拉夫琴答道，"它是实时的，每次都会重新计算一次随机爆炸。"

"好吧，但是你为什么要做这个呢？"诺塞克问道。

第一章 基石

"不知道。它很酷吧？"拉夫琴说。

"现在是星期五晚上，你没有什么地方要去吗？"班尼斯特说。

"没有……我喜欢这个。你们没有什么地方要去吗？"拉夫琴答道。

"我们要开一家公司，你应该和我们一起干。"诺塞克回答。

和拉夫琴一样，卢克·诺塞克成长于一个移民家庭。他来自波兰，于20世纪70年代来到美国。

诺塞克很聪明，擅长技术且热爱学习，但他觉得学校的生活十分压抑。诺塞克说："我开始认为，我接受的教育是关于我所做的事情的，而不是别人让我做的事情。"他的母亲保证，大学将提供更自由、更独立的学习体验。

诺塞克选择香槟分校，是因为申请程序简单，但在对正规教育再次失望之前，他就离开了。他说："在（第一年）年底，我试图弄清楚如何离开课堂。"诺塞克剖析了教务处的手册，并确定获得学位的最低要求。只要有可能，他就用考试成绩弥补无故缺课。

他寻找其他志同道合者，很快就发现了计算机协会。"协会是……一个小小的反教育组织。"诺塞克说。即使在学生组织中，诺塞克也感到协会与众不同。"我们注意到，加入其他学生团体的人把团体作为留在体系内的垫脚石。"协会成员并不喜欢这个体系，但他们通过制作创新原型和尝试小众实验，将反叛与创造结合起来。

其中一项实验是将协会办公室的苏打水售货机联网。诺塞克说："我们认为，互联网一个更有趣的用途是，把我们办公室的汽水机连上（网）。在中西部，它叫汽水，不是苏打水。"这台机器被戏称为"咖啡因"，根据计算机科学系的简报，协会成员"在一台老式的胡椒博士自动贩卖机上安装微控制器，并将其连接到互联网，这样学生就可以刷学生卡购买汽水"。

诺塞克和其他协会成员为改造这台智能汽水机而感到自豪，包括它的设计以及设计它的难度。诺塞克说:"侵入汽水机并将它连上网非常困难。花同样多的时间,我们也许都可以创建易贝了。"

* * *

在他们遇到拉夫琴之前,计算机协会也让诺塞克和班尼斯特走到一起。班尼斯特将成为三人中第一个前往硅谷,第一个出售初创企业的人,他也是贝宝早期版本的投资人之一,最终成为创始董事会成员。

来自密苏里州的班尼斯特很早就爱上了科技。在高中和大学期间,他燃起创建网站的热情,并因为香槟分校在计算机科学领域的卓越声誉而来到这里。

在和诺塞克第一次见面时,班尼斯特也对传统教育的制约感到恼火,于是他开始把大学当作攻击目标。他针对香槟分校的规定设计了变通方案,其中包括一个大胆的计划:他创建了一家公司,雇用自己做实习生,然后利用实习机会获得课程学分。

班尼斯特反传统、热情、说话温和,长着"耶稣式的头发",他成为诺塞克和拉夫琴的指路明灯,三人成了亲密的朋友和合作伙伴。他们的第一个合作项目是为 1995 年工程开放日设计 T 恤,这是一个学生组织的年度会议,那年的主题演讲嘉宾是苹果公司的联合创始人史蒂夫·沃兹尼亚克。三人因为制造小东西而建立起紧密的关系,这给了他们信心,相信自己有一天可能会做出大项目。

随着对彼此了解的加深,诺塞克和班尼斯特给拉夫琴上了一堂自由主义速成课。两人共同创立了一个自由主义学生团体,班尼斯特为团体网站编写代码。他们试图一起给拉夫琴洗脑,鼓励他参加各种自由主义活动,阅读安·兰德的《源泉》和弗里德里希·哈耶克的《通往奴役之路》等书籍。"诺塞克和班尼斯特是我们团队的颠覆者,"拉夫琴说,"他们燃烧着自由主义的爱。我当时想,'伙计们,我只是想写些代码'。我总觉得自己有点儿像愚蠢的披头士。"

拉夫琴的领域是软件工程。班尼斯特有时会尝试用Perl（实用报表提取语言）编写自己的代码，这是一种实用但不高级的编程语言，被半开玩笑地称为"互联网的胶带"。拉夫琴吓坏了。"别拿那东西靠近我，"他说，"这很恶心。"至于班尼斯特，他很乐意把代码编写工作交给拉夫琴。"是拉夫琴让我下决心不做程序员的，"班尼斯特承认，"因为他太棒了。"

他们将各自的才华汇集在一起，发起该组织的第一个正式项目，叫作SponsorNet New Media，旨在为网站发布分类广告。团队成员用他们微薄的积蓄经营业务，钱用完了，就透支信用卡。不过，SponsorNet New Media确实获得了收入，足以让团队雇用员工，并签订租约，在亨廷顿大厦底部租下办公区域，这座大厦是香槟地区的一个标志性建筑。班尼斯特回忆道："我们还是学生，因此，对我们来说，真正找到一间办公室，是相当大的一件事。"

为了专注于SponsorNet New Media，班尼斯特休学一个学期，拉夫琴和诺塞克则兼职，在学业和公司职责之间保持着不稳定的平衡。这项事业持续了一年多一点儿时间。"在那一年里，我们花光了班尼斯特不少的、诺塞克微薄的和我压根儿就没有的个人资金，"拉夫琴后来就SponsorNet New Media的衰落写道，"如今，我们不可避免地遇到了障碍。多次融资努力的结果是徒劳的，而我们微不足道的收入不足以维持服务器的运转。"

尽管失败了，但SponsorNet New Media至关重要，这是他们第一次尝试雇用团队，创造产品，销售并赚钱——哪怕这个项目是赔钱的。诺塞克说："我认为，如果没有SponsorNet New Media，贝宝就不可能成功。"

* * *

拉夫琴是这三人中唯一还相信学校教育的,他深情地回忆起在 SponsorNet New Media 和香槟分校的日子:"我是个非常快乐的计算机迷。我上了所有的课,也很喜欢这些课……如果要在上学、编程、交女朋友和睡觉当中选择,我会把后两个换成前两个。"

拉夫琴的课表上有很多技术类课程,但有一门非技术类课程令他印象深刻。在电影课上,拉夫琴学习了 20 世纪一些广受好评的电影,他迷上了黑泽明的《七武士》。"我认为这是有史以来最好的电影,"他说,"我从来没看过这样的电影。"

在大学的一个暑假里,拉夫琴疯狂观看这部时长 3 小时 27 分钟的黑白电影。"你拥有的只有你自己、电视和空调……那年夏天,我至少看了 25 遍《七武士》。我上瘾了。"截至本书写作时,拉夫琴声称他已经看过黑泽明这部经典影片 100 多遍,并把它称为自己接受"管理培训"的唯一知识来源。

在社交方面,拉夫琴最终确实"找到了一个女朋友",但他对编程的投入让这段恋情变得很复杂。"我记得有一次去她家,一进门,我就走进洗手间写代码。"女朋友敲了敲门,问道:"你在里面做什么?"

"什么?我们在约会啊。"他回答,对这个问题感到困惑。

"不,这不是约会。你在我的洗手间里写代码。"

对拉夫琴来说,写代码(无论他在哪里写)是好奇心和洞察力的非凡来源。对世界来说,编写代码正成为一条通往财富和影响力的道路。

香槟分校的校友马克·安德森帮助扫清了这条道路。本科期间,他在学校的美国国家超级计算应用中心崭露头角。在那里,他参与开发 Mosaic 浏览器,然后将才华带到西部,创办网景通信公司。很快,网景登陆纳斯达克,安德森也登上了《时代》杂志的封面。

20世纪90年代中期，计算机科学系的一份简报写道："也许，今天的互联网领域是我们年轻校友最杰出的领域。当Mosaic最初的开发者离开美国国家超级计算应用中心后，我们刚开始追踪他们时，还能保存他们的剪报文件。很快，这项任务就变成了全职工作，最终我们还是放弃了。"这些剪报证明了互联网日益增长的文化影响力：1994年，《财富》杂志将Mosaic评为年度产品，"与Wonderbra内衣和《超凡战队》并列"。

香槟分校的计算机科学系突然间热闹非凡。"我来伊利诺伊大学是因为马克·安德森。"贾韦德·卡里姆表示。他后来成为贝宝员工，之后成为优兔的联合创始人。高中时期，卡里姆是Mosaic的忠实粉丝。当了解到这款浏览器的起源后，他便把目光投向香槟分校，将其作为目标大学。被录取后，甚至在大一开学之前，卡里姆就在美国国家超级计算应用中心找到了一份工作。

安德森的成功激励了伊利诺伊大学的一代工程师：这证明互联网是一股经济力量，而不仅仅是一种古怪的爱好。"有一点真正造就了我，可能还有伊利诺伊大学的很多其他人，那就是因为Mosaic和后来的网景，空气中始终弥漫着机会的氛围，"拉夫琴后来告诉香槟分校的校友杂志，"正是因为有这样的观念，像我们这样的学生才创造了这些了不起的工具，而这是业界完全没有想到的。"

* * *

斯科特·班尼斯特确信，互联网淘金热太过诱人，不容错过，于是他从香槟分校退学，去追求自己的抱负。卢克·诺塞克不太愿意立即从大学退学，但他加倍努力获得文凭，并前往西部冒险。

两个好友都去了加州，拉夫琴也打算辍学全职创业。当然，他还得告诉重视教育的家人。谈话很简短。"外祖母就要去世了，"父母告诉他,"你想加快这个过程吗?"对拉夫琴一家来说,学士学位只是教育阶梯的第一级。"在拉夫琴家族,高等教育是……获得博士学位。"在父母告诫他多年后,拉夫琴告诉《旧金山纪事报》。之后,他回到香槟分校完成学业。

奔赴西海岸的梦想暂时被搁置,但他还有很多事情要做。SponsorNet New Media 失败后不久,拉夫琴就推出了下一个创业项目——NetMomentum 软件,为报刊网站创建贴牌分类广告。但这个项目也没有持续多久,由于拉夫琴和创业伙伴在产品和开发上存在分歧,他第一次经历了创始人散伙的痛苦。

由于缺乏资金,他成立了一家咨询公司,摆出专业的架势,提供一次性编程服务。他重新利用了 NetMomentum 的遗产——它的"NM"标志,将新公司命名为 NetMeridian 软件公司,与香槟分校的同学埃里克·哈斯共同创立。

NetMeridian 成为拉夫琴最早的成功商业项目之一。NetMeridian 的 ListBot(列表机器人程序)是一个原始的邮件列表管理器,也是邮件发送工具 Mailchimp 和电子邮件服务平台 SendGrid 的前身。该产品一经推出,便蓬勃发展,以至拉夫琴和哈斯的服务器运转到极限。为了满足需求,他们投资购买了一台价值几千美元的 Solaris 服务器。它重达 200 磅①,由一辆大卡车运来。

NetMeridian 通过一个名为 Position Agent 的项目再次获得成功。即使在 20 世纪 90 年代末谷歌出现之前,门户网站 Lycos、远景或雅虎搜索引擎的榜首位置也是人们梦寐以求的。Position Agent 帮助网站管理员跟踪他们的排名。它的特色是拉夫琴的一个编程妙招:排名计数器。用户无须重新加载网页就能更新排名。

但是 NetMeridian 的成功是福也是祸。随着用户的增长,硬件设

---

① 1 磅 ≈ 0.45 千克。——编者注

施必须跟上步伐，但拉夫琴没有资金购买更大的服务器。因此，他重拾自己在 SponsorNet New Media 业绩不佳时首次使用的融资模式，连环刷信用卡为公司的发展融资，这让他背上了高息债务，多年来一直影响着他的信用评级。

* * *

名义上，拉夫琴是 NetMeridian 的创始人，这是一家很有前途的软件服务初创公司。但事实上，他年仅 20 岁便负债累累，竭尽全力偿还债务。幸运的是，能够整天工作的程序员非常抢手，从一家名为 MAI(Market Access International) 的公司负责人约翰·贝德福德那里，拉夫琴得到一份报酬丰厚的工作。

拉夫琴认为贝德福德让他"摆脱了贫困"，因为他通过编程工作每周能挣几千美元。MAI 的主要产品是一个用光盘存储的订阅数据库，提供消费产品和包装商品的竞争情报。拉夫琴很高兴能挣到钱，尽管他认为这款基于微软的软件"糟糕透顶"。

除了 MAI 公司，拉夫琴还在美国陆军工程兵团找到了编程工作，他们的研究基地就在校园附近。"我有一张军队签发的身份卡，可以进入真正的军队设施，"拉夫琴说，"我会骑自行车上班，然后把车锁在外面。"他的薪水是每小时 14 美元，这份工作也给了他一个难得的优势，让这个年轻的程序员有机会在军事基地溜达，并与直升机飞行员亲密接触。

他负责的是陆军空中交通管制系统内的音频软件。"我到那里时，他们居然已经有了一大段用 Pascal 语言编写的代码，"他说，"我要学习真正的系统是如何构建的。"软件最初的开发者已经离开，所以维护它的重任就落在拉夫琴身上。

这款软件的用户是久经沙场的基地指挥官，他们习惯于使用纸笔的飞行程序，对自动化持怀疑态度。为了打消他们的顾虑，拉夫琴精心设计了模仿纸笔操作的用户体验。他说："我曾经花一个星期的时间，研究如何制作与纸条尺寸完全相同的表格。"

当用户输入信息时，拉夫琴的表格似乎在滚动，但他担心抖动的屏幕动画看起来太"迷幻"和"疯狂"了。不过，上司认为它"完美"。"我们的人会使用它的，因为他们懂。"上司告诉拉夫琴。

* * *

在兵团，拉夫琴面对另一种新体验：对他的作品的审美批评。"他们会告诉我，（我的程序）功能完全没问题，但并不酷……"拉夫琴说。这时他翻出一件旧作品：爆炸模拟器。拉夫琴把它设置为软件的屏幕保护程序，为显示飞行模式的枯燥工作增添了一点酷劲儿。

到此时，拉夫琴也获得了一点酷劲儿。他会前往各个军事基地，包括纽约的德拉姆堡和密歇根的格雷林营等，然后带着丰富多彩的故事回来。做合同工的这段时间，他也接触到军队生活的阴暗面。有一次，他了解到一男一女两名军人，两人都是同性恋，他们合法结婚，却和其他伴侣生活在一起。"这叫'军队婚姻'。"基地的一位朋友向拉夫琴解释说。在"不问不讲"政策出台之前，同性恋和双性恋被禁止在军队服役，这样的"军队婚姻"很常见。"看到这些现象，我长大了很多。"拉夫琴说。

很快，黑暗的现实袭来。在拉夫琴任职期间，陆军工程兵团越来越担心外国雇员和信息安全问题。不幸的是，对香槟分校的研究点来说，这意味着它可能失去大量编程人才，并将复杂的计算机系统交到不熟悉维护的员工手中。

拉夫琴也在裁员名单上，但他的经理介入了：拉夫琴将继续开发直升机软件，并获得以计算机零件的名义而发放的不入账报酬。这个

第一章 基石

办法在此期间奏效，兵团最终保留了外国雇员，不过制定了一项烦人的规定：非美国公民的合同工必须佩戴黄色身份标签。"如果佩戴了这样的标签，你就会受到密切监视。你不能离开办公桌，除非有人陪同。"拉夫琴回忆说。

对犹太难民来说，这些标签让人想起类似的痛苦历史。"我不必这么做，但我的亲人有过这样的遭遇。"拉夫琴说。他退出美国陆军工程兵团，但留下了这个标签，这是他大学期间最奇怪的副业留下的令人讨厌的遗物。

* * *

快毕业时，拉夫琴一边经营 NetMeridian，一边为期末考试死记硬背，同时思考下一步该怎么走。当朋友们准备离开香槟分校时，拉夫琴发现自己被拴住了。NetMeridian 确实取得了成功，但在云计算出现之前，公司依赖庞大而难以移动的服务器。只要服务器还在伊利诺伊，他也得在。

斯科特·班尼斯特伸出援手。此时，班尼斯特已经在硅谷成立并出售了一家公司。1998 年 8 月，他在新职位上促成 NetMeridian 的 ListBot 和 Position Agent 的出售。拉夫琴已经正式"退出"，现在可以"逃到加州"了，这是将永远改变他在数字世界的创业之旅的第一步。

拉夫琴不愿花钱请搬家公司，而是走进潘世奇卡车租赁公司，租下该公司第二大的卡车。他和室友埃里克·哈斯把办公室里的所有东西都装进车里，包括没怎么用过的宜家桌椅。他们把卡车和哈斯的丰田雄鹰车装满，踏上向西的旅程。"我们没有去任何地方观光。我只想尽快赶到帕洛阿尔托。"拉夫琴说。

第二章
卖点

彼得·安德里亚斯·蒂尔承认,他在学生时期满足了精英教育的所有要求:先是在高中表现出色,然后被斯坦福大学录取,并获得法律学位。"从初中到高中,再到大学,我一直在被竞争者追赶,"蒂尔后来在一次毕业演讲中说,"我知道,如果直接上法学院,我就会参加我从小就参加的那些考试,但我可以告诉所有人,我这样做是为了成为一名职业成年人。"

从法学院毕业后,他继续取得成功,获得著名上诉法院书记员的职位。但随后出现了一次重大失败:蒂尔面试最高法院书记员职位,但是被拒绝了。对蒂尔来说,法院的拒绝是灾难性的。"感觉就像世界末日。"他后来说。这导致蒂尔"试图找回自我的青年危机",其间他退出法律界,加入瑞士信贷,成为衍生品交易员,并于1996年返回西部。

在加州,他重新开始,向朋友和家人筹集资金,成立了名为蒂尔资本的对冲基金,专注于全球宏观经济策略和外汇投资。两年后,当蒂尔开始招募基金的第一个员工时,他利用了熟悉的人才库。还在斯坦福读大二时，蒂尔和大学同学诺曼·布克创办了一份名为《斯坦福评论》（Stanford Review）的独立学生报纸。

《斯坦福评论》的第一期就确立了顽固的叛逆风格："首先，我们希望就斯坦福社区当前的广泛问题提出不同观点。"蒂尔负责筹款、编辑和征集稿件。他还为每期报纸撰写开篇社论文章，标题包括《思想开放还是空虚？》《制度化的自由主义》《西方文化及其失败》《诚实的重要性》等。

对支持者来说，《斯坦福评论》为斯坦福沉闷的政治正确氛围注入了一股新鲜空气。对批评者而言，《斯坦福评论》进行虚伪的魔鬼式宣传，选择挑衅而不是提供实质内容。《斯坦福评论》因其政治上的异端在校园里出名，而它的首任主编后来将在硅谷声名狼藉。

创办者毕业后，《斯坦福评论》继续发行。对蒂尔来说，《斯坦福评论》成为他与校园的长期联系。毕业后，他不时参加《斯坦福评论》的活动，也是在那里，他结识了来自得克萨斯州的斯坦福大四学生肯·豪威尔。他们简短地聊了几句，并一直保持联系。

不久之后，蒂尔给豪威尔发去一条语音信息，邀请他加入蒂尔资本。两人在帕洛阿尔托的一家牛排餐厅共进晚餐，讨论相关事宜。晚餐进行几小时后，豪威尔对蒂尔十分钦佩，不仅是因为他的知识深度，还因其广泛的涉猎范围。豪威尔回到宿舍，对女友说："蒂尔可能是我在斯坦福四年里遇到的最聪明的人。我想我可能余生都要为他工作了。"

对于豪威尔的女友、朋友和家人来说，这个宣言十分荒谬。豪威尔已经获得东海岸顶级金融公司的高薪工作，而他将全部拒绝……为了什么？蒂尔资本除了蒂尔没有其他员工，甚至连办公室都没有。

尽管如此，豪威尔还是被深深吸引——被蒂尔本人，而非他的新公司。豪威尔对初创企业和科技产生了兴趣，而蒂尔似乎融入了这些领域。这个人值得冒险一试。于是，毕业后，肯·豪威尔与蒂尔资本签约。

***

此后不久,互联网热潮兴起,而且就在蒂尔和豪威尔的后院。互联网公司开始与传统美国公司一起在股票交易所上市,数十亿美元涌向西部。虽然蒂尔作为全球宏观投资人取得了一些成功,但在对所有互联网相关产品的狂热中,他看到了投资有前景的科技初创企业的获利机会。

蒂尔认为,如果要在这个领域发展得好,他的公司需要合适的选址,而门洛帕克的沙山路是硅谷顶级风险投资公司的所在地。蒂尔让肯·豪威尔寻找办公地点,那是豪威尔在蒂尔资本的第一个任务,这并不容易。随着互联网公司展开土地争夺战,沙山路的低层建筑需要排队才能租下,租金比曼哈顿的写字楼还高,后者还可以一览中央公园的美景。

豪威尔徒步穿过沙山路,希望亲自恳求能产生效果。在被拒绝了一天之后,失落的他来到最后一站——沙山路3000号。在那里,他看到一位年长的男士正在修剪树篱。豪威尔走向他,问可以找谁谈租赁的事。结果,修剪树篱的人正是这栋建筑的主人——77岁的汤姆·福特。他是二战老兵,也是当地的房地产大亨,偶尔会收拾自己的房产。

福特带豪威尔走进沙山路3000号,并拿出一份建筑示意图。他的手指滑过一排排已经出租的办公室,停在一个在豪威尔看来像是页面上的转折点处。"嗯,我没有办公室,"福特说,"但这个杂物室可以用。"

福特带豪威尔走到杂物室。一把扫帚、一个拖把、几个水桶和各种清洁用品排列在墙上。豪威尔当场同意,福特整理了一份简单的5页租约。豪威尔着手装修蒂尔资本的新总部。"我们从五金店买了一些金属号牌,把它们钉在外墙上,"豪威尔回忆说,"这样它看起来就不那么像杂物室了。"房间没有外窗,福特便送给新房客两张野生动物海报,供他们欣赏。

* * *

到1998年,蒂尔资本拥有了一名合伙人和在沙山路的"办公室",并开始进行科技投资。它最早的一项创业投资是一家公司,由伊利诺伊大学一名有前途的毕业生卢克·诺塞克创办。

毕业后,诺塞克千里迢迢来到加州,安顿下来后就睡在沙发上。他一如既往地爱交际,受邀参加了无数次硅谷互联网聚会。有一次,他和一个参加聚会的人攀谈起来,对方在网景公司有熟人。不久,诺塞克就在网景的业务发展部谋得一份工作。

为了这份新工作,诺塞克参加了他能找到的所有会议和科技聚会。在硅谷创业企业家协会的一次聚会上,诺塞克的朋友斯科特·班尼斯特参加了一场关于教育改革的小组讨论。报告结束后,一位小组成员提到,班尼斯特和诺塞克会很高兴见到他的大学室友彼得·蒂尔。

他们四人在当地一家休闲快餐连锁店 Hobee's 见面,此后还有更多聚会。在电子邮件中,诺塞克俏皮地把这些聚会称为"亿万富翁的早餐俱乐部"。诺塞克解释说:"我们都相信彼此会干成大事。"吃饭时,他们会讨论科技、哲学、教育、创业公司的最新发展,以及他们对未来的预测。正是在那时,诺塞克得知了蒂尔对创业投资的兴趣。

早在加入网景之前,诺塞克就染上了成立初创公司的瘾。当他成为大公司的全职员工后,创业瘾变得越来越大。"我(在网景)一事无成。"他坦白道。仅仅一年后,他就被解雇了。

但失业为诺塞克创办自己的公司打开了大门。他的点子叫作 Smart Calendar(一款智能化日历应用),是对过去纸质日历的数字化升级。诺塞克说服蒂尔投资。"现在回想起来,它几乎所有方面都有问题。"蒂尔后来谈到 Smart Calendar 时说。在饱和的电子日历市场中,有"大约 200 家公司"在争夺主导地位。诺塞克在与联合创始人发生冲突后被赶下台,面对来自外部的阻力和内部的冲突,Smart Calendar 关闭了。

与其他失败不同,诺塞克为 Smart Calendar 感到难过,部分原因是它让新朋友彼得·蒂尔亏了钱。"在我看来,这损害了我和蒂尔的关系,因为我让他亏了钱。"诺塞克回忆说。但对蒂尔来说,Smart Calendar 的价值与其说是一笔投资,不如说是初创企业的速成课。诺塞克向蒂尔详细讲述了公司的兴衰历程,向他介绍了错综复杂的网络营销、客户获取和产品设计。

蒂尔后来将他对 Smart Calendar 的投资称为丰富的学习资源,这次失败提供的教训为贝宝的成功铺平了道路,其中包括明智地选择联合创始人和减少竞争。对诺塞克来说,在 Smart Calendar 失败后,蒂尔仍然愿意与他联系,这也给他上了一课。这表明,在硅谷赔钱不像在其他地方赔钱。在这里,你为自己的努力赢得积分,而不仅仅是离开舞台。

* * *

诺塞克忙着建立公司,蒂尔忙着成立基金,麦克斯·拉夫琴则在寻找一种更基础的资产:空调。他在帕洛阿尔托的单身公寓没有空调,所以他只能临时凑合。拉夫琴发现,如果他在斯坦福校园里转悠,参加对公众开放的讲座,闭上眼睛坐在后排,就能享受炎热中的片刻凉爽。

在一次这样的寻找空调任务中,拉夫琴看到了彼得·蒂尔讲座的广告。讲座的主题是金融市场和外汇交易,这并没有特别引起拉夫琴的兴趣，但他从卢克·诺塞克那里听说过蒂尔，知道他投资初创企业。当拉夫琴来到斯坦福特曼工程中心的教室时，他惊讶地发现，来的人比预期的要少，少数与会者像参加研讨会一样围坐在蒂尔周围。

尽管听众不多，但蒂尔的演讲给拉夫琴留下了深刻的印象。"哇，如果我要在金融界干点儿什么，"拉夫琴想，"我想和那家伙合作。"他从蒂尔的财务头脑中也看到了其他东西。拉夫琴认为，蒂尔显然不是计算机科学家，但他是个计算机迷。

讲座结束后，拉夫琴在旁边徘徊，试图和蒂尔搭话。看上去蒂尔正不悦地听着一场即兴筹款游说，拉夫琴意识到"蒂尔需要被解救"，所以他便介入了："嗨，蒂尔，我是拉夫琴……我和卢克是朋友。"

另一个谈话者心领神会，蒂尔把注意力转向拉夫琴。"那你是做什么的？"他问。

"我可能要开一家公司。我在伊利诺伊州就是干这个的。"拉夫琴解释说，他最近的项目 NetMeridian 刚被收购。

"啊，太棒了！我们一起吃早餐吧。"蒂尔答道。

第二天早上，拉夫琴错估了约定见面地点 Hobee's 的距离。他为了赶时间飞奔过去，到达时浑身是汗，气喘吁吁地道歉。蒂尔已经捧着他最爱的 Hobee's 红白蓝奶昔，看起来十分平静。拉夫琴坐下，蒂尔开始盘问他的创业想法。

拉夫琴的第一个想法是制作 MAI 公司销售的一款产品的升级版，对方曾在他上大学时给他合同工作。MAI 提供关于实体和零售商品的分析，拉夫琴认为在线广告数据库也可能有市场。"应该让人从网上搜集这些广告，然后把它们打包放进数据库。这是个创建在线（广告）市场准入的机会。"他表示。

"好吧，还不错。"蒂尔说。

拉夫琴察觉到蒂尔的冷淡反应，便转向下一个概念。在大学期间，他为当时世界上最热门的手持设备奔迈掌上电脑（PalmPilot）开发了一个应用程序，为运行大型计算机系统的朋友解决问题。这些系统管理员依靠信用卡大小的密钥卡来保证安全。每台计算机都与一张密钥卡绑定，密钥卡会输出一次性密码，但这样的话，系统管理员就得带着一大堆密钥卡。

拉夫琴将他的发明称为 SecurePilot，它将多个密钥卡的密码生成变成手持设备上的单一应用程序。"我差不多在奔迈掌上电脑上模拟了整个过程，这样系统管理员就可以扔掉他们的傻瓜设备。"拉夫琴说。

这是一项不小的成就。密钥卡可以进行复杂的加密，并迅速生成密码。SecurePilot 必须保证速度，以免惹恼用户，但奔迈掌上电脑的弱处理器使速度成为技术问题。拉夫琴后来告诉记者杰西卡·利文斯顿："如何加快（程序的）速度涉及一些技巧，从用户界面和数学的角度都是如此。在数学上，你必须知道能从中获得多少内容，而在用户界面上，你必须让用户觉得它没有花太多时间。"

SecurePilot 征服了数学和艺术，并获得了付费用户。拉夫琴对每次下载收费 25 美元，当他和蒂尔坐在 Hobee's 时，拉夫琴已经创造了一个盈利产品。拉夫琴向蒂尔解释说，SecurePilot 的小小成功预示着更大的机遇——在手持设备和移动安全的交汇处有商机。他预言，未来奔迈掌上电脑这样的手持设备将不可或缺。

蒂尔将信将疑。"我见过这些设备，"他说，"但它们有什么用呢？"

"嗯，现在它们只能用来记笔记，"拉夫琴承认，"但我相信，有一天它们会取代笔记本电脑、录音机、台式计算机……"他说，有朝一日，每个人的口袋里都会装着一台超级计算机。

蒂尔继续追问："那有什么意义呢？"

"关键是现在还没有加密技术。如果有人偷了我的奔迈掌上电脑，并且知道密码，我就完蛋了。他们会得到一切，"拉夫琴解释道，"你需要加密这些东西。"

蒂尔开始看到其中的潜力。但他有一个问题，一项该领域的核心挑战：生成一次性密码是一回事，但奔迈掌上电脑的处理器能加密电子邮件、文档和其他文件吗？拉夫琴的想法是否超越了现有技术？

"这正是我的意思。"拉夫琴回答说。还在上学时，他仔细阅读了小型设备加密的相关学术研究，并通过SecurePilot将想法付诸实践。拉夫琴对高效移动加密着了迷，觉得自己在这个领域有竞争优势。

这一切似乎说服了蒂尔，让他从怀疑转为支持。"这是个好主意。你干吧。我愿意投资。"

* * *

之后几个星期，拉夫琴和蒂尔定期见面，拉夫琴后来称之为"超级计算机迷约会"。其中一次是在帕洛阿尔托的Printers公司，他们花了几个小时反复做趣味智力题。"我会给他出一道题，看能不能难住他，"拉夫琴回忆道，"然后他也会问我一个。"

双方谈话语气友好，但涌动着竞争的暗流，这为后来贝宝的文化埋下了伏笔。蒂尔和拉夫琴磨炼了解题能力，两人都不想输。拉夫琴回忆起蒂尔曾经出的一道题：取任意正整数，有的有奇数个唯一除数，有的有偶数个唯一除数。描述所有具有偶数个除数的 z 个整数的子集。*

拉夫琴思索了四五分钟。他记得自己"一开始把问题弄得过于复杂"，并意外地"给出了子集的子集"，但最终，他得出了正确答案。即使他多走了半步，蒂尔也颇感震惊。

然后，拉夫琴还击：假设你有两根密度不同的绳子。如果点燃任何一根绳子，即使它以不同的速度燃烧，也会在一个小时后完全燃

---

* 答案：求出小于 z 的完全平方数的个数，然后用 $z-1$ 减去这个数。

尽。用这两根绳子，测量45分钟。*

蒂尔回答正确。

这种精心设计的猜谜持续了好几个小时，脑筋急转弯之后是数学问题，而逻辑问题更胜一筹。拉夫琴和蒂尔发现了一种共同的奇特兴趣——某种人会把数学变成运动。"蒂尔不懂技术，"诺塞克这样评价蒂尔，"但他是拉夫琴那样聪明、博学的人，他们一直都在努力理解事物，喜欢挑战思维极限。"

蒂尔和拉夫琴的早期会面预示了日后贝宝评估应聘者的过程。一些问题，比如燃烧的绳索，成为该公司面试的主要内容。"它们听起来像好玩的谜题，"拉夫琴解释道，"但背后是非常基础的计算机科学问题……你应该退一步思考：这是一个谜题，应该很快就能破解。如果你想得太深，那就做错了。"

拉夫琴回忆起，有一次面试一位很有希望的求职者，对方是数学博士。拿到谜题，数学专家便开始写写画画，他的计算过程先是占满了整个白板，然后占据了办公室的玻璃门。对拉夫琴来说，求职者冗长而曲折的计算过程是决定性的一击。"这就是未来你成为软件工程师的样子，你会做对，但恐怕要花很长时间。"他想。

在面试中使用深奥的谜题并非贝宝独创，很多科技公司都用难题使求职者绞尽脑汁。并不是所有贝宝成员都认为这个方法是理想的。"我不擅长解谜……但我喜欢解决问题，"贝宝工程师埃里克·克莱因表示，"谜题和问题是有区别的。我们在面试中确实解答过很多谜题，但我觉得解谜可能会刷掉擅长解决问题的人。"克莱因记得当时自己"全身心投入"，但他也反思道，"我以后会认为，这可能不是最好的招聘方式。"

---

* 答案：同时点燃一根绳子的两端和另一根绳子的一端。第一根绳子将在30分钟后烧完。当它烧完后，点燃另一根绳子的另一端。当第二根绳子燃尽时，45分钟就过去了。

一位名叫桑托什·贾纳丹的工程师看到现场解谜的利弊。"我们可能错过了一些人才，因为他们那天刚好不顺心。但我们最终雇用的人至少智商极高，思维也和我们一样。因此，我们可能错过了部分真正优秀的人才，但最终进来的人……自然相处融洽。所以，也许这是一种群体思维，但对一小群人来说，能做成事，而且做得非常快，事后看来，这其实很了不起。"

无论对招聘是否有帮助，贝宝的与众不同之处都在于，它的企业文化中弥漫着解题精神。一位用户体验设计师记得工程团队对解决问题的热爱。她说："想到一个漂亮的解决方法，那真是一种快乐。"为了激发这种快乐，公司在每周的员工通讯中加入趣味智力题，正确答案会在下一期公布。

* * *

经过几轮咖啡和解谜约会后，1998年12月，蒂尔资本发放10万美元过桥贷款，为拉夫琴的初创公司提供种子基金。虽然钱不多，但这是开端。现在，拉夫琴有了天使投资人，并具备创办公司的条件。他还想到一个完美的首席执行官约翰·鲍尔斯，他是软件公司JD Edwards的信息技术专家。

他们在伊利诺伊州奥克布鲁克的一次移动技术会议上认识，当时拉夫琴还在上大学。会议期间，鲍尔斯在摩托罗拉展台前排队，准备了各种问题。他听到旁边的拉夫琴在解答自己的问题。鲍尔斯记得自己当时想："这小子好像比展台里的人懂的都多。"

他们在附近喝咖啡，同时，就鲍尔斯打算向摩托罗拉公司代表提的问题，拉夫琴即兴画了一个框架。鲍尔斯对拉夫琴感到震惊：大学生并不是企业技术会议的常客，也没有这么敏锐。

在拉夫琴的记忆中，鲍尔斯"又瘦又高，特别而有趣……是个心地善良的人，总是领先时代 10 年"。鲍尔斯之所以来参加这次会议，是因为他对移动计算感兴趣。第一代移动设备刚刚崭露头角，比如奔迈掌上电脑、苹果的 Newton、卡西欧的 Cassiopeia、夏普的 Wizard 等等。在遇到拉夫琴时，鲍尔斯已经开始研究无线标准和移动设备安全。"你可以预见变革的到来。"他回忆道。

会议结束后不久，鲍尔斯向他在 JD Edwards 的老板提出开办移动企业咨询业务的想法。尽管这一切在他看来前途光明，但移动计算领域还处于起步阶段，老板对此表示反对。虽然老板对移动技术不感兴趣，鲍尔斯仍然兴奋不已，并请假创办了一家咨询公司。

鲍尔斯需要一个合伙人，便给拉夫琴打电话，提出给他移动编程合约的工作，报酬为每小时 15 美元，拉夫琴欣然接受。他们的第一个客户是 Hyster 公司，那是一家租赁叉车和牵引车的公司。Hyster 的技术服务人员在现场工作时，需要一种向客户开账单的方法。拉夫琴为现场技术人员编写软件，以跟踪在零件上花费的时间和金钱。

很快，越来越多的企业找到这家年轻公司，包括总部位于伊利诺伊州皮奥里亚的卡特彼勒公司，以及另一家来自完全不同行业的企业：雅芳化妆品公司。鲍尔斯回忆说，雅芳的项目进行得最顺利。没多久，拉夫琴的软件促进了化妆品销售和叉车维修。

有了付费客户，鲍尔斯开始安排投资人会议。他和拉夫琴向数十位芝加哥投资人宣传公司，但没有人愿意投资。鲍尔斯回忆说："他们很乐意资助一家利用互联网递送宠物食品或制造 T 恤的公司，但我们什么都没有，一无所有。"

现在回想起来，这对搭档的生意举步维艰：1998 年，许多企业才刚开始把纸笔换成键盘和鼠标，像掌上电脑这样的低功耗手持设备像是一次更大的飞跃，未经尝试，不切实际，而且可能不安全。鲍尔斯承认："我们有点儿天真了。"

虽然他们的推广毫无作用，但展示想法并获得小额合同对拉夫琴很有启发。有一次，两人被邀请到当时的移动计算圣地——奔迈电脑总部。

鲍尔斯到达时穿着蓝色西装外套和卡其裤，打着领带。拉夫琴慢悠悠地走进会场，穿着运动短裤、人字拖和印有"微软垃圾"（WINDOWS SUCKS）字样的T恤。开会之前，鲍尔斯对拉夫琴的着装表示担忧，但拉夫琴予以反驳并给出实质性的理由。"约翰，你不明白，"拉夫琴回答说，"他们也不喜欢微软。"

他们确实不喜欢。奔迈电脑办公室里有许多苹果前员工，他们和拉夫琴一样对微软持否定态度。当他快速解答棘手的技术问题时，所有关于他随意穿着的异议随之烟消云散。他很容易就计算出设备输出量和处理器速度方面的问题。即使是现场最老练的技术专家也感觉到，拉夫琴的着装与他的才华不符。

尽管如此，奔迈的会议在结束时，还是像其他会议一样，充满美好祝愿和热情，但除此之外没有什么。拉夫琴大学毕业后前往西部，他和鲍尔斯保持联系，并继续从事一次性的咨询项目。

* * *

1998年底，拉夫琴再次联系鲍尔斯，因为他们的移动公司终于有了投资人，是时候打造两人一直设想的安全产品了。鲍尔斯开始往返于帕洛阿尔托和他在伊利诺伊州的家之间。

这可以说是贝宝最早的迭代：在多次遭到拒绝后重新崛起，公司现在拥有一位在杂物室办公的天使投资人（蒂尔），一位没有空调的首席技术官（拉夫琴），以及一位通勤距离2 100英里的首席执行官（鲍尔斯）。

鲍尔斯建议将公司命名为Fieldlink，这个名字抓住了雅芳和Hyster项目的精髓，而且听起来还不错。蒂尔、拉夫琴和鲍尔斯开始对公司的产品进行头脑风暴，并向潜在投资人宣传。

Fieldlink 的三人团队很快就融为一体。工作间隙，拉夫琴、蒂尔和鲍尔斯会玩国际象棋和纸牌游戏，在这些休闲比赛中，鲍尔斯发现蒂尔和拉夫琴惊人的相似之处：强烈的好胜心。有一次，在 Printers 公司，鲍尔斯在一个名为 3-5-7（也叫"火柴游戏"）的硬币游戏中击败了蒂尔。失望的蒂尔暂停比赛，用纸和笔计算游戏中隐藏的数学原理。计算完成后，蒂尔在随后的每一轮都击败了鲍尔斯。鲍尔斯回忆说："通过这件事，我对蒂尔有了很多了解。他会根据某种科学依据做出决定，而不只是开一枪，然后看会打到哪里。"

鲍尔斯很享受在西部建立初创科技公司的时光，但他也把自己累得筋疲力尽。他在周五晚上抵达加州，整个周末都与拉夫琴和蒂尔一起苦干。然后，在周日晚上，他会乘坐红眼航班回到芝加哥，在清早到家，和妻子打声招呼，换身衣服，接着出门上班。

这样的早期结构很适合拉夫琴：蒂尔和鲍尔斯负责业务和融资，他独自编写代码。但几周后，拉夫琴看出了鲍尔斯的辛苦，他得出结论，公司需要一位在本地的全职首席执行官。蒂尔、拉夫琴和疲惫的鲍尔斯三人去帕洛阿尔托的 Verona 咖啡馆吃饭。拉夫琴让蒂尔发起这场艰难的谈话，蒂尔温和地告诉鲍尔斯，如果他不能搬到帕洛阿尔托，就无法继续担任首席执行官。蒂尔承认，要彻底改变刚安顿下来的生活（鲍尔斯刚刚结婚），选择远在美国另一头的一家初创企业，选择不确定和混乱，这很困难。

鲍尔斯尽力接受了这个安排。"我有点儿不高兴，因为我喜欢那种高强度和乐趣，"他说，"但现在回想起来，那是完全合理的。"合作以友好的方式结束，随着公司的扩张，拉夫琴和蒂尔甚至求助鲍尔斯来担保他们的信誉。鲍尔斯热情地配合。

在第一次员工交接中，拉夫琴目睹了蒂尔展现的技巧。原先，拉夫琴和鲍尔斯平分了公司的股权。但随着鲍尔斯的离开和蒂尔的投资，出现了一个棘手问题：他们每个人都必须稀释自己的股权，公司也需要足够的股权来分给未来的新员工。

拉夫琴找蒂尔来处理这个敏感问题，蒂尔照办了。"我想，哇，这就是硬核绝地控心术。3个小时里，我基本上什么都没说，只是看着蒂尔解释，为什么（鲍尔斯）必须减少股权。"拉夫琴开始思考，除了作为Fieldlink的天使投资人，蒂尔是否还能发挥更大的作用。

"首席执行官和创始人必须有可以真正信任的人，"后来成为贝宝投资人的约翰·马洛伊说，"在一切顺利的时候，有很多人对你好，但当事事不顺时，你会和谁客观地交流呢？拉夫琴和蒂尔拥有彼此。他们如此耀眼，却又如此不同。他们是伟大合作关系的最好例子之一。"

第三章
正确的问题

埃隆·马斯克的金融冒险始于大学时期。20世纪80年代末，他和弟弟金博尔从南非移民加拿大，都就读于安大略省金斯敦的女王大学。为了填满空空的客户名单，他们开始给在报纸上看到的人打电话。

有一次，埃隆·马斯克读到一篇关于加拿大丰业银行高管彼得·尼科尔森博士的文章。尼科尔森在物理和运筹学领域受过教育，并将他的科学才华运用到政治、政策和金融领域。他被选为新斯科舍省议员，并担任加拿大总理办公室政策部副主任。在不同的职业中，尼科尔森致力于解决一系列问题，包括穿孔卡片计算机问题和加拿大渔业公司权益共享协议等。

马斯克很感兴趣，便联系文章作者，后者给了他尼科尔森的电话号码。马斯克立即拨通了电话。尼科尔森回忆说："我认为，可以说马斯克是唯一一个突然给我打电话，向我谋求工作的人。"马斯克的魄力给他留下了深刻印象，他同意与马斯克和金博尔见面共进晚餐。

他们边吃边讨论"哲学、经济学以及世界运行的方式"，马斯克证实了他从文章中得出的看法，尼科尔森"超级聪明……有着发达的头脑"。他们提出实习的问题，尼科尔森说他在丰业银行的小团队有一个职位。马斯克觉得尼科尔森对科学的兴趣和他一样，于是选择了这个职位。尼科尔森将他纳入麾下，成为自己唯一的实习生。

彼得·尼科尔森也获得了荣誉，他将成为埃隆·马斯克为数不多的老板之一。

* * *

马斯克加入丰业银行是因为尼科尔森，而不是想成为金融家。尼科尔森加入银行也是出于类似的原因，并非因为金融，而是被银行首席执行官塞德里克·里奇吸引。里奇任命尼科尔森领导一个小型内部咨询团队。"我们有点儿像国防高级研究计划局，"尼科尔森回忆道，"我们是一个疯狂的边缘小组织。"

对于该部门19岁的实习生马斯克来说，这是一个从上往下观察金融的机会，而他很早就表现出了潜力。"他非常聪明，好奇心很强，"尼科尔森回忆说，"他当时已经是一个非常、非常有远见的思考者。"工作之余，尼科尔森和马斯克会"花很多时间讨论谜题、物理学、生命的意义和宇宙的本质"。尼科尔森回忆说，即使在那时，马斯克的一个兴趣也十分突出："他真正爱的是太空。"

在马斯克实习的过程中，尼科尔森交给他的任务越来越难，包括一个关于丰业银行拉美债务组合的研究项目。整个20世纪70年代，北美的银行向发展中国家（包括几个拉美国家）提供了数十亿美元贷款，它们相信新兴市场的快速增长将带来可观的利润。但经济增长从未出现，到20世纪80年代，这些银行和国家都面临迫在眉睫的债务危机。

几个提议的解决方案都失败了。包括尼科尔森在内的许多专家认为，最好的解决办法是将不良债务转换为债券，即将其证券化。银行将同意以固定利率延长还款期限。作为交换，这些新债券将可以在公开市场交易，如果经济恢复增长，理论上债券可能会升值。即使经济没有增长，这种情况也比另一种灾难性的前景要好：几十个国家和银行违约，导致全球经济恶化。

美国财政部长尼古拉斯·布雷迪对该提案表示赞同，由此产生的债券被称为"布雷迪债券"。它们以美元计价，得到美国财政部、国际货币基金组织和世界银行的支持。1989年，墨西哥达成第一份布雷迪协议，其他国家纷纷效仿。"二级市场很快就为这些国家发展起来了。"尼科尔森说。

* * *

事实上，尼科尔森没有想到拉美债务研究任务会有什么结果，但他觉得它够复杂，足以让部门里这个活跃的实习生忙一阵了。然而，马斯克刚开始深入了解布雷迪债券市场，就发现了一个机会。

他计算了一国债券的理论担保价值，但发现这些债务可以从竞争对手那里以低得多的价格购买。马斯克背着尼科尔森给一些美国公司挨个打电话，包括高盛、摩根士丹利等，询问债务定价和是否可售。"当时我大概19岁，"马斯克回忆道，"（我说）'我来自加拿大丰业银行，我想知道你们将以什么价格出售这些债务……'"

马斯克看到了有利可图的套利机会：如果丰业银行从其他银行购买便宜的不良债务，然后等到债务转换成布雷迪债券，那会怎么样？收益可能高达数十亿美元，而且债券理论上得到美国财政部、国际货币基金组织和世界银行的担保。他把这个想法告诉尼科尔森。"我当时说，'我们买下所有债务吧。这些人都是傻瓜。这是一个必胜的方案'，"马斯克说，"我们可以马上赚到50亿美元。现在就能。"

第三章　正确的问题

管理层可不这么看。当其他加拿大银行以巨大损失出售发展中国家债务时，丰业银行却逆流而行，继续持有债务，并将其记为亏损。在其首席执行官看来，该银行已经拥有大量巴西和阿根廷的债务，高达数十亿美元。他因此受到董事会批评，所以他不打算增加风险，尤其是在新生而不确定的布雷迪债券上押注。

马斯克目瞪口呆。在他看来，过去没有参考价值。布雷迪债券确实新，但这恰恰是重点。"事实上，这就是债务被出售的原因，因为有太多其他银行的首席执行官有同样荒谬的想法，"马斯克说，"这么大的套利机会摆在那里，他们却无动于衷，这让我大吃一惊。"

尼科尔森对里奇的决定做出了更宽容的评价。由于丰业银行一直持有拉美债务，因此其风险远高于竞争对手。尼科尔森说："马斯克当时可能没有充分意识到，丰业银行不准备亏本出售债务已经够糟糕了。但是考虑购买债务？那就太出格了。"

在尼科尔森看来，里奇和马斯克都表现出了类似的远见：里奇坚持让丰业银行保留发展中国家债务，而马斯克则认为应该收购更多债务。事实证明，两人是正确的：从1989年至1995年间，又有13个国家达成布雷迪协议，将债务转换成可交易债券。

对马斯克来说，在丰业银行的实习证明了"银行有多差劲"。对未知的恐惧让它们损失了数十亿美元。在后来创办X.com和贝宝时，他将这段经历作为银行能被打败的证据。马斯克总结道："如果银行在创新方面如此糟糕，那么任何进入金融领域的公司都不应该担心银行会打败自己，因为银行不会创新。"

* * *

马斯克离开丰业银行时，对银行的看法并不乐观，但他获得了终生的朋友和导师彼得·尼科尔森。他甚至追随尼科尔森的脚步，在学习上把科学和商科结合起来。马斯克从女王大学转到宾夕法尼亚大学，攻读物理和金融双学位。

后来，马斯克承认为了规避风险而学习商科。"我担心，如果不学商科，我将被迫为学过的人工作，他们会知道一些我不懂的特殊知识，"他在美国物理学会的时事通讯中说，"这听起来不太好，所以我想确保自己也知道这些知识。"他承认，如果重新学习，他可能会完全放弃商科课程。

他觉得物理学十分严谨。"我当时在上高级证券分析课，"马斯克回忆说，"他们在教什么是矩阵数学。我想，哇，好吧，如果你会做物理数学，那么商科数学就超级简单了。"最重要的是，马斯克的物理课同学也和他有同样的业余爱好：对于一个曾自称为"超级计算机迷3000"（Nerdmaster 3000）的人来说，能找到其他喜欢《龙与地下城》、各种其他的电子游戏和计算机编程的人，让他十分欣慰。

虽然马斯克在宾夕法尼亚大学才正式学习物理学，但他对物理学的热爱早在上大学之前就开始了。"十二三岁的时候，我经历了一场存在危机，"他后来说，"（我）试图弄清楚一切的意义是什么，我们为什么存在，是否一切都没有意义，诸如此类的问题。"在这场危机中，马斯克发现了一本给他带来希望的科幻小说：道格拉斯·亚当斯的《银河系搭车客指南》。

小说主人公阿瑟·邓特在地球毁灭中幸存下来，并开始寻找曼格拉斯星球的星际探索。在冒险中，他了解到一种古老的"超智能泛维度生物"，他们建造了一台名为"深思"（Deep Thought）的计算机，以寻求"关于生命、宇宙和一切的终极问题"的答案。《银河系搭车客指南》指出，提出正确的问题和推测答案一样重要，这缓解了马斯克对于存在的担忧。"很多时候，"马斯克解释道，"问题比答案更难，如果你能恰当地描述问题，那么你很容易找到答案。"

对马斯克来说，物理学提出了正确的问题。在亚当斯的小说之后，他开始阅读诺贝尔奖得主、物理学家理查德·费曼博士等人的作品。刚上大学，马斯克就愈加沉迷于物理。在沃顿商学院的商业课上，他写了关于超级电容和天基能源系统财务案例的论文，受到好评。

马斯克喜欢课堂上的物理问题，但他担心毕业后真要从事物理工作。"我想我可能会陷入对撞机机构的官僚体系，"他说，"然后对撞机可能会像超导超级对撞机一样被撤销，那就糟了。"但他还有什么选择呢？许多沃顿商学院的同学都在兑现成为银行和咨询公司新员工的签约奖金。他到过同样的单位，做过同样的工作。比起在倒霉的对撞机机构的等级制度中苦苦挣扎，这些传统路线对他来说更没有吸引力。

最终，马斯克选择了一条历来受犹豫的本科生欢迎的道路：研究生院。他申请并被斯坦福大学材料科学与工程专业录取。

* * *

埃隆·马斯克博士。这就是那张前往未来的船票，是吗？马斯克知道自己不适合企业生活，但即使被斯坦福的知名专业录取，他也在考虑学术界之外的其他选择。

大学毕业后的那个夏天，马斯克同时在硅谷做两份实习工作。白天，他在研究天基武器、先进监视系统和汽车替代燃料来源的公司 Pinnacle Research Institute 工作。晚上，他来到热闹的电子游戏初创公司 Rocket Science Games。他的主管马克·格里诺说："马斯克是晚上游戏软件渲染时进来的'光盘翻转器'。"

这些实习经历让马斯克接触到科技初创企业的世界。他发现了和自己一样的人，他们夜以继日地工作，喜欢电子游戏，并以解数学谜题为乐趣。就像在他的物理课上一样，在这里，对计算机着迷是特点，而不是缺陷。不过，对马斯克来说，最重要的是，他看到自己的工作如何将创意与影响力结合起来。在 Pinnacle Research Institute，研究人员不是"要么发表，要么发臭"，而是在创造，他们研发的技术将改变汽车。

在湾区的那个夏天，马斯克和弟弟金博尔展开了一场天马行空的头脑风暴，他们曾短暂地考虑过为医生建立一个社交网络。这个想法虽然毫无价值，却埋下了创业的种子。他们敏锐地意识到，机会正在身边萌芽。仅仅在马斯克来到西部的几个月前，斯坦福研究生杨致远和大卫·费罗在活动工作室里埋头苦干，成立了"致远和大卫的万维网指南"（Jerry and David's Guide to the World Wide Web），之后将其重新命名为"另一种非官方层次化数据库"（Yet Another Hierarchical Officious Oracle），后来简称为"雅虎"。1994 年，一位前对冲基金经理离开纽约，和妻子搬到西雅图郊区，在他们的车库里创办了卡达布拉公司。后来，他将公司重新命名为亚马逊。

计算机编程对马斯克来说并不陌生，他从少年时代就开始编程了。13 岁时，马斯克出售了一个编程项目，那是一款名为 Blastar 的电子游戏。在游戏中，玩家必须"摧毁一艘装载致命氢弹和状态光束机的外星人太空飞船"。创业对马斯克来说也是家常便饭。在加拿大期间，他创立马斯克计算机咨询公司，销售计算机和文字处理器。根据女王大学学生报纸上的一则广告，这家公司是"最先进的"，并恳请顾客"无论白天还是晚上"，随时都可以打电话。

在他看来，成立雅虎和亚马逊的人只比他大几岁，肯定也不比他聪明。但创业仍有风险，尤其是他已经拿到斯坦福研究生院的录取通知书。因此，马斯克找到折中的办法，他向当时最热门的网络公司网景申请工作。

马斯克没有收到网景公司的回复，但也没有被直接拒绝。于是他决定壮着胆子去网景的办公地点，在大厅里转转。也许在那里，他可以找谁谈谈，并有所收获。这招儿也没有奏效。"我太害羞了，不敢和任何人说话，"他后来告诉Digg（社会新闻分享网站）创始人凯文·罗斯，"所以我就站在大厅里，感觉很尴尬。我只是站在那里，想看看有没有人可以说话，然后我太害怕了，不敢和任何人说话，所以我就离开了。"

排除网景后，他纠结于是去读研究生还是创办互联网公司。"我在想，什么对未来影响最大？我们需要解决哪些问题？"他说。在宾夕法尼亚大学期间，他列出了对不远的未来有影响的领域：互联网、太空探索和可持续能源。但是，对于这些将"影响未来"的领域，埃隆·马斯克该如何选择呢？

他向彼得·尼科尔森寻求指导。他们一边绕着多伦多长途步行，一边讨论马斯克的下一步计划。尼科尔森告诉他："看，埃隆，互联网火箭正在升空。现在是拿出你的好想法并冒险一试的最佳时机，因为你随时可以回去攻读博士学位。这个机会将一直存在。"尼科尔森本人就是斯坦福的博士，他的建议很有分量。

尽管如此，马斯克还是在1995年夏天离开了宾夕法尼亚大学，打算开始斯坦福的研究生项目。但回到湾区后，尼科尔森的建议变得越来越难以忽视。马斯克说："接下来的好几年，我将眼睁睁看着互联网进入令人难以置信的快速增长阶段，这确实很难接受，所以我真的想做点儿什么。"他向斯坦福大学申请延期入学，从1996年1月开始学习，而不是1995年9月。

虽然在今天看来，马斯克是商业领域的顶级冒险家之一，但1995年的马斯克对放弃读研充满矛盾。"我不是天生的冒险家，"几年后，他在接受《宾夕法尼亚公报》（Pennsylvania Gazette）采访时说，"我还有奖学金和助学金，如果放弃，我会失去它们。"据报道，在收到他的延期申请后，马斯克在斯坦福的院系联系人告诉他："好吧，试一试，但我打赌我们会在3个月后见到你。"

＊＊＊

1995年，马斯克开始为一家网站编写软件，对方将矢量地图、点对点方向查询和企业名录结合起来。马斯克让弟弟加入，他们一起收购了公司，用的是自己的积蓄，以及从格雷格·库里那里获得的几千美元。库里是他们结交的加拿大商人，他作为联合创始人加入了公司。

在此之前，埃隆和金博尔的母亲梅耶·马斯克找到库里，向他介绍她的儿子和他们的雄心。库里于2012年去世，享年51岁，但他的遗孀回忆，丈夫生前曾分享他押注马斯克兄弟的故事。"梅耶告诉他，'我有两个儿子，他们有这样的想法……'。"琼·库里回忆道。有朝一日，库里将在马斯克兄弟的事业和生活中发挥重要作用。他比两兄弟大几岁，有灵敏的商业嗅觉，在关键的创业初期，他和他们住在一起。"我觉得埃隆和金博尔像爱大哥一样爱他，"琼·库里说，"因为他变得像他们的大哥一样。"马斯克深情地谈起库里。"格雷格的确是我最亲密的朋友之一。"他回忆说。他将库里称为"有一颗金子般的心的骗子"，是一个"凭一己之力做好事"的人。

该团队在帕洛阿尔托租下简陋的办公空间，在地板上钻了一个洞，从楼下邻居那里获得网络连接。马斯克睡在办公室，在附近的基督教青年会洗澡。在这件事上，马斯克效仿外祖父，一位名叫约书亚·霍尔德曼的脊椎推拿治疗师。"在二战期间，霍尔德曼博士忙于政治和经济研究，几乎没有时间从事本职工作，他就住在基督教青年会。"

马斯克兄弟将新公司命名为 Global Link Information Network，并于1995年11月初正式注册。该公司的第一份新闻稿显示了兄弟俩的经验不足：他们在宣布产品之前还没有确定产品的名称。1996年2月2日，《旧金山纪事报》嘲弄他们："新产品叫作 Virtual City Navigator

或者 Totalinfo，我们一直想把后者读成 Totalfino，那是一种新款意大利软饮料的名字。"报纸电头部分写道："附函中说这是 Global Link Information Network 的第一次新闻发布，这在很多方面都很明显，不仅在于你很难判断产品名称到底是 Totalfino 还是 Totalinfo。"

不管名字里有什么寓意，《旧金山纪事报》在美国媒体上首次提到这两个无名之辈："这两个小伙子来自南非，金博尔说，他们拥有全南非第三台 IBM（国际商业机器公司）个人计算机，一台只有 8K 内存、没有硬盘驱动器的 XT 型计算机。本报自然表示惊叹。"撇开讽刺意味不谈，马斯克兄弟有理由感到自豪：因为自己的产品，他们在几个月内就获得全国媒体的报道。

自此，事情进展迅速。在多次寻求风险投资失败后，公司获得一轮由莫尔·达维多创业投资公司领投的 350 万美元的投资。在募资期间，两兄弟的青涩再次体现出来。"他们最初要求用 1 万美元投资换取公司 25% 的股份。"后来在撰写马斯克传记时，投资人史蒂夫·尤尔韦特松与作家阿什利·万斯分享道。"这笔交易真划算！当我听说投资 350 万美元时，我好奇莫尔·达维多是否真的读过商业计划书。"马斯克也很惊讶。"我以为他们疯了，"两年后，马斯克对一名记者说，"他们对我们一无所知，就要给出 350 万美元？"

兄弟俩放弃了 Global Link Information Network、Totalinfo 和 Virtual City Navigator 这几个名字，一家品牌公司为企业设计了新名字——Zip2。1996 年 3 月 24 日，他们注册网址 www.zip2.com，并聘请经验丰富的首席执行官里奇·索尔金来管理公司。

起初，他们打算建立一个消费者网站，以社区商店为重点，立志成为雅虎、Lycos 或 Excite 那样的网站。但在 1996 年，向小企业出售互联网广告是一个挑战，许多夫妻店对此不感兴趣。因此，Zip2 转而向大型电信公司寻求合作，如太平洋贝尔、美国西部电信和通用电话电子等，帮助它们扩展互联网广告业务。1996 年 7 月，金博尔·马斯克对一家行业刊物表示:"电信公司在营销方面有很多经验和实力,但在开发互联网技术方面不太在行。"Zip2可以为电信公司提供互联网后备实力,但对方表示希望在内部运营互联网广告业务,Zip2团队随之也放弃了这条路线。

随后,Zip2将自身重塑为"世界级的技术平台,可以使媒体公司扩大其在当地的特许经营权,并主导本地在线广告"。实际上,这意味着促进媒体公司的数字广告销售,并创建地方城市指南。这个概念有希望成功,Zip2与奈特里德报团和兰德马克通信等大公司签署协议。一家有影响力的行业刊物将Zip2称为"新闻界的新超级英雄",并写道,"这家低调的软件公司已经挤到在线目录企业前面,引领报业对电信公司和微软的反击"。

* * *

刚开始在北美生活时,埃隆和金博尔急于与加拿大报纸报道的对象见面。而现在,仅仅几年之后,他们就被誉为美国报业的白衣骑士。之后几年,Zip2与微软、Citysearch、美国在线和雅虎展开激烈的竞争,希望从600亿美元的本地广告市场分一杯羹。在此期间,马斯克第一次真正体验初创企业的生活,经历了必不可少的高潮和低谷。

Zip2的创新包括数字地图和免费电子邮件服务,甚至还有通过传真预订餐厅座位的功能,这让马斯克兴奋不已。1996年1月,通用编程语言Java推出。到9月,马斯克和技术团队已经把Java作为Zip2的核心。JavaSoft的高级主管卢·塔克博士对Zip2大加赞赏。"Zip2开创性的地图和指路功能是当今网上最强大的Java现实世界应用之一,实现了先进技术与日常实用性的真正融合。"塔克博士在一次(有很大改进的)Zip2新闻发布会上说。

Zip2在1996年底至1997年发展壮大,奈特里德、软银、赫斯特、普利策出版、莫里斯通讯和纽约时报公司投资了数百万美元。仅仅成立两年，该公司就为140家不同报纸网站提供支持。"到1997年中……Zip2已经成为一个实体，实际上，它的功能就像一家迷你微软。"一位业内观察家写道。

然而，这种发展是有代价的。1996年秋天，马斯克与投资人和其他高管发生冲突，对方质疑他的领导能力。他没有耐心，长期睡眠不足，容易设定不合理的最后期限，公开斥责其他高管和同事，并且不打招呼就修改别人写的代码。

后来，马斯克承认了这些缺点，并解释说，在Zip2之前，他从未做过管理，"从来没有当过运动队队长或任何组织的领导者，也没有管理过一个人"。他向传记作家阿什利·万斯回忆起，自己有一次当众羞辱一位同事，当着别人的面纠正他的工作，从而破坏了两人的关系。"最终，我意识到，我可能解决了那个问题，但我让对方变得没有效率了。这不是做事情的好办法。"他说。

Zip2让马斯克继续担任首席技术官，并允许他留任董事会主席。但随着公司的扩张，他对公司战略方向的影响力有所下降。自己的角色被削弱后，马斯克对公司的雄心缩小感到沮丧。他曾设想Zip2会成为下一个雅虎，但现在它变成了报业名不副实的托儿。"我们开发出非常棒的技术，基本上被传统媒体行业和风投公司获得了，"马斯克回忆道，"我当时想，我们相当于有了F-35联合攻击战斗机，而媒体公司打算使用的方式，是把它们推下山，撞向对方。"

马斯克曾劝说公司改变路线，但没有成功。他推动Zip2收购city.com网站，并在1998年向媒体发起挑战。他尖锐地告诉《纽约时报》："我们认为真正的较量是挑战雅虎和美国在线，成为本地门户网站。"但Zip2的董事会、投资人和高管团队并不同意。在他们看来，媒体公司是强大的付费客户，成为下一个雅虎是幻想。"这不是一个哲学问题，"该公司首席执行官里奇·索尔金说，"哪里有钱，我们就去哪里。"

Zip2 在整个 1998 年都在艰难前行，与最大的竞争对手 Citysearch 的合并计划宣告失败。《夏洛特观察家报》(*The Charlotte Observer*) 是其早期的重要客户，它取消了 Zip2 城市指南，抱怨广告销售放缓。《夏洛特观察家报》的不满代表着一个全行业的问题。《纽约时报》在 1998 年 9 月写道："尽管广告客户很感兴趣，但没有哪个城市指南能一直盈利。"

* * *

第二年年初，一切落下帷幕。1999 年 2 月，Zip2 以 3.07 亿美元现金的价格被出售给康柏计算机公司。对康柏来说，这次收购将其远景搜索引擎与 Zip2 的本地列表和广告业务结合起来。对马斯克来说，这笔交易带来了 2 100 万美元的收入。

直到今天，他都对那一刻感到震惊，包括支付的金额和方式。那笔巨款是用支票寄来的。"真的，寄到我的信箱。我当时想：'这太疯狂了。如果有人……我的意思是，我想他们兑现支票会有困难吧？'但这似乎仍然是一种奇怪的汇款方式。"这笔交易让他离开 Zip2，继续前进。"我的银行账户余额从大约 5 000 美元增加到 21 005 000 美元。"他说。他当时才 27 岁。

离职后，马斯克成为媒体关注的人物，他欣然接受了这个角色。"尽管他说话语速很快，穿着也像其他硅谷技术专家一样随意，"一位作家这样评价马斯克，"但他有摩门教传教士那样干净利落的外表和无可挑剔的举止。"拿着刚到手的巨款，马斯克在帕洛阿尔托买下一套公寓和一辆价值 100 万美元的迈凯伦 F1 跑车。

金钱和名誉令人愉快，但马斯克觉得 Zip2 的成功有些暗淡。公司在经济上取得了胜利，但马斯克觉得它在技术上遭受阻碍。他为 Zip2

的创新深感自豪,例如,它创造了首批可用的在线地图。但马斯克认为,这些技术结晶是明珠暗投。Zip2 的产品并没有展现出互联网的惊人潜力,至少没有达到他所希望的程度。"我知道如何开发技术,"他说,"但我没有看到它蓬勃发展,它被压制了。"

马斯克崇拜资本家和科学家,但就像在宾夕法尼亚大学时一样,他对科学的痴迷占据了上风。商业人士将互联网视为 20 世纪最新、最耀眼的淘金热。马斯克有不同看法。"我认为它将从根本上改变世界,"他说,"互联网就像世界的神经系统,可能会让人类成为某种超级有机体。"

对马斯克来说,这个"神经系统"融合了科幻小说和硬科学,就像亚当斯和费曼作品的混合体,他在谈到这点时不由自主地惊叹。"以前我们只能通过潜移默化的方式交流,一个人必须亲自去找另一个人。要写信,就得有人送信,"他说,"现在,你可以身处亚马孙丛林内部,哪怕只有一条卫星信号连接到互联网,你都可以访问世界上的所有信息。这听上去不像真的。"

不真实,但他周围的一切都在成为现实。马斯克渴望有机会做更多事情。用他自己的话说,他想负责打造互联网的"基石"。Zip2 已经成为历史,他也拥有了一笔巨款。现在是他再次冒险的时候了。

第四章

"我在乎的是赢"

1990年，作为实习生，马斯克无法接受丰业银行对创新的抵触。但是，在技术飞速进步的这10年里，各大银行似乎只会在不妥协的立场上变本加厉。

互联网无处不在，但银行领导层却以谨慎的目光审视着它，就像马斯克曾试图推销Zip2数字广告的小企业主。1995年，当马斯克还在打造Zip2时，"网上银行"是一个矛盾的说法。尽管越来越多的银行进入数字世界，但它们提供的在线服务不过是贴在互联网上的小册子。

一个例子是富国银行的网站，大约在1994年底被启用。网站访问者看到一份经过仔细分类的信息目录，所有信息都在银行标志性的公共马车图像下面，前提是他们能打开网站。"不幸的是，在拨号上网还是主流的时代，"银行的一位档案工作者后来承认，"那些五颜六色的公共马车图片一次只能载入一行，需要好几分钟才能加载整个网站。"富国银行的客户向其投诉，并提出一个合理的产品问题："我什么时候才可以在网站上查看账户余额？"

当然，马斯克并不是唯一认为线下银行转移到线上太慢的人。到20世纪90年代末，数字金融和银行领域涌现出大量初创企业。但马斯克发现这些服务在某些方面存在缺陷，他并不热衷于再成立一家互联网银行。不出所料，马斯克对其新金融服务公司的愿景是雄心勃勃的。

他想知道，如果一个单一实体统一人们的全部财务生活会怎么样？在他最早的一些投资人推介中，他把这个想法称为"金融服务领域的亚马逊"：金融的一站式商店，不仅提供标配的储蓄和支票账户，还提供抵押贷款、信贷额度、股票交易、贷款，甚至保险等一切服务。马斯克认为，资金流向哪里，他的新公司业务就应该拓展到哪里。

他的愿景既极富逻辑性，又不可思议地宏伟。马斯克不是在推销一家新公司，而是在一家公司里推销6家公司。他认为，关于钱的基础设施早就该升级了。他将银行和政府计算机设施描述为："一堆古老的主机，运行古老的代码，在安全性很差的情况下进行批处理，以及一系列异构数据库，就像一个丑陋的庞然大物。"

也就是说，20世纪90年代的银行基础设施很糟糕。在他看来，作为银行的主要经营者，银行家是一群收取高昂费用却没有提供什么有价值回报的中间商。马斯克开玩笑说："出于某种原因，各家银行都有建造大型建筑的欲望。它们非常喜欢在'副总裁'前面加形容词——高级副总裁、执行副总裁、高级执行副总裁。"

马斯克的批评甚至扩大到股票交易所等貌似重要的金融基础设施。"我说：'那么，为什么不允许人们相互交易呢？如果我想给你股票，为什么不直接给你呢？'我不需要经过任何机构，交易所没必要存在。"换句话说，正确的代码甚至可以淘汰纳斯达克。

但总得有人编写代码，总得有人构建、运行和拥有数据库，这些数据库将取代高级金融机构的高楼大厦、头衔华丽的职员以及支撑这一切的高昂费用。马斯克相信，他也许就是那个人。

*＊＊

马斯克首先向加拿大金融高管哈里斯·弗里克等人提出这个想法。他在丰业银行工作时，经彼得·尼科尔森介绍认识了弗里克。"他们都是非常聪明的人，"尼科尔森在谈到他的门徒时说，"我认为他们两个会组成非常强大的智囊团。"

弗里克来自新斯科舍省的乡村社区英戈尼什。他的父亲是建筑工人，母亲是护士。他在大学期间表现优异，获得颁发给加拿大学生的 11 项罗德奖学金之一。在英国，他学习经济学和哲学，之后回到加拿大从事银行业工作。当马斯克在互联网业取得成功时，弗里克在金融领域顺利发展，将近 30 岁时成为一家证券公司的负责人。

和其他人一样，弗里克对互联网的兴起很感兴趣。1998 年底，马斯克向弗里克提出他的想法，打算建立一家新型金融服务公司。"他是我见过的最杰出的推销员之一，"弗里克在谈到马斯克的邀请时说，"就像史蒂夫·乔布斯。当阐述某些内容时，他往往能凭直觉找到吸引大众的核心信息。"1999 年初，弗里克加盟，他放弃百万美元薪水，搬到帕洛阿尔托。

此后不久，弗里克招募了第三位联合创始人：克里斯托弗·佩恩。佩恩毕业于安大略省的女王大学，之后在金融和私募股权行业工作，然后在沃顿商学院攻读工商管理硕士。他还对计算机产生兴趣，在晚上和周末捣鼓计算机硬件，编写基本代码。他的日常工作也很快融入科技元素。从沃顿商学院毕业后，佩恩加入私人股权公司 BMO Nesbitt Burns。他的办公桌上堆满了互联网初创企业的商业计划。

佩恩和弗里克在 BMO Nesbitt Burns 工作时相识。多年后，弗里克离开私募股权业，加入硅谷的一家网络公司，并游说佩恩和他一起去。"20 年后，当你的孩子问你互联网诞生时你在哪里，你会怎么说？在一家老掉牙的银行，还是在互联网第一线？"佩恩记得弗里克曾对他说。

1999年，佩恩收拾行囊前往帕洛阿尔托，在那里，他很快就对马斯克产生第一印象。"他精力非常旺盛，"佩恩回忆道，"那股劲头好像在说，'让我们行动起来，有所作为，有所建设，有所成就'。"一天，在马斯克家，佩恩走进他的卧室。佩恩说："房间里真的摆满了书，都是商业名人的传记或故事，以及他们是如何成功的。事实上，我记得我坐在那里，在一堆书的最上面放着一本关于理查德·布兰森的书。我突然意识到，埃隆正在为成为著名企业家而准备和学习。某个崇高目标驱使着他。"

* * *

另一位联合创始人是马斯克招募的艾德·何。艾德·何在伯克利获得电子工程和计算机科学学位，毕业后在甲骨文工作。后来，他加入工程人才聚集的美国硅图公司。但到20世纪90年代中期，艾德·何的同事开始放弃硅图公司的美差，转而在互联网初创企业谋得职位。

艾德·何的老板吉姆·安布拉斯也随之离开，加入一家名为Zip2的公司，并将他招入麾下。艾德·何喜欢Zip2的工程挑战，包括最后一个令人难忘的项目：为当时原始的手机开发应用程序。"假如你可以输入两个地址——这在那些手机上是真麻烦！——然后你就可以在手机上看到路线了。"

在Zip2，艾德·何也第一次见识马斯克的领导风格。"每次我提出想法，"艾德·何回忆说，"埃隆就会说：'去干吧。'"他很欣赏马斯克，他不像高管，更像线路工程师。他回想起马斯克是如何通宵玩电子游戏《星际争霸》和《雷神之锤》的。在这些游戏中，他的竞争精神显露无遗。"他就是星际争霸之王。"艾德·何说。

电子游戏很快便促成友谊。"如果待到很晚，"艾德·何回忆道，

"你们会开始玩游戏,然后就会成为朋友。"康柏刚收购Zip2,马斯克就开始向艾德·何推介他的下一家创业公司。"现在回想起来,其实不应该这么做。"艾德·何说。理论上,马斯克受到Zip2竞业禁止条款的约束,但他经常违反这些规则,往往还扬扬自得。艾德·何回忆起,在硅图公司最终就被Zip2挖墙脚提出正式抗议时,马斯克喜形于色。

在1999年的前几个月,马斯克的新公司基本上只是他心中的一些想法,但艾德·何作为第四号员工积极加入了公司。"凡事都有潮流,对吧?"艾德·何说,"你要么赶上潮流,要么坐在那里等待,雅虎就会走到前面。"最初的四人团队分工明确:马斯克和艾德·何负责技术和产品,弗里克和佩恩负责公司的财务、监管和运营事务。

* * *

甚至在他们有产品之前,马斯克就选好了公司的名字:X.com。马斯克认为,这是"互联网上最酷的网址"。他不是唯一这么想的人。20世纪90年代初,马塞尔·德保利斯和戴夫·韦恩斯坦两位工程师买下www.x.com,作为他们的公司Pittsburgh Powercomputer的网址。他们卖掉了公司,但保留了X.com的网址,作为自己的个人电子邮件地址。

多年来,德保利斯和韦恩斯坦拒绝出售网址,他们对各种报价条件都无动于衷。1999年初,又有人找到了他们。"在千年虫问题的阴影下,埃隆·马斯克找到我们。"他们说。这一次,交易条件更有吸引力。他们把X.com卖给马斯克,换取现金和150万股该公司的A轮股票。这次谈判引起《华尔街日报》的兴趣,该报在一篇关于创业公司股权的报道中提到了这次谈判。碰巧的是,这篇报道还提及了另一位年轻企业家麦克斯·拉夫琴,他解释了自己如何利用股票来获得办公地点。

交易结束后,马斯克得意地展示了令人难忘的企业电子邮件地址：e@x.com。马斯克深爱 X.com 的网址和公司名称，哪怕有人批评它听起来令人费解或十分邪恶。对他来说，X.com 新颖、有趣而开放，足以概括公司的精髓——一个所有银行和投资服务并存的地方。就像 X 在藏宝图上"标志宝藏的埋藏地点"一样，X.com 也代表网上存放金钱的地点。他还乐于指出，这个网址很少见，是当时世界上仅有的三个单字母网址之一（另外两个是 q.com 和 z.com）。

马斯克取这个名字也有现实的理由。他相信，世界很快就会遍布手持设备，比如口袋大小的计算机，带有索引卡大小的键盘。在这样的世界，X.com 是一个理想的网址，因为客户只需点击几下，就能体验完整的财务生活。

马斯克对 X.com 的深信还源于他对"Zip2"这个名字的不满。"首先，它到底是什么意思？这真是最糟糕的网址之一。因为，它是 Zip 和数字'2'？是 Zip t-w-o？还是 Zip t-o？或者是 Zip t-o-o？"马斯克说，"你选择了变化最多的同音词，而网站不支持同音词。所以它在任何方面都十分愚蠢。"

马斯克一边埋头写 Zip2 的代码，一边把重新命名 Global Link 的工作外包出去，他为此感到后悔。马斯克说："我把品牌和营销等问题交给我眼里的行业专家。但我随后发现，你只需要运用常识。这实际上是一个更好的准则。"

在马斯克看来，X.com 的名字有 Zip2 没有的意义，他也相信 X.com 会取得 Zip2 从未获得的成功。佩恩回忆说："他真的被那个字母强烈鼓舞了。"

* * *

马斯克将他在 Zip2 的大笔收入投入 X.com，投资了 1 250 万美元，并用个人资金购买了 X.com 域名。"当时我想，他疯了。老实说，这有风险！"艾德·何说。的确，将大量个人净资产押注于一家新的初创公司值得关注，很大程度上是因为马斯克不需要这么做。马斯克成功退出 Zip2 产生了光环效应，其他人现在很乐意投资他的新公司。"只要电话通知，（他）就能得到会见。"佩恩回忆道。

重要的风投公司都渴望听到他对在线金融服务企业的愿景，其中包括恩颐投资、莫尔·达维多创业投资公司、红杉资本和德丰杰风险投资等。一切会面看起来如此随意，这让拥有传统金融背景的弗里克感到惊讶。团队会在没有准备演示文稿的情况下参加推广会议，并成功吸引对方的兴趣。"埃隆非常擅长的一件事情，坦率地说，也是我低估的一点……是在风投方面，"弗里克说，"他会阐明行业的问题所在。规模太大，定价上缺乏民主……每个人都会激动起来。"

尽管风险投资家热情高涨，马斯克还是坚持暂时投入个人资金。他投入自筹资金有两个优点。首先，马斯克获得 X.com 的全部所有权和运营控制权。这一次（至少目前），没有投资人会排挤他。其次，马斯克的个人投资为他进行了成功的招聘宣传。"我打电话去招聘什么的，"艾德·何回忆道，"然后说：'哦，他投资了 1 300 万。'"随着对工程师的争夺达到白热化，每一个话题都很重要，包括高调的创始人将个人财富押在公司上。

X.com 在招聘上付出的努力在工程和金融人才方面都取得了回报。美国银行高管史蒂文·迪克森担任首席财务官。德意志银行前分析师朱莉·安德森也加入商业团队。在产品和工程团队方面，X.com 得到了弗里克和佩恩的加拿大朋友董思汉（See Hon Tung），X.com 首席架构师哈维·唐，软件工程师道格·麦，以及艾德·何的朋友、来自夏威夷的前保险分析师克里斯·陈。

马斯克还邀请律师克雷格·约翰逊担任 X.com 的顾问。"克雷格是当时硅谷的法律精英。"弗里克说。约翰逊的加盟充分表明 X.com 的严肃态度。这时也该找个正式的办公地点了，团队搬进了大学大道

394号租来的办公室。

具备了新的优势，X.com将目光投向其他零售和网络银行竞争对手。"当时市场上还有其他几家互联网银行。它们的股价约为每股账面价值的4倍，而普通银行约为2倍。因此，（互联网银行）有巨大的溢价，"X.com的一名早期员工回忆道，"所以埃隆的商业计划基本上是'我是互联网人，我能做到。这将是第一家由硅谷投资的银行，因此，它将比其他所有银行都更成功'。"

该团队的目标之一是成立于1996年的NetBank，它标榜自己是未来的数字银行。1997年中期，NetBank以每股12美元的价格上市。到1999年，它的股价上涨了7倍。尽管NetBank取得了成功，艾德·何仍然记得X.com办公室里自信的氛围："我们会打败他们。"

但这更多是希望和炒作，而不是计划。"基本上，我们的思维过程是——这么说不太好——那些银行业的家伙什么都不知道。他们可能了解银行业，但对技术和消费者一无所知。"在一定程度上，这是在回应NetBank创始人的言论。"我们是银行，并且受到监管，"他在1998年对记者说，"像亚马逊，没人看它的数据。"他想让全世界知道，他的公司是一家真正的银行，而不是不可靠的网络公司。似乎是为了证明这一点，NetBank位于佐治亚州，而不是硅谷。

对马斯克和X.com来说，这是确凿的证据，表明NetBank及其在数字银行领域的竞争者还不够"技术"。X.com在技术上不错，它会迅速进入市场，降低费用和最低收费，积极获取客户，从而击败对手。为了实现快速上市，该团队选择与第三方供应商合作，使用已经获得传统银行授权和批准的现有软件，然后基于软件代码构建产品。"这样做的代价是核心软件不归你所有，"艾德·何回忆说，"但好的一面是，所有会计和监管问题都得到了处理。"

* * *

即使采用第三方软件，X.com 也很快进入监管的地狱。信贷额度、预付现金、抵押贷款、债券、股票交易，甚至仅仅是资金储存，都要服从复杂的州和联邦法规，由联邦存款保险公司（FDIC）等历史悠久的机构管理，这些机构很难习惯与穿着牛仔裤的硅谷高管打交道。

团队聘请德杰律师事务所来处理监管问题，但即便有这些支持，团队也遇到了监管方面的阻力。事实上，X.com 的首席执行官致力于发起金融改革，整合所有类型的金融服务，这使得事情变得更加困难。

改革和监管不能很好地结合。例如，马斯克希望将零售银行与投资银行业务融合，这是 1933 年《格拉斯–斯蒂格尔法案》明确禁止的。直到 1999 年 4 月美国才立法允许两类业务合并，又过了几个月，比尔·克林顿总统才签署该法案成为法律。

在马斯克等人看来，大萧条时期制定的法律并不适用于繁荣发展的数字经济。"令人非常沮丧的是，监管往往是非理性的，"马斯克后来说，"你可以努力说服他们，这些规则没有任何意义，但他们不会听你的。"（在太空探索技术公司任职多年后，马斯克为未来的火星政府提出解决这个问题的方案，建议所有火星法律都包括自动日落条款。*）

---

* "火星上的政府形式最有可能是直接民主，而不是代议制民主，"马斯克在 2016 年的编码代码大会（Recode Code Conference）上阐述道，"所以人们将直接就问题进行投票。我认为这应该会更好，因为与代议制民主相比，直接民主大大减少了腐败的可能性。所以我认为这很可能会发生。我建议对法律的惯例做一些调整，这是明智的。废除法律应该比制定法律更容易，这应该是好的。法律除非被废除，否则永远有效。所以我认为，我的建议是，大约需要 60% 的人投票才能通过一项法律，但在任何时候，超过 40% 的人就可以废除法律。另外，任何法律都应该自带日落条款。如果不够好，它就不能被重新投票表决……这就是我的建议。在直接民主中，制定法律比废除法律稍微困难一些，而且法律不会自动永远存在。"

当时，马斯克认为 X.com 应该继续前进。马斯克告诉佩恩："我们不应该害怕会在过程中打破几个鸡蛋。"X.com 的律师支持马斯克，据报道，他告诉团队，当时机成熟时，他们会联系相关监管机构。

据该团队的律师说，关键是获得风投资金，后面再解决问题。"我们遇到一个难题，即如何不向潜在风险投资人歪曲自身形象，约翰逊的回答是'鱼快要上钩了，不要打草惊蛇。商业计划总是在变'。"X.com 的一名早期员工回忆道。

团队中的资深财务人员对这种策略表示担忧。他们知道，在这个行业，监管不容忽视。佩恩说："有资本要求、报告要求、隐私要求等。我们必须负责，并意识到这是一个受监管的行业。"一些早期员工开始担心，如果公司及其管理人员在财务规则上玩忽职守，他们可能会面临法律问题。

* * *

尤其是弗里克和马斯克，他们开始针锋相对，X.com 在成立的头几个月就有了裂痕。除了马斯克的监管方式，弗里克还反对他聘请公关公司，为这家新公司制造头条新闻，以及使用股权购买 X.com 域名。在弗里克看来，这些都是昂贵的奢侈项目，对公司的核心工作没有任何帮助。而对马斯克来说，它们是在拥挤的市场成功竞争的必要成本。

马斯克承诺 X.com 将处理金融领域的一切业务，弗里克对此也感到不解。"对我们正在做的事情的描述是……我们实际在做的 10 倍。如果说有挫折……那就是我想要制造、管理和将成果产品化，"弗里克说，"我们越是描述要建造什么，这个项目就越难实现。"

弗里克试图缩小公司的经营范围。在他的构想中，X.com 将通过专注于两项具体服务取得成功：将传统银行业务与指数基金结合，以及提供财务建议。不用说，马斯克不太能接受。在他看来，这种策略不必要地削弱了 X.com 的实力。在马斯克眼里，公司主要是数字化企业，提供财务建议会增加成本和劳力。

弗里克和佩恩曾运行过 X.com 的增长和收入模型，但金融超市模型的数据似乎并不合理。"这一切对我来说都有点儿奇怪。我接受的是典型的华尔街式训练，基于事实和数据，运用大量电子表格，经过某种复杂运算，预测你眼里的未来，"佩恩说，"这合乎逻辑，也很机械，尤其是在分析风险和机会方面。"

在马斯克看来，这些模型并不合理，因为模型中的假设是错误的。"比数学练习更有说服力的是故事，"佩恩后来赞赏道，"就像他今天所做的那样，埃隆非常善于指明未来，说'目标在那里，我知道它在那里，我们都应该到那去'。"即使在超理性的硅谷，愿景也和数据一样重要。佩恩说："对于在科技领域取得成功的企业家，他们获得如此高的报酬是有原因的，因为建立工厂、生产产品和销售产品之间并不是一条直线。"

弗里克对马斯克领导的工程团队越来越失望，尤其是他们连初步产品都不愿意交付。对 X.com 的工程师来说，这项工作与其说是"未完成"，不如说是"在进行中"。编程就像写作，充满了停顿和不确定性，不像大多数人所认为的那样是用数字作画。"编程不是线性的，你可能会在一个方向上花 3 个小时，然后发现，啊，该死，而且你不想告诉别人你走进了死胡同。"艾德·何说。

但这些死胡同很重要：在 Zip2，马斯克已经认识到，初创企业的成功不仅在于提出正确的想法，还在于发现并迅速抛弃错误的想法。"你从想法开始，它多半是错误的。然后你调整想法，不断完善，并且听取批评，"多年后他对听众说，"然后重复进行自我完善……不断循环迭代，问自己：'我做的事情对别人有用吗？'因为这是一家公司应该做的。"他认为，早期计划过于精确会过早地切断这个迭代循环。

*　*　*

另一方面，弗里克成长于金融行业，这一点精确地体现在他生活的方方面面。他会很早到 X.com 的办公室。太平洋标准时间早上 6 点半，金融市场开放，这时候弗里克已经在努力工作了。相比之下，马斯克通常会在凌晨三四点结束一天的工作，在办公室地板上打个盹儿，此时离弗里克到来只有几个小时。

在弗里克看来，这是马斯克与公司脱节的表现，但对马斯克来说，熬夜就是初创企业的工作方式。这成为他们之间摩擦的另一根导火索。日益加剧的紧张气氛蔓延到会议上，而弗里克和马斯克激烈而急躁的个性使矛盾更加恶化。

一些同事对两人的冲突感到不解。比如，艾德·何对弗里克和马斯克的关系迅速恶化感到困惑。"每当他们陷入争吵时，我就会问：'你们为什么如此敌对？他不是你的朋友吗？'"其他人则没那么惊讶。马斯克和弗里克之前都曾扮演主导角色，权力分享都不是他们的强项。"他们永远不会成功合作。"佩恩在合作初期就总结道。

弗里克认为马斯克对 X.com 的投入不够，对此他很不满，但他试图弥补裂痕。1999 年 5 月 9 日，他给马斯克写了一封长长的电子邮件，最后写道："埃隆，请重新加入我们在 X 的战壕……我们和你一样聪明，知道什么时候有人没有完全投入，这是能干的合伙人的魔咒。"他提醒马斯克，当初是合作的机会促使他搬到加州的。

马斯克回应得很客气，但反驳了弗里克关于他在工作时心不在焉的说法。"你说得好，不过我认为你可能有点儿误解了我。我的大脑一直在 X.com 上，即使在我睡觉的时候——我天生就有强迫症，"马斯克写道，"我在乎的是赢，而且不是微不足道的胜利。"马斯克提议他们当晚一起吃饭，并署名"你的朋友兼合伙人，埃隆"。

1999 年 5 月至 6 月，裂痕继续扩大。"讨论非常激烈。"艾德·何说。X.com 团队分裂为两个阵营：一边是硅谷资深人士马斯克和艾德·何，另一边是金融界老将弗里克、佩恩和迪克森。据多方报道，1999 年 7 月，金融界老将阵营试图改变 X.com 的战略，并将马斯克从首席执行官的位置上赶下来。

在此期间，彼得·尼科尔森接到马斯克深夜打来的电话。他的前实习生暴跳如雷，告诉尼科尔森，弗里克想把他赶出公司。他想依靠导师来"纠正错误"。尼科尔森没有正式参与 X.com，但出于对他几年前介绍认识的门徒的关心，尼科尔森向马斯克保证，他会在第二天与弗里克联系。

据尼科尔森回忆，弗里克说："在应对埃隆的管理风格时，我们组建的团队遇到了很大的困难。"弗里克担心他们会集体辞职。他还告诉尼科尔森，马斯克很聪明，想法很有远见，"但你必须有执行力"。

尼科尔森明智地选择回避冲突。尼科尔森说："我当时就决定，我没有必要卷入这件事。我真的很喜欢他们两个，也非常尊敬他们俩。但我不知道这里面有什么阴谋，更不知道这家初创公司的日常情况。"

不管有没有尼科尔森，事情很快就到了紧要关头。马斯克仍然持有 X.com 的控制股权。在这场闹剧的高潮，他召开与弗里克和公司律师的会议。其他员工提前离开办公室，他们预计会有一场激烈的讨论。"我们知道出事了，"佩恩说，"我们离开是因为不想偷听。"他们刚离开，里面便开始争吵。

最后，马斯克解雇了弗里克，而且解雇得十分随便。一天，弗里克来到办公室，发现他的计算机数据被抹掉了，他再也无法访问 X.com 的文件。

* * *

联合创始人克里斯托弗·佩恩惊呆了。他说："当一切崩溃时，你不得不挠着头想，到底发生了什么？"在混乱的余波中，有传言说弗里克正在创建一家新公司，并希望 X.com 团队的大部分成员加入他的团队。

为了阻止这种情况发生，马斯克会见了 X.com 剩余的员工，要求他们每个人留下，并承诺，他们如果留下，将获得大量额外的股权。"埃隆让所有人坐在会议室里……大概说：'听着，你是留下还是退出？只要你想留下，你就能留下，我们就一起干。'"工程师道格·麦回忆道。克里斯·陈记得，在与马斯克的一对一谈话中，这位 X.com 首席执行官强调，这些额外的股权"有朝一日会值很多钱"。

马斯克劝佩恩留下，佩恩对此表示欣赏。"他非常开明，希望我留下来。"佩恩说。他一直与马斯克保持积极互动，但认为自己忠于弗里克，当初是弗里克劝他搬到加州的。出于尊重，他认为自己最好还是离开。

联合创始人艾德·何也离开了，尽管他是由马斯克招来的。马斯克说："这事让艾德·何有点儿心神不宁。"据艾德·何自己说，他"喜欢和埃隆一起工作"，但已经厌倦了数月的内斗。他对 X.com 的产品方案也不再抱有幻想——"拿别人的软件并在上面画画"的想法没有打动他。艾德·何曾一度考虑加入弗里克的下一家公司，但最终还是创立了自己的公司。

还有几个人站在马斯克一边，包括工程师道格·麦。在争执发生几周前，他刚离开 IBM 并加入 X.com。现在，随着 X.com 3/4 的联合创始人离开，道格·麦怀疑自己的选择是否明智。是马斯克的宣传说服他留下，也给了他对公司未来的希望。"我知道埃隆的一些情况……他如果想做点儿什么，就会押上自己的最后一分钱来促成这件事，"道格·麦说，"他想彻底改变人们做银行业务的方式。他会做到的。"

X.com 的第五号员工朱莉·安德森也留下了。安德森是艾奥瓦州人，在因背部受伤被 Peace Corps（一家美国志愿服务组织）拒绝后,她来到湾区。她加入德意志银行科技部,担任初级分析师,在弗兰克·夸特隆手下工作。当时德意志银行刚开始成为备受瞩目的科技公司首次公开募股的承销商,客户包括网景、亚马逊、财捷等许多公司。

在接下来的两年里,随着互联网兴起,安德森和同事不停地工作。但最初的兴奋变成倦怠。安德森说:"我环顾四周,发现似乎每个人都早早患上了癌症。"她离开德意志银行,在圣马特奥的一间车库里,给一个彩色玻璃制造商当学徒。当她的积蓄用完后,一个朋友提到,自己认识的一个人刚刚卖掉一家公司,正在创办另一家。安德森通过电子邮件被介绍给马斯克,她和X.com的整个四人团队——马斯克、弗里克、艾德·何和佩恩——在帕洛阿尔托的Empire Tap Room共进午餐。

四个人现在只剩一个,但安德森还是选择跟随马斯克。在德意志银行,她曾目睹初创企业高管在公司准备上市时离职。安德森说:"总是有人被解雇,高层人员能够坚持下来的概率非常非常小。找到合适的人真的非常非常难。"

像道格·麦和克里斯·陈一样,她也受到马斯克的激励。"我喜欢有信仰,"她说,"埃隆总是想改变世界,或者为人类做些好事。"她还欣赏马斯克的怪异。"当他脑子里有难题时,至少在当时,他会长时间盯着电脑,好像在阅读什么东西或做什么事情,但我不认为他真的在读什么。他只是在思考,或者更像是在等待答案到来。"安德森说。

* * *

20年后,马斯克对X.com早期的混乱只做了简短回顾,称这是贝宝历史上的"艰难时刻"。他说:"初创企业总是充满了戏剧性。"

哈里斯·弗里克对事情的结局感到后悔。"如果重来，我会以完全不同的方式来处理。"他说。他认为，他本应该对马斯克的战略持更开放的态度，即以未来的愿景来吸引投资人和媒体，而不是用已经建好的东西。"我应该停止自己传统的商业判断，并意识到这在当时并不那么奇怪。"

弗里克更深层的遗憾出于个人原因。他和马斯克不仅是同事，还曾经是朋友。"我职业生涯最大的遗憾之一，就是我们的关系破裂了。我们一直没有解决这个问题。"弗里克说。与 X.com 分道扬镳后，弗里克试图创办金融咨询初创公司 whatifi.com。创业失败后，他回到加拿大，担任财务主管，再次获得成功，包括担任 GMP 资本的首席执行官。

回顾过去，马斯克和弗里克的共同导师彼得·尼科尔森意识到，两人关系破裂也许不可避免。"他们都是天才，"尼科尔森说，"或者说一个是冰山，另一个是巨轮。"

第五章
转账者

拉夫琴刚成立的移动设备安全公司 Fieldlink 需要一位首席执行官。他曾短暂地考虑过自己来做这项工作，但最终确定他更喜欢首席技术官的角色。拉夫琴自称是"工程师中的工程师"，他觉得自己的优势在于编写代码，而不是管理公司和争取投资人。

但如果不是他自己，那是谁呢？拉夫琴并不是天生的社交达人，他在硅谷的联系人也很少。他曾让卢克·诺塞克给他介绍几个潜在对象，但没有一个成功。约翰·鲍尔斯面试过西北大学凯洛格管理学院的两名求职者，两人都很有希望。公司给他们发录用通知，但两人都拒绝了 Fieldlink。"我们没有多少钱，"鲍尔斯回忆道，"（求职者）要求的起薪是 10 万美元以上，这与我们开出的条件相距甚远。"

这样，可供拉夫琴选择的只有彼得·蒂尔——"他是我认识的唯一目前不忙、可以当首席执行官的人。"蒂尔没有向公司争取扩大他在投资之外的角色，但拉夫琴曾目睹他熟练地处理鲍尔斯的离职。拉夫琴用他的"大砖头手机"给蒂尔打电话，提出问题：你会考虑成为 Fieldlink 的首席执行官吗？

一开始，蒂尔并不感兴趣。"（彼得）像往常一样闷闷不乐，"拉夫琴回忆道，"这不是强制的，但我肯定得努力说服他。"蒂尔希望Fieldlink取得成功，但他对首席执行官的行政和管理职责不感兴趣，更喜欢专注于市场和资金。

但蒂尔也能看到运营经验的价值——担任首席执行官可以调整他的投资人直觉。因此，他提出折中方案：他将担任Fieldlink的"临时首席执行官"，直到公司站稳脚跟。之后，他将离开这个职位，继续担任顾问，让其他人来管理公司。拉夫琴同意了。

蒂尔打电话给自己基金的首名雇员肯·豪威尔，告诉他自己将加入Fieldlink。豪威尔担心，蒂尔的新职位将意味着蒂尔资本管理公司走到头了。但蒂尔打消了他的顾虑，建议他白天和自己在Fieldlink工作，晚上和周末继续管理基金，他们也确实是这么做的。

* * *

作为Fieldlink的新任首席执行官，蒂尔加大了成立公司的压力。在调查市场时，他看到大量活动，似乎每分钟都有一家初创企业诞生。蒂尔强调在招聘、融资和发布产品方面对速度的要求。有一天，他敦促拉夫琴招募更多工程师。

"嗯，好吧，但我在编程啊。"拉夫琴记得自己这样告诉他。

"但你需要雇用更多工程师，你可是首席技术官。"蒂尔说。

"当然，但我谁也不认识。"

"你刚从全国最好的计算机科学专业毕业。你谁也不认识？"蒂尔问道。

"哦，好吧，我想我认识一些人……"

拉夫琴想起他以前在伊利诺伊大学香槟分校的两位同学：潘宇（Yu Pan）和拉塞尔·西蒙斯。他之前与两人有过合作，当他忙不过来时，会将一次性的编程项目分包给他们。

毕业后，潘宇搬到明尼苏达州的罗彻斯特，在 IBM 工作。但熬过在明尼苏达的第一个冬天后，他对自己的决定感到后悔。西蒙斯描述潘宇惨淡的生活：“他上班，回家，每天晚饭吃蚝油拌饭，然后玩网络游戏……这太悲催了。”

1998 年冬天，拉夫琴邀请潘宇加入 Fieldlink，并希望他搬到加州。尽管更加温和的气候十分吸引他，潘宇还是很谨慎。他此前从拉夫琴转包的编程工作中赚了很多钱，但认为拉夫琴是个怪人。毕业后，拉夫琴突然前往加州，没怎么告诉潘宇和其他朋友。潘宇给拉夫琴发的几封电子邮件都没有得到回复。“他直接消失了……他到底怎么了？”潘宇记得自己当时想，“我还能得到报酬吗？……我的想法是，'麦克斯，不可靠'。”

拉夫琴向他保证，Fieldlink 是一家真实、有资金支持的公司，而且这次自己不会走。起初，潘宇坚决拒绝拉夫琴：“我说，'去你的，我不会过去的。这是我听过最蠢的事。我不会相信你的'。”但拉夫琴一直宣传在初创公司工作的好处，以及帕洛阿尔托温和的气候和活力四射的极限飞盘场景。

潘宇逐渐改变想法，但还有另一个障碍：他的家人。像拉夫琴和蒂尔一样，潘宇的父母也是移民。他们认为潘宇在 IBM 的工作稳定可靠，而且离家近，回家方便。对他们来说，拉夫琴的初创公司在所有重要的方面都与之相反：一家没人听说过的公司，由儿子的大学朋友经营，远离伊利诺伊州。"他们需要被说服。"潘宇说。

潘宇请拉夫琴到芝加哥就是为了这件事。拉夫琴登上飞机，来到潘宇家，向他的家人宣传这个机会。潘宇父母感到满意，潘宇便同意加入 Fieldlink，担任高级工程师。

*＊＊

事实证明，拉塞尔·西蒙斯更容易招到。拉夫琴是在计算机协会项目中认识西蒙斯的。早在大学期间，拉夫琴就记得他的突出表现："西蒙斯很聪明，异于常人，有天才般的智商。任何东西，他只要下定决心学习，就能学会，只需要预计时间的一半。"

大学毕业后，西蒙斯进入香槟分校研究生院学习计算机科学。西蒙斯说："我对生活中的任何事情都不太有计划。我甚至没有想过找工作，只是想，'我想我要读研究生？'……我对创业或硅谷之类的东西都没有兴趣。"

1998年9月，拉夫琴发出邀请时，西蒙斯已经对硕士课程感到厌倦。在电子邮件中，他向拉夫琴承认，自己正考虑退学，选择一份得克萨斯州的编程工作。拉夫琴鼓励他去加州。"这儿太棒了，你应该搬过来，做一些很酷的事情。"他写道。到年底，"很酷的事情"变成了Fieldlink。

和潘宇一样，西蒙斯记得，自己也需要得到一些保证："我知道拉夫琴很聪明，但我当时想，'这家伙是认真的吗？等我到那里，真的会有工作吗？'"另一个令人担忧的问题是，拉夫琴告诉西蒙斯，他必须象征性地支付一笔钱，才能购买Fieldlink的股权。虽然这在创业界很常见，但西蒙斯表示怀疑。他和潘宇一样，咨询了自己的母亲。"她说，'哇，哇，哇，你还没开始工作，还没领工资，他们就让你给他们钱？……这听起来像是个骗局'。"

尽管有所保留，西蒙斯还是决定放手一搏。西蒙斯和潘宇达成"拉夫琴协定"：如果拉夫琴背叛他们，他们会互相照应。此外，他们认为风险不大——硅谷的工程人才市场正在蓬勃发展。潘宇和西蒙斯乘坐同一架环美航空的廉价航班，从芝加哥飞往西部，拉夫琴在机场迎接他们。

* * *

就在拉夫琴忙着招人之际，蒂尔也在招兵买马。除了肯·豪威尔，蒂尔还邀请卢克·诺塞克加入 Fieldlink。像潘宇和西蒙斯一样，诺塞克也不情愿。首先，Smart Calendar 倒闭后，他已经在创办一家新的初创企业，那是一个在线新闻投注平台，类似于创意的期货市场。当诺塞克提出这个想法时，蒂尔告诫他不要这么做，提醒他有关博彩和证券市场的繁复监管规定。蒂尔告诉诺塞克，他应该加入 Fieldlink。

诺塞克举棋不定。他说："我觉得手持设备安全真的没意思，像个愚蠢的商业构想。"蒂尔和拉夫琴告诉诺塞克，他们会不断迭代，直到找到一个能够产生火花的概念。更能说服诺塞克的是团队的魔力，团队现在的三名成员——拉夫琴、潘宇和西蒙斯，他们都是他在大学里就认识的。诺塞克说："我决定做这件事，是因为我觉得，我们会一起做出了不起的东西。即使他们想做完全不同的事，我也想和这个团队合作。"

诺塞克加入了，但是拉夫琴提出一个关键问题：诺塞克到底会做什么？他的这个伊利诺伊大学的同学在技术上很有能力，但他并不是编程的绝顶高手。拉夫琴向朋友提出这个问题，香槟分校的另一位校友斯科特·班尼斯特给出答案："这显而易见。他会做'卢克式的事情'。"

久而久之，"卢克式的事情"有了大致范围：诺塞克会产生源源不断的反直觉想法，大多与市场营销和客户获取有关。"卢克……是那种到处走走就能碰到好点子的人。不知怎的，只有他能看到这些点子，"拉夫琴说，"当他提出建议，我们会说，'嗯，这太荒唐了'。然后事实证明，这是一条妙计。他经常看到别人忽略的漏洞，就像发现地上的钞票莫名其妙地在那里。"

第五章　转账者

诺塞克被授予营销和战略副总裁的头衔。他、拉塞尔·西蒙斯、潘宇和肯·豪威尔都被任命为公司联合创始人。

*　*　*

他们的事业从格兰特大道469号的联合创始人公寓起步，直到再次承担寻找办公地点任务的豪威尔，在大学大道394号找到一间办公室。豪威尔为办公室配备了家具，用的是诺塞克之前初创公司和拉夫琴从伊利诺伊带来的宜家家具。豪威尔和诺塞克亲手组装隔间。诺塞克说："那时我发现，豪威尔总能想到办法享受任何事情。他是办公室组装过程中最兴奋的人。"

有了新家，拉夫琴觉得该给公司改名字了。他一直都不喜欢"Fieldlink"，决定将"confidence"和"infinity"两个词融合在一起，组成"Confinity"。很快，拉夫琴就后悔起了这个名字。"每次我告诉别人，对方都说：'Con……那么，这像一个大骗局（con）吗？就像一家打算骗钱的公司？'那是我最后一次给公司起名。"拉夫琴说。

不管是否欠考虑，公司更名反映了战略上的重新定位。在之前的产品中，Fieldlink专注于安全连接移动办公人员，基于拉夫琴和鲍尔斯的咨询工作以及拉夫琴的安全向导产品。但拉夫琴和蒂尔逐渐看到，Fieldlink并不是移动安全领域的唯一参与者。

拉夫琴多年来一直在努力讨好3Com公司，那是奔迈掌上电脑的母公司。他经常参加公司会议，并成为奔迈掌上电脑的第153位注册开发者。他还与奔迈企业解决方案的产品经理格里夫·科尔曼成为朋友。拉夫琴的目标是，让奔迈调整代码库，支持拉夫琴的安全软件。

有一次，拉夫琴大胆尝试寻求帮助。他参加了在3Com办公室举行的开发者大会，并在奔迈首席执行官杰夫·霍金斯完成会议主题演讲后，跟随他走出会场。拉夫琴走向他，请求对方送他回家。霍金斯同意了，他以为拉夫琴是 3Com 公司的滞留员工。拉夫琴含糊其词地给他指路，想让他多走一截。但在一头雾水地拐了几个弯后，霍金斯已经到了礼貌的极限，问道："我能让你在这里下车吗？"

"好吧，"拉夫琴温和地回答，"你能再跟我聊几分钟，谈谈你们操作系统即将需要的安全要求吗？"

拉夫琴说，霍金斯告诉他，奔迈已经与一家名为 Certicom 的加拿大公司合作，以满足其安全需求。"我想，他们已经找到人了。"拉夫琴说。

还有其他令人担忧的迹象。在向企业客户宣传移动安全需求时，拉夫琴和蒂尔遇到了困难。"我们意识到，尽管这个理论非常符合逻辑，但企业向手持设备的转变实际上并没有出现，"拉夫琴后来说，"这有点儿像公元 1 世纪，早期基督徒都在努力工作，等待基督再度降临。一直在等……'从现在起，随时都会有数百万人，希望对他们的手持设备提供安全保护'。但这并没有发生。"公司需要改变路线。

* * *

Confinity 最初的计划在一个重要意义上取得了成功：获得资金。1999 年 2 月，该团队完成 50 万美元融资，资金主要来自朋友和家人。蒂尔的基金贡献了 24 万美元，斯科特·班尼斯特也提供了 10 万美元。家人也给予帮助：蒂尔的父母额外提供 3.5 万美元，肯·豪威尔的父母提供 2.5 万美元。另外 5 万美元来自蒂尔的朋友：2.5 万美元来自旧金山音乐家兼国际象棋手爱德华·博加斯，2.5 万美元来自蒂尔在斯坦福的同学、《斯坦福评论》联合创始人诺曼·布克。

最后 5 万美元来自投资公司 Gödel Capital。该公司由澳大利亚人彼得·戴维森和格雷姆·林内特运营，刚进入美国科技界。由于关系有限，用林内特的话说，戴维森和他"寻找有一点儿成功希望的项目"。戴维森说："我对初创企业一无所知，也从来没有做过投资，而我们就要成为风险投资人了。"Confinity 是 Gödel Capital 的第一笔风投交易，只有在蒂尔加入两周之内退出不受处罚的条款后，对方才同意完成交易。

1999 年 2 月 26 日，也就是投资结束的第二天，Confinity 向戴维森、林内特等投资人发送了一份长达 18 页的文件，概述其战略的转变。销售企业对企业的移动安全产品并未奏效，公司将转为面向消费者。Confinity 将为手持设备推出"移动钱包"，打算淘汰实体钱包。移动钱包将确保财务信息安全，并允许用户通过掌上电脑汇款和开展电子商务。

作为移动技术未来的蓝图，Confinity 1999 年 2 月的商业计划出奇地成功。公司打算借助掌上电脑和电子金融市场的发展。"今天的掌上电脑市场与 1995 年的互联网和 1980 年的家用计算机市场有某些相似之处，"该计划指出，"由于新应用和更低的成本，需求正从技术人员核心群体转向普通大众。"

理论上，手持设备数量增加会促进移动钱包的使用，用户会安装移动钱包，因为他们的朋友和家人已经有了。商业计划预见了一个显而易见的问题："如果 Confinity 网络对每个特定客户的价值都建立在整个网络已经存在的基础之上，那么它将如何形成？"该团队提出两种方法来解决这个矛盾：自上而下和自下而上。自上而下，Confinity 将找到并锁定主要业务和市场目标。自下而上，用户将邀请自己网络的成员。创始人写道："Confinity 将结合这两种方法，尽管最初主要强调的是第二种草根模式。"

Confinity 相信，到那时，市场就会被它占有并保持。只需要扩大规模、联系供应商和商家、开发信用卡和提供互联网银行服务等。"随着 Confinity 网络的增长，向其他认证公司转换的成本将变得非常高，对后来者形成有效障碍。"公司募集400万美元资金来实现这一愿景，并建立团队和开发产品，产品预计在6个月后的1999年8月发布。

在计划撰写之时，Confinity只有6个人，50万美元，在面包房楼上租了一间办公室，还有一些二手宜家家具，但是团队全力以赴。一旦移动钱包得到普及，"Confinity的默认退出策略是被金融机构或科技公司收购，它们将利用Confinity的客户网络"。

另一种选择是："成功而积极地利用电子金融平台，把Confinity变成一家全球性的金融机构，为客户提供一整套银行服务。在这种情况下，Confinity将一路推进到首次公开募股。"

* * *

计划中包含两位创始人的个人简介，这让我们得以一窥当时蒂尔和拉夫琴对组建创业团队的想法：

在将Confinity创始人召集到一起的过程中，我们主要有两点考虑。首先，要找到才华横溢、能力多样的人，这样他们每个人都能承担几种不同的业务和技术任务。其次是组成能良好配合的团队。在之前的创业经历中，每位创始人都曾与至少一位其他创始人合作过。因此，我们清楚核心团队每个成员的优势和弱点。我们知道谁最擅长什么，以及如何分配各种任务。共同的经历使Confinity能够高效快速地运行。

后来，作为投资人和顾问，蒂尔强调了团队"前历史"的重要性，即在创业之前就存在的工作和友谊的纽带。至少在拉夫琴方面，Confinity的前历史很长。诺塞克、潘宇和西蒙斯是来自伊利诺伊的朋友，其他早期员工都来自这个关系网和蒂尔在斯坦福的人脉。当然，这种方法也有缺点。雇用朋友可能会使公司产生孤立、排外的单一文化，并且很难解雇员工。

但蒂尔的观点是，团队内部的信任很难建立，从朋友变成员工让信任与生俱来。早期员工戴维·华莱士回忆说："正是由于关系网招聘的影响，我们非常信任彼此，相信每个人都相当聪明，并努力让公司成功。"信任带来速度。"我们比许多公司要快得多，在这些公司，你得花一个月向全公司传达信息，然后才能说出想说的话。"

性格温和的华莱士在Confinity发言时也感到"很舒服"。"如果走到一个不认识任何人的地方，我就不会那样说话了。"

工程师桑托什·贾纳丹直到2001年才加入贝宝团队，但他很快就明白，公司高层领导哪怕对新员工也很信任。在加入数据库团队的第一天，贾纳丹就得到了贝宝数据库的根密码。"上级保罗·塔克菲尔德说：'随便试试，如果有问题就告诉我。'"

没多久，贾纳丹看到塔克菲尔德和公司首席技术官拉夫琴向他走来。"保罗和麦克斯走过来，他们说：'嘿，你在做什么？'（我说：）'我正在四处看看，想弄清数据库的布局，看看表格什么的。我在做数据库查询。'他们说：'数据库刚才有点儿问题。你记下来了吗？'我说：'见鬼，没有。'他们看着对方说：'好吧。'然后往回走。"

贾纳丹大吃一惊。"你仔细想想……我加入公司才5分钟，他们就给了我数据库的根密码。这样做所体现的鲁莽或信任是惊人的，对吧？另一方面，当我说我没有（记下来）时，他们只是说'好吧'，然后就走开了。没有盘问我，没说'让我看看你在做什么'。说来奇怪，这件事给我的信任感，比他们能做的其他任何事情都更强。"

贾纳丹不是谁的朋友，也不是伊利诺伊大学或斯坦福大学的毕业生，而且加入公司的时间较晚。但他也感受到用人不疑的力量。"他们雇用了非常优秀的人，给予对方很多信任，于是大家按照自己的节奏工作。他们只是偶尔检查，确保我们保持同步。然后我们就继续前进。因此，他们让非常聪明的人发挥出最佳水平。"

* * *

从很多方面来说，贝宝招聘中的智慧是后来才显现出来的，是在公司的成功验证了早期的团队设计之后。在当时，创始人的逻辑务实而不高深，更多是出于权宜而非经验。贝宝未来的首席运营官大卫·萨克斯后来说："我们必须招募朋友，因为别人不愿意为我们工作。"

从1994年到1999年，互联网人才库走向专业化。像亚马逊、谷歌和网景这样诞生自车库、拖车和宿舍的著名公司，如今都在宽敞的办公室里工作。它们提供丰厚的薪水、优越的福利和股票期权，期权能换成真金白银，而不仅仅是空头支票。它们也能雇用昂贵的招聘公司，在硅谷等地招揽最优秀的人才。

相比之下，Confinity没有名气，没有产品，也没有吸引力。蒂尔说："这是一个挑战，因为基本上很难把人招到这家完全没有经验的公司。"文斯·索利托在华盛顿特区担任一位参议员的联络官时，大卫·萨克斯找到他，邀请他到Confinity工作。索利托还记得他妻子的质疑，以及两人的和解。"我们可以干，"他记得她说，"我们不会卖掉（在华盛顿的）房子。我们把房子出租一年……等这事一年后做不下去了，我们还得回家。就这么定了。"

互联网繁荣时期涌现出许多"完全没有经验的公司"，Confinity还在与它们争夺人才。这段快速增长时期导致对软件工程师的空前需求。正如贾纳丹所说："只要能喘气，你就能找到工作。1999年就是这样的情况。"

这种环境迫使拉夫琴和蒂尔招募朋友和熟人。Confinity最早的工程师之一托马什·皮特尔就是典型例子。十几岁时，皮特尔和拉夫琴作为德尔夫（拉夫琴）和特兰（皮特尔）结识，那是他们在一个叫"演景"的计算机艺术亚文化中使用的化名。

大批演景编码员竞相展示顶级的数字图像，皮特尔因其惊艳的可视化效果而成为这个群体的传奇人物。"我确实有很多时间来参与（演景），"皮特尔回忆说，"因为我总是旷课。事实上，我高中就辍学了，因为上学毫无意义。"

皮特尔从波兰移民美国，他学习计算机的经历与拉夫琴非常相似：

我上四年级时，我妈妈给我买了一台计算机。那是一台康懋达16，它没有磁盘驱动器，只有数据集，几个月后就坏了。这意味着，每次我打开计算机，不管干什么，基本上我都得从头开始写代码。所以我想，就编程实践而言，这相当于软件领域的洛基·巴尔博厄击打牛肉。从那时起，我就迷上了编程。

到高二退学时，皮特尔已经获得各种合同编程工作，足够他平日的花销，包括为电子游戏软件公司 Epic Games 编写代码。

多年后，他在全国旅行时，在帕洛阿尔托拜访了拉夫琴、西蒙斯和潘宇。"他是个真正的流浪者。"拉夫琴回忆起皮特尔。在加州停留时，皮特尔来到 Confinity 办公室，穿着一双破旧的拖鞋。西蒙斯说："他的脚趾都露出来了。"后来贝宝的员工回忆说，即使在公司蓬勃发展时，这双破旧的鞋也在。（"这是那段时间我穿过的最舒服的鞋子，"皮特尔回忆道，"我太喜欢了，去哪儿都穿着。"）

奇怪的鞋不重要，在 Confinity，天才的怪癖很容易获得原谅。拉夫琴极力劝说皮特尔加入团队，皮特尔同意了，这给了西蒙斯和潘宇希望。西蒙斯说："他的加入是一件大事。"对皮特尔来说，这个决定的重要性要小得多。"在人生的那个时刻，你还那么年轻，不会真正关注风险的,"他回忆说,"就像,嗯,好吧,这看起来很酷。我们就这样干一段时间。"

Confinity 的皮特尔很有才华,足以拿到博士学位,但又十分叛逆,不愿更换破旧的鞋子。他有充裕的时间,也容忍团队关于打造一流掌上电脑钱包的想法。卓越、非主流、悠闲、愿意收起怀疑,这些特点定义了 Confinity 的第一批员工,并形成其文化的基础。

* * *

很快,Confinity 的移动钱包推广遇到了与 Fieldlink 安全软件同样的市场问题:人们并不希望将实体钱包换成虚拟的。即使在辛勤编码时,团队也在思考移动钱包的功效。这引发了 1999 年春天的一系列团队讨论,反思他们的创造,并考虑替代用例。

这与其说是技术问题,不如说是逻辑问题:在奔迈掌上电脑中存储哪些信息比普通钱包更好?一个想法是:密码。塞在普通钱包里的纸条上的密码很容易被盗。"如果把密码存储在奔迈掌上电脑中,你可以通过二级密码进一步保护它。"拉夫琴说。这是个很有前途的概念,的确也是今天密码管理器的先驱。但在当时,手持设备市场还很小,而奔迈掌上电脑密码管理器的市场更小。

Confinity 面临的更大挑战是,密码缺乏魅力。那个时代的网络公司忙于宣传技术革命,承诺从送货到牵红线无所不包。就连拉夫琴也承认,相比之下,Confinity 对密码管理器的宣传显得有些平淡。

密码的概念虽然没有成功,却引出一个至关重要的问题:还有哪些东西需要保护?一个可能的答案是银行支票和纸币。"下一个迭代的产品将用密码保护借据。我会说,'我欠你 10 美元',然后输入密码。"拉夫琴回忆说。数字借据会被储存起来,直到用户把掌上电脑连接到计算机上,那时欠款就会被结清。

第五章 转账者

本质上，Confinity 创造了原始的数字支票，将手持设备和金融结合起来。但与之前的想法一样，基于奔迈掌上电脑的借条并不是最新突破。之后，团队再次调整产品。

在 1998 年发布的奔迈 III 掌上电脑中，设备一角塞进半英寸长的红色塑料薄片。奔迈将这个红外端口定位为掌上电脑用户传输信息的一种方式，但即使配备红外功能的掌上电脑已经发货，他们也不清楚用户会发送什么信息。"并不是所有应用程序都可以使用传输功能。即使是内置程序，如奔迈邮件和账本，也不能传输信息，"《傻瓜的掌上电脑》（*Palm Pilot for Dummies*）指出，"但随着时间的推移，越来越多的奔迈附加程序都包含传输功能，所以你可以在掌上电脑上创建项目，再将其传输到另一台上。"

事实证明，这些端口的故障出了名地多。同一份指南指出："当两台奔迈设备相距约 4 英尺时，它们就会探测不到彼此，而在相距不到 3 英寸时，它们也会有传输障碍。"

但是，这些新玩意儿对早期应用者来说非常有趣，软件工程师在论坛上写满了可能的用例。一位开发人员写道："虽然端口还不够强大，不能充当电视遥控器什么的，但它确实能够支持掌上电脑之间大多数类型的数据传输。"接下来是一篇几千字的指南，说明如何配置红外端口，用来玩战舰游戏。

红外端口预示着口袋大小的设备在流体窜槽领域的未来。但在 1999 年，它是一个没有具体用途的巧妙功能。然而，作为早期应用者，Confinity 团队心里有一个目的：传输资金。

* * *

想象这样的场景：几个技术爱好者在帕洛阿尔托吃午饭。账单来了，烦琐的分摊任务开始。一位用餐者提醒大家，他们有奔迈掌上电脑，里面有计算器和 Confinity 的资金传输软件。瞧，钱转过去了，账单分好了。

Confinity 将重新定位公司、软件，并将其宣传点定为用掌上电脑转账。这个想法有两个优点。首先，它利用了他们已经编写的数千行加密手持设备代码。其次，它是世界上的新事物。到目前为止，除了交换笔记或在游戏中击沉战舰，还没有人用过掌上电脑的红外端口。Confinity 想用红外端口来转账。

回想起这个想法，拉夫琴哑然失笑，称它"古怪而愚蠢"。多年后，面对作家兼 Y Combinator（美国著名创业孵化器）的创始人杰西卡·利文斯顿，拉夫琴开玩笑说："你是愿意拿出 5 美元，支付午餐分摊金额，还是拿出两台掌上电脑，在餐桌上转账？"但当时，拉夫琴记得这个想法很新鲜："它很奇怪，也很新颖。极客都说：'哇，这就是未来。'"

劳里·舒西斯是威尔逊律师事务所的律师助理，该律所与拉夫琴和蒂尔有过交集，处理过他们的融资文件。舒西斯最初也对客户的转账计划表示怀疑。"我记得当时我想，这个想法真奇怪。也许是，我不知道人们会不会喜欢，因为所有的（掌上电脑）技术都是新的。"舒西斯说。尽管她对公司的前景心存疑虑，但还是尽职尽责地提交了公司注册文件。（后来，舒西斯离开律所，加入贝宝，担任办公室经理，之后晋升为公司副总裁。）

在蒂尔看来，转账的想法为公司创作了一个耀眼的新故事。借助当下的新潮技术，公司可以进行有说服力的融资宣传。Confinity 向亲友筹集的 50 万美元支撑不了多久，尤其是他们已经招了不少人。所以，团队准备了一份融资演示文稿，突出这次产品改进。

文稿里吹嘘，通过掌上电脑转账是一个价值数十亿美元的机会——"比现金好"，"比支票好"，也"比信用卡好"。更重要的是，Confinity 将"获得部分从美国财政部转移的铸币税"。铸币税是货币面值与其生产成本之间的差额,这是一个古老的概念。如果你给皇家造币厂 100 磅白银,得到 99 磅银币,差的 1 磅就是铸币税,那是国王把你的白银兑换成货币时收的税。

蒂尔假设,科技公司,而不是政府,可以作为中介,并留下税收。这个概念有点儿深奥。"直到今天,我都不完全明白他的意思。"拉夫琴承认。但这些数字是真实的:根据文稿估计,铸币税在美国每年价值近 250 亿美元。哪怕 Confinity 仅获得其中的 4%,公司也能净赚 10 亿美元。

蒂尔和拉夫琴设想了一个无现金的移动世界,通过 Confinity 连接央行、信用卡公司和零售银行。公司希望将掌上电脑转变为支付和转账的默认工具,取代现金和支票。如果一切按计划进行,到 2002 年,由于移动钱包和转账产品的成功,Confinity 预计将获得 2 500 万美元的年收入。*

* * *

尽管这个概念在团队看来很有吸引力,但他们要再次努力宣传它。1999 年 2 月,拉夫琴参加国际金融密码学协会会议。一年一度的会议在加勒比海岛安圭拉举行,吸引了密码学和数字货币学术领域的领军人物。(直到今天,参加过 2000 年会议的蒂尔仍表示,加密货币比特币的神秘创始人中本聪也是与会者之一。)

在会上,拉夫琴想要试水他的想法,即无现金、全数字、基于掌上电脑的货币系统。学者反应平平,他们已经思考这个问题很久了。蒂尔说:"大家怒气冲天,愤愤不平,令人不解。"

不幸的是,在 Confinity 推销其概念时,数字货币遭受了一系列重

---

* 事实证明,他们的收入估计差了大约 8 倍——低了 8 倍。

大失败，包括不久前数字货币公司 DigiCash 的破产。在现场的金融加密专家看来，蒂尔和拉夫琴是傲慢无知的局外人，他们在进入这个领域之前，不知道 10 年的努力已付之东流。

学者并不是唯一对 Confinity 冷眼相待的人。马克·理查森是一名顾问，曾与蒂尔有过联系，协助其修改早期商业计划，并介绍了他在金融服务领域的一些熟人。理查森回忆起摩根大通的一位银行家对转账宣传的不屑。"他说：'我们已经研究并测试过，也试图让人们用自动取款机或信用卡以外的方式来用钱。关于如何做到这一点，有各种想法，还有试验和试点。我们认为，目前人们还不习惯离开现金、自动取款机和信用卡。'"

风险投资家也不感兴趣。在蒂尔所说的"痛苦过程"中，团队展示过 100 多次，一次次推广都失败了。潜在投资人提出一些合理问题：人们真的会用手持设备转账吗？4 个午餐伙伴都各自拥有掌上电脑，并安装移动钱包，这种可能性有多大？此外，什么是铸币税？Confinity 真的能像蒂尔所说，"不受约束"地赚钱吗？

接二连三地遭到拒绝，团队越来越绝望。他们开始接触硅谷以外的风投公司。卢克·诺塞克利用人脉，获得与欧洲移动公司诺基亚风险投资部门见面的机会。*

与诺基亚风投负责人约翰·马洛伊的会面一开始不太顺利。拉夫琴和诺塞克都穿着短裤和人字拖。马洛伊在谈到他们的着装时表示："在那个年代，见风投负责人时不这么穿。"团队成员似乎也心不在焉。"他们对能够通过红外在设备间转账非常兴奋，根本就停不下来！我想和他们进行成年人的对话，但这太疯狂了，"马洛伊说，"我叫他们'转账者'。"

---

* 另外，在马洛伊和诺塞克联系前的几个月，约翰·鲍尔斯曾向约翰·马洛伊推荐过 Fieldlink，但没有成功。"（诺基亚）在应用奔迈操作系统方面有很多好主意。"鲍尔斯回忆道。

第五章　转账者

马洛伊在诺基亚工作，这是一家移动设备公司。但即便对他来说，Confinity的一些主张似乎也不太可能实现。"彼得盯着我说：'我们将成为奔迈经济的主导支付系统。'"马洛伊回忆说。他记得自己当时想："真的吗？伙计，这是什么目标？"不过，会议结束后，马洛伊和他在诺基亚风投的搭档皮特·布尔兴趣盎然。诺基亚一直在关注移动支付，相信这项技术前途光明。Confinity正向着这个目标前进。

让布尔和马洛伊印象更深刻的是团队本身。"他们身上有一种独特的能量……他们太引人注目了。"马洛伊说。布尔表示同意："他们有彼得，这个超级聪明的商业人才；麦克斯，那个据说超级聪明的技术人才；还有卢克，那个创意人才。"马洛伊预料到，Confinity的掌上电脑理念不会像宣传的那样成功，但团队具备相应条件，能找到可行的办法。

布尔和马洛伊表示出兴趣，并对团队展开尽职调查。布尔找到两位斯坦福教授，丹·博内博士和马丁·赫尔曼博士，他们是Confinity的技术顾问。博内是斯坦福的一名年轻教授，以研究手持设备密码学而闻名；赫尔曼以发明公钥密码体系而闻名。他们告诉布尔，拉夫琴"货真价实"。"在某种程度上，"布尔说，"真正的保障是，拉夫琴的声誉有多么不可思议。"

马洛伊安排拉夫琴和诺基亚总裁彭培佳博士会面。马洛伊投资Confinity并不需要彭培佳的批准，但他想给对方与这位年轻硅谷工程师联系的机会，这是诺基亚资助创业企业的最初目标之一。

然而，拉夫琴并不明白其中要义。在他看来，与彭培佳的接触更多是最终考核，而不是普通见面，Confinity前途未卜。更有压力的是，彭培佳是世界领军技术公司之一的领导，其公司开发并向千百万人出售移动技术。在会面前几周，拉夫琴一直在回顾移动知识。

两人最终见面时，彭培佳紧扣技术问题，包括拉夫琴如何让低功率的掌上电脑执行高度复杂的计算。有备而来的拉夫琴总结了不同的加密标准——用于保护系统安全的算法——的差异,并解释他如何以最低处理速度获得最高安全性。

参加会议时,拉夫琴认为彭培佳可能会对诺基亚的投资立即拍板。但是讨论结束后,彭培佳只是感谢拉夫琴的到来。这给人一种虎头蛇尾的感觉,令人担心。蒂尔问拉夫琴表现如何,拉夫琴诚实地回答:"不知道。我认为我表现不错,但我不知道是否失败了。"

会议结束后不久,马洛伊收到彭培佳对拉夫琴的积极评价。诺基亚风投将起草投资 Confinity 的条款。

* * *

在硅谷风险投资排序中,由诺基亚等企业合作伙伴支持的公司排名接近垫底。当时,诺基亚风投还有另一个不利因素:布尔和马洛伊的小部门没有投资纪录,没有长长的退出和首次公开募股名单。

因此,Confinity 曾短暂考虑过一家更知名公司的投资。德丰杰风险投资在消费者互联网投资方面取得过一些成功,包括早期入股具有突破性的电子邮件服务公司 Hotmail。不过,尽管德丰杰拥有卓越的声誉,蒂尔还是说服团队选择诺基亚风投,因为后者提供了更高的投资金额和更优惠的条件。

1999 年,诺基亚风投进行了第三次投资,向 Confinity 领投 450 万美元。这笔资金给了蒂尔和拉夫琴一种专业运营的表象:他们现在可以拥有风投支持、临时方案和董事会了。

诺基亚的约翰·马洛伊加入公司董事会,并深入参与公司人事和运营。他将处于公司最引人注目和最敏感的争议中心,并扮演投资人治疗师的角色,高管和员工都向他诉苦。"约翰对我们来说是重要人物。"斯科特·班尼斯特说。拉夫琴更甚,称他是"贝宝故事中的无名英雄"。

马洛伊加入了，但出师不利。他和蒂尔在电话中敲定投资的最终细节，当时马洛伊正带着诺基亚总裁彭培佳出海航行。根据马洛伊的描述，这艘船的主人"给自己买了条难开的船"。船遇到狂风巨浪，螺旋桨出了故障，他们小心翼翼地返回码头。马洛伊回忆道："那次出海简直一团糟。那天太混乱了。"

第六章

败局已定

从 1999 年春天到初夏，Confinity 和 X.com 在帕洛阿尔托大学大道 394 号毗邻办公。两家公司合并后，它们曾是邻居的历史被大肆宣传，但最初这只是巧合。X.com 和 Confinity 既不是竞争对手，也不是合作伙伴：Confinity 专注于移动转账和加密，而 X.com 致力于建立金融服务超级商场。

两家公司都认为对方误入歧途。马斯克直言不讳地批评掌上电脑的转账功能。"我认为这是个愚蠢的想法，他们完蛋了。"他记得自己当时曾想。与此同时，Confinity 预计 X.com 会陷入监管的困境。

尽管两家公司对待金融科技的态度各不相同，但它们的首席执行官有共同的追求：得到关注。马斯克为 X.com 争取媒体关注，蒂尔也把制造头条新闻作为首要任务。他刚完成 Confinity 与诺基亚风投的投资交易，想要一场引人注目的大型活动来宣传这笔交易，并展示团队突破性的转账技术。

团队选择伍德赛德的 Buck's 来举办这次活动。Buck's 咖啡馆装潢俗气，有瓷质牛仔靴、一套真正的俄罗斯宇航服和一座按比例缩小的自由女神像，获得科技界人士的频繁光顾，并在科技领域拥有传奇地位。Buck's 是美国第一家拥有公共无线网的餐厅，据报道，Hotmail 是在其中一张餐桌上组建的。

Confinity 希望为 Buck's 的历史增添新篇章：蒂尔计划使用掌上电脑，将诺基亚风投的 450 万美元投资实时转到 Confinity 的银行账户。但是"在 Buck's 转账"说起来容易做起来难。"（红外技术）根本没用。"拉夫琴回忆道。尽管如此，拉夫琴坚持认为，转账应该是真实的加密交易，而不是模拟。

尽管工程团队努力工作，但代码库远未完成。"这玩意儿几乎不起作用。"潘宇承认。为了准备在 Buck's 转账，拉夫琴不得不匆忙创建安全协议，并更新应用程序的用户界面，包括按钮。他从另一款掌上电脑计算器应用程序中复制大部分按钮，并手忙脚乱地为演示编写全新的"发送"按钮。

很快，团队就面临比仓促编辑按钮更棘手的问题。为了让程序员的代码运行起来，它必须被编译，这个过程将编码命令转换成机器能够理解的语言。编程错误就是在编译过程中发现并修复的。就在 Buck's 活动的前几天，西蒙斯发现潘宇已经好几个月没有编译代码了。"当然，我们尝试过编译，但它可能有上千个错误。"拉夫琴说。

接下来是拼命冲刺。"从那一刻起，向 Buck's 转账活动的狂奔开始了。我们三个根本没睡。到第三天结束时，潘宇已经快要精神崩溃了。"拉夫琴回忆道。按照计划，截至 1999 年 7 月 23 日星期五早上，拉夫琴和团队连续熬夜，反复检查代码，直到活动开始。

星期五日出时分，拉夫琴发现自己已经连续好几天穿着同一条裤子。"我得换条裤子。"他心想。于是拉夫琴开车回家，把裤子换了，又跑到 Buck's。

* * *

拉夫琴到达时，蒂尔已经到了，正在和诺基亚风投公司的皮特·布尔亲切交谈。蒂尔成功吸引了几家当地电视台来报道这次活动，他们的卫星转播卡车就停在附近。

拉夫琴为这次交易准备了两台掌上电脑。他把一台给布尔，另一台给蒂尔。布尔站在摄像机前，接过掌上电脑，用手写笔输入诺基亚的支付款：4-5-0-0-0-0-0。他把红外端口放在蒂尔旁边，按下拉夫琴刚编辑的发送按钮。拉夫琴屏住呼吸——如果有什么问题，现在就会出现。

然而，蒂尔的掌上电脑发出嘀嘀声，并显示消息，表示已经成功收到付款。他自豪地举起掌上电脑，放在镜头前。整个Confinity团队都松了一口气。

尽管在转账之前充满焦虑，但是在布尔的记忆中，这次主要活动却"虎头蛇尾"。之后，电视台的一个工作人员过来，问蒂尔和拉夫琴是否可以重新进行交易，因为他的摄像机没有完全捕捉到这一幕。"不行！我们不能重来，"拉夫琴喊道，"这是数百万美元从一家银行转到另一家银行。我们根本不可能重来。"在摄影师的要求下，蒂尔和布尔假装进行了交易。

拉夫琴没有精力去表现沮丧。相反，他走到角落的一张桌子旁，坐下来，把头靠在桌上。过了一会儿，他醒来，发现同事都走了，旁边放着一个冷煎蛋卷。服务员告诉他，他的同事已经离开，但为他的早餐买单了。拉夫琴想："我是应该为蒂尔没有叫醒我而生气，还是应该感谢他关心我，让我睡觉？"

无论蒂尔是否体贴，他对这次活动都很满意。"这是打开局面的绝佳方式。"他说。Confinity获得宝贵的媒体报道，这又带来几份求职申请，并吸引一些投资人的兴趣。在过去，这两者都来之不易。

尽管受到关注，但这次活动并没有成功地赢得用户：没有人给

Confinity 办公室打电话，询问如何从掌上电脑转账。诺塞克回忆道："这是早期我们在公关方面得到的一个教训。活动对招聘和投资人的看法重要得多，而不是实际产品的应用。"

可以说，Buck's 转账活动向团队内部传递了最重要的信号。短短几个月，拉夫琴、蒂尔和他们的小团队就开发出一款值得报道的应用程序，甚至值得在电视上播出！这增强了团队的信心。诺塞克说："我认为，我们要相信前途是光明的。"

* * *

随着互联网繁荣的开始，初创企业的奢侈享受充斥着湾区：昂贵的团队度假，无限量饮酒的派对，以及高价的广告牌。蒂尔和拉夫琴认为，这些都不能切实促进公司的产品研发，或帮助公司达成使命。他们不会把诺基亚风投的数百万美元就这样挥霍掉。不过，这笔资金确实给了他们一个奢侈的选择：给这款转账产品起一个更好的名字。

"Confinity"作为公司名称已经足够，但对消费品来说，他们担心这个以 con（欺骗）开头的四音节词无法让用户信任它。再说了，"把钱 Confinity 给我"说着也不顺口。

消费品公司需要能吸引大众的名字，起名字的任务落在诺塞克身上，他转向互联网寻求指引。他在浏览器中输入 www.naming.com，发现一家名为 Master-McNeil 的为公司起名的网站。诺塞克解释说："我们认为，他们拥有 naming.com 这个网址，所以很有希望。"

马斯特是公司创始人，曾在加州大学圣克鲁斯分校获得 3 个专业学位，包括经济学、音乐，以及名为"书籍历史"的自我设计学科。在哈佛大学获得工商管理硕士学位后，她创立了一家品牌公司的命名部门，作品包括试金石电影公司和威斯汀酒店。然后，她自立门户，创建 Master-McNeil，向各家公司提供命名咨询服务。

马斯特结合诗意的感性和务实的商业技巧。她认为，太多初创企业把命名仅仅当作文字游戏，"像是从墙上反弹回来，有点儿随机，是纯粹的创意过程"。她认为，命名和其他商业决策一样，至关重要，值得严格分析。

1999 年 6 月，Confinity 与 Master-McNeil 签约，为其转账产品命名。马斯特和她的团队采访蒂尔、拉夫琴、诺塞克等员工。大家共同确定了名字应该具有的含义：

1. 方便、容易、设置 / 使用简单
2. 立刻、快速、即时、无须等待、省时、快捷
3. 便携、就近、永远在你身边
4. 发送、"传输"、交易、发送 / 接收、给 / 收
5. 钱、账户、金融交易、数字、资金流动

Confinity 与 Master-McNeil 的讨论揭示了关于产品发展轨迹的重要问题。转账功能吸引了美国科技界人士，但 Confinity 如何在其他市场发展呢？团队还没有找到答案，但他们敦促 Master-McNeil 折中一下，找到的名字既不太"高科技"，又"适合使用便携式电子设备（个人数字助理、手机）的人，强调早期用户"，并且"适合在美国、法国、德国、西班牙和意大利使用"。

有了标准和命名目标，Master-McNeil 团队着手生成几十个备选名字。他们筛选出 80 个"最有希望"的名字，并在检查商标、网址和普通法之后，选出十几个推荐名字。其中包括 eMoney Beam、Zapio、MoMo、Cachet 和 Paypal（贝宝）。"eMoney Beam"和"MoMo"被迅速排除。"Zapio"很俏皮，并且提到核心产品"快速"转账，但 Confinity 团队对此并不感冒。起初，他们认为"Cachet"是最好的选择，但马斯特不以为然。马斯特说，Cachet 很难拼写和发音，还有一

第六章 败局已定

种"做作的腔调"，并且不容易翻译成其他语言。另一个问题是，域名www.cachet.com已经被占用了。

然后是Paypal。Master-McNeil的幻灯片为该选择提供了6个理由：

- 传递金钱，账户，金融交易，转移资金
- 表示友好，容易获取，简单，容易
- 表示永远在你身边，便携，就近
- 重复的pa-结构便于记忆，有趣
- 特别短，对称（两端字母向上突出，中间两个字母向下突出）
- 域名可用

马斯特认为Paypal是显而易见的最佳选择。它比Zapio短一个音节，而且比Cachet更不容易读错。马斯特说："人们如果不知道怎么说一个词，或者害怕说错，就会想尽办法避免说出。尴尬是一种非常强烈的情绪。"

马斯特还认为，Paypal会带来信任。"Confinity"是拉夫琴表达自信的笨拙尝试，但马斯特认为，Paypal中的pal（伙伴）有消除敌意的性质，更恰当地实现了这个目标。"你的伙伴不仅仅是朋友。伙伴会搂着你，你们在一起，真正信任彼此。"她解释道。

最重要的是，Paypal有两个字母p。"人们喜欢这些被称为爆破音的声音，"马斯特解释道，"要发出它们，你需要阻止空气，然后释放。"爆破音在耳朵里多停留片刻，就有更多时间来记住品牌。"创造一个有两个爆破音的名字确实最大限度地利用了这一点。"马斯特说。

马斯特热衷于"贝宝"，但Confinity团队中很多人不以为然，包括蒂尔。"我记得我们大家都在谈论这件事……并且想，贝宝？这听起来像是有史以来最蠢的名字。"工程师西蒙斯回忆道。"这肯定不是全体通过的决定。"第11号员工杰克·塞尔比说。董事会成员皮特·布尔认为，作为一款金融产品，这名字听起来太不正经了。"人们不会信任'贝宝'。我认为这是最蠢的想法，"他说，"伙计们，贝宝？你会把钱托付给贝宝吗？"

但当他们一起讨论"贝宝"时，团队逐渐认同它的优点。"我们最初考虑（产品）的用途是，在午餐时分摊费用，以及类似的用例。'贝宝'自然比其他名字更适合这个用例。"戴维·华莱士回忆道。他加入贝宝后，负责客户服务和运营。

和它简单的拼写一样，名字的动词形式"把钱贝宝给我"赢得了大家的喜爱。一些早期董事会成员也认可这个名字，包括斯科特·班尼斯特。"我说：'我认为这个名字很棒。押头韵，很容易记住。'"由于域名 www.paypal.com 未被占用，团队无须进行漫长而代价高昂的谈判就能获得。他们在 1999 年 7 月 15 日注册了该域名。

虽然蒂尔最初更喜欢"Cachet"，但后来也赞同"贝宝"。事实上，他后来引用它来说明友好、听起来积极的公司名称的价值，以此证明 Lyft 优于 Uber，Facebook 优于 MySpace。在短期内，蒂尔等许多人会认为，X.com 听起来不吉利，不如"贝宝"。

Confinity 选择 PayPal，加上效果，将中间的 p 大写。中间大写的 P 一直被保留下来，Paypal 就被写成 PayPal。在马斯特的文件中，有一条注释记录了中间大写的 P 的采用，那是一个带有短语"选择 PayPal"的快捷条目。但马斯特不记得编辑的来源，也不记得提出想法的是她、平面设计师，还是 Confinity 团队。

* * *

有了名字，公司现在需要扩张，使转账产品成为现实。和 X.com 一样，Confinity 也要在白热化的市场上争夺工程师，即使获得了充足的资金和部分媒体的关注，招聘仍然困难。

第六章　败局已定

团队的大学校友关系带来了一些好处，几位早期工程师与伊利诺伊州数学与科学学院的关系也得到回报，该学院是伊利诺伊州奥罗拉市一所著名的公立高中。来自伊利诺伊大学和伊利诺伊数学与科学学院关系网的工程师越来越多，新的产品和业务团队成员则来自斯坦福大学。

为了加快招聘进度，团队设立了几千美元的推荐奖金，用于招聘工程师。其中一位雇员詹姆斯·霍根回忆起，他在伊利诺伊大学香槟分校的朋友、Confinity工程师陈士骏向他抛出橄榄枝。"他（对推荐奖金）非常感兴趣，"霍根笑着说，"他给所有认识的有软件开发经验的人发信息。我和其他人一样，都代表了推荐奖金。"

为了吸引新员工，团队精心设计高超的宣传方法。多年后，拉夫琴在斯坦福大学计算机科学课上描述过这种方法：

工程师是非常现实的，他们被训练成这样。考虑到硅谷现在有大量公司想要招募工程师，他们也有资格这样。由于工程师认为任何新想法都很愚蠢，他们也会倾向于认为你的新点子很蠢。他们在谷歌做很酷的东西，薪酬丰厚。为什么要停止为世间万物编索引，去做你的蠢事呢？因此，与巨头竞争的方法不是用钱。谷歌的出价会比你高。他们的"印钞机"每年能带来300亿美元的搜索引擎收入。

为了获胜，你需要讲一个齿轮的故事。在谷歌，你只是个齿轮。但对我来说，你是我们共同奋斗的伟大事业中的关键角色。描述这一愿景，甚至不要试图给出优厚的报酬。满足人们的现金流需求，给他们报酬，让他们能付得起房租，时不时出去玩玩。这与金钱无关，而是与打破功利的墙有关。比起在谷歌的小隔间和几十万美元的薪酬，完成这项新事业的1%更令人兴奋。

对霍根来说，这个论点一针见血。他当时住在达拉斯，在北电网络公司工作，"就像巨大机器上的一个齿轮"。"我很不开心，效率也很低。"他坦言。Confinity 的宣传击中了要害。

尽管他们精心设计了招聘计划，但招聘依然进展缓慢。其中部分是有意为之。工程师埃里克·克莱因说："在工程领域，一个糟糕的雇员可能会毁掉代码库。这是我们一直担忧的。我们对此有部分责任，因为代码库如此容易被破坏是很糟糕的。如果你不负责地编写代码，那就会构建这样的代码库。你制造出问题，然后必须雇人来解决这个问题。"

工程师桑托什·贾纳丹指出，拉夫琴对人才的要求非常高，哪怕以牺牲招聘速度为代价。"拉夫琴不停地重复：'一流人才招来一流人才，二流人才招来三流人才。所以你雇用的第一个二流人才会毁掉整个公司。'"

此外，Confinity 的领导要求，所有有希望的求职者都要与团队每一个成员见面。漫长的循环面试结束后，团队集体讨论候选人，询问他们是否通过了所谓的"气场测试"。

科技公司四处招聘，未来的员工也会进行自己的"气场测试"。不止一名员工认为，团队是吸引他们的主要因素，而不是产品愿景或成功的保证。斯凯·李曾就职于网景和奥多比，她在另一家初创公司工作时，一位加入 Confinity 的前同事建议她见见大卫·萨克斯。尽管有所迟疑，她还是同意了。她所在的创业公司经营得不太好，她不想重蹈覆辙。

萨克斯邀请斯凯·李在晚上 10 点到 Confinity 办公室。鉴于时间很晚，她预计会"稍作停留，然后便离开"。但结果并非短暂的见面。"那是一次真正的面试，"她回忆说，"我没有做好准备。"凌晨 2 点离开时，她已经和几乎所有 Confinity 的员工都谈过了。

她还了解到 Confinity 的掌上电脑转账产品。萨克斯提出这一理念时，斯凯·李注意到一个问题。"我说：'但这不是转真正的钱，因为你只是在桌面上同步，是吗？'"当然，她说的没错，因为从技术

第六章　败局已定

上讲，只有当掌上电脑嵌入桌面支架时，交易才会发生。"我以为我忽略了什么。"斯凯·李回忆说。萨克斯承认，她没有忽略任何东西，她的问题是合理的。

尽管经过漫长的深夜面试，而且红外转账有局限性，斯凯·李还是对团队充满兴趣。"我真的无法用语言形容，因为我相信自己的直觉，"她说，"但他们的能量，我以前从未感受过。我想，'这里有非凡之处'。"在一次附加面试后，她加入了Confinity。之后，她将在设计公司的标志性产品方面发挥关键作用。

产品团队成员丹尼斯·阿普特卡曾在另一家初创公司工作过几个月，然后在聚会上遇到卢克·诺塞克。诺塞克抓起一张餐巾纸，画出Confinity的转账总体计划。阿普特卡被深深吸引，不仅是因为这个想法，还因为诺塞克谈论它的样子。

她来见团队成员。"面试结束后，我无法告诉你产品的确切信息什么的，我只知道，这些是我想要共事的人，"阿普特卡回忆说，"他们明显非常好强，明显是工作狂，明显想要改变世界。我觉得，我找到了和我一样的人。"

本杰明·里斯特文是一名技术设计师，本来拥有一份满意的工作，也没有寻找"和他一样的人"。当他遇到大卫·萨克斯和麦克斯·拉夫琴后，萨克斯邀请他去Confinity共进午餐。"午饭吃了7个小时。"里斯特文回忆说。

关于设计实践的几小时临时会议吸引了他。"我感觉自己正在房间里，在白板上写写画画……如果这是他们的面试，想想在这里工作是什么样的吧！"他记得自己当时想。

* * *

早些时候，蒂尔制定了一项非正式的零解雇规定。"解雇员工就像战争,"他解释说,"而战争是不好的,所以应该尽量避免。"零解雇规定为人才设立了高标准,但也导致表现不佳的员工只是在公司里调整岗位,而不是被高效率地解雇。"也许我们本应该解雇更多人。"一名早期员工承认。

气场测试和零解雇规定既不精确又效率低下,但精心设计的招聘流程是为了提高公司的效率。在 Confinity 早期,拉夫琴注意到,房间里的人数与基本交流中的摩擦呈正相关。"如果你是一个人,"他解释说,"你就会非常努力地工作,希望这就足够了。由于通常不能单打独斗,人们便组成团队。但在团队中,一个 n 平方的沟通问题出现了。在一个 5 人团队中,大约有 25 组关系需要维护和保持沟通。"

为了尽量减少这种摩擦,拉夫琴希望招到和他观念一致的工程师。例如,拉夫琴最初选择 C++ 作为贝宝的编程语言,哪怕他认为这是一种"蹩脚的语言",他也希望创始工程师不要抱怨。"任何想要争论这点的人,都无法融入,"拉夫琴说,"争论会阻碍进步。"

不过,他和蒂尔都谨慎地避免群体思维。"有必要讨论明智的营销举措,或解决战术和战略问题的不同方法。这些才是真正重要的决定,"拉夫琴说,"一条很好的经验法则是,当你对重要的问题一无所知时,意见的多样性必不可少。但是如果你已经强烈地觉察到什么是对的,那就不要争论。"

找到这种平衡并不容易,团队也会遇到挫折,以及几次违反零解雇原则的情况。但他们也取得了一些招聘上的胜利。在此期间,Confinity 招到第一个"关系网外"的员工:查德·赫尔利。他后来成为优兔的联合创始人之一,但在 1999 年,赫尔利刚从大学毕业,拥有艺术学位,之前与 Confinity 团队没有任何联系。他在媒体上看到关于 Buck's 转账的报道,于是主动发电子邮件表示出兴趣,这为他赢得了会面机会。在经历航班延误、迟到和通宵面试之后,赫尔利受邀加入 Confinity,成为该公司的首位平面设计师。

他的第一个任务是为 Confinity 的贝宝产品设计标志。他选择蓝白相间的图像，把艺术化的字母 P 放在漩涡中。拉夫琴还要求赫尔利设计一款团队 T 恤，并给他灵感：如果 T 恤上有西斯廷教堂天花板上的图案会怎么样？上帝不是用双手给亚当点燃生命之火，而是通过掌上电脑给他汇款。多年后，这件由赫尔利设计的印有米开朗琪罗合成作品的 T 恤成为团队珍藏的纪念品。

随着赫尔利等人的加入，Confinity 在大学大道 394 号的总部变得拥挤不堪。团队在仅 5 分钟路程之外的大学大道 165 号找到可用的办公地点。这座建筑具有特殊意义，因为它的上一个租户是当地最受关注的公司：谷歌。Confinity 继承了这家搜索巨头的乒乓球桌，球桌还一度兼做会议室的桌子。

办公室还取消了一个重要仪式。在大学大道 394 号，每个新员工都要按要求组装自己的宜家办公桌。这是一种纽带和民主化的仪式，也算是向拉夫琴早期宜家家具的致敬。Confinity 在大学大道 165 号的新办公室几乎全装修好了，这对传统是一个致命的打击。

* * *

新名字，新办公室，新员工——一切看起来都是进步。但一个核心的老问题仍然困扰着公司：人们究竟怎样才能发现掌上电脑的转账产品？更重要的是，他们会用吗？

在某种程度上，团队认为需求是存在的：如果他们开发出产品，就会有人使用。考虑到他们所处的环境，这是一个很容易犯的错误。手持设备当时在硅谷风靡一时，如掌上电脑和技术类似的功能手机。"我非常看好（掌上电脑）平台，"斯科特·班尼斯特承认，"很多人都看好。"到 1999 年，超过 500 万人拥有奔迈设备，奔迈的母公司 3Com 甚至考虑让其分拆上市。

Confinity团队有信心从手持设备的发展浪潮中脱颖而出。团队在面向手持设备市场的杂志上刊登广告，团队成员还在各种互联网技术论坛上宣传贝宝产品。在此期间，诺塞克还提出一个另类的营销理念：看到办公室遮阳篷破旧不堪，他建议进行更换，并用内置频闪红外线发送关于贝宝的信息。

"遮阳篷频闪灯广告"从未成为现实，但它表明，团队为了赢得用户，愿意付出巨大的努力。实际上，这体现了他们还有多长的路要走。因为，尽管他们努力工作，但人们并没有用贝宝来转账。到1999年夏天，公司的顾问和朋友们研究了该产品的可行性。

"我们生活在掌上电脑的天堂，"蒂尔的斯坦福朋友、Confinity早期董事会成员里德·霍夫曼说，"我们可以走进每一家餐厅，走到每张桌子前，问多少人拥有掌上电脑。"他猜每家餐厅有0到1台。"这意味着，在每家餐厅，每个用餐周期，你的用例只有0到1次！你完了！这个想法行不通。"

在那年夏天的一次深夜产品辩论中，里德·霍夫曼提出另一个关键障碍：如果这些假设的贝宝用户，有一个忘记携带掌上电脑，又需要进行交易，该怎么办呢？拉夫琴提出一个变通方案，他建议设立PayPal.com网站，通过用户的电子邮件地址汇款。反正用户必须通过网站下载贝宝软件，将手持设备与计算机同步。网站可以创建电子邮件系统，作为掌上电脑转账功能的替代。

当首次提出电子邮件汇款时，几乎没人意识到这是灵光乍现。恰恰相反，拉夫琴想让它成为一次性样品，藏在主站点的角落里，提供给忘带掌上电脑的倒霉蛋。在他看来，电子邮件汇款与贝宝的主要用途相去甚远。如果它可以被称为功能，那么这个功能是对霍夫曼批评的妥协，而不是核心产品。

这种"妥协"很快以拉夫琴未曾预料的方式发挥了作用。在电子邮件转账样品出现之前，他要按照复杂程序，测试贝宝的系统：将资金从一台掌上电脑转到另一台，在支架上同步两台设备，然后检查两个虚拟账户，以确认资金转移。电子邮件汇款样品极大地简化了这个程序：拉夫琴现在点击鼠标几下，就可以测试传输。几周内，拉夫琴就成为这个补救产品的忠实用户，尽管他仍然坚持最初的愿景。"这应该是个提示。"他说。

埃里克·克莱因评价团队的幸运时机。"互联网的发展就像滚雪球一样，迅速滚动。从没人真正了解网站，到所有人都了解网站，似乎只过了一年，"他说，"我们的想法是，商业职场人士使用掌上电脑进行支付，我们要抓住这一潮流。但是网络浪潮彻底颠覆了这个概念。幸运的是，我们最终拥有了这两者。"

* * *

严重怀疑转账功能可行性的还有刚加入的大卫·萨克斯，他将在公司的成功中扮演关键角色。蒂尔和萨克斯是斯坦福大学同学，毕业后，萨克斯升入芝加哥大学法学院，之后就职于管理咨询公司麦肯锡。

1999 年中，萨克斯和蒂尔经常讨论 Confinity 及其产品。蒂尔催促萨克斯离开咨询业，加入 Confinity，萨克斯很感兴趣。创业精神在他的家族中代代相传。20 世纪 20 年代，萨克斯的祖父从立陶宛搬到南非，创办了一家糖果厂。他的孙子虽然对朋友蒂尔的公司很感兴趣，却认为用掌上电脑转账的想法是个馊主意。

尽管如此，他还是来到西部参加面试。面试并不成功。"萨克斯肯定没有通过气场测试。"一位 Confinity 的早期团队成员说。团队反对萨克斯的部分原因是，他对掌上电脑产品完全否定。"这是个愚蠢的主意，"萨克斯回忆道，"有两个问题：一是奔迈只有 500 万用户，所以除非你的同伴也有掌上电脑，否则这款应用毫无用处。还有一个问题：即使你的同伴也有掌上电脑，你会用它做什么？除了分摊用餐费用，没有人能想出更好的办法。"

萨克斯告诉蒂尔，他愿意加入公司，前提是电子邮件转账产品被放在首位。"我说：'如果公司这样做，我明天就辞去麦肯锡的工作。'因为我认为这是一个绝佳的想法。"萨克斯说。

蒂尔向他保证，电子邮件将优先于掌上电脑转账，于是萨克斯同意加入公司。但是，团队中的大多数人都不知道这个承诺，他们仍然认为掌上电脑转账是最重要的。当萨克斯到来并开始弱化掌上电脑产品的优先权时，工程师既惊讶又愤怒。"拉夫琴知道，但是团队里其他人都不知道，"萨克斯说，"所以我认为，他们对我的看法是，我是那个来告诉他们，他们所做的一切都不对的人。"蒂尔达成妥协：两种产品将同时开发。

在招聘大卫·萨克斯时，蒂尔利用自身的地位驳回团队的反对意见。这对蒂尔来说是一个罕见的举动，他认为萨克斯是一个少有的应聘者：毕竟，很少有人在参加面试时会表示对未来雇主旗舰产品的强烈不满。蒂尔看重令人清醒的诚实，他相信萨克斯会直抒胸臆。"彼得说：'我需要这里有能让我大吼的人。'"萨克斯回忆道。

在公司内部，萨克斯以态度强硬和意志坚定赢得声誉，公司许多人都对他聚焦团队和完善产品的行为表示赞赏。"尽管人们对大卫·萨克斯的争辩不屑一顾，但争论总是好的。这是件好事，"贾科莫·迪里戈利回忆说，"这从来都不是人身攻击，也不是胡说或理所当然。一直都是就事论事。我们讨论的始终是，我们到底想做什么？客户需要什么？我们为什么会在这里？"

* * *

那个夏天的讨论大多都基于假设。由于公司的产品还没有正式发布，所以Confinity还不知道公众对他们的产品会有什么反应。

Buck's 转账活动是一次展示，而不是产品发布。蒂尔希望有另一个机会向全世界宣传 Confinity，不仅向投资人证明 Confinity 产品的价值，也给公司再次获得媒体关注的机会。

因此，他催促拉夫琴推出产品。"我们一周工作 7 天，每天工作 20 个小时，一直在写代码，想让这玩意儿运行起来。"拉夫琴回忆起那个夏天的经历。在此期间，团队必须迅速了解金融服务等领域。工程师埃里克·克莱因回忆道："我们之前都没有和银行接触过，也从没写过这样的代码。可怜的首席财务官戴维·雅克只好让我们坐下，告诉我们银行如何运作。然后我们必须在产品上线前 4 周编写软件。"

面对电视摄像机，在两台属于 Confinity 的掌上电脑之间转账是一回事，真正的用户用真金白银挤占无线电波又是另一回事。"现在回想起来，这有点儿好笑，因为我们当时对支付一无所知……我们从未编写过与数据库交互的代码……我们甚至无知者无畏，不知道这个问题有多么艰巨。"西蒙斯说。

掌上电脑转账的消息在 Slashdot 等技术论坛传开后，公司遭到第一波批评。Slashdot 的一名发帖者写了一篇关于这项技术的帖子，标题十分醒目——"真是个令人惊诧的馊主意"。

> 这是个馊主意，因为你至少可以从 3 个方面入侵并破坏系统。
> - 在红外传输层面，你可以远程复制某人的交易。
> - 在软件层面，你可以获得一笔合法付款，然后入侵掌上电脑软件，将转账金额大幅提高。
> - 在将数据返回 Confinity 时，你可以向其发送从未真正发生过的交易记录。
>
> 估计还有更多。诚然，这 3 个问题都可以用正确的加密方法来解决，但我怀疑他们在编写软件时是否担心这点。
>
> 一两年内，不要将它用于任何重要转账，给他们时间来解决问

题。产品可能不会成为现实。

精通技术的 Slashdot 用户的批评十分尖锐，而且极具讽刺意味。一位评论者写了一篇《银河系百科全书摘录》（2010 年 5 月），描述未来的抢劫场面。"从那时起，强盗的装备里除了弹簧刀和枪，还有掌上电脑。抢劫别人时，他们通常会说：'把你的掌上电脑对准我的，把你所有的钱转过来，这样就不会有人受伤了。'"

团队匆忙写了技术疑问解答，在其中他们认可了批评。"这篇技术疑问解答是针对 Slashdot 的帖子而创建的吗？"他们回答："是的。这是为了尽快解决帖子中的问题而匆忙写就的。请原谅结构、格式和索引方面的不足。"

在回答"你们加密方法的风格/优势是什么？"时，团队的回答既专业又坦率：

目前，我们使用 163 位椭圆曲线数字签名算法（ECDSA）进行支付签名，用对称加密（DESX）对手持设备上的数据进行加密，用迪菲－赫尔曼密钥交换算法对红外传输进行密钥交换，用对称加密对红外传输进行加密，用基于纠错码的传输层安全协议，在同步期间确保从桌面到服务器的连接安全。我们敲击键盘半小时左右，以获得足够的熵，为随机数生成器提供种子。

团队的经验不足还体现在其他方面。有一次，拉夫琴和团队发现，他们忽略了在贝宝系统中使用复式记账法。复式记账法是记账的传统基石，通过它，任何借贷都有平等及相反的记录。"如果你是工程师，而且从未接触过会计，"拉夫琴说，"你就不会真正理解，为什么有两份副本可能会有用……我以为'复式记账法'是某种奇怪的会计虚构物。"他请 Confinity 的首席财务官上了一堂会计速成课，团队

第六章　败局已定

099

据此重建数据库。

产品在发布前迅速转向。蒂尔一直在纽约进行前期媒体活动。"在蒂尔完成第一轮采访后,他打电话来……大概告诉我们:'嘿,伙计们,我告诉大家,产品将完全免费。取消所有收费。'"戴维·华莱士回忆道。团队只好更新所有网站语言,取消收费,尽管华莱士曾短暂质疑,承诺产品永久免费是否明智。

面对新问题,感到产品发布的压力,团队必须迅速设计解决方案,但这种方法也让工程师形成一种工作风格,并帮助他们更好地开展后期的工作。"即使在我现在的工作中,我们也会随时谈论自身处境,而你的想法是,如何应对这种情况?发明什么办法?你学会'发明'而不是'研究和实施'。"埃里克·克莱因说。

在此期间,公司也经历过千钧一发的时刻。在将硬盘从一台服务器转移到另一台时,Confinity 的一名系统管理员无意中清除了代码库。"没问题,"拉夫琴想,"启用备份吧。"就在这时,团队惊恐地发现,那名系统管理员没有保留备份。数千行代码和8个月的工作付诸东流。蒂尔说:"那一刻,贝宝似乎完蛋了。"

接着,另一位工程师戴维·高斯贝克开口了。他已经复制了公司的全部源代码。"我们都是在共享服务器上进行开发的,但那里的空间不够了,"高斯贝克解释道,"所以我们设置了一个新服务器,大家可以把所有数据都迁移过去。我就是这么做的,而且显然,在原代码库失效时,我是唯一这么做的人。"高斯贝克的备份拯救了团队,使大家不用痛苦地一行行重写代码。"那次我们侥幸脱险。"拉夫琴回忆道。那名系统管理员成为零解雇规则的罕见例外。

* * *

夏去秋来,贝宝首发的准备工作不断延期。拉夫琴被迫请求蒂尔，多次推迟发布日期，这让蒂尔很恼火。"发布前的准备过程非常艰难。"拉夫琴回忆说。

在此期间，拉夫琴要求对产品进行安全检查。掌上电脑的代码还处于初级阶段，而加密代码更是如此。为了加快贝宝应用程序的速度，拉夫琴使用了被称为"椭圆曲线加密法"的公开密钥加密方法，但这也是他的新领域。"奔迈的加密代码非常匮乏，尤其是椭圆曲线，我们不得不自己构建一部分。"拉夫琴回忆道。

拉夫琴从零开始创建这些代码，冒着产生漏洞的风险。"你绝对不会想自己构建原语……你希望它是由除了构建加密原语之外无事可做的人完成的。"拉夫琴分享道。

拉夫琴一直在与其他人交流关于加密安全的想法，其中包括Confinity的技术顾问、斯坦福大学教授丹·博内博士。博内和拉夫琴都热衷于移动技术和密码学，还喜欢一起玩极限飞盘。关键是，博内和拉夫琴一样对掌上电脑情有独钟。博内开玩笑说："不得不说，多年来，甚至在苹果手机问世后，我依然热爱我的掌上电脑，以至排斥苹果手机。"他和斯坦福的同事甚至借鉴诺塞克在香槟分校计算机协会的经历：他们将掌上电脑钱包连接到斯坦福的自动售货机上。"这两者之间有加密协议，"博内回忆道，"钱会在它们之间转移。"

博内是将掌上电脑安全扩展到自动售货机等地方的专家。那年秋天，拉夫琴想要快速检查代码时，就会求助博内。"我想，要在12个小时内进行安全审计，最可行的办法是什么？然后我说：'嘿，丹，你愿意过来看看我的代码吗？'他说：'当然，为你做什么都行。'"拉夫琴回忆道。

博内和拉夫琴都以为他们会迅速浏览完毕，之后博内就要庆祝自己的30岁生日。然而，博内很快发现了一个问题。"他通读代码，然后说：'伙计，这是什么？'"拉夫琴回忆道。问题在于拉夫琴和团队"封包"某些数据的方式。"博内说：'不，不，不，看看你是怎么

第六章 败局已定

封包的。'我说：'哦，天哪！'他说：'这不是随机的，好像有规律。我可以用铅笔破解它，不需要超级计算机。'"

接下来是疯狂的通宵苦干，两人必须通读每一行代码并改正错误。博内回忆，其间，他回家短暂地庆祝了生日，然后回到办公室，和拉夫琴一起待到凌晨5点。

尽管有生日干扰，但经常拼命通宵加班后，Confinity团队终于完成第一个发布版本的收尾工作。10月底到11月初，部分公司员工开始向亲友发送电子邮件，宣布公司的第一个产品现在可以下载使用了。贝宝诞生了。

第七章

有钱能使鬼推磨

1999年夏末，与埃隆·马斯克所设想的数字金融巨头（贝宝后来成了这样的巨头）相比，X.com 只是一个苍白的影子。在当时，X.com 没有成品，团队也被掏空了。在加拿大金融家哈里斯·弗里克和公司成员离开后，X.com 的员工名录里只剩下 5 个名字。公司的创始总裁兼首席运营官、首席技术官兼产品开发副总裁、首席财务官、首席架构师和企业发展副总裁都离开了。

一位名叫斯科特·亚历山大的年轻工程师近距离目睹了这场混乱。他刚从加利福尼亚大学伯克利分校毕业，获得计算机科学学位，辅修工商管理。看到同学纷纷投身于任何与互联网有关的工作，亚历山大选择慢慢来，仔细审查创业公司的计划。"即使在 1999 年有这股狂热，"他还记得，"我也不相信一家邮购狗粮的公司真的会维持 10 亿美元的估值。"

亚历山大通过招聘网站找到 X.com。他应聘并获得与马斯克面试的机会，对此他记忆犹新。"面试快结束时，马斯克说：'我希望你明白，这是一家初创公司，我们对你的期望很高。比如，你不能一周只工作 40 小时。我希望在成功之前你能长时间工作，而且你会被要求去做极为困难的事情。'"

面试结束后的一天，亚历山大收到 X.com 联合创始人艾德·何的紧急邮件。对方告诉亚历山大，X.com 正在分拆，他和其他高管将离开，并创办新公司。最后，他祝亚历山大在 X.com 一切顺利。不久之后，亚历山大又收到艾德·何的另一封邮件——这次来自私人邮箱——邀请他到自己的新公司工作。

亚历山大觉得这场招聘大战"很诡异"，于是前往计划已久的卡波圣卢卡斯度假，希望能把此事抛在脑后。然而，马斯克另有打算。亚历山大说："我回来时，电话答录机上大概（有）6 条留言。马斯克说：'请给我回电话。你已经听到了坏消息，但我有好消息。'"马斯克告诉亚历山大，他已经获得风投资金，并将自己的千万美元投入 X.com。

亚历山大觉得马斯克的个人承诺令人信服。"埃隆给我留下了深刻印象，"他回忆道，"有钱能使鬼推磨。"他于 1999 年 8 月加入 X.com。

* * *

在此之前，马斯克从未为 X.com 接受过外部投资，尽管外界对此很感兴趣。在被 Zip2 的投资者激怒之后，他这次想谨慎一些。

尽管如此，马斯克还是与对 X.com 感兴趣的风险投资人沟通。有两个因素影响了他。首先，巨额资金涌入互联网初创企业，他将这种狂热称为"快乐气体"。仅在 1998 年至 1999 年间，随着对互联网相关领域的热情达到顶峰，投资互联网初创企业的风险资本数量大幅增加。虽然 X.com 得到了马斯克的大量资金，但处境仍很危险。如果周围的竞争对手嗅到一丝"快乐气体"，他们就会迅速扩张，把 X.com

甩在身后。

故事就此开始。尽管马斯克继续吹嘘自己在公司拥有大量个人股份，但他和蒂尔一样，也意识到外部投资的象征意义。"我们不需要钱，"马斯克说，"这更像是顶级风投的认可。"为此，马斯克找到一位备受瞩目的一般合伙人：硅谷著名公司红杉资本的迈克尔·莫里茨。

莫里茨在硅谷树立了非传统形象：他毕业于牛津大学，操着威尔士口音，曾是《时代》杂志记者，技术背景有限。但多年的报道工作磨炼出他对天赋和抱负的敏锐直觉。后来，他发掘出未来最大的互联网公司，当时它们还只是幼苗。在一桩著名的交易中，他以100万美元获得雅虎25%的股份，当时雅虎的创始人还在拖车里工作。

莫里茨不记得自己最初是如何与马斯克建立联系的，他回忆说，部分原因是1999年是"风投界的飓风之年。我们之前每周工作35个小时，然后进入一个机会多得难以想象的领域，大家都想创办公司，大家都不会犯错。"

尽管如此，X.com还是从这个拥挤的领域脱颖而出。莫里茨觉得它的故事很有趣，它的首席推销员马斯克也令人信服。莫里茨笑着说："众所周知，埃隆在讲故事方面非常有天赋，有些故事还成真了。"莫里茨还回忆起当时见过一位大银行高管——花旗集团的约翰·里德。他从X.com对银行业的批评中看到真相："我记得当时想，我们能得到他。一定可以。"

对马斯克来说，重要的是，莫里茨也看中了X.com这个名字。"它就像雅虎，或者……苹果，"他说，"我认为，有这样一个名字是有好处的。一旦听过，你就很难忘记，它不像是随意拼凑出来的，或像丰田这样的企业可能聘请的品牌命名公司创造的。"

1999年8月，红杉资本成为X.com的股东，从马斯克手中购买了价值500万美元的X.com股票，并任命迈克尔·莫里茨为公司董事会成员。红杉资本坚持让马斯克撤回最初的个人投资。马斯克回忆道:"莫里茨说:'哥们儿,你不该把房子和车以外的身家都投入公司。'"(马斯克后来重新投入个人资金,不过估值更高。)

如果莫里茨和红杉资本确切地知道,未来几年中公司和整个科技生态系统都将是困难的,他不知道当初是否会签约。"我认为,我们可能像埃隆、彼得和麦克斯那样,带着某种程度的无知,贸然进入……"莫里茨回忆道,"这个决定肯定带有恣意冒险的成分。"

在此期间,史蒂夫·阿姆斯特朗面试财务审计员的职位,他清楚地记得马斯克生动展示的冒险精神。"他说:'我们要开网上银行!还有保险服务!还要开办经纪业务!我们刚买了一家银行!……我们要让美国银行破产!我的银行账户里还有红杉资本的 500 万美元!'他给我看了支票簿,直接把它递给我,说:'你的工作是确保我不会失去所有钱。'我说:'好的,我加入。'"

* * *

资金有了,但一个关键问题仍然存在:莫里茨和红杉资本究竟购买了什么?"产品几乎没有,有很多杂七杂八的想法,还有一些代码。"亚历山大回忆起,1999 年 8 月他刚工作时公司取得的进展。X.com 是一家没有存款的银行,没有管理资产的投资公司,只有简单网站的数字金融幻境。

此时,X.com 几乎没有实现马斯克的宏伟承诺。部分是因为马斯克和弗里克在 1999 年的争吵,让公司的产品开发慢了好几周。尽管如此,马斯克还是毫不犹豫地宣布了他对 X.com 更大的抱负。他告诉《计算机商业评论》(*Computer Business Review*), X.com 将是"美国银行、嘉信理财、先锋领航集团和 Quicken(美国抵押贷款公司)的组合"。当《共同基金市场新闻》(*Mutual Fund Market News*)问及他的商业计划时，马斯克强调，与现有的金融服务公司相比，X.com 采取"非线性"方法："将个人的全部金融财产集中在一张报表上，包括贷款、按揭、保险、银行账户、共同基金、持有股票，这是革命性的。"马斯克宣布，到当年年底，X.com 将拥有一只标准普尔 500 共同基金、一只美国复合债券基金和一只货币市场基金，全部上线运行。

马斯克相信，凭借互联网的魔力和自己无限的进取心，X.com 可以提供比现有公司更便宜、更快、更好的服务。"X.com 有很高的抱负，"早期员工克里斯·陈说，"我认为网上银行只是产品的一个核心组成部分，而我们想成为金融巨头。所以我们想提供保险产品，我们想提供投资服务。"

当然，这些不是全新的想法，行业分析人士认为，现有公司只需制造山寨产品就能击垮 X.com。但马斯克已经看到，大银行不愿从内部创新，他没有因为可能来自摩根大通和高盛的竞争而失眠。

不久前，马斯克的互联网业务集成化策略也有了一个强有力的先例。杰夫·贝佐斯类似的一体化战略促进亚马逊飞速扩张，并获得关注。贝佐斯曾推动公司销售光盘，而当时公司还在努力满足客户的图书订单。

贝佐斯和马斯克都知道，一个网站提供所有东西，胜过 5 个网站分别提供一件东西。这并不是一个特别具有开创性的观点——杂货店的概念已经十分古老。但是，在互联网层面将它实现需要远见卓识，而且要在客户刚尝试网上购物和网上银行时就这样做。

从某种意义上说，马斯克对 X.com 的计划比贝佐斯对亚马逊的计划更难实现。法律并没有禁止亚马逊同时销售书籍和光盘，但政府阻碍 X.com 同时销售银行和经纪产品，至少在 1999 年底之前是如此，当时国会废除了 1933 年《格拉斯－斯蒂格尔法案》的大部分条款。除了这些具体规定，X.com 提供的每一笔资金都受到严格监管，对监管者来说，马斯克的金融超级商店听起来就像噩梦。

第七章　有钱能使鬼推磨

在马斯克看来，钱不过是"数据库中的条目"。X.com 只是将世界各地的"条目"整合到一个数据库中，并将逐利的中介机构排除在外。马斯克宣称："我对 X.com 的愿景，本质上是所有资金的全球中心。"

* * *

基于这一愿景，马斯克迅速扩大团队。蒂姆·温泽尔是一名自由职业招聘人员，早年曾为 X.com 做过咨询。"当时，整个硅谷都在沸腾，真的很难招到人。只要优秀，每个人都有多个工作机会，"他表示，"但我很快就意识到，X.com 有一些特别之处，因为几乎所有求职者都想去那儿工作，几乎所有人都愿意放弃其他机会去那里。"

最终，温泽尔面临自己的选择。他的报酬是按招聘数计算的，但 X.com 告诉他，薪酬增长太快。他必须全职加入公司，专门为 X.com 招聘员工，否则就与他们分道扬镳。"我毫不犹豫。我说：'我加入。'"温泽尔说。

多名 X.com 的早期员工注意到，Confinity 最初招聘的员工大多是 20 多岁的男性，而 X.com 的员工更为多样化，包括有子女者、女性，以及在金融服务领域工作过几十年的老将，两者形成鲜明对比。黛博拉·贝索娜曾担任福利顾问，当她与 X.com 签约成为其客户时，她评价说："这是我合作过的最多元化的公司，这对我来说很重要。"

在互联网繁荣的鼎盛时期，贝索娜曾为许多初创企业提供医疗保健和退休管理方面的建议。即使在这个快节奏的群体中，X.com 及其首席执行官也显得与众不同。马斯克给员工足够的自由——"给他们能够成为一切的空间"，但明显对业绩设定了很高的期望。她说："我这辈子从来没有这么努力、这么快节奏地工作过。"

贝索娜遵循马斯克对薪水、福利、H1B 签证和遣散费的偏好，她发现 X.com "在福利方面非常慷慨"，其首席执行官甚至在员工离职时也很亲切。"如果有人不能胜任工作,如果有人没有做好自己的工作,埃隆总是让他们体面地离开。"贝索娜回忆说,公司给离职员工发放的遣散费不分级别。

X.com 还从招聘和人力资源公司招揽人才。Kelly Services(美国人力资源解决方案服务公司)帮助招募临时工,包括伊丽莎白·阿莱霍,她被聘为新会计部经理。对她来说,X.com 的在线服务是她职业生涯的转折点,她曾担任零售银行柜员和银行经理。事实证明,她在零售银行的经历是一笔宝贵的财富。她检查 X.com 的新账户,并将提交的信息与账单等证明文件进行比对,她在实体银行工作时见过很多这样的材料。

阿莱霍也是最早发现各种欺诈行为的人之一,包括伪造水电费账单来开设 X.com 账户。她回忆起拨打欺诈客户的电话并耐心发现不法行为的过程。"我们会让他们说话,让他们滔滔不绝,接着一击制胜……然后对方会沉默,或者挂断电话。"阿莱霍说。

作为临时工加入公司后不久,阿莱霍就被聘为全职员工。在此期间,马斯克还聘请约翰·斯托里担任 X.com 的执行副总裁。斯托里工作了几十年,曾在 Alliance Capital(美国融资公司)和 Montgomery Asset Management(美国投资管理公司)担任高级职位,他的到来在金融交易领域制造了话题,让人们相信 X.com 正将新旧势力结合在一起。Ignites.com 写道:"一家管理资产为零、没有分支机构的公司计划吃掉你的蛋糕。让这种说法具有可信度的是它的领导人。"

不久之后,另一位金融业资深人士也加入了。马克·沙利文辞去 First Data Investor Services Group(美国金融服务公司)副总裁的职务,加入 X.com,担任运营副总裁。"我之前一直在实体企业工作,"他说,"从来没有涉足网络世界。"沙利文同意飞往帕洛阿尔托,与马斯克和斯托里共进午餐。马斯克迅速出手。"我们吃完午饭,马斯克说:'你什么时候能过来?'"沙利文回忆道,"天哪,我还没准备好呢!"沙

第七章 有钱能使鬼推磨

利文发出辞职通知，几周内就搬到帕洛阿尔托。他当时还不到 40 岁，成为 X.com 的"老人"之一。"我就是白发老人。"沙利文开玩笑说。

另一位不久之后加入的"老人"是桑迪普·拉尔。他曾在新加坡和花旗银行工作，有着丰富的金融服务专业知识。他和马斯克的面试令人难忘。"我记得我用了'改革管理'这个词。他说，'别说废话了'。"拉尔回忆说。为了检验拉尔的能力，马斯克进行了测试。"他说：'好，我如果要从新加坡转账到美国，具体怎么做？'"拉尔仔细概述了每一步，马斯克当场向他发出录用通知。

* * *

在此期间，团队招到最重要的员工之一是名叫艾米·罗·克莱门特的业务开发经理。克莱门特最初就职于摩根大通，她发现那里的工作并不像她希望的那样令人满意。"我一直想对世界产生更广泛的影响。"她解释说。离开银行后，她来到西部，在盖璞从事企业战略和业务开发工作，但她仍然渴望获得更多。

在申请商学院期间，克莱门特与银行联系人约翰·斯托里交谈，对方告诉她，自己刚加入一家激动人心的金融服务初创公司。起初，克莱门特并不愿意，但斯托里坚持让她过来见见马斯克。她觉得这次面谈以及马斯克的宣传"真的很有趣"。"为什么在金融系统内传输比特和字节要花这么多钱？"在听到马斯克的行业评论后，她开始思考。

克莱门特加入 X.com，担任业务开发经理，但很快她就发现自己在从事产品用例的工作。"我的工作变成……开发者和人类之间的中介。"她开玩笑说。在 X.com，克莱门特逐渐体会到大卫·萨克斯不久前的感悟：用代码打造产品需要纪律和策略。很多人表示，克莱门特在管理 X.com 的新生产品方面，做到了从"开发者到人类"的泰然自若。不止一名员工表示，在遇到危机时，无论是关于产品还是同事，他们都会求助于克莱门特。很多人把她称为重要的"缓冲器"和出色的外交官，她能化解个性的紧张对立，让这个温室般的组织保持平稳。

在申请研究生院的过程中，克莱门特顺便参加了 X.com 的面试，但加入公司改变了她的人生。她开玩笑说，自己的角色演变成"治疗师、历史学家和操作员"的混合体。"治疗师是指，工作很困难，需要一些缓冲才能继续，"她回忆道，"历史学家是指，你如果不了解代码库，也不知道它会如何在本地化挑战中出错，就很难进入这个领域并构建产品。"

最后是作为操作员的克莱门特。"我真的很重视怎么做，"她说，"我经常坐下来思考，我们该如何在设计、内容管理、工程、质量管理和客户支持方面进行合作？我认为这是我工作的关键部分，确保每个人都能顺利工作。"

克莱门特在公司工作了 7 年，从 1999 年底开始，经历首次公开募股以及最终被易贝收购的过程。在此期间，她负责产品和设计部门，并成为易贝最年轻的高管之一。对许多贝宝成员来说，克莱门特成为一盏指路明灯。马斯克称克莱门特是"无名英雄"。另一位同事分享说，她以克莱门特的工作风格为学习榜样。"我一直想成为克莱门特那样的人，"她说，"她是我的偶像。"

* * *

X.com 的工程师招聘也进展迅速。9 月，科林·卡兰接到猎头的电话。当时卡兰已经离开一家名为 Billpoint 的初创支付公司，Billpoint 于 1999 年早些时候被易贝收购。这是他在硅谷的第一份工作，公司团队小到可以塞进车库中，每个成员都扮演着重要的角色。

第七章　有钱能使鬼推磨

成立后仅仅几个月，Billpoint 被卖给易贝，卡兰很快就感到被企业官僚机构排挤。他的想法包括建议 Billpoint 建立通用支付处理系统，但遭到冷落。"我觉得我有未竟的事业，"卡兰说，"我全力以赴投入（支付）工作……我如果（在 Billpoint）做不到，就换个地方做。"在接受马斯克面试时，他提出建立支付网络。据卡兰说，马斯克没有否定这个想法。9 月初，卡兰加入 X.com，担任工程总监。

差不多与此同时，哈维·穆德学院一位名叫尼克·卡罗尔的毕业生加入进来，当时 X.com 的高管刚集体离职。卡罗尔刚毕业两年，就被紧急晋升为高级工程师。卡罗尔招来另外两位哈维·穆德学院的校友担任工程师，分别是杰夫·盖茨和托德·森普尔。

另一名工程团队成员布兰登·斯派克斯来自马斯克的关系网。斯派克斯曾在 Zip2 工作，经历了创业所有的起起伏伏。他坦白，自己押注于公司发展，特别是马斯克本人，而不是 X.com。"其实我有点儿担心，做在线银行会变得无聊。"斯派克斯笑着说。布兰登·斯派克斯被授予董事头衔，并获得令人垂涎的电子邮件地址：b@x.com。

* * *

不断壮大的团队开始打造产品，他们推出了一个占位网站。X.com 的访问者被告知："在这里注册你的电子邮件地址，就会收到我们的发布通知！"该网站还发表声明，说明它将成为什么样的网站：

互联网使传统理财方式几乎过时了。已经有成千上万人享受低成本在线交易的优势，还有成千上万人通过在线保险费率研究和理财规划来省钱，但仍有数百万人为实体银行昂贵的分支机构和出纳员付费，而他们与街角的自动取款机接触更多。

X.com 是一家完全基于互联网的公司，没有分支机构，也没有维护成本高昂的陈旧计算机基础设施。它的使命是把那些银行费用和隐性收费放回客户的口袋，同时为个人投资、保险和财务规划提供低成本解决方案。X.com 将成为个人理财的无缝解决方案。

为了向马斯克的第一家公司致敬，该网站还提供了前往 X.com 办公室的路线，"由 Zip2 公司提供"。

X.com 还继续使用第三方供应商来加快开发速度。Envision Financial Systems 就是其中一家供应商，它为资产管理公司和金融公司开发软件。该公司的联合创始人萨特南·甘比尔习惯于与大银行和金融机构打交道，它们通常节奏都不快。"我们的销售周期通常是 6 个月到 2 年，从第一次见到客户到完成交易并执行为止。"甘比尔解释道。相比之下，Envision Financial Systems 和 X.com 在初次见面后的两周内就签署了协议，此后不久，它就允许 X.com 访问自己的代码。"在 10 周内，（X.com 团队）便完成整合并开始运行。"甘比尔说道，他对变化之快表示惊叹。

9 月，X.com 宣布与巴克莱银行达成协议，允许 X.com 的客户投资其共同基金。此后不久，X.com 与 First Western National Bank 达成协议，后者是位于科罗拉多州拉哈拉的一家社区银行。根据协议，如果监管机构批准，X.com 可以收购 First Western National Bank，并自称"银行特许"和"联邦存款保险公司承保"。重要的是，X.com 现在可以创建自己的品牌借记卡，并发行支票。

这些进展获得美国全国广播公司财经频道、《华尔街日报》和《财富》杂志等媒体的报道。马斯克利用这些媒体热点来宣传他的勇敢声明。尽管 X.com 仍在建设中，但他预测了它未来令人眼花缭乱的功能组合。马斯克声称，用户申请程序只需要 2 分钟。他承诺不收取任何费用，也不收取任何赎回罚金。他强调，有两家安全公司在密切监控网站，而非一家，并表示公司的重点是"维护客户利益"。

第七章　有钱能使鬼推磨

马斯克还借此机会将 X.com 与竞争对手进行对比。他指责两家在线银行对手——Wingspan Bank 和 Telebanc Financial Corp——在技术方面较弱。然后，他把目光投向著名行业公司：先锋领航集团。当被问及，X.com 的投资定价将如何与以高性价比著称的先锋领航基金竞争，马斯克回答："我们不会被任何人比下去，就这样。"

像马斯克这样的素材在媒体上反响良好，它成功地利用了公众对弱者故事的持久兴趣。但马斯克在吸引媒体关注方面也有特殊的技巧。他发现，自己的夸张描述往往能达到目的。X.com 还不存在时，就已经获得铺天盖地的媒体报道。马斯克本人也是如此。1999 年 8 月，在公司一半团队成员流失几周后，Salon.com 写道，马斯克"准备成为硅谷的下一个大事件"。

※ ※ ※

从 9 月到 10 月，马斯克催促 X.com 团队推出网站。就像在 Confinity 一样，面对苛刻的首席执行官，X.com 的工程团队只得忐忑地争取更多时间。卡兰说："9 月，我们的架构刚就绪，埃隆就准备发布了，想拖到 10 月很难。"团队关心的是，对于一家未来的金融公司，需要把网络架构准备好。而马斯克担心，如果不尽快推出产品，X.com 将泯然众人。

马斯克在发布前夕更加专注。"他在办公室里的举止近乎疯狂。他在人们之间跑来跑去，从开发到财务，再到运营人员。他想要答案，现在就要。当他过来时，你得保持警觉。你不能说'我会回复你'。"沙利文说。没有任何细节能逃过马斯克的注意，不止一名员工描述过在他监视下工作的压力。

话说回来，马斯克对自己的要求和对团队一样高。"我们睡在桌子下面，"卡兰说，"就连埃隆也睡在桌子底下。他没有逃避这种事情。"工程师回忆说，首席执行官与他们并肩应对棘手的技术挑战。斯派克斯说："大多数首席执行官对员工都不太坦诚。而埃隆说'我们都在战壕里，一起干吧'。正因如此，和他一起工作很有力量。"

对资深企业人士来说，X.com 拥有充满斗志的初创企业文化。"我其实没有办公室或办公桌，"跳槽金融大佬马克·沙利文说，"我只有一把椅子和一个牛奶箱。"温斯蒂·多纳胡在公司担任行政职务，她回忆起办公室里装饰华丽的隔间、年轻的员工和休闲的着装，就连公司首席执行官也穿着 T 恤和短裤来到办公室。

有一次，投资人准备与马斯克等 X.com 的领导人会面，多纳胡偶然听到，有人劝马斯克换上西装和领带。"我记得他说：'如果他们不喜欢我的穿着……他们就不会喜欢我的产品。吸引他们投资的是产品本身，而不是我的外表。'"她一直记得这一幕，"如果你有重要的东西，人们就会想要，你长什么样并不重要。"

尼克·卡罗尔从航空航天巨头洛克希德·马丁公司加入 X.com，他很快明白，自己已经不在洛克希德·马丁了。有一次，卡罗尔建议雇用数据库开发人员来创建 X.com 的数据库。"埃隆说：'我们不需要数据库人员。在 SQL 服务器中创建数据库很容易。我做给你看。'"卡罗尔回忆道。卡罗尔说："在初创公司，你必须身兼多职。我的新经验是，没有后援，也不要叫别人。"

如果有什么能帮助 X.com 迅速进入市场，那么马斯克会不惜一切代价。例如，办公桌不会加快网站发布的速度，但更好的服务器可以。卡罗尔回忆说，马斯克让团队定制一台戴尔服务器，能够处理大量输入的网络流量。卡罗尔说："我们配置了能买到的最贵、最强大的服务器。"价格高达数万美元，但马斯克批准了采购。（之后，布兰登·斯派克斯将服务器放在防弹玻璃中。"那可是银行，所以我觉得应该认真对待安全问题。"他说。）

正所谓急中生智，甚至像 X.com 网站的外观和体验这样重要的决定都是匆忙做出的。卡罗尔记得自己当时想:"我们的前端设计会是什么样子?我们要请设计师吗?埃隆说'我想让它看起来像嘉信理财'。我猜因为他当时用的就是嘉信?于是,我们打开嘉信的网站。X.com 最初的配色是蓝色。为什么?因为嘉信的配色就是蓝色。"

整个团队都感受到这项工作的重压。"我只有 6 年的软件工程师经验,"亚历山大说,"从一张白纸开始,要负责弄清楚如何让共同基金系统运行起来,这是巨大的责任。"要处理金钱和客户的财务问题,工程师逼自己写出无懈可击的代码。"我们认为,应该编写简洁的代码,高质量的代码。"亚历山大说。但是代码质量和速度之间存在不稳定的平衡。卡罗尔说:"我记得自己当时想,还好我现在不是高管,因为我写了这些代码,而它们是活不下去的。"

尽管这一时期充满混乱,但看到 X.com 网站和产品套件焕发生机,团队十分激动。"有很多事情要做,"马克·沙利文回忆说,"你很累,但不介意付出,因为你知道自己在创造一个精彩的事物。你每天离开时,都开发或打造了新东西,或者产生了新想法。"

* * *

在很多方面,X.com 都是典型的帕洛阿尔托初创企业,但在一个关键方面,X.com 确实打破了硅谷的主流做法:它使用微软产品作为技术架构的支柱,而不是建立在像 Linux 这样的开源操作系统上。

对其支持者来说,微软平台提供了稳定、专业的平台,由一家价值数十亿美元的上市公司提供支持。在批评者看来,这是一个封闭、稍显业余的系统,剥夺了编程的艺术性。相比之下,Linux 平台通常被认为是"大众的"技术架构。它能够从头重写,就像早期互联网所渴望的那样开放和灵活。在互联网论坛上,关于微软与 Linux 的辩论有时带有宗教冲突的性质。

X.com 对微软技术的使用后来成为导火索，但在早期，它的工程师认为微软是显而易见的选择。工程师斯科特·亚历山大说："我们做过一些研究，得出的结论是，微软的框架是唯一真正在商业上可行的框架，能够处理企业系统。这在硅谷可是大不韪。"

速度对团队来说很重要，与 Linux 不同的是，微软提供了一套即插即用的框架来减轻工程工作量。"在 X.com，我们有这样的理念：框架是好的，"亚历山大回忆道，"今天，大家都在使用框架。但当时，X.com 说，与其自己编写所有内容，我们应该使用框架。你可以在很短的时间内完成很多工作。"马斯克支持这一决定，因为它用灵活性换来了效率。"如果快进 10 年或 12 年，现在 Linux 有很多工具，"马斯克说，"但当时不是。"他指出，有了微软预先编写的软件库，3 个 X.com 工程师可以做几十个人的工作。

马斯克宣布，网站将于 1999 年 11 月底推出。随着感恩节假期的到来，团队一如既往地努力推进。"当时，帕洛阿尔托市中心的红绿灯会在午夜关闭，变成闪烁的红灯，"卡罗尔回忆说，"我知道这一点，因为我们大概在凌晨一两点走到车那里，开车回家。"

发布时间定在感恩节周末，这让部分团队成员感到苦恼。"我之前在摩根大通和盖璞工作过，这是我第一次创业，"刚加入 X.com 几周的艾米·罗·克莱门特回忆说，"我当时的感觉就像：'你们有感恩节假期，对吧？这是全美最大的节日吧？'"感恩节前夜，包括陈仁（Nho Tran）和马斯克在内的几名工程师彻夜工作。第二天，感恩节早上 11 点左右，马斯克给斯科特·亚历山大打电话。"我仍然记得他的原话。他说：'陈仁整晚都在这里，他已经筋疲力尽了。你能来看看一切都好吗？'"其他人回忆起，马斯克给全公司发电子邮件，怒斥那些假期不在办公室的人。

1999 年感恩节期间，X.com 的服务上线。发布后不久，团队集体离开办公室，走到附近的一台自动取款机前。马斯克插入一张 X.com

的借记卡，输入密码，要求取现金。当机器转动并吐出钞票时，整个团队都在欢呼。"埃隆对此非常、非常高兴。"沙利文回忆说。

* * *

1999年夏天，X.com的银行业大佬企图将首席执行官马斯克赶下台，之后他们自己逃走。在他们离职后，公司员工只剩少数几个人。此时，大学大道394号更出名的是一楼的面包店，而不是二楼的银行。这家"公司"基本上只是一个神秘网址，一些忠实的强硬派，马斯克日渐减少的资本，以及一个想法。

4个月后，那一幕便成为历史。在此期间，X.com从一家顶级风投公司获得资金，开发出一款实用的产品，发展工程和管理部门，并与国内外银行签订协议。和以往一样，马斯克想要更快、更耀眼的结果，但至少他和团队可以欣慰地回顾过去，并坚定地展望未来。X.com已经成为现实。

第二部分
坏主教

第八章／如果你建起来
第九章／部件战争
第十章／崩溃
第十一章／酒吧政变
第十二章／循规蹈矩
第十三章／剑
第十四章／雄心的代价

第八章

如果你建起来

尽管 X.com 和 Confinity 雄心勃勃，但两个团队都没有真正准备好见证他们即将看到的用户增长。马斯克曾预计用户规模会迅速扩大，但团队认为他在夸大其词。然而现在，他的预言正在成为现实。发布后的头几天，新用户三三两两，然后蜂拥而至。"第一天有 10 个新用户，第二天有 20 个，第三天有 50 个。"科林·卡兰说。5 周后，X.com 的用户数量达到数千。

一旦开始，X.com 员工朱莉·安德森记得"野火燎原"般的增长就出现了。发布之后，X.com 团队并没有享受片刻的喘息。"有一段时间，我们希望节奏慢下来，"卡兰说，他回忆起对公司有限的服务器容量的担忧，"我们担心服务器会超载并停机。"疲惫的团队继续构建网站，推出更新，几乎没有时间进行严格测试。

肯·米勒刚加入 X.com，正值公司快速发展时期。他协助打击欺诈问题，却被每日新账户报告震惊了。"这就像，'名：米；中间名首字母：E；姓：老鼠。他进行了一笔 2 700 美元的交易。并且，我们还给了他信贷额度'。"米勒说。他很快受到 X.com 合作方 First

Western National Bank 的指责，对方对迪士尼角色成为客户感到震惊。

马斯克承诺给每个新用户一本实体支票簿和一张借记卡，每一份都必须人工邮寄。"我无法告诉你我们印了多少本支票簿，名字是'asdf'，姓氏是'jkl'……全都打印出来了。"史蒂夫·阿姆斯特朗回忆道。最重要的是，X.com 的电话被投诉客户打爆了。一篇新闻报道指出，X.com 的电话数量证明了其早期的发展，但团队成员在临时后台呼叫中心（被称为"洞穴"）接听电话，愤怒的客户一直是他们焦虑的来源。

似乎每个人都是批评者。2000 年 1 月下旬，X.com 首席执行官的母亲梅耶·马斯克写信给儿子，提供产品指导。"我和一个朋友很少使用钛金信用卡，因为我们无法获得飞行里程。我们也不能向 X.com 账户支付。你打算什么时候让使用 X.com 变得更有吸引力？爱你的妈妈。"

安全问题也阻碍了 X.com 的扩张。"我们试图修复的漏洞有很多，有很多人试图侵入系统，进行 SQL 代码注入等各种攻击。"马斯克说，他在这段时间几乎住进了办公室。

尽管现在有了真正的用户，X.com 仍然运行得像混乱的初创企业，可能比客户理解的还要乱，而后者把钱托付给团队。一天早上，布兰登·斯派克斯发现一个流浪汉睡在办公室的沙发上。"他人很好，"斯派克斯回忆道，"只是想找个地方睡觉。"

* * *

一些成长的烦恼猛然暴露在公众视野中。2000 年 1 月 28 日早晨，X.com 一觉醒来，看到《纽约时报》的骇人标题《网上银行发现安全漏洞》。文章详细描述了 X.com 支付过程中的一个漏洞，客户可以仅凭银行代码和支票账户号码进行转账，两者都可以从无效或注销支票

第八章 如果你建起来

上轻易获得。《纽约时报》写道："一家新网上银行允许客户在近一个月内，从本国银行系统的任意账户转账，这可能会成为关于仓促进入电子商务领域的警示故事。"

这篇报道迅速走红，《华盛顿邮报》和《美国银行家》(*American Banker*)也对其进行后续报道。X.com 很快发现自己深陷一场毁灭性的媒体风暴。"它应该倒闭，"一位安全分析师告诉《华盛顿邮报》"坦率地说，我不知道它作为一家企业还能存活多久。"另一位批评者告诉《美国银行家杂志》(*U.S. Banker Magazine*)："X.com 这个名字从此被玷污了。他们需要……重新推出 Y.com 或其他网站。"

资深团队成员试图控制损失。他们解释说，只有少数几笔未经授权的交易，总额低于 2.5 万美元，公司已经采取措施填补漏洞。现在，用户在从外部账户转出资金前，必须提交作废的支票、签名卡和驾照副本。

团队辩称，这不是"安全漏洞"，而是与不严格的转账法规有关的"政策问题"，严格来说这是正确的。但负面新闻符合人们对网上银行的担忧，公司内部弥漫着恐慌情绪。安德森的职责依然包括公共关系，她担心会失去工作。"整件事都让人难堪，"她回想起那场危机时说，"它有严重的潜在后果。"安德森记得，马斯克担心报道会像快干水泥一样，不可挽回地损害公司声誉，并挡住新客户。

最终，安德森保住了工作。到 2 月中旬，X.com 用户的快速增长转移了媒体的注意力，使其不再关注一个令人不安的事实，即该公司曾一度打造了数字银行劫匪的天堂。那个时期的一名 X.com 员工还指出，团队从这场安全危机中学到一课，这与入侵系统和银行安全无关：广泛的报道让 X.com 的注册人数比负面新闻出现之前更多。

* * *

就在大学大道上，Confinity 的贝宝也在经历着自己的成长阵痛。

10月底,在亲友见证下推出后,贝宝的扩张速度比X.com慢,但到11月中旬,它已经拥有1 000多名注册用户。到冬末,又有数千人注册,公司忙得不可开交。

"大家每天工作20个小时,只睡4个小时。"Confinity 工程师戴维·高斯贝克回忆道。拉夫琴把睡袋搬到办公室,每晚都睡在里面。其他生活问题也不得不搁置。在此期间,高斯贝克开车碾过路上的一大块木头,毁了两个轮胎,还撞坏一个轮子。"我换上备胎,另一个轮胎在慢慢漏气。"他说。由于没有时间修车,他在接下来的三天里一直用备胎开车。

贝宝产品推出时,核心问题尚未解决。例如,如果有人拼错电子邮件地址,把钱转给"Macks@Confinity.com"而不是"Max@Confinity.com",该怎么办?Confinity 会强行把钱转入一个虚假账户吗?还是留着钱,看有没有人开户?团队的临时解决方案是把钱记入汇款方账户,并将资金托管,这解决了一个问题,但又导致另一个问题。多年后,团队发现托管的数十万美元仍无人认领。

随着网站的发展,Confinity 与漏洞、故障和频繁停电做斗争。2000年初发生了一场严重的危机。团队离开办公室,前往另一个地方,这是一个逃避日常辛劳并讨论战略的机会。"我们20多人的团队,所有人都去了这个地方,"拉夫琴回忆道,"那里没有手机或寻呼机信号。网站瘫痪了一个小时。"

那些在发布时看起来很有前途的想法在现实中出现了很多问题。例如,Confinity 用户可以用支票取回资金。但随着客户的迅速增加,邮汇付款的需求也增加了,这是一个烦琐的过程。团队必须通过拨号调制解调器下载当天的交易,公司首席财务官戴维·雅克在办公室唯一的打印机上装入空白支票,手写签名,并与同事一起将数百张支票塞进信封。

戴维·华莱士负责监督客户服务,在此期间他一直感到"恐慌"。

用户挤满了 Confinity 的电话线路，以至"大家无法用办公桌上的电话拨打外呼"。他和其他人记得，在新呼叫用户提出投诉之前，已经打进来的用户几乎无法得到帮助。"这是公司一直在等待的时刻，"华莱士说，"但客户服务还没有做好准备。"

对双方团队来说，用户兴趣的爆发让他们筋疲力尽，却又充满活力。"每天，我们都会进来，像花栗鼠一样聚在一起，看看有多少人注册。"X.com 的科林·卡兰回忆说。在 Confinity，所谓的"世界支配指数"跟踪用户增长。这个程序为团队持续提供多巴胺，直到他们意识到，它也挤占了公司稀缺的服务器容量。世界支配指数只得被关闭，直到另行通知。

Confinity 用甜点来庆祝增长：当贝宝服务的用户达到 1 万时，公司举办了一场派对，摆出 5 个蛋糕，一个形状像数字"1"，另外 4 个像"0"。当网站用户达到 10 万时，他们又举办了一次派对，增加了第五个像"0"的蛋糕。

但如何解释这种突如其来的兴趣呢？X.com 和 Confinity 都不能声称，自己发明了网上银行或电子邮件支付。大约在同一时间，用户可以使用 CyberCoin、ClickShare 或 Millicent 等无数种方式进行数字支付。需要移动钱包？试试 1ClickCharge 的"超薄"钱包、QPass 的微支付系统，或者 Trintech 的网络钱包。想在网上存钱？试试注册互联网银行 Security First Network Bank、NetBank、Wingspan Bank，或 CompuBank。

就连支付领域之外的公司也难以忽视该领域的诱惑。瑞恩·多纳休后来成为 Confinity 的第二名设计师，当时他在一家名为 mambo.com 的数字邀请网站工作。1999 年底，Mambo 的领导告诉多纳休等人，公司将转向支付业务，并试图与贝宝等公司竞争。这足以让多纳休联系大卫·萨克斯，他曾在酒吧遇到对方。多纳休坦言："我给大卫·萨克斯写信说：'我想我愿意为你工作，而不是试图打败你。'"

就连爱吹牛的马斯克也很清楚，X.com 和 Confinity 代表的，是对当时支付技术的改良，而不是改革。"甚至不是我们发明了转账，我们只是让它变得有用，"马斯克说，"其他公司在 Confinity 和 X.com 之前就有发展支付的想法，只是没做对。"他指出，Accept.com 和 Billpoint 是提供类似服务的两个网站。

X.com 和 Confinity 做对的一件事，是选择电子邮件作为其平台的基础，搭乘汹涌的邮件应用浪潮。1999 年，美国人发送的电子邮件比邮政服务投递的包裹还多。电子邮件甚至进入了好莱坞。1998 年，汤姆·汉克斯和梅格·瑞恩主演浪漫喜剧《有你的信》（以著名互联网服务提供商美国在线的电子邮件通知命名），剧情围绕一段基于电子邮件的浪漫故事展开。Confinity 紧跟潮流，在贝宝的推荐邮件中借鉴了这部电影的名字。"有你的钱。"邮件标题写道。*

当然，双方团队都没有着手构建世界第一的电子邮件支付系统。就像 Confinity 一样，对 X.com 来说，这个功能是后来才出现的。1999 年秋天，马斯克和另一位 X.com 的工程师讨论在用户间通过电子邮件转账的概念，并确定电子邮件地址可以作为唯一的标识符，就像支票账户的数字一样。工程师尼克·卡罗尔回忆说，这个项目只花了几天时间就建成了。马斯克表示赞同："转账很容易。毫不夸张地说，你的 SQL 数据库里有一个数字，减掉它，然后将它移动到数据库中的另一行。这超级蠢。我的孩子做了一个，他才 12 岁。"

卡罗尔和马斯克都对这一功能的成功感到惊讶。"这完全是附加功能。"卡罗尔承认。艾米·罗·克莱门特回忆说，X.com 团队认为，个人对个人的支付产品只是它的"用户获取引擎……它不是核心业务。核心业务是网上金融超市。"事实上，马斯克对 X.com 的其他产

---

* 贝宝及时就"有你的钱"和"有你的现金"提起商标所有权申请。美国在线对贝宝的申请提出异议。

第八章　如果你建起来

品没有引起同样的轰动感到沮丧。"我们向人们展示困难的部分，也就是金融服务的整合，但没有人感兴趣。然后我们展示电子邮件支付，这是简单的部分，结果所有人都感兴趣，"马斯克在2012年加州理工学院的毕业典礼演讲中解释道，"所以我认为，从环境中获取反馈很重要。你要尽可能做到闭环。"

尽管感到沮丧，团队还是对产品强烈的市场反馈做出了回应，并将重点转移到刚推出的电子邮件产品上。例如，马斯克坚持认为，最初的X.com注册电子邮件，其外观和感觉应该像是真人发送的。马斯克说："非常重要的是，电子邮件应该来自人，而不是X。来自公司的营销邮件无足轻重，而来自朋友的电子邮件却很有分量。"

鉴于X.com早期的成功，马斯克希望向全世界宣传其电子邮件产品的成绩。但他的首席投资人迈克尔·莫里茨却另有建议。马斯克解释说："他希望我一直说我们是一家银行，以误导大家。"

* * *

在电子邮件转账大战中，Confinity一马当先，这在一定程度上要归功于团队成员大卫·萨克斯的坚持。许多人认为，Confinity的电子邮件程序是其主要掌上电脑产品的附属，而蒂尔的大学好友、麦肯锡前顾问萨克斯却不这么认为。他回忆说："我真想一枪崩了掌上电脑产品。"

与此同时，萨克斯大力推广电子邮件转账产品，并敦促拉夫琴在Confinity刚建的网站上把它放在突出位置。由于他对公司产品的极度关注，萨克斯扮演了一个在Confinity最初的组织图中缺失的角色：他实际上成为Confinity的首任产品负责人。

他很快发现，产品管理既要避免干扰，也要取得突破。"接管公司的产品业务时，"萨克斯回忆道，"我有点儿像'不博士'，因为我总是不得不否决大家的愚蠢想法……重要的是，我们不能把宝贵的工程带宽浪费在对公司长期战略没有意义的想法上。"

萨克斯成为 Confinity 内部追求效率的狂热分子，而在外部，他追求简单。例如，当他看到贝宝注册过程的早期迭代，迫使新用户经过 7 个网页和 2 次掌上电脑同步时，他吓坏了。在办公室的白板上，他画出一个新的单页注册表单。在得到蒂尔和拉夫琴的批准后，萨克斯"把所有工程师都叫到一起，说'把这个做出来'"。

萨克斯对简单的追求成为产品团队的战斗口号。"你会计算字段和字符的数量，并想象页面上只有必要内容的篇幅，"丹尼斯·阿普特卡回忆说，"我的很多产品方面的本能都是在那里形成的。"

另一位产品团队成员贾科莫·迪里戈利记得，萨克斯对某个设计感到懊恼。"（萨克斯）说：'我不明白为什么这么复杂！这应该像发邮件一样简单！'"迪里戈利回忆道。很快，大卫·萨克斯的一张写着"像发邮件一样简单！"的照片使办公室的墙壁增色不少。

萨克斯的不妥协立场经常使他与 Confinity 的工程团队产生分歧。他强烈反对那些在他看来毫无实际应用价值的技术创新。仅仅开发前沿技术是不够的，而这是工程团队的重点；萨克斯希望确保用户可以从中获得价值。

这种紧张关系推动团队朝着富有成效的方向前进。例如，事实证明，专注于通过电子邮件而不是红外转账的决定有先见之明。"我们一直有顶级应用程序，"萨克斯在多年后对《华尔街日报》打趣道，"它就藏在我们的网站上。"

1999 年底，仅仅推出几周后，贝宝的掌上电脑产品就有大约 1.3 万名用户。到 2000 年底正式取消时，也就是上市整整一年后，该产品的用户数量仍然停留在类似水平。"当我们刚得知要取消掌上电脑产品时，我记得我在想，对一小部分人来说，这有点儿悲哀。"戴维·华莱士笑着说。

第八章　如果你建起来

***

虽然 X.com 和 Confinity 都因电子邮件而腾飞,但另一种策略帮助它们加速发展:X.com 和 Confinity 都向新用户支付现金奖励,以促使他们注册。

后来,这种发奖金的做法被誉为有史以来最伟大的"病毒式营销"计划之一,但起初,它引起了一些非议。如果一家公司必须向用户付费,是否意味着它无法自然获取用户?难道不应该是用户为服务向企业付费吗?

Confinity 的营销主管卢克·诺塞克调查了其他数字金融公司吸引客户的做法。Beenz、Flooz 或 DigiCash 的每个新用户,都会获得一笔自由支配的小额数字货币。基于同样的逻辑,Confinity 决定给每个贝宝新用户奖励 10 美元。但诺塞克想更进一步,于是他开始考虑如何让奖金推动支付网络发展,而不仅仅是吸引个人。

这颗种子诺塞克在大学时代就种下了。1996 年,Hotmail 在每封电子邮件的签名处都添加了注册链接,上面写着"获得免费的网络电子邮件……"。这个链接史无前例地吸引了数十万新用户。Hotmail 的两位投资人,蒂姆·德雷珀和史蒂夫·尤尔韦特松,在 1997 年 1 月 1 日发表的一篇文章中提到了这个想法,文章刊登在一份早期技术爱好者喜爱的时事通讯上,其粉丝包括当时还在念大学的诺塞克。

"人的注意力是有限的,"德雷珀和尤尔韦特松写道,"超越 1 000 种声音的喧嚣需要创造力。大喊大叫不是很有创意。仅仅挂上网站招牌就希望用户访问,不是很有创意。新公司可以构建自己的业务,让它们像病毒一样成长,并通过创新定价和利用对手遗留的分销渠道冲突,将现有的实体竞争对手拒之门外。"

在诺塞克推广贝宝时,他时常想起这篇文章中的新词:病毒式营销。他看到比 Beenz 和 Flooz 等公司能更有效地利用奖金的机会。如果 Confinity 不仅为用户提供注册奖励，对方还能将另外 10 美元给朋友呢？如果用户的朋友注册这项服务，原先的赠送者又额外获得 10 美元呢？一下子，Confinity 会刺激人际传播，推动常规行业营销活动从仅仅普通传播变成全面传染。

然而，从财务角度来看，这个想法听起来很荒谬。不仅要付钱给客户，让他们把公司的钱送出去，还要为此奖励他们？看起来这条路注定会走向破产。首席财务官戴维·雅克负责管理 Confinity 的账簿，他对奖金提议并不怎么感兴趣。"你一定是在骗我。"他记得自己当时想。但当 Confinity 团队认真考虑这个概念时，他们开始认识到它的力量。由于片面的激励机制，太多推荐计划都失败了。现在，他们看到一个机会，通过双向计划，能够把客户变成支持者。

这个计划尤其吸引那些认为 10 美元是一笔巨款的潜在客户。雅克还记得妻子在收到贝宝推荐邮件时的沉默反应。然后他给上大学的侄女发了一封。"我太喜欢了！这太棒了！太妙了！"侄女告诉他。其他 Confinity 的员工开玩笑说，奖励计划将成为"有史以来风险资本向大学生的最大转移"。

作为理由，团队将激励措施与传统银行的获客成本进行比较，他们估计对方的成本为每个客户 100~200 美元。按照 Confinity 提出的转赠计划，获取每个客户只需花费 20~30 美元。大卫·萨克斯笑着解释道："因此，我们每增加一个用户，没有花 20 美元，而是赚了 180 美元！这就是崩盘前的互联网思维。"埃里克·克莱因回忆，当贝宝网络的图表开花结果时，他看到了实时出现的"推荐圈"。

X.com 也独立得出关于推荐和激励的类似结论。尼克·卡罗尔回忆说："埃隆听说有家银行向新客户赠送烤面包机。他说'那么，如果我们只给他们现金，那就足够了'。"起初，马斯克建议送 5 美元，这个数字最终涨到 20 美元。但团队很快发现，一次性奖励根本不够。马斯克说："激励推荐人和被推荐人很重要，而不仅仅是其中一方。

第八章　如果你建起来

你需要奖励这个行为的开始,也要奖励行为的完成。"除了 20 美元的奖励,X.com 团队还决定给任何推荐新用户的人 10 美元奖励。

奖励计划震惊了 X.com 团队的部分成员。卡兰说:"你必须向埃隆致敬,他愿意拿出自己的钱,差不多是送出去,来打造这个新玩意儿,而且无法知道它是否会奏效。他愿意把他剩下的一切都拿去冒险。"马斯克还加倍增加对公司的资金投入,把他所有的个人银行账户从嘉信理财转移到 X.com。马斯克的账户不仅是 X.com 最早的账户之一,也无疑是最大的一个。

* * *

X.com 和 Confinity 都利用了公众对电子邮件刚产生的认同,以及对奖金的持久热情,但这些并不能完全解释它们的快速增长。最后一种因素通过互联网拍卖而来。

法国出生的伊朗裔美国工程师皮埃尔·奥米迪亚编写拍卖网站 AuctionWeb 的代码,并将其发布到他的个人网站 www.ebay.com 上,后者以他的网络咨询公司 Echo Bay Technology Group 命名。当时他还没有打算创建在线拍卖巨头。起初,AuctionWeb 只是展示奥米迪亚的废旧物品,包括一支坏掉的激光笔,他标价 14.83 美元。当有人真的买下它时,奥米迪亚大吃一惊,他意识到自己的副业可能前途光明。*
4 年后,AuctionWeb 成为易贝,一家市值数十亿美元的上市公司,也是一个标志性的网络品牌。

---

* 买家是马克·弗雷泽。在进行路演时,他想要一支激光笔,但买不起新的,并且怀疑老板是否愿意买给他。自诩为"电子极客"的弗雷泽首先尝试自制,但结果并不如他所愿。"有人指给我看一个全新的网站,原来是易贝,我惊讶地发现上面有一支坏掉的激光笔。"后来,在易贝成立 20 周年的一段纪念视频中,弗雷泽分享道:"我当时想,我也许能把那个修好。"

Confinity 与易贝之间联系的最早记录出现在 1999 年 4 月。4 月 8 日，蒂尔和团队会见 Confinity 的两位投资人，彼得·戴维森和格雷姆·林内特。在发给戴维森和林内特的一封电子邮件中，蒂尔概述了他们讨论的主要内容，包括："我们将进一步调查，是否有可能（以及以何种方式）与易贝合作，特别是考虑到两家公司都有消费者对消费者的去中介化模式。"

然而，团队在 1999 年剩下的时间里搁置了这个想法。蒂尔后来在斯坦福大学告诉听众："易贝是一家很不完善的公司，有多层营销人员在互联网上销售垃圾产品。"另一方面，Confinity 开发了尖端的移动支付技术。双方永远不会产生交集。

当易贝在 1999 年 5 月收购支付初创公司 Billpoint 时，Confinity 认为，这次收购会把 Billpoint 变成易贝的默认支付系统。*"好吧，我们不必进入易贝。"诺塞克记得自己曾想。

但很快，易贝将 Billpoint 整合到付款流程中的操作遭到推迟。到当年年底，易贝的买家和卖家仍在自行处理拍卖付款。用户交替使用现金、支票、汇票、电汇和各种新兴的在线支付服务（包括贝宝）。

* * *

萨克斯回想起团队发现可以在易贝上使用贝宝的那一刻。一名易贝用户给 Confinity 客服发电子邮件，希望获准在她的拍卖页面上使

---

* 在某种程度上，这是易贝对亚马逊收购 accept.com 做出的回应。易贝与 accept.com 进行谈判时，亚马逊的杰夫·贝佐斯给出了更高的报价。在失去收购 accept.com 的机会后，易贝迅速收购了 Billpoint，后者刚完成 A 轮融资，红杉资本是主要投资方。颇具讽刺意味的是，Billpoint 最初的抱负与 Confinity 有相似之处。Billpoint 的技术主管贾森·梅曾仔细研究有关小额支付的文献，并探究 Millicent 和 Flooz 等数字货币的发展轨迹。

第八章　如果你建起来

用贝宝的标识。她还希望团队帮助调整标识大小。戴维·华莱士把邮件转发给团队,在成千上万个更紧急的投诉中,他没有过多留意这封邮件。

团队想知道,这个调整标识大小的请求是只有这一次,还是可能有更多类似的请求。卢克·诺塞克、查德·赫尔利和大卫·萨克斯凑在一起,在www.ebay.com上搜索"贝宝"一词。成千上万的拍卖列表映入眼帘。"这是个惊人的时刻,"萨克斯说,"卢克激动得不能自已。"

这是怎么发生的?Confinity团队并不能完全确定。大卫·萨克斯怀疑,一位易贝用户在媒体上看到贝宝,把它引入这个拍卖平台,然后它就从那里传播开来。易贝用户了解互联网的最新发展,并经常就改进拍卖过程的软件和服务交换意见。萨克斯解释说:"你必须记住,在那个年代,易贝上的超级卖家都有点儿奇怪。"

团队的进一步搜索显示,贝宝已经成为易贝留言板上的热门话题。留言板是易贝社区的支柱,易贝的消息人士在那里分享情报。萨克斯说:"易贝是一个病毒式传播社区,因为每个人都在关注其他人在做什么。所以贝宝开始自然传播。"

不管如何发生,看到数以千计的易贝拍卖为Confinity的贝宝服务做广告,萨克斯十分惊喜,它证明贝宝正在解决一个真正的问题。然而,由于团队对易贝的厌恶,他的观点并不是主流。比如,拉夫琴就吓坏了。"我对易贝的概念相当模糊,"拉夫琴回忆说,"哦,这不是那个叫皮埃尔·奥米迪亚的家伙创建的吗?那像个怪异的想法。"

至于那位请求调整贝宝标志的易贝用户,拉夫琴甚至拒绝提供帮助。"我确实采取了一些行动来阻止易贝的发展。"他说。他想直接屏蔽掉来自Confinity服务器的易贝网址。

拉夫琴的抵触部分源于他对Confinity掌上电脑技术的不舍,他认为该技术应该是焦点。现在,这个补丁似的电子邮件产品正在迅速发展，并引发他没有兴趣解决的问题。"等等，什么？他们在使用那个试验技术？它会复制吗？如果它使我们的网站崩溃了怎么办？"他记得自己曾想。

易贝用户也使用了 X.com 的支付服务，尽管团队后来才发现，但这个发现同样让人吃惊。和 Confinity 一样，X.com 未曾打算通过电子邮件进行小额、个人对个人的拍卖支付。"我们认为，我们将与西联汇款竞争，比如你要给上大学的儿子寄钱，或向房东付房租等，"X.com 的工程师道格·麦回忆说，"它将取代你必须在银行进行的大额、烦琐的交易。结果，人们用它转一二十美元来买豆豆娃。"领导层担心，不能指望易贝上的小额交易双方接受 X.com 的支票和经纪服务，而那才是真正赚取利润的地方。

尽管心存疑虑，但由易贝驱动的增长不容忽视。在易贝的搜索栏中搜索 "X.com" 或 "贝宝"，结果显示，易贝用户痛快地接受并宣传 Confinity 的贝宝和 X.com，这是有充分理由的。如果易贝卖家出售一件商品，并通过推荐链接让买家注册贝宝，卖家就能多赚 10 美元。结果，廉价销售变得有利可图，豆豆娃的利润一下子比以前增加了 100% 或 200%。通常情况下，买家从贝宝获得的 10 美元奖金可以抵销他们购买任何商品的花费。

作为出售豆豆娃和坏激光笔的拍卖网站，互联网的这个角落出人意料地成了两家公司产品的沃土。"在产品方面，易贝用户定义了我们的存在，"斯凯·李说，"而不是我们说：'易贝！这真是个天才般的主意！'"科技思想家经常敦促创始人，创建能够解决自己生活中的问题的公司，但 X.com 和 Confinity 在易贝推动下取得成功，这提供了一个有力的对比：解决任何问题可以像解决你自己的问题一样有价值。

维维安·戈总结道："我认为，如果（贝宝）没有易贝平台来建立网络，今天就不会有贝宝。"

第八章　如果你建起来

***

2000年初,彼得·蒂尔宣布,公司最早的董事会成员之一里德·霍夫曼将加入Confinity,担任首席运营官。自从在斯坦福大学相识后,霍夫曼和蒂尔已经是近10年的朋友了。

甚至在他们见面之前,两人都听到过传闻,学校里有一个人很像自己,但政治观点截然相反。然后,他们在1986年冬季学期报名学习同一门哲学课程。在周一、周三和周五下午1点15分,他们参加迈克尔·布拉特曼博士的"哲学80:思想、物质和意义"。"这门课的目的之一,"教学大纲解释说,"是探索一些目前在哲学文献中有争议的问题和观点。"

以加里·沃森的《自由意志》(*Free Will*)和约翰·佩里的《个人身份》(*Personal Identity*)为背景,霍夫曼和蒂尔就决定论、自由和身心问题展开讨论。他们持有不同的世界观,却建立了长久的友谊。霍夫曼解释说:"对于人类应该是什么样子,彼得和我至今仍有非常不同的目标。但关于公共知识分子的价值和基本原则,讲真话,弄清真相,进行激烈的讨论……对我来说,和彼得交朋友的一个好处是,我的思维变得更敏锐了。"

1987年,这两位本科生竞选斯坦福大学学生会的席位。霍夫曼和蒂尔各自的竞选纲领展示了共同的价值观和截然不同的风格:

霍夫曼:学生会在积极改变大学方面有巨大潜力。它是一个非常富有的组织,有大约50万美元的备用资金。最近,学生会议院批准计划,打算以8万美元翻修办公空间。虽然学生会需要修缮,但其他学生设施,比如旧消防站,似乎更需要这笔钱。我认为,学生会正遭受许多官僚机构固有的自我中心主义的折磨。它往往服务于自己的需求,而不是学生的需求。作为议员,我将努力增加学生会对学生活动的资金投入。现在，钱还躺在银行里。

蒂尔：我没有在学生会议院工作的经历。我也未曾浪费8.6万美元的学生资金，装修学生会办公室，帮助朋友丰富简历，增加在学生会官僚机构任职的经历，并给他们过高的薪水。作为旁观者，我对现在的学生会感到厌恶。作为多个无法获得资助（据说是因为"缺乏资金"）的学生组织成员之一，我对这种浪费大家钱的行为感到愤怒；如果当选，我将努力使学生会服务斯坦福社区，而不是它本身。

两人都赢得了席位。顺便说一句，他们未来的竞争对手埃隆·马斯克，也参加过宾夕法尼亚大学的学生会竞选。他的竞选纲领混杂着理想主义和漫不经心。"如果当选，"马斯克发誓，"我保证：一、尽我最大努力，使学生会对学生的需要负责；二、尽我最大努力，确保学生会做出有效回应；三、如果这个职位出现在我的简历上，我将在公共场合倒立，并吃掉50份简历。我参选是因为，我相信参与其中是有益处和价值的。"马斯克没有赢得竞选。

* * *

从斯坦福毕业后，霍夫曼凭借马歇尔奖学金前往牛津大学，计划成为教授和公共知识分子。但他改变了主意，转而选择从事软件开发。他回到加州，在富士通和苹果工作，然后创办了自己的初创公司SocialNet（网上交友网站）。

作为早期社交网络，SocialNet举步维艰。在斯坦福的碟形环道散步时，霍夫曼经常与蒂尔分享创业生活的不易。"我确实会说，'这是我（在）上次散步时还不明白的东西'，"霍夫曼说，"在初创企业学习的节奏真紧张。学习内容包括'如何招聘人员？如何组建团队？资本游戏怎么玩？市场进入战略如何运作？围绕创新的思维如何实施'?"

2000年1月，当蒂尔找他担任首席运营官时，霍夫曼已经在Confinity的董事会任职，并见证产品从通过掌上电脑转账（他对此持怀疑态度），向快速发展的电子邮件支付平台转变。相比之下，SocialNet却举步维艰，霍夫曼的董事会正朝着他认为对公司不明智的战略方向前进。"风险资本家以为他们知道自己在做什么，但实际上并非如此，一旦他们掌控全局，这种情况就会发生。"他谈到这场冲突时说。

霍夫曼向蒂尔透露，他将离开SocialNet去创建一家新公司，蒂尔敦促他加入Confinity。霍夫曼想起蒂尔的宣传："'看，我们的内部运转得像一团乱麻。我们没有商业模式，得把这玩意儿包装起来卖掉。'"霍夫曼没有立即被将"乱麻"专业化的提议打动，但蒂尔向他保证，他在Confinity的任期很短，离开后，他在科技界的工作履历将更添光彩。

对Confinity的投资人来说，霍夫曼是一个意外的首席运营官人选。"这似乎很奇怪。他不是首席运营官类型的人，"诺基亚风投的皮特·布尔回忆说，"他是个友好的邻家小伙。我们想，他会是你的麻烦终结者吗？这肯定不对。"

但蒂尔坚持自己的选择。他意识到，Confinity需要更多天生的外交家，而他知道，霍夫曼实际上喜欢与人打交道。1999年冬天，维维安·戈在易贝完成暑期实习后，接受霍夫曼的面试。霍夫曼没有向她打探情报，这让她很惊讶；相反，他想知道她是什么样的人，为什么想加入Confinity。"（霍夫曼）看人的方式非常立体，"她说，"有些人给别人贴上公式或标签，里德不是这样的，他的情商非常高。"

随着公司发展，它与外部各方的交集也越来越多，包括用户、其他企业的高管、竞争对手，以及至关重要的政府。蒂尔认为，霍夫曼是这种工作的理想人选。诺塞克打趣道："如果你不信任政府，就很难与政府合作。不过还有里德，他是个社会主义者。"

霍夫曼可以和别人友好相处，但他也不好说话。据他所说，他在童年时期痴迷《符石之谜》《龙与地下城》，以及阿瓦隆山发行的《战术II》等策略桌游。玩游戏磨炼了他的战略悟性，贝宝的同事也看到了这一点。丹·马登从事业务开发，曾和霍夫曼一起参加电话会议。"他坐着，我坐在旁边椅子上，打算做笔记。他看看笔记，还经常将电话静音。然后他说：'他会这么说，我要这么说。然后他会这么说，那我就这么说。'"马登记得，霍夫曼取消电话静音，谈判进展完全符合他的预期。

霍夫曼原本几个月的任期延长到几年。他将协助贝宝完成首次公开募股，并经常充当蒂尔眼里公司需要的使者。

* * *

1999年12月，Confinity接到收购要约。公司每天向互联网上的陌生人发放数千美元，这是"快乐气体"时代的收购目标。然而，Confinity解决了一个真正的问题，它的潜在收购方也面临这个问题。

BeFree是一家总部位于波士顿的联盟营销公司，由汤姆·杰雷斯和山姆·杰雷斯兄弟创立。该公司与传统零售商合作，在网上为产品做广告。"我们与大约400个商家和40万个加盟商合作……我们基本上是帮助零售商建立联盟计划的平台。"汤姆·杰雷斯说。BeFree于1999年11月上市，股价在随后的5个月里飙升了700%。

随着BeFree的快速发展，出现了一个问题：向加盟商支付费用。"我们会给（他们）寄去实体支票……然后我们会收到寄回的大量支票，每收到一张，都要支付支票退回费。"随着网站发展，费用也在增加，相关管理上的麻烦也在增加。BeFree的业务开发主管帕特·乔治和汤姆·杰雷斯在发现贝宝后，立即被这款产品的潜力震撼。

第八章 如果你建起来

"病毒式传播……真（是）难以置信，"乔治说，"有 10 美元可以拿，我不可能不注册并登录账户。"乔治还发现解决 BeFree 支付问题的办法。该公司可以向加盟商发送电子邮件，而不是支票。

BeFree 要求见拉夫琴和蒂尔。在会上，蒂尔拿出一个在 Confinity 宣传中常用的噱头：他从钱包里掏出 1 美元，称它是目前最强大的病毒推进剂之一。Confinity 将这种病毒燃料与一个不可阻挡的平台联系起来：电子邮件。"这样做很合理，它使我豁然开朗，"乔治想起那次营销，"我怎么没想到呢？"

乔治和杰雷斯被说服了，但他们还得争取 BeFree 董事会的支持。BeFree 刚刚上市，这将是它们上市后的首次交易。董事会很谨慎。"'我们应该对投资人说什么？……他们有什么？我们卖什么？这并没有增加真正的收入。'"乔治回忆起他们对 Confinity 的评价。

不过，最大的症结在于价格。蒂尔要求以 1 亿美元收购 Confinity，BeFree 董事会认为，这个价格高得令人无法接受。"我们很难说服董事会，将价格提高到彼得的出清价格。"杰雷斯说。相反，董事会批准的价格还不到蒂尔目标价格的一半。

乔治和杰雷斯计划与蒂尔和拉夫琴共进晚餐，以提出这个令人失望的报价。他们 4 人在波士顿郊外一家不起眼的中餐馆见面。雨水敲打着窗户。乔治和杰雷斯一开始强调，他们对 Confinity 和合作前景感到兴奋，然后提出报价。杰雷斯说："从彼得的表情来看，很明显我们不会达成协议。""（蒂尔和拉夫琴）都看着我，"乔治回忆说，"我只记得，当我说出这个数字时，拉夫琴闭上眼睛，低下头。"

回顾过去，汤姆·杰雷斯表示，收购贝宝失败是"我这辈子最大的商业失误之一"。随着贝宝的规模和市值不断扩大，帕特·乔治会拿这次失败的收购，跟 BeFree 的前领导和同事开善意的玩笑。

回想起来，蒂尔和拉夫琴没有那么伤感。互联网泡沫破灭时，BeFree 成为众多牺牲者之一。在股价暴跌之后，BeFree 在 2002 年以

1.28 亿美元被卖给竞争对手，当时距离贝宝上市只有 3 周多一点儿的时间，后者市值接近 10 亿美元。

* * *

这次交易失败暴露了蒂尔的立场。乔治注意到，在整个谈判过程中，蒂尔好像急于出售公司："他似乎很想摆脱现在的处境。"

蒂尔讨厌官僚主义，而由于 Confinity 不断发展，他可能会陷入他离开律所时想逃离的东西——管理、文书工作、会议。"彼得甚至比我更不能容忍胡扯，"以厌恶行政而闻名的马斯克评论道，"我对扯淡的容忍度很低，但彼得的容忍度为零。"

蒂尔未能放弃首席执行官职位，马斯克却成功了：1999 年 12 月的第一周，埃隆·马斯克辞去 X.com 首席执行官一职。"当莫里茨投资时，他说：'我们应该聘请一位首席执行官。'我说：'太好了，我不想当首席执行官。'"马斯克说，"我没有当首席执行官的欲望。杂事真的太多了……当首席执行官糟透了。"（马斯克补充说，他"曾努力不当特斯拉的首席执行官"。）

在马斯克的支持下，公司聘请财捷前首席执行官比尔·哈里斯，担任新总裁兼首席执行官。哈里斯来自波士顿的一个富裕家庭，在杂志出版业的事业蒸蒸日上，曾在《时代》和《美国新闻与世界报道》工作。但他想要改变。1990 年，还住在纽约的哈里斯受邀加入软件公司 ChipSoft 的董事会，并最终受邀担任首席执行官。ChipSoft 位于圣迭戈，是特波税务软件的制造商。哈里斯跳槽时，他在麦迪逊大道的媒体老板不知所措。哈里斯记得他们说："圣迭戈？那还算是在美国吗？"

1993 年，ChipSoft 与财捷合并，哈里斯在那里又度过了 6 年时光，并最终成为财捷的首席执行官。自 1995 年以来，他一直"试图将公司推向网络",主张公司的产品——Quicken、特波税务软件和财务软件 QuickBooks——应该在线上线下同时运行。他的任期充满混乱,他自己也承认,经营大公司的工作并不能发挥他的优势。

"我是个糟糕的上市公司首席执行官,"他说,"这不是我感兴趣的,更重要的是,我也不擅长。"但这段经历教会了他互联网的来龙去脉。

尽管历经动荡,但当哈里斯于1999年9月离开财捷时,他发现自己成了抢手货。"他们不是说:'嘿,你想参加这份工作的面试吗?'而是说:'我们愿意给你这份工作。'"哈里斯回忆说,"那是创业高峰期,所有人都在创建公司。每家风投都需要有名气、有信誉的人。"

在一片狂热中,X.com吸引了哈里斯的注意。"我喜欢这个理念。我喜欢埃隆,也喜欢迈克尔,"哈里斯说,"这像是一个强大的组合。"马斯克提出基于互联网的全面金融服务系统的愿景,哈里斯被打动了。"埃隆最令人惊讶的地方在于他的勇气。"哈里斯说。他回忆起马斯克为X.com制定的宏伟计划,而当时X.com团队还只有个位数的员工。

迈克尔·莫里茨游说马斯克,让哈里斯担任首席执行官,但他并不是唯一这样做的人。X.com的几位工程师也回忆说,他们曾在深夜给哈里斯发电子邮件。"你在凌晨三点喝了太多咖啡后,就会做这种事。"科林·卡兰表示。

马斯克有所保留。"一切看起来都很好,但我的内心感觉不安。"他回忆道。马斯克在厨房里向莫里茨提出一个问题:莫里茨见过创业公司的首席执行官来来去去,那么在1到10分的范围内,他会给哈里斯打多少分?莫里茨回答说:"10分。"马斯克很惊讶:"我说,'哇……好吧,我会克服不安情绪,我们继续前进吧,因为你知道如何招聘首席执行官'。"

就在正式推出产品的同一周,X.com宣布了任命首席执行官的消息。一次公关良机随之而来。有了财捷前首席执行官的加入，马斯克有理由认为，X.com 招到了将个人理财软件与互联网结合的理想人选。"假如财捷现在成立，就会是 X.com 这样。"哈里斯的任命宣布后不久，一位行业分析师写道。

* * *

随着时间的推移，比尔·哈里斯几乎已经从贝宝的历史中被抹去。某种程度上，这是因为他的任期很短。多名贝宝的资深员工告诉我，他们加入贝宝是因为哈里斯。一位高管称，哈里斯是他离职的原因。哈里斯被排除在贝宝的历史之外，也可能是由于他担任贝宝首席执行官的 5 个月。

但从某个角度来看，贝宝的未来取决于这 5 个月，也可以说取决于哈里斯本人。因为无论这 5 个月多么短暂和困难，比尔·哈里斯都给 X.com 和 Confinity 留下了持久的印记，成为促成两家公司合并的艰难交易的关键人物。

第八章　如果你建起来

第九章

部件战争

　　20 世纪与 21 世纪之交，X.com 和 Confinity 陷入了争夺客户增长的激烈战斗。从 1999 年底到 2000 年初，两家公司都被卷入这场竞争，这把员工和领导推向悬崖边缘，并留下持久的创伤。

　　没人预料到这一点。毕竟，就在几个月前，这两家公司还是友好相处的邻居。两个团队在大学大道 394 号相邻的套间 A 和 B 办公，双方成员混在一起：一起抽烟休息，在楼下同一家商店买咖啡，甚至共用一个卫生间。双方团队很友好，虽然他们对对方的工作有模糊的认识，但都互相瞧不上，每个团队都确信，对方在采用错误的策略。

　　随着两个团队采取相似的电子邮件支付策略，情况发生了变化。1999 年夏末，卢克·诺塞克闯进 Confinity 办公室，带来一个令人担忧的消息：他无意中听到，一名 X.com 员工在电话中谈起电子邮件付款。几周后，Confinity 团队对 X.com 的担忧升级。X.com 宣布，它不仅将进入支付领域，还将进入发放奖金和推荐注册的行列。令人不安的是，X.com 承诺给每个用户 20 美元，这是 Confinity 的两倍。报道互联网新动态的网站开始将 Confinity 和 X.com 相提并论，并指出双方激励措施令人尴尬的差距。

阴谋论滋生发展。X.com 是否窃取了 Confinity 的病毒式营销策略？"他们很偏执，"Confinity 董事会成员约翰·马洛伊回忆说，"他们对此变得有点儿疯狂。"拉夫琴回忆，他曾对 Confinity 的员工说："嘿，如果你们走近旧办公室，说话要小心，隔墙有耳。"后来，X.com 内部有传言，称 Confinity 员工翻遍垃圾箱，寻找有 X.com 商业计划的碎片。

但团队的偏执并非空穴来风。作为 Confinity 的客服主管，戴维·华莱士对这场竞争有不同看法。在这一职位上，他记得 1999 年底出现了令人不安的迹象。"很多 X.com 员工在我们这里注册……嘿，伙计们，你们可能想知道发生了什么事。"华莱士回忆说。惊慌的他促使 Confinity 团队对这些可疑注册进行调查。

与此同时，在 X.com，马斯克也密切关注个人注册，而最近的几个注册引起了他的注意。"我的屏幕上有一个小窗口，人们注册时，上面会显示他们的名字。"马斯克回忆道，并将其描述为他的"小型动态欺诈分析"，那是一种区分真实和虚假用户的方法。但在 X.com 推出后不久，一个名为"彼得·蒂尔"的新客户出现在他的屏幕上。马斯克记得，蒂尔经营一家转账公司，这家公司之前租用了隔壁的办公室。这个注册值得研究。马斯克拿起电话，打给蒂尔。

* * *

到 1999 年 12 月，Confinity 处理的易贝交易越来越多。"我们很早就领先了。"Confinity 联合创始人肯·豪威尔回忆道。通过率先推出并收获回报，Confinity 证明马斯克的直觉是正确的：在那个时代过热的创业环境中，上市时间至关重要，对支付公司来说更是如此。

豪威尔解释说："网络效应胜过一切。"他指的是，20 世纪初电话

第九章　部件战争

增长现象的经济学原理。网络中每增加一部新电话，网络中其他电话的价值就会增加，非电话用户购买电话的动力也会增加。到20世纪末，Confinity就像20世纪初的美国贝尔电话公司，享受到规模发展的果实。每个接受贝宝的易贝拍卖卖家都会吸引更多买家注册，每个用贝宝付款的新买家也会促使卖家采用贝宝。

Confinity采取战略措施，利用并扩大其易贝网络。团队抓取易贝的网页，并专门为拍卖的买卖双方设计了工具。改良后，Confinity的功能集包括标识大小调整工具，以及自动完成易贝支付页面的功能（支付选项预先选择贝宝）。通过一个被称为"自动链接"的功能，哪怕易贝卖家仅使用贝宝交易过一次，贝宝都会成为其默认支付选项。潘宇在谈到在易贝使用贝宝时说："这让增量的增长达到了惊人的水平。"

潘宇被指派专门开发易贝工具，成为Confinity不断壮大的易贝专家队伍中的一员。在潘宇的带领下，团队深入易贝的留言板等拍卖论坛，研究易贝的"超级卖家"社区。大卫·萨克斯还让产品团队成员在易贝网站上购物。Confinity的新一代易贝顾客聚在一起，剖析购物的每一个步骤，特别是支付体验。"我们必须成为用户。"丹尼斯·阿普特卡回忆说。她购买了一部电话座机，不幸的是，商品送来时，"散发着香烟烟雾"。

团队本身也成了卖家。"我们大概有1 000个办公桌孔盖，确实会把它们卖出去，"奥克萨纳·伍顿回忆说，"每隔一段时间就会有人买。"公司员工偶尔会步行到邮局去完成易贝的订单。

尽管用户认为贝宝产品很有用，但易贝的高管却不以为然。他们把这个崭露头角的支付服务，视为最近收购的支付公司Billpoint的对手。最初，易贝采取措施阻挠Confinity的努力，包括阻止Confinity的工程师运行抓取易贝页面的脚本。Confinity努力克服这些障碍。"这样做有点儿敌对，"Confinity工程师戴维·高斯贝克回忆说。

与此同时，在易贝用户方面，贝宝的早期采用者也注意到X.com。

因为 X.com 也在发钱，而且给的更多，买家和卖家都以同样的热情接受了它。

和拉夫琴一样，马斯克也不希望公司成为易贝上的电子邮件支付提供商。但他无法忽视 X.com 在这个平台应用的爆炸式增长，也无法忽视 X.com 在易贝上落后的事实。随着马斯克跟踪 Confinity 团队的策略，他开始尊重对方的创造力。"我想，嗯，这些家伙很聪明。"马斯克回忆说。

他的结论是，X.com 必须竭尽所能，才能在易贝获胜。他认为，这是争夺在线支付未来的一场冲突。对马斯克来说，在易贝击败 Confinity 可能使其在其他领域丧失竞争力。"他们是唯一的对手，"他回忆道，"银行所做的是没有希望的。"

* * *

于是，互联网历史上一场不寻常的激烈战争爆发了：X.com 和 Confinity 展开持续数周的争夺，以在易贝上赢得客户。马斯克挖苦道："这有点儿像比赛，看谁的钱花得最快。"

在双方的记忆中，接下来的几周，他们铤而走险，孤注一掷，晚上在桌子下的睡袋里小睡一会儿。两个团队都在不断监视对手，并据此采取行动。"我说：'我们必须有更好的部件！'"马斯克回忆道，"然后又说：'该死，现在他们有了更好的部件！'这就像一场部件战争。"

部件战争很快白热化，而且极其针对个人。为庆祝潘宇的生日，Confinity 团队拿出一个蛋糕，上面用糖霜写着"X.COM 去死"。在此期间，据说马斯克在 X.com 内部发了一封令人难忘的电子邮件，主题是"关于我们竞争对手的友好信件"。消息正文只有一行，收件人记得大概是"干掉他们。死，死，死"。X.com 工程师道格拉斯·马克

第九章　部件战争

说:"大家都知道他是开玩笑,但他在通宵加班,确保我们能率先到达终点,并尽可能多地赢得注册用户。"

拉夫琴在办公室里挂出一条横幅,上面写着"Memento Mori"和X.com的标识。"Memento Mori"是一句古老的拉丁语哲理格言,翻译为"记住你会死"。这句话通常被认为是对生活终极要义的提示,但对拉夫琴来说,这条横幅是为了提醒Confinity团队,前进道路上有一大块绊脚石:X.com。但有人指出,这条横幅或许没必要。诺塞克说:"我们当然知道早晚会死。"

* * *

在拉夫琴和蒂尔身上,马斯克发现他很少遇到的一点:像他一样渴望胜利。马斯克回忆说:"这些贝宝人是值得尊敬的对手。"拉夫琴的贝宝代码分发速度尤其突出。"我真的很震撼,"马斯克回忆说,"我很擅长技术。所以如果有人能跟上我,我会感到,哇,佩服。"

尽管拉夫琴速度很快,马斯克仍然相信X.com最终会取得胜利。他的公司拥有比Confinity更多的资金,并且如果需要,可以筹集到更多资金。马斯克还倚仗一支出身正统的团队,包括从老牌机构挖来的顶尖人才。X.com得到世界顶级风险投资公司的支持,获得媒体关注,同时在他看来,名字也要好得多。

马斯克的自信为团队带来信心。"我想,总的来说,我们认为我们能比他们坚持得更久,因为当时我们有更多钱。"朱莉·安德森回忆说。因此,X.com对剽窃的想法和计划并没有同样的恐惧。X.com工程师科林·卡兰回忆说:"我们做事情非常直接。埃隆不是懦夫。"

就Confinity而言,团队在担忧和自信之间摇摆不定。蒂尔说:"这非常令人兴奋,也非常可怕。我们都将掌控世界,也都会死去。"潘宇记得,起初,Confinity不看好X.com,因为后者缺乏移动技术。"我们想,好,他们没有掌上电脑转账的解决方案!"他回忆道。

随着竞争的加剧,拉夫琴逐渐紧张起来。他不太了解埃隆·马斯克,但他知道的情况会引起焦虑。例如,他知道马斯克曾以数亿美元出售 Zip2,而且他开着一辆迈凯轮 F1。相比之下,拉夫琴仍然住在单身公寓,也"买不起高档车"。"感觉就像,'哦,这家伙很成功,我真的不知道我在做什么'。"他回忆说。Confinity 团队也觉得这种冲突不对等。"埃隆已经赚了很多钱。(X.com)得到红杉资本的支持……它与诺基亚不同。它的财力比我们雄厚得多,火力也比我们强大得多。"杰克·塞尔比回忆道。

蒂尔比许多同事更早地将 X.com 视为生存威胁。"彼得喜欢直面问题。他想知道自己是否错了,"诺塞克说,"他一直在积极探寻,局面会如何崩溃,会如何失败,比我了解的许多企业家都做得更多,也积极得多。"蒂尔认为,X.com 仅凭烧钱就能让 Confinity 消失。"彼得正确认识到它是真正的威胁。"马洛伊说。

蒂尔不喜欢失败。"心平气和的失败者也是失败者。"蒂尔曾经对一位 Confinity 员工说。蒂尔的竞争本能是通过下国际象棋磨炼出来的。戴维·华莱士曾和蒂尔有过短暂的室友关系,他记得他们下棋时,蒂尔会在一定程度上给自己增加难度。"比如,他会把后从棋盘上拿走,然后仍然能打败我。他把后和车拿走,仍然能打败我……"华莱士回忆道,"然后他把后和两个车都带走,我最终打败了他。我们再也没有玩过。"

蒂尔的国际象棋对手还记得他咄咄逼人的风格。"他很无情,"棋友爱德华·博加斯回忆说,"下棋时不苟言笑。"博加斯曾在加州的一些比赛中与蒂尔对弈,他在棋盘上见识的情形促使他在 Confinity 首轮融资时投资。

第九章 部件战争

***

但那是国际象棋,而这是生意,在商场,让竞争本能战胜理性并不总是有回报的。Confinity 的用户在不断增加,但支持这种增长的奖金加快了烧钱速度。此外,不断壮大的团队也增加了薪水支出。Confinity 的支出不可持续,花钱带来略微扩大的易贝用户群,但就连这个优势也不可靠。如果易贝高管某天早上醒来,决定禁止第三方支付系统,X.com 仍然可以依靠其投资和银行产品,而 Confinity 会沦落到只有前途未卜的掌上电脑应用。

除了在易贝交锋,Confinity 和 X.com 也开始为业务发展交易竞争。Confinity 主动与知名网站合作,提供支付服务或为导入 PayPal.com 的流量付费。在与潜在合作伙伴接触时,团队往往发现 X.com 已经捷足先登,并且愿意为交易支付更多费用。"我们一直在和他们赛跑,"豪威尔回忆说,"这让局面变得困难重重。"

12 月底,X.com 和 Confinity 都与雅虎展开洽谈。雅虎提出收购其中一家公司的想法,最初的业务发展谈判迅速变得更为严肃。在这方面,Confinity 也面临风险。如果雅虎收购 X.com,那么这家门户网站就可以利用其数十亿美元的市场资本和影响力来终结 Confinity。X.com 的主要投资人迈克尔·莫里茨是雅虎董事会成员,但这无济于事。

不仅如此,蒂尔还预见了未来一年的市场风险。关于互联网的炒作达到顶峰,像 Priceline.com 这样刚上市的互联网公司,其账面价值就超过整个航空业的市值总和。Confinity 就是一个活生生的例子:它没有可行的盈利模式,还发放大笔奖金,却被认为是互联网成功企业。

"毫无疑问,我们正在见证的确实是史上最大的金融泡沫,"一位投资人在 1999 年股市见顶时写道,"难以描述的金融过度,债务大规模增加，疯狂使用杠杆，私人储蓄崩溃，令人难以置信的经常账户赤字，以及不断膨胀的央行资产，所有这些都体现了非常严重的金融失衡，无论对统计数据进行多少修正，或者美国全国广播公司财经频道如何大肆宣传，都无法消除这些失衡。"

蒂尔担心，互联网泡沫破裂后，Confinity 可能活不下去。他回想起融资的"痛苦"过程，在此期间，他和 Confinity 团队被拒绝过 100 多次。如果市场恶化，融资将变得更加令人痛苦。

考虑到市场动荡和无情的对手，蒂尔和公司其他人开始另辟蹊径。"我们很多人得出结论，这将是一个赢家通吃的市场，赢家应该只有一家公司，"Confinity 联合创始人肯·豪威尔说，"否则我们两家都会花光钱，最终被人遗忘。"

公司针对 X.com 的策略发生了微妙变化。文斯·索利托是 Confinity 的通信主管，他在政治斗争中掌握了技巧。他说："我的本能是想办法攻击和抹黑 X.com。"但大卫·萨克斯让他收手。"我记得大卫把我拉到一边说：'听着，你在公关方面想做什么都行，但不要诋毁 X.com。'"索利托说。索利托意识到，两家公司正在进行合并谈判。

* * *

在 X.com，首席执行官比尔·哈里斯并不轻松。"我们双方规模一样，增长速度也一样，"哈里斯回忆道，"我们会在竞争中毁了自己。"他看到不祥的预兆：两家面向同一个市场的支付网络不可能同时实现规模化。"真正的网络是天然的垄断业务。"哈里斯解释说。

哈里斯觉得时机到了。他要求在 Confinity 和 X.com 之间举行正式会议。在帕洛阿尔托的豪华餐厅 Evvia Estiatorio 会面时，蒂尔和拉夫琴坐在哈里斯和马斯克对面，气氛紧张。"比尔穿着西装，打着领带，而埃隆曾以 3 亿美元卖掉公司，"拉夫琴回忆道，"他们想吓唬我们。"谈话以寒暄开始，但带着试探的语气。"就像说：'你们有多少用户？'"拉夫琴说。

然后哈里斯提出主题：如果两家公司避免相互毁灭的道路，而是联合起来呢？蒂尔问哈里斯，他们对这次交易打算给出什么条件。马斯克提出最初报价：X.com 收购 Confinity，而 Confinity 团队将获得两家公司总价值的 8%。

如此低的报价让拉夫琴大吃一惊。"我不知道我是否应该抗议，但我绝对没想到。"他回忆说。Confinity 的联合创始人礼貌地离开了会议，但他们对这些条款感到恼火，认为它们失之偏颇。随后在 Il Fornaio 餐厅举行的会议上，Confinity 的投资人皮特·布尔和约翰·马洛伊出席，他们对低报价表示反对。"我们走出房间，说：'没门。'"布尔回忆说。

对马洛伊来说，低报价支持了 Confinity 应该单独发展的观点。"8%。我当时怒不可遏，"马洛伊回忆道，摇了摇头，"如果要收购，也应该是我们收购他们，我们甚至不应该收购他们。"

马洛伊确信，Confinity 被低估了。"我们的价值因为团队而更高，但（团队本身）没有意识到这一点，因为他们没有自信，"马洛伊回忆道，"我对他们有信心，而他们也许还没有，这很具讽刺意味，因为他们都如此聪明。"

马洛伊把 Confinity 对 X.com 的关注比作战斗机飞行员的"目标锁定"。这种现象是指，飞行员完全专注于目标，而无意中与目标相撞或忽略附近的威胁。"他们太专注于 X.com……幼稚地专注于 X.com。根据我所能看到的每一个指标，我都认为我们的表现超过他们……那么为什么我们要一直谈论这些人呢？"马洛伊回忆道，"这已经成为一种痴迷。"

马洛伊大力游说，反对合并，并迅速指出，X.com 的收购将迫使蒂尔和拉夫琴屈服，接受他们曾嘲笑的以银行为中心的业务模式。"你跟我说这些人经营得很好，但你要回到你告诉我已经破产的商业模式？"马洛伊说，"我试图以此作为不合并的理由。"

尽管马洛伊持怀疑态度，但在接下来的几周，蒂尔说服他，合并是唯一的选择。Confinity 的资金很快会用完，而 X.com 可能会花更多的钱。于是，马洛伊打消顾虑，开始努力争取最好的协议。

多人认为，马洛伊促成了一笔艰难的交易。"莫里茨手段强硬。"马洛伊这样评价 X.com 的首席投资人，而他也一样。开会时，马洛伊会假装心不在焉、不感兴趣。"我觉得他们试图迅速达成协议。我当时想，'这样行不通'，"马洛伊回忆说，"我觉得他们是在推搡没有经验的人。"

为了在谈判中获得优势，蒂尔指示卢克·诺塞克，在获取易贝新用户时"尽可能地加大油门"。随着时间的推移，两家公司的资金越来越少，达成协议的压力越来越大。但 Confinity 看到了希望：随着贝宝用户数量不断增长，X.com 提出的报价比例也在不断提高。

* * *

马斯克对任何形式的合并都持怀疑态度。尽管他对 Confinity 的斗志印象深刻，但他坚持认为，X.com 是一家与其有本质区别的企业，更重要的是，它也更优秀。"我的感觉是，这些家伙确实很聪明，但我们仍然可以打败他们。"马斯克回忆说。尽管 Confinity 在易贝领先，但 X.com 获得了更多非易贝用户。"X.com 领先，我们确实花了更多钱，但我们领先了。"马斯克说。

由于在职业生涯早期，马斯克经历过 Citysearch 和 Zip2 的合并失败，因此，他坦率地持怀疑态度。"埃隆不愿寻找合作伙伴，他说：'这些（合并）很少成功，我们能赢。'"比尔·哈里斯回忆说。

第九章　部件战争

但哈里斯还是向前推进。这两对高管开始花更多时间碰头。拉夫琴发现哈里斯友好且优雅。他也开始尊重马斯克。"我真的很喜欢这个叫埃隆的家伙，"拉夫琴回忆道，"他显然彻底疯了，但他真的很聪明。我确实喜欢聪明人。"

最终，双方达成来之不易的临时协议。尽管 Confinity 仍将是初级合作伙伴，但最初 92∶8 的收购分配比例被调整为 55∶45。拉夫琴仍然"郁闷"，因为条款还是不利于 Confinity。但蒂尔说服他，这是正确的道路，比几乎必死无疑的结局要好。

其他人则称赞这笔交易，因为他们看到了其中的潜力。"迈克尔·莫里茨来跟我说，这是一次历史性的合并，"拉夫琴回忆说，"它将成为硅谷历史上最重要的一次合并。"莫里茨告诉拉夫琴，如果合并成功，他永远不会出售合并后公司的任何股份。

但有一位关键人物没有感受到这种兴奋。埃隆·马斯克将此次收购视为在可以打赢的战争中投降。把 Confinity 和他自己的公司相提并论已经够糟了，尤其是当他考虑到 X.com 在非易贝账户方面的领先地位时。他并不十分担心市场趋势、用户增长、烧钱速度，以及竞争局面，X.com 可以通过意志和技巧获胜。

拉夫琴回忆说，在一个不合时宜的时刻，马斯克沸腾的沮丧情绪宣泄而出。拉夫琴访问 X.com 办公室时，马斯克脱口而出，说 Confinity 得到了"一笔真划算的交易"。"我怒火中烧，于是我想，交易取消，"拉夫琴回忆道，"如果要合作，那就是合作。如果你认为我得了便宜，这是行不通的。"拉夫琴打电话给蒂尔，说交易取消了。他不想被当作恩赐对象或初级合伙人。

比尔·哈里斯得知合并破裂的消息后，变成和事佬。哈里斯打电话给拉夫琴，约他见面谈条件。"比尔，我觉得我们什么也做不了。"拉夫琴回答。哈里斯问他在哪儿，拉夫琴回答说他在家里洗衣服。哈里斯让他待在那儿。"我去帮你叠衣服。"他保证道。

疯狂创新者

哈里斯来到拉夫琴在格兰特大道469号的公寓。拉夫琴站在洗衣房里，把他对蒂尔说过的话告诉哈里斯。"如果你们认为我们拿走了你们的股权，我认为这是行不通的，"拉夫琴回忆说，"从长远来看，这不能促成良好的合作关系。"

"如果是五五开呢？"哈里斯说，"如果我们是平等的伙伴呢？"

"那之后就很难说有人得便宜了。"拉夫琴表示。

"如果这对你来说没问题，我会促成合并。"哈里斯回答。拉夫琴告诉哈里斯，他会支持50∶50的合作关系，但他想知道马斯克会怎么说，毕竟他对55∶45的分成都没兴趣。哈里斯叫他别担心，他会重新搞定这笔交易。

* * *

直到今天，哈里斯在谈到接下来发生的事情时都很谨慎。马斯克则不一样："我当时的反应是，'去你的。我们会干掉Confinity'。"在他看来，如果Confinity不接受初级合伙关系，那是他们的问题。马斯克说："当时我想，好吧，又回到为账户增长你争我夺的时代。"

哈里斯的回应是拿出撒手锏：他告诉马斯克，如果两家公司不达成协议，他将辞去X.com首席执行官一职。马斯克回忆说："'比尔，我们需要融资。你这是拿枪指着我的头，说如果我们不做这笔交易，公司首席执行官就会离开。我们现在真的在融资。局面非常困难。这样会毁了公司。'"

哈里斯立场坚定，这让马斯克别无选择，只能让步。马斯克说："我之所以同意五五开，是因为比尔·哈里斯说，如果我不同意，他就辞职。否则，我会放弃这笔交易。"

在哈里斯看来，没有其他选择。"会有（唯一的）赢家吗？是的，"哈里斯回忆自己的分析，"但这需要更长时间和大量资源才能实现。

目前根本不清楚哪一方会获胜。"

对哈里斯来说，这次合并不仅仅是防守策略，也是战略性的进攻。他引用了梅特卡夫定律。以太网的发明者罗伯特·梅特卡夫在20世纪80年代提出这个概念，其基本思想很简单：网络的价值以网络规模的平方增长。如果一个计算机网络包含5台机器，那么整个网络的价值为25，即5的平方；如果有1 000台机器，那么网络的价值就是100万，即1 000的平方。按照梅特卡夫的观点，更大的那个网络拥有的机器数量是另一个的200倍，但其价值却比另一个高4万倍。

梅特卡夫定律适用于电话、传真和万维网，也适用于支付。"数量取胜，"哈里斯解释道，"谁都不想用没有收款方的支付系统。谁也不想成为没有付款方的支付系统的收款方。所以这一切都取决于规模。"尽管马斯克表示异议，但哈里斯认为合并是唯一的答案，即使这需要发出最后通牒才能实现。

* * *

任何关注X.com和Confinity合并的人都可能不看好这一举措。X.com创始人埃隆·马斯克反对合并。Confinity的首席投资人约翰·马洛伊持怀疑态度。Confinity首席技术官麦克斯·拉夫琴曾取消合并。为了促成合并，X.com首席执行官比尔·哈里斯一直与马斯克不和。马洛伊说："这始终是一次不稳定的休战。"

仓促合并催生了贝宝的一款流行室内游戏：情况也许会怎样？谁会赢得易贝之战？如果没有X.com，Confinity会破产吗？但与事实相反的情况之后会出现。目前，双方高管和各自团队面临一项令人讨厌的任务，即让两家初创企业合并。虽然哈里斯和拉夫琴已经隔着尚有余温的衣物握手，但两人都还没厘清重要细节。

疯狂创新者

接下来发生的事情教会他们关于合并的所有宝贵经验——什么使合并成功，什么使合并失败。"合并不是两家公司联合起来，"卢克·诺塞克说，"它实际上更像未经考查就雇用 50 个人。"

第九章　部件战争

第十章

崩溃

2000年初,蒂尔和马斯克定于在红杉资本位于门洛帕克沙山路2800号的办公室,与迈克尔·莫里茨会面,讨论合并事宜。马斯克让蒂尔从帕洛阿尔托搭车过来。

一年前,马斯克从德国制药公司高管格尔德·佩特里克那里购买了一辆镁银迈凯伦F1,底盘号067。这辆跑车价值100万美元,配有鸥翼门和用金箔包裹的发动机舱。马斯克将这款汽车称为"艺术品"和"非常漂亮的工程作品"。即使在迈凯伦中,067号也是独一无二的,当时全美只有7辆迈凯伦F1可以合法行驶。

迈凯伦以一级方程式赛车为原型,设计这款车的架构,并定下制造全世界最好的汽车的宏伟目标。当首次亮相时,迈凯伦赢得了广泛的赞誉。"F1将作为汽车史上的大事件被铭记,"一篇评论写道,"它可能是世界上最快的量产公路车。"

这款车重量很轻,但输出功率超过600马力。"想象一下,一辆车的重量相当于Miata(马自达旗下车型名),但功率却是它的4倍。"埃里克·雷诺兹说,他是世界上最铁杆的迈凯伦迷之一。由于重量功率比低，这款车的速度能够达到每小时200多英里。

然而，这种功率也让没有经验的司机身处险境。其中一位车主，英国演员罗温·阿特金森，曾两次撞坏他的迈凯伦。就在马斯克购买F1的大约同一时间，一名刚从初创企业退出的年轻英国企业家，驾驶着他的迈凯伦撞到树上，与两名乘客同时遇难。"迈凯伦迫使人们保持克制，"《人车志》(Car and Driver)在满是溢美之词的评论中警告，"因为你无法合法驾驶它……甚至无法全面探索它的力量和速度。"

当马斯克收到他的F1时，美国有线电视新闻网在现场进行报道。"就在3年前，我还在基督教青年会洗澡，睡在办公室地板上，"他不好意思地对着镜头说，"现在显然，我有一辆价值百万美元的车……这只是我生命中的一瞬间。"世界各地的其他迈凯伦F1车主——文莱苏丹、怀克里夫·吉恩和杰伊·雷诺等人——都能轻易买下这款车，而马斯克的购买却给他的银行账户带来不小的损失。与其他车主不同的是，马斯克开车去上班，并拒绝为其投保。

当马斯克驾驶F1，载着蒂尔行驶在沙山路，这辆车成为他们聊天的话题。"这就像那部希区柯克的电影，"蒂尔回忆说，"我们花了15分钟谈论那辆车。我们应该在为会议做准备，我们却在谈论汽车。"

据说，在行驶过程中，蒂尔看着马斯克问道："那么，这玩意儿能做什么？"

"看这个，"马斯克回答说，他踩下油门，同时在沙山路上变道。

事后回想，马斯克承认他无法驾驭那辆F1。"我真的不知道怎么开那辆车，"他回忆说，"它没有稳定系统，也没有牵引力控制系统。而且这辆车的动力很强，你甚至可以在每小时50英里的速度下把车轮甩掉。"

蒂尔回忆说，他们前面的车迅速进入视线，然后马斯克急转向避开它。迈凯伦撞上路堤，被抛向空中，然后猛地摔到地上。"就像铁饼一样，"马斯克回忆道，"目击者以为我们要死了。"

第十章 崩溃

蒂尔没有系安全带，但令人惊讶的是，他和马斯克都没有受伤。马斯克的"艺术品"就没那么幸运了，它现在有了明显的变形。在经历濒死体验后，蒂尔在路边掸去身上的灰尘，搭顺风车来到红杉资本办公室，不久之后马斯克也赶到了。

X.com 首席执行官比尔·哈里斯也在红杉资本办公室等候。他回忆说，蒂尔和马斯克都来晚了，但没有对迟到给出解释。"他们始终没告诉我发生了什么，"哈里斯说，"我们就直接开会了。"

回想起来，马斯克用幽默来面对这段经历："我想可以肯定，彼得不会再和我一起开车了。"蒂尔也从那一幕找出一些轻松。"我和埃隆一起升空，"他开玩笑说，"但不是乘坐火箭。"*

* * *

尽管不能一起开车，但蒂尔和马斯克此时共同前进，暂时成为 X.com 的同事。

从数据和媒体上看，X.com 似乎有很多优势：才华横溢的技术团队，快速增长的近 50 万用户基础，领导层包括财捷前首席执行官，以及一位自诩从上一次创业中获得 9 位数退出回报的企业家。由于合并，两家公司可以齐心协力：通过转变他们以前最重要的对手，结合彼此的用户基础，并利用网络效应，合并后的公司可以占领整个在线

---

* 马斯克留着那辆迈凯伦好几年。在马斯克之后，这辆车也有着复杂的经历，不过最终弥补了缺陷。据迈凯伦 F1 车主俱乐部 25 周年纪念之旅的主办方之一报道："第三任车主在 2007 年购买这辆车，并将它妥善保管，开了几个月。但是，2009 年在美国圣罗莎，由于催化问题，汽车起火，车主遇到了大麻烦。车辆严重受损，被送往迈凯伦特别定制中心进行全面重装。迈凯伦特别定制中心和迈凯伦设法重装了这辆车，它还幸运地保留了原来的碳纤维底盘。维修工作花了一年时间才完成，车辆被还给车主，目前车主仍然保留着这辆车。2017 年，他好心地把它带到法国南部，参加迈凯伦 F1 车主俱乐部 25 周年纪念之旅。"

支付市场。就在合并条款最终敲定时，比尔·哈里斯指示拉夫琴告诉雅虎，它与两家公司的交易现在取消。"最重要的是建立了统一战线。"多年后，拉夫琴在斯坦福大学向听众解释说。

合并的消息传出后，一位贝宝新客户写信给 X.com 的朱莉·安德森和 Confinity 的公关主管文斯·索利托，分享她对合并的积极看法，她称这是"双赢"：

> 我最不想在易贝（我买卖物品的地方）看到的，是贝宝和 X.com 展开恶战，就像 BETA 和 VHS 制式的录像机那样。相较于等待支票寄到，然后等它兑现，通过贝宝立即收到买家付款要好得多……从事计算机行业的人都知道"标准很重要"，如果你们成为事实上的标准，很多人的生活就会变得更轻松。另一方面，如果你们成为标准，那么对用户就负有更大的责任，比你们的产品有很多替代品的情况下责任更大。

并不是所有反应都是积极的。易贝用户可能对 X.com 和 Confinity 的合并感到满意，但易贝公司感觉到威胁，也计划做出回应。就在合并消息公布后不久，易贝宣布与富国银行成为合作伙伴，共同管理其支付平台 Billpoint。它还与维萨建立合作关系，承诺为用户提供 3 个月的免费支付服务。

这对许多易贝用户来说是个好消息。AuctionWatch 是拍卖新闻网络中心之一，其联合创始人罗德里戈·赛尔斯说："卖家对 Billpoint 系统的主要意见是收费，因此贝宝和 X.com 等提供免费支付服务的公司受到易贝社区的欢迎。"事实上，易贝与维萨和富国银行的合作似乎只有一个目的：从 X.com 和 Confinity 旗下的贝宝手中夺回地盘。

X.com 和 Confinity 的用户快速增长也催生了许多模仿者。2000 年 3 月，美国最大的银行之一、总部位于芝加哥的银行 Bank One 推出

eMoneyMail。同月，雅虎收购另一家个人对个人的支付平台 dotBank。就连 Confinity 自己的投资者之一，IdeaLab Capital Partners（科技创业公司孵化器），也投资了名为 PayMe.com 的竞争产品。

* * *

更糟糕的是，作为 X.com 的王牌，客户的爆炸性增长既是福也是祸。更多的用户带来更多的用户投诉。当 X.com 或 PayPal.com 崩溃，奖金未能兑现，或支付出现问题时，易贝的拍卖留言板上便会充斥着差评。

很快，两家公司面临政府监管机构的附加审查。积压的用户投诉引发美国联邦贸易委员会的调查，美国特勤局则越来越担心贝宝被用于非法交易。在整个过程中，两家公司的客户以每小时数百人的速度涌入，高速增长阻碍了整顿秩序的努力。

合并本身很难带来平静。除了财捷前首席执行官比尔·哈里斯，双方团队可以依赖的管理经验很少，更不用说并购经验了。X.com 和 Confinity 拥有不同的用户群和网站，并且在不同的开发平台上构建服务——X.com 基于微软的 Windows，而 Confinity 基于 Linux。

不仅如此，并购必须尽快结束。一旦 X.com 和 Confinity 取得一致，蒂尔和哈里斯就不想冒险破坏脆弱的协议，这种担忧部分是由融资引起的。两家公司在谈判前都曾试图筹集资金，它们越快达成交易，就能越早联合融资。

在此期间，收到每家公司录用通知的求职者被告知，他们将加入一家更大的新公司。一位求职者回忆说，拉夫琴曾敦促他尽快接受 Confinity 的录用通知，以便从合并前的股权分配中获益。基本问题仍然没有得到解决，比如该如何称呼公司的核心产品。艾米·罗·克莱门特说："我记得关于商标的争论持续了好几个小时，比如我们想如何呈现组合后的商标。"双方同意，X.com 将成为合并后实体的官方企业名称，而 Confinity 将被取消。但贝宝怎么办？

其中一项提议是将该产品命名为"X-贝宝"，这一前缀与马斯克将 X.com 作为各种金融产品和服务中心的愿景相呼应。2000 年 3 月 18 日，比尔·哈里斯发来电子邮件，其中概述了建立 X 品牌家族的可能性，包括 X 基金、X 点击、X 卡、X 支票和 X 账户。但对贝宝团队来说，分隔"X"和"贝宝"的连字符让他们一直担心，自己会被降级为初级合伙人。

在合并的尽职调查过程中，双方都暴露出危险信号。几位高管透露，在合并完成的当天，X.com 必须立即向 Confinity 账户注入现金。尽管在 2000 年初，Confinity 曾获得另一轮融资，但它的迅猛增长消耗了其中大量资金。

X.com 也有自己的问题。为了扩大客户基础，X.com 一直在向潜在客户提供信贷额度，这是它一整套金融服务产品计划的一部分。但随着 X.com 快速扩张，适当的担保已经处于次要地位。肯·米勒解释说："我们会向不是真人或盗用他人身份的对象发放信贷额度。其次，对于资格不足的真人，我们提供了信用额度或过多的信用。"

两家公司最终接受了这些不利因素，因为这是进行关键交易的成本，理论上，合并将使它们比分开时更强大。但合并没有解决一个根本问题：新实体的总资金消耗率。仅在那个季度，这家合并公司就要花费近 2 500 万美元，支付工资、奖金、信用卡费用和击穿资产负债表的欺诈行为。里德·霍夫曼说："即使我们站在楼顶，把一沓沓百元大钞扔到楼下，花钱速度也没这么快。"

马斯克回忆起合并时发生的无数次危机："如果欺诈问题不解决，我们会死。如果客户服务不解决，我们会死……但如果我们没有盈利模式，如果我们的业务只有支出而没有收入，我们显然马上就要死。"

第十章　崩溃

*　*　*

双方团队已经准备好进行一场史诗般的争夺霸权之战,包括怪异的蛋糕、阴暗的横幅和斥责的邮件。现在,仅仅几周后,双方就有望组建成快速成长的幸福家庭。许多人对这一前景感到紧张。

2月下旬,合并的消息从高层传到普通员工,这对许多人来说十分意外。"当时我认为,Confinity 认为他们在努力对抗我们。我们想,嘿,我们领先了,我们还会打败任何接近我们的对手,"X.com 工程师科林·卡兰回忆道,"所以,对于双方必须合并这件事,X.com 的人有点儿震惊。"

取决于由 Confinity 团队还是 X.com 团队讲述,合并故事有所不同。"在内部,我们的说法是,我们是更优秀的一方,"Confinity 工程师戴维·高斯贝克回忆说,"X.com 提供信贷,违约率非常高,还在不断亏损,有各种问题。相对于他们,我们处于有利地位。但因为我们不是市场上唯一的公司,这损害了我们在投资者心目中的形象。"

在回忆录中,作为 Confinity 营销团队的成员之一,埃里克·杰克逊回忆说,他的经理卢克·诺塞克缓解了他对合并的担忧:

听着,这对我们来说是个不错的交易。首先,X.com 实际上有近20万用户,和我们差不多!……此外,他们提供各种金融服务,如货币市场、指数基金和借记卡,他们每个账户的价值可能比我们高很多……而且由于我们的现金消耗很快,不久就必须再次融资,与头号对手合并能帮助我们筹集到更多资金。

另一方面,X.com 员工却听到截然相反的说法:他们在"拯救"Confinity,后者在易贝增长得更快,结果却花光了现金。此外,X.com 告诉员工,其经验丰富的领导将为 Confinity 的年轻团队带来急需的专业和监管知识。

整个 3 月，成群的员工开始往返于大学大道 165 号的 Confinity 办公室和 394 号的 X.com 办公室，后者也是 Confinity 以前的办公楼。"这很有趣，因为我们之前和 X.com 一起在这个空间办公，然后我们合并，又要搬回去，" Confinity 的肯·豪威尔回忆说，"所以我们要把家具搬回 3 个街区外以前办公的地方。"

并非所有员工都记得那段时期的"乐趣"。工程师埃里克·克莱因回想起，在帕洛阿尔托的克里奥尔餐厅 Nola 举行了一次冷冰冰的工程部会议。"结果是几个小时的争吵、辩论和互相大喊大叫，"克莱因说，"我们根本没有融合……就像油和水。"

然而，其他员工却感到如释重负。"没人希望股权被稀释 50%，" X.com 的托德·皮尔森说，他指的是员工在并购后减少的股权，"但至少现在我们不会自相残杀了。" X.com 的朱莉·安德森认为合并是自然的下一步。"考虑到财务状况，这并不十分令人震惊。"她说。她表示，两家公司的客户基础都有所增长，但合并后，它们将有更好的机会，将用户基础转化为切实可行的业务。"我们都认为进入下一阶段会很好。"她回忆说。

下一阶段需要更大的新家：3 月，公司在帕洛阿尔托的安巴卡德罗街 1840 号租下办公空间，这是财捷和比尔·哈里斯之前的办公地点。它占地 21 874 平方英尺，第一年每月租金为 102 807.80 美元。李·豪尔刚从宾夕法尼亚大学毕业，并加入 X.com。他回忆说，搬到安巴卡德罗街 1840 号是一个挑战。豪尔表示："这听起来平平无奇，但当时两家公司合并，快速发展，快速招聘，还在做其他事情，这是另一个混乱的因素。"

在尚未完工的安巴卡德罗街办公室，联合团队举行了初期的一次会议。哈里斯、马斯克和蒂尔发言，他们都保证联合实体正处于正确的轨道。与会者回忆说，蒂尔穿着 Confinity 的西斯廷教堂 T 恤配短裤,哈里斯穿着西装外套和平整的休闲裤,两者形成鲜明对比。他们还记得蒂尔在台上心算 Confinity 和 X.com 股份之间的转换比率。

2000 年 3 月 30 日,X.com 的人力资源主管萨尔·詹班科向 all@paypal.com 和 all@x.com 发送了一封全公司范围内的电子邮件,标题为"正式宣布"。"从今天起,X.com 和 Confinity 合二为一,"他写道,"祝贺大家!"

* * *

X.com 和 Confinity 还有另一件值得庆祝的事:就在它们正式向媒体公布合并消息的同一天,X.com 和 Confinity 的领导层还宣布获得 1 亿美元的 C 轮融资。蒂尔在公司新闻发布会上说:"我们获得了巨大反响,融资获得大量超额认购。我们看到参与 X.com 成倍增长的独特金融平台的极大热情。"马斯克补充说:"这轮融资的规模凸显了 X.com 作为网络支付行业领导者的价值。"

融资过程十分疯狂。作为财务团队成员之一,杰克·塞尔比几周来拖着行李箱四处奔波,"马不停蹄地"出差,以完成这一轮融资。蒂尔希望迅速完成付款,这源于他认为美国经济处于崩溃边缘的观点。"我把这归功于彼得,"塞尔比说,"他做出宏观判断,并说,'我们必须完成融资……因为末日即将来临'。"

尽管担心经济不稳定,但团队毫无困难地吸引了投资人的兴趣。"我不认为这是筹集资金。那就像,好吧,这么多人想把门撞开,给我们钱,我们应该接受谁呢?"马斯克回忆道,"我们得到了源源不断的资金。"蒂尔记得,无论他走到哪里,似乎都会被人围住。有一次,他在酒店大堂被一名潜在投资人尾随。蒂尔不是去见他,但这位投资人直接拉过一把椅子,听蒂尔向另一群投资人宣传。

在一次韩国之旅中,当蒂尔打算购买返程机票时,他的公司信用

疯狂创新者

卡被拒绝了。与他会面的投资人非常高兴地提供了头等舱机票，并且当场订票。"他们兴奋得令人难以置信，"蒂尔回忆道，"第二天，他们打电话给我们的律师事务所，问：'我们需要把钱汇入哪个银行账户？'"

这种疯狂证实了蒂尔对市场的怀疑。他说："我记得自己当时在想，一切疯狂得无以复加，我们真的必须迅速锁定资金，因为窗口可能不会永远敞开。"

最终的1亿美元金额实际上让部分团队成员很失望。Confinity 和 X.com 获得了两倍于该金额的口头承诺，团队中的一些人希望坚持获得剩余资金，或者争取10亿美元的估值。

蒂尔不同意，他敦促塞尔比等融资团队成员，把握手承诺变成实实在在的支票，签署投资条款单，确认保证金。"为了完成那轮融资，彼得严格要求所有人。"大卫·萨克斯回忆道。许多员工都见过蒂尔最严厉的样子，但很少记得他如此执着。"如果我们不筹到这笔钱，"豪威尔记得蒂尔说，"整个公司可能会倒闭。"

马斯克也预见即将到来的经济低迷。1999年中期，面对宾夕法尼亚大学校友杂志的采访者，他警告经济崩溃即将到来。他在谈到互联网泡沫时说："任何如此深刻的变化都必然引发投机狂潮，人们需要做好功课，不要盲目买入没有整合好的公司。很多富丽堂皇的建筑建在脆弱的地基上，许多都会倒塌。"

马斯克预言了一场清算。"这是史上最长的和平时期扩张，"马斯克说，"对从未真正见过严重衰退的年轻人来说，衰退将是一段艰难的经历，而任何研究过历史的人都知道，衰退必然发生。"这一预测与他一贯夸夸其谈的乐观主义形成鲜明对比，如果马斯克提倡谨慎，那一定意味着什么。

马斯克也很清楚，X.com 的5亿美元估值是"荒谬的"。当他之前的公司 Zip2 以3亿美元售出时，它拥有付费客户和数百万美元的

第十章 崩溃

收入。X.com 现在的估值几乎涨了一倍，而它的主要业绩是用投资人的钱换取电子邮件地址。

* * *

团队恰当地选择了这轮融资的领投方——Madison Dearborn Partners。这是一家总部位于芝加哥的私募股权投资公司，尝试过风险投资，对技术、媒体和电信领域的初创企业进行了一系列小规模投资，不受网络公司的炒作影响。

蒂姆·赫德是该公司领导 Confinity/X.com 这轮融资的合伙人，他关注互联网业务的增长和扩张。当 Confinity/X.com 的方案出现在他面前时，他产生了兴趣。"我对支付有所了解，我说，'嗯，这很有趣'。"他说。X.com 和 Confinity 成功地快速发展用户，赫德知道这在支付领域很难。赫德说："一旦你产生网络效应，其他人就更难拥有。"

赫德之前并不偏向 X.com 和 Confinity 中的任何一方，就像他所说，这是"我的第一笔投资"。虽然这笔投资相当可观，但 Madison Dearborn Partners 并没有孤注一掷，这 3 000 万美元的股份只是其管理资产的一小部分。"（贝宝）对我来说是一锤子买卖。"赫德回忆说。

在 Madison Dearborn Partners 的领投下，塞尔比、蒂尔和 X.com 的财务团队开始向他们所称的"主要投资者方阵"筹集剩余的 7 000 万美元。其他投资公司也相继加入，包括新加坡的 3 家、日本的 2 家，以及中国台湾的 1 家。在美国国内，团队锁定摩根大通的电子金融部门 LabMorgan、资本研究与管理公司、Digital Century Capital（美国私人基金对冲公司）和 Bayview 2000。

时机恰到好处：就在 X.com 完成融资几天后，美国公开市场开始下跌，最终蒸发 2.5 万亿美元市值，并使投资科技股的情绪变得糟糕。2000 年 4 月，美国有线电视新闻网报道："持续数月的贪婪造就了历史上最大的牛市之一，但随着情绪的变化，人们开始担心那些涨幅最高的科技股涨得太高、太快。"到当年年底，纳斯达克的股票已经蒸发了一半市值。2001年前夕，美国有线电视新闻网请一位投资组合经理挑选股票。"我宁愿袖手旁观6个月，"他回答说，"然后让死神来收走尸体。"

后来，蒂尔将这场灾难称为净化。"也许疯狂的巅峰也是最清晰的，"他回忆说，"在某种意义上，你非常清楚地看到遥远的未来会是什么样子，尽管后来发现，很多具体的事情都出了大问题。"

突然，硅谷的过剩变成了紧缩。"硅谷所有其他尚未结束融资轮的公司，不管出于什么原因，资金都在瞬间枯竭了。"萨克斯边回忆边打了个响指。团队成员还记得，看到帕洛阿尔托曾经繁忙的店面现在被封死，他们十分震惊。

一旦市场开始调整，即使高调的支持也没有多大意义。红杉资本的迈克尔·莫里茨曾投资互联网繁荣时期最热门的公司之一：宠物用品网站Pets.com。2000年1月，Pets.com斥巨资购买了30秒超级碗插播广告，标题是"如果你现在离开我"。2000年11月7日，这则广告播出后仅过去282个日夜，Pets.com关闭，其资产被变现，这使"Pets.com"成为网络投机危险的代名词。

在经济萧条期间，fuckedcompany.com受到科技人士欢迎，这是科技杂志《快公司》（*Fast Company*）的讽刺版本。正如它的名字所暗示的，倒霉公司（Fucked Company）记录了当时的许多不幸。多名X.com员工记得，他们在这段时间每天浏览倒霉公司，不是出于幸灾乐祸，而是害怕自己可能成为下一个。

Confinity和X.com最终没有被硅谷抛弃，其中有很多因素，尤其是它有足够的储备度过坎坷的一年。"那时候，可能还有5到7家小型在线转账服务……随着时间的推移，它们逐渐缺氧，到秋天都倒闭了。"文斯·索利托说。

第十章 崩溃

前员工指出,这轮1亿美元融资的时机是贝宝的分水岭。"我认为人们不知道当时有多危险,"克莱门特说,"如果我们没有完成那一轮1亿美元融资,那就不会有贝宝。"马克·伍尔威进一步设想:"如果团队没有获得那1亿美元,那就不会有太空探索技术公司、领英和特斯拉。"

在反思这一切时,戴维·华莱士借鉴了神学。他说:"有一种感觉,如果我们一直尽力工作,似乎会生活得很幸福。我们确实进行了合并,在一切崩溃之前及时完成了融资……在基督教神学中,有一种个人努力与宿命论的对立,有时它们会相互排斥。但神学真正起作用的唯一方式是,你要把它看成这两者的结合。命中注定的事包括努力。"

* * *

蒂尔的末日预言还引发了一个不同寻常的要求。在为2000年夏季的董事会会议做准备时,蒂尔曾问马斯克,自己是否可以发起一个提议。马斯克同意了。"嗯,彼得有一个议程事项想谈谈。"马斯克说,然后把舞台交给蒂尔。

蒂尔开始发言。他说,市场还没有停止下跌。他预言情况将变得多么严重,对公司和全世界都是如此。许多人认为经济萧条只是短期调整,但蒂尔相信那些乐观主义者错了。在他看来,泡沫比任何人想象的都要大,甚至还没有真正开始破裂。

从X.com的角度来看,蒂尔的预测可能带来可怕影响。高资金消耗率意味着它需要继续融资。但如果,不,当泡沫真正破裂时,市场将进一步紧缩,资金将会枯竭,甚至对X.com也是如此。公司的资产负债表可能会降至零,没有筹资的余地。

蒂尔提出解决方案:公司应该拿出3月获得的1亿美元,转到他的对冲基金蒂尔资本，然后他将用这笔钱做空公开市场。"这是一个美妙的逻辑，"来自 Madison Dearborn Partners 的董事会成员蒂姆·赫德回忆道，"贝宝的一个特点是，他们不受现实世界中人们行为方式的束缚。"

董事会都惊呆了。董事会成员莫里茨、马洛伊和赫德一致反对。"彼得，我完全明白，"赫德回答，"但我们通过商业计划向投资人筹集资金。他们的文档里也有，上面说，'募集资金将用于一般公司用途'，以及发展业务等等，不是去投机指数。历史可能会证明你是对的，这会很了不起，但如果你错了，我们就会被起诉。"莫里茨的反应尤其令人难忘。据一名董事会成员回忆，莫里茨的反应极为夸张，他"简直疯了"，斥责蒂尔："彼得，这很简单，如果董事会批准这个想法，我就辞职！"

董事会成员马洛伊回忆说："莫里茨戏剧性的反应，是整件事中最精彩的时刻之一。"蒂尔对董事会的拒绝感到愤怒，并缺席接下来的几次会议以示抗议。他认为，面对即将到来的历史性市场崩溃，董事会目光短浅，如果应对得当，这次崩溃可能会带来意外之财。马洛伊说："形势正在变化，彼得一直很悲观，但他意识到形势正在变化，他肯定是对的。我们（投资）赚的钱会比在贝宝赚的更多。"

第十一章
酒吧政变

2000年6月，易贝留言板上出现了以下信息：

贝宝对我来说挺好用的。我也许会试试bidpay（在线拍卖支付服务网站）。我不打算用Billpoint了！我认为易贝卖家应该团结起来抵制Billpoint！

贝宝对买家和卖家来说都是很棒的服务！而且对双方都免费！我爱它！……我不明白为什么易贝上有人会选择Billpoint！

过去两个月我一直在用贝宝，感觉很棒。我有大约一半的买家现在在用它……我们的交易进行得很顺利。

像这样的反馈鼓励贝宝团队度过早期的混乱。"用户喜欢我们，"X.com工程师科林·卡兰回忆道，"我们每天会收到数百封电子邮件，发信人说，我们改变了他们的生活。"一直梦想经营自己事业的企业家，现在可以利用X.com的技术在易贝进行交易，将梦想变成现实。"我们实际上开发了解决实际问题的手段。"拉夫琴的高中朋友、现在公司担任质量工程师的吉姆·凯拉斯说。

但伴随赞美而来的还有不少投诉。在X.com和Confinity早期，解决这些问题是事后的补救办法。1999年10月刚推出贝宝时，Confinity团队成员可以直接通过电话来讨论用户的具体问题。整个冬天，公司不断发展壮大，员工戴维·华莱士独自负责整个Confinity的客户服务。

但到2000年初，这种状态难以为继。在2月的5天时间里，X.com就收到惊人的26 405个客服电话，大约每分钟7个。Confinity经历了类似的电话浪潮。"一天24小时，"里德·霍夫曼回忆说，"你可以随便拿起一台分机，跟愤怒的顾客交流。"

两家公司都忽略电子邮件，断开办公室电话线，甚至以禁用和更换团队成员的手机的方式作为应对。"华莱士探出头来，说他积压的电子邮件有10万封，"大卫·萨克斯想起当时的情景，"我们说：'等等，什么？也许你应该早点儿告诉我们。'"

* * *

对于将财务生活托付给Confinity和X.com的用户来说，平台故障会带来严重影响。一位X.com的早期用户飞到圣迭戈和女友共度周末。他在给整个X.com管理团队的电子邮件中详细写道："太平洋标准时间下午5：30左右，我们出发去机场前不久，我查看X.com账户余额，还有746.14美元。"飞机着陆后，他的X.com信用卡在租车行被拒绝，在附近的自动取款机被拒绝，然后在酒店也被拒绝。他从所在的酒店拨打X.com的服务电话，但在无休止的等待之后，他放弃了。

"值得注意的是，此时此刻，如果我是一个人旅行，"他在邮件中继续写道，"我会睡在机场的长椅上，没有车，没有酒店，也没有钱，而你们的'客户服务'部门甚至不能接电话，更不用说为我提供任何

第十一章　酒吧政变

帮助……我对与贵公司保持合作持保留意见。"

X.com 自己的员工也在为公司的产品发愁。2000 年 4 月，一名员工在星巴克消费 59.22 美元，借记卡两次出现问题。"我的借记卡被拒绝了两次，我们的客服代表告诉我，这是由于日终处理，"这名员工在给同事的言辞激烈的电子邮件中写道，"这一点儿都不好。"这位星巴克的顾客就是 X.com 的董事长兼创始人埃隆·马斯克。

一位客户被 X.com 收取透支费，然后在在线评论网站 Epinions 上表达不满，并表示"将联系联邦存款保险公司和总检察长办公室"。沮丧的客户联系了媒体、商业改进局以及美国联邦贸易委员会。

维维安·戈不得不处理商业改进局的投诉。"我收到法院指令，"她回忆道，"作为非美国人……我很害怕……圣何塞商业改进局的女士对我很有意见。她是个很难对付的女人。一想到'今天我得去见那个人'，我就头疼。"

有些顾客亲自动手。"人们以为我们劫持了他们的钱，"斯凯·李回忆说，"于是有人开着车，拿着枪，来到贝宝办公室要钱。所以当时我们必须认真考虑安全问题。"

质量保证经理迪翁·麦克雷记得，自己有一次出门时穿着贝宝 T 恤。麦克雷说："有人开始对我大喊大叫，因为他们无法完成贝宝的一些操作。这是一种非常超现实的体验，因为他们认为，既然你在那里工作，那么你就能帮他们做任何事，让他们的账户解冻，或者解释任何问题。"麦克雷之后一直在科技行业工作，她从中得到了终生的教训："直到今天，我都不会在家门之外穿印着公司商标的衣服。"

诚然，有些问题并不完全是公司的错。要想在租车行或星巴克使用 X.com 的金融卡，需要经过一系列复杂的步骤，其中任何一个环节有问题都可能导致失败。例如，在调查那位前往圣迭戈的信息技术专员的情况时，X.com 的领导发现，他的问题是由第三方借记卡处理系统的服务器维护造成的。

但不完善的客户服务将用户弃之不顾，对方无法区分是公司还是第三方服务的失误。如果出了什么问题，用户推断，一定是 X.com 的错。公司领导决定，客户服务必须放在首位。

* * *

起初，X.com 尝试了常规方法：将电话和投诉服务外包。X.com 与位于加州的公司签订合同，包括为伯班克的一个呼叫中心提供人员。但这些解决方案十分昂贵，而且往往无法解决用户的问题。"他们向我们收了很多钱，但是效果很糟糕。"马斯克说。

X.com 的朱莉·安德森着手寻找解决方案。安德森在全美各地寻找其他客服公司，包括爱达荷州博伊西的一家有希望的公司。然后她有了一个主意。"我不知道（它）是怎么产生的，"她回忆说，"但我想，'嗯，我可以教我的大家庭的所有成员，如何在家做客服'，因为我有一个大家庭。"

安德森想到了她的妹妹吉尔·哈里曼，对方住在内布拉斯加州。安德森相信，中西部人民特有的耐心可以为用户沸腾的不满情绪提供强有力的解药。马斯克看到了希望。"放手去干吧，"他记得自己对她说，"找一栋楼，然后就干。我们在 30 天内需要 100 人。"于是，安德森飞到内布拉斯加州的塞雷斯科，培训她的妹妹，而后者又培训了 14 个当地的朋友。

这次冒险行动代表着 X.com 向奥马哈迈出了第一步，随着时间的推移，它的影响力会越来越大。事实证明，第一批客服专员比他们在加州的前辈更有效——更快，更便宜，语言障碍更少。"他们很棒，是我们最好的客服。可靠、负责、勤奋，什么优点都有。"安德森回忆道。

由于这个前哨的早期成功，X.com 的领导层批准，迅速扩大内布

第十一章 酒吧政变

拉斯加州的业务，从4月17日的几十个客服代表增加到5月12日的161个。短短几周内，内布拉斯加州呼叫中心的员工数量就超过了帕洛阿尔托公司总部，并且业绩令人注目。到2000年5月12日，X.com可以在发给全公司的电子邮件中自豪地宣布："积压的电子邮件基本上被解决了。"公司还关闭了昂贵的伯班克客服业务。

那年夏天和接下来的几年里，X.com员工经常拜访奥马哈产品团队的成员，了解客服代表需要什么工具，公司高管与奥马哈高级经理建立关系，等等。安德森曾搬到奥马哈一段时间，帮助组建团队并精心设计客户服务流程。

奥马哈的员工也成为帕洛阿尔托总部和公司客户之间的纽带。贝宝在奥马哈的早期员工米歇尔·博内特记得，公司对客户的网站问题反应迅速，这给她留下了深刻印象。"我们发现系统出现故障，然后通知（帕洛阿尔托）……第二天就修好了。"作为公司面对客户的部门，博内特也记得应对愤怒客户的困难。"我们收到炸弹威胁。我们收到很多威胁，有书面的，也有口头的。"她回忆说。

艾米·罗·克莱门特记得，奥马哈的成功制造了帕洛阿尔托的盲区。"回头看，当我成长后，我意识到，我在客户支持方面做得不够，"克莱门特说，"因为这像是奥马哈的工作，对吧？当我成长了一些时，我意识到，哦，我需要坐飞机，我需要去奥马哈，因为那是我的工作。如果说奥马哈出了问题，那是因为我的团队没有做好工作。所以我们必须进一步融合。"

马斯克高度赞扬奥马哈呼叫中心的员工。"他们干得很好，太棒了！"马斯克回忆道，"成本低得多，客户满意度高得多。"6月2日星期五，马斯克前往奥马哈，参加内布拉斯加州公司第一家办事处的剪彩仪式。和他一起出席的还有部分帕洛阿尔托员工、奥马哈市长哈尔·多布和X.com的奥马哈团队，包括一位名叫安德烈·杜汉三世的客服代表，他把头发剃成X.com标志的形状，并染成蓝色，以纪念这个日子。这一举动为当地慈善机构儿童拯救协会筹集了资金。

X.com 选择奥马哈，不仅是因为安德森的家庭关系，也因为美国军方在该地区的部署。内布拉斯加州两边都受到半个大陆的保护，是战略空军司令部总部所在地，该军事司令部控制着全美大批核储备。冷战期间，内布拉斯加州的奥法特空军基地曾计划美国对苏联的核攻击实施"相互保证毁灭"。包括 X.com 在内的私人部门利用军方对该地区电信系统的投资，20 世纪 90 年代初，该地区建成全美首批光纤电缆网络之一。

这使得奥马哈非常适合建立西海岸支付初创公司的远程呼叫中心。贝宝的国际客服业务后来也在奥马哈发展壮大。奥马哈的客服代表走遍世界，培训新的客服代表，并在印度、都柏林和上海开设同类客服网点。随着时间的推移，奥马哈的种子团队扩大到数千人，规模是 X.com 帕洛阿尔托总部员工的好几倍。直到今天，贝宝仍然是该地区最大的雇主之一。

* * *

多年后，安德森回想起自己为公司解决客服问题时的昂扬斗志："我从来没有停下来想，这有用吗？这个问题在当时很少见。我考虑的是，我们能做什么？我们能多快做到？"

速度是有代价的，但公司愿意承担。设计师瑞恩·多纳休记得，他曾在一个周五下午破坏了某个关键的网站功能，当时支付量很大。他通知公司首席技术官拉夫琴，后者随即诊断出问题。"他回来了……他说，'恭喜你。你凭一己之力破坏了汇款能力，使公司损失了 150 万美元'。"多纳休慌了。"我以前从来没有犯过如此昂贵的错误，"多纳休回忆，"而拉夫琴说：'没关系。'他笑了起来。我当时想，'这太棒了'。"

第十一章　酒吧政变

马斯克和其他高层领导容忍失败，把它视为迭代的副作用。"我记得埃隆说过一句话：'如果你不能告诉我，在做对一件事之前你搞砸它的4种方式……那么你可能不是负责它的人。'"贾科莫·迪里戈利回忆说。

马斯克也表达了同样的观点。2003年，他在斯坦福大学的一次公开演讲中解释说："如果有两条路，我们必须做出选择，而其中一条并不明显比另一条更好，那么我们不会花大量时间，试图找出哪一条稍微好一点儿，我们会直接选择一条走下去。有时我们会错……但通常情况下，选择一条路并付诸行动，比在选择上无休止地摇摆不定要好。"

* * *

然而，在合并的另一方面，员工和高管都开始注意到，出现了更多的犹豫和更少的选择。即使是基本的问题似乎也无法得到解决。公司的企业电子邮件系统花了数月时间进行合并。发布的产品更少，部署的代码更少。"我只是去上班打卡，"一名员工说，"但我不知道应该做什么，也不知道我要向谁报告。"

这些延迟加剧了即将出现的新威胁：易贝的支付策略、新的竞争对手和狡猾的骗子。萨克斯回忆道："在这家公司，一事无成的两三个月是非常漫长的，因为在那之前的两三个月里，我们发布产品，打败竞争对手，合并公司，并完成了一轮融资。"

中高层管理人员已经习惯了小型非正式会议，特别是在Confinity。但在新成立的X.com，冗长的会议成为常态。"我们参加这些高管会议，房间里有20多人！"恼怒的萨克斯回忆道。

首席执行官比尔·哈里斯首当其冲地因发展放缓受到指责。一位高管回忆说："他一直没有解决合二为一的问题。"他指的是合并后的人员过剩。作为例子，有人指出，两家公司都有负责财务的高级领导，他们都叫戴维（雅克和约翰逊）。

哈里斯面对的不仅是新合并企业的复杂运营，还有由个性膨胀的人物组成的新合并团队。哈里斯笑着说，在高层的4个高管（拉夫琴、马斯克、蒂尔和他自己）中，"4个家伙，其中没有一个人的自信能装进一座大型体育馆。"哈里斯显然也是不懂技术的首席执行官。他自己承认，这在专注于工程的X.com有不小的挑战。

许多X.com高管尤其对哈里斯的一个决定感到不满：他推动终止X.com的注册奖金计划，并将Confinity的奖励从10美元减少到5美元。他指示公司发布对全体客户的公告，告诉用户，到3月15日，针对X.com原用户的奖励计划将结束；Confinity的贝宝老客户将继续获得奖励，但奖金只有之前的一半。如果客户问，为什么取消一个奖励计划，却保留另一个，官方的说法是："两家公司合并后，只运行一个推荐计划才合理。"

哈里斯削减奖励的决定源于他对公司成本曲线的担忧。"咱们还是止血吧。"哈里斯记得自己曾想。"我认为我们赢了，"他说，他指的是X.com合并后在支付市场的统治地位，"我们必须做的是停止支出。"

其他人则认为，这种信心来得太早，属于在公司仍处于不稳定时期的情况下，鲁莽地在增长时踩刹车。由于易贝用户仍然占据其客户群和支付金额中的大部分，X.com仍然受制于拍卖巨头。易贝的一个决定就可能摧毁X.com的业务，这是它亲身经历过的噩梦。作为2000年春季Billpoint推广活动的一部分，易贝宣布，如果将Billpoint作为付款选项，卖家就可以免费展示拍卖物品。在仅仅一个"免费上架日"之后，Billpoint在拍卖付款选项的占比就从1%变成10%。埃里克·杰克逊写道，达到这样的市场份额"贝宝花了一个月"。

团队中的许多人认为，这就是奖金如此重要的原因。X.com的口

第十一章　酒吧政变

袋里只有有限的子弹来吸引易贝顾客。除了少数超级粉丝，绝大多数拍卖卖家对品牌并不了解，支付服务像供水供电一般不起眼。虽然卖家很欣赏 X.com 和 Confinity 的贝宝的便利，但他们为这两项服务做广告，是因为 X.com 和 Confinity 付钱让他们宣传。许多团队成员认为，终止奖金就等于解雇了这支积极而高效的销售队伍。

即使过去了 20 年，终止激励措施的决定也让团队成员恼火，其中包括 Confinity 推荐计划的设计者之一卢克·诺塞克。"这是个错误。"他直截了当地说。尽管贝宝后来取得了成功，但诺塞克认为，如果保持奖金不变，这项服务可能会发展得更远更快。

* * *

一天深夜，在办公室，比尔·哈里斯注意到一名工程师比其他同事早回家。工程师说，他想看最喜欢的电视节目，之后再回到办公室。"但如果我有一台 TiVo 数字录像机，比尔，"这名工程师开玩笑说，"我可以把它设置好，然后留在这里工作。" TiVo 是当时很火的一种新产品，允许观众录制电视节目。几天后，这名工程师来到办公桌前，发现一台全新的 TiVo，这是比尔·哈里斯的心意。

在类似的例子中，哈里斯作为领导者的开放与 X.com 的其他领导形成可喜对比。在此期间，哈里斯还创建了临时组织结构图，并试图梳理积压的工程工作。他加快业务开发合作的步伐，并推动与一家名为 AllAdvantage 的网站达成协议，以扩大 X.com 的用户群。AllAdvantage 是一家在用户浏览网页时向其付费的网站。

X.com 的其他员工认为，哈里斯对此类合作的关注并不成功。他们认为，X.com 需要的是盈利策略，而不是新的增长策略。哈里斯打算终止的奖励计划，正在使这项服务以每天数万用户的速度飞速增长。开发协议起到一定作用，但核心问题仍然是，公司的盈利路线尚不明确。

在X.com，最初的计划是向用户推销一套庞大的非支付银行服务，这反过来会产生收入。与此同时，在Confinity，团队打算从贝宝账户余额中赚取利息，这一策略被称为"从备用金中赚钱"。但这两种计划都遭遇残酷的现实：X.com的其他银行服务并没有吸引到多少用户，而Confinity从"备用金"中获得的收入则微不足道。

使财务状况更糟糕的是，X.com还必须支付高额的交易费用。大多数X.com账户与客户的信用卡挂钩，要求X.com在每笔客户交易中向维萨、万事达和美国运通等信用卡公司支付费用。艾米·罗·克莱门特说："我们做的交易越多，损失的钱就越多。"

哈里斯并没有忽视成本的飙升和收入的匮乏，于是他建议将公司向汇款人收取固定费用作为解决方案，类似于通过银行发送汇票或电汇所收取的费用。蒂尔认为这个想法将是灾难性的。他认为，贝宝服务成功的部分原因是，相较于竞争对手收费的转账服务，它承诺免费提供。特别是许多易贝买家和卖家，他们使用贝宝来避免西联汇款的费用和麻烦。实行收费可能会将市场份额让给易贝的Billpoint，尤其是在易贝采取重大举措以赢回用户的时候。

通过对服务收费，X.com和Confinity也冒着激怒客户的风险。他们各自的电子邮件产品以公开免费的方式面世。Confinity的网站上写着"永久免费"，马斯克也大声宣布，X.com向各种额外收费宣战。双方都认为，一旦公司成功吸引了足够多的客户，收入问题就会得到解决。

出于这些原因，向用户收费的想法在当时被否决。公司高层的激烈讨论揭示了，哈里斯和其他高级经理在公司成本和收入策略上存在巨大分歧。更重要的是，X.com团队意识到，即使他们能够找到任一问题的答案，组织也已经变得过于混乱和迟缓，无法让任何解决方案发挥作用。随着成本持续上升，压力也越来越大，公司面临破裂的

第十一章 酒吧政变

危险。

***

彼得·蒂尔花了大量时间思考人的自由。在斯坦福大学，这个问题作为一种哲学探索出现；在他后来的人生中，它将转向政治层面。但在X.com任职期间，这个问题十分个人。

2000年5月5日星期五，刚过中午，蒂尔得到答案，并给全公司发了一封电子邮件，标题是"辞去执行副总裁一职"。

所有人：

从今天起，我辞去X.com执行副总裁一职。有3个主要原因促使我做出这个决定。

（1）我们从4个人（在贝宝）发展到300多人，建立了150万用户的客户群，并发展成为世界上领先的电子金融网站之一。这个增长过程令人兴奋，但在17个月夜以继日的工作之后，我已经筋疲力尽。

（2）在这个过程中，我们已经从早期计划阶段发展成实施全球统治计划的公司，基本愿景是为全世界建立金融运行系统，从而为全球商业提供基础。我更像预见者，而不是管理者。正是因为最初的愿景获得如此多关注，转型为管理和扩展X.com运营的团队变得更加关键。

（3）最近的1亿美元融资（投资前估值为5亿美元）代表投资人群体对X.com前景的明确肯定。现在似乎是我日常工作的自然结束点，也是移交给X.com首次公开募股负责人的好时机。

我打算作为X.com的战略顾问继续积极参与。如果你们有任何问题或顾虑，请随时与我联系。

就个人而言，我得到的成长和学到的东西，比我一生中的任何一年都多（可能除了从2岁到3岁那一年）。更重要的是，我与我们在X.com聚集的许多人建立了良好的关系和友谊。我相信，在未来的岁月中，这种情况还会继续。

非常感谢。

彼得·蒂尔

无论蒂尔给出什么理由，接近他的人都明白其中的潜台词：他对比尔·哈里斯感到失望。蒂尔反对哈里斯对贝宝用户收费的提议，也反对他用公司资金支付说客处理监管问题的决定，他认为这是浪费。随着时间的推移，两人的关系并没有改善。

蒂尔对在X.com工作的反对并不仅限于首席执行官。公司已经从几人发展到数百人，而蒂尔排斥扩大经营规模的要求。合并后，他被任命为X.com的"财务执行副总裁"，向哈里斯和马斯克汇报。在这种结构中，他有5个直接下属：首席财务官戴维·雅克，融资团队的马克·伍尔威、肯·豪威尔和杰克·塞尔比，以及公司尚未聘请的总法律顾问。从蒂尔的角度来看，这相当于5个下属和两个老板，太多了。

在2月底到3月底之间，蒂尔完成了这轮融资，既然X.com有了生存所需的资金，他觉得没有必要再待下去了。即使没有他担任运营职务，公司也会很好，更重要的是，如果没有高管生活的拖累，他会过得更好。

* * *

蒂尔的离开使许多Confinity的元老深感忧虑。"彼得的离开让我很不高兴。"萨克斯回忆道。蒂尔曾不顾同事的反对，聘用了他。

对马斯克来说，蒂尔的离开是关于首席执行官的另一个烦人的信

第十一章　酒吧政变

号。当然，马斯克对哈里斯的担忧始于蒂尔离开之前。他始终没有原谅哈里斯为了完成合并而牺牲公司的未来。"他拿枪指着我的头，我很不高兴，"马斯克回忆说，"那样做真混蛋。"

公司现状加剧了马斯克的沮丧。他不满地看到产品开发放缓，并反对哈里斯调整技术路线图的优先级。4月7日的一份文件概述了X.com的工程目标，在诸如"经纪""信用卡""共同基金"等功能之前，列出附加拍卖支付功能。马斯克仍然坚信，拍卖支付只是一块跳板。他总结说，通过降低这一愿景的优先级，哈里斯想"把公司带向不合理的战略方向"。

对首席执行官希望雇用更多商业和金融领域人士的想法，马斯克也感到惊诧。马斯克回忆道："他打算用这些老练的金融高管之类的人，来'驯服我们这帮狂妄小子'。我们说：'呃，这些老练的银行高管，和那些什么都干不了、竞争不过我们的人，是同一类人吗？这没有道理。'"马斯克相信，像蒂尔这样的"狂妄小子"（失去他让马斯克感到忧虑）最有机会创新并获胜。

* * *

到这时，马斯克也开始了解并喜欢大卫·萨克斯。两人都是来自南非的移民，都在工作中投入热情和活力，这令他们互相欣赏。"大卫和我相处融洽。"马斯克回忆说。

蒂尔离开后的那个星期，萨克斯、马斯克和马克·伍尔威在附近一家叫Antonio's Nut House的酒吧碰面喝一杯。这家酒吧是帕洛阿尔托的一个热门，最著名的是它取之不尽的免费花生，以及顾客脚下被丢弃的花生壳的爆裂声。

马斯克和萨克斯谈起各自对X.com产品的看法。马斯克回忆说："那真是一次很好的畅谈。"萨克斯提出一些初步想法，包括他认为，公司最终不仅可以在易贝处理支付，还可以在所有网上交易中进行。他预测，随着电子商务的扩张，其他网站将面临 X.com 在易贝解决的问题：实现廉价便捷的支付。

话题很快转到 X.com 的首席执行官身上。马斯克表示对哈里斯的强烈质疑，包括他对哈里斯焦土式合并策略挥之不去的厌恶。这让萨克斯感到意外。在那之前，许多 Confinity 元老都认为哈里斯和马斯克是一伙的。

萨克斯同意马斯克的观点，认为合并后的增长和开发速度已经放缓到危及公司前途的地步。哈里斯增加会议、形式和流程，都是以减少发布新功能为代价的。萨克斯也不同意减少客户激励的决定，他怀疑奖金支出是否像哈里斯认为的那样不可持续。在他看来，更大的风险是 X.com 会输掉易贝支付大战。此外，萨克斯认为，提高收入应该优先于削减奖金成本。马斯克表示同意。

在 Antonio's Nut House 的讨论揭示了萨克斯和马斯克之间的共识，而他们本以为彼此间会产生分歧。意外的团结促使他们立即采取行动。萨克斯和马斯克给 X.com 的其他员工打了几个电话，其中包括拉夫琴。他们很快赶到酒吧，听取消息并制订计划。

"那天晚上离开酒吧时，我们意识到大家对这件事的看法是一致的，"一名参与者说，"现在这样行不通。"那天晚上，聚集的员工开始密谋推翻他们的首席执行官。

* * *

这个计划很简单，考虑到哈里斯在合并谈判中的做法也很合适。反对者计划到公司董事会下最后通牒。如果哈里斯没有被解除首席执行官的职务，他们——马斯克、萨克斯、拉夫琴以及支持他们的普通员工——就会辞职。

第十一章 酒吧政变

反对者对胜算充满信心。他们当中有两人——拉夫琴和马斯克——列席董事会。同为董事会成员的蒂尔显然同意他们的观点，他们预计约翰·马洛伊会站在蒂尔和拉夫琴一边。这样只剩两位顽固派：迈克尔·莫里茨和蒂姆·赫德。但即使没有他们的同意，挑战者也拥有足够的支持票。

当晚，组织者给董事会成员蒂姆·赫德打电话。"他很震惊。"一名政变参与者回忆说。组织者原本希望，哈里斯面对反抗会直接辞职。但是哈里斯不打算默默离开。他事先得到消息，并准备了反攻方案，向董事会提交报告，让对方相信他对公司的未来有必胜的计划。

在董事会紧急会议上，"（哈里斯）试图说明……我们不知道自己在做什么，经验丰富的领导对公司的利益很有必要。"马斯克回忆道。据称，董事会不允许哈里斯说下去。投票结果正如预期，他们告诉哈里斯这样不行，他需要辞职。

从得票数来看，哈里斯根本没机会。董事会没有讨论他的计划，而是选择讨论他的辞职，接下来的步骤很快进行。就在蒂尔发出辞职信一周又20分钟后，马斯克向全公司发出以下通知。

嗨，伙计们：

作为一家企业，X真正进入了最激动人心的时期。

· 就用户流量而言，我们是网上排名第一的金融网站。日常使用我们网站的人，比使用世界上任何一家银行、经纪公司或其他金融网站的人都多得多，这是非常惊人的。

· 我们以创纪录的速度，成功地在奥马哈建立了500人的客服中心。

· 我们现在拥有超过170万用户，在易贝占有30%以上的市场份额。

· 《红鲱鱼》（*Red Herring*）杂志将我们列为全球最重要的50家

私营企业之一,《财富》杂志将我们列为美国前 25 家小型企业之一。

· 我们已经完成第二轮融资,以 5 亿美元的估值筹集了 1 亿美元。

然而,我们的快速发展需要更多关注、专注和迅速决策,以应对不断变化的互联网经济市场状况。正如你们许多人所知,比尔·哈里斯和我共同担任首席执行官。我们都认为,X 现在正处于十字路口,必须有单一明确的方向、愿景和目标。我们的董事会同意这一观点。

因此,董事会要求我全权担任首席执行官一职,任命立即生效。

感谢比尔在过去 6 个月为 X 提供的服务和领导,并祝愿他在未来的工作中取得成功。

对 X 来说,这将是一个不可思议的时刻。我们将继续构建商业模式,并扩大产品供应,成为互联网的金融操作系统。我期待与你们所有人一起努力,实现这一目标,真正改变世界。

如果你有任何问题,请随时在走廊拦住我或给我发邮件。

谢谢。

埃隆

对一些人来说,哈里斯的离开出人意料。在桑迪普·拉尔看来,这十分"惊人"。拉尔说:"这让人震惊,因为这让我接触到我当时认为——并且至今仍然认为——不是硅谷最道德的行为。"哈里斯在全公司举办了庆祝合并和完成 1 亿美元融资的派对,而当时反对他的行动正在进行,拉尔对此感到非常内疚。

对许多人来说,董事会政治完全是事后才知晓的。"最重要的是,无论 X.com 和比尔·哈里斯、彼得、埃隆等人之间发生什么矛盾,我都会每天来上班,享受每天的工作。我认为,这可能向那些人证明,那东西并没有渗透到我身上。我可以只做好自己的工作,"丹尼斯·阿普特卡说,"不管发生了什么,我往往是在一切结束后才听说。

第十一章　酒吧政变

哇，我们有了新的首席执行官。好吧，我回去工作了。"

作为哈里斯青睐的团队，业务开发部的一些成员很不高兴。"该死……你们搞了这场酒吧政变！"一位业务开发主管对萨克斯等人喊道。哈里斯离开后，这名主管的团队可能会缩小，他对此感到沮丧。他的嘲讽使这场起义成为"酒吧政变"，从此流传下来。

* * *

哈里斯离职时十分体面，在离开办公室时感谢了员工的付出。他回忆说，他对结果感到"失望"，但并不怨恨。在他看来，他作为首席执行官，马斯克作为公司主席兼联合创始人，两人在战略方向上存在分歧。"我认为我们的商业分歧是合理的，"哈里斯说，"如果这会成为驱动因素，那么它就是促成这一决定的正确因素。"

尽管任期很短，哈里斯还是取得了一些成就。他加盟 X.com 提升了该品牌的公众形象。他还像磁铁一样吸引人才，激励员工在混乱的合并后继续留在公司。

哈里斯还尽力为公司打造专业形象。他回忆说，有一段时间，X.com 忽视处理客户文件，然后不得不在监管机构来访之前匆忙处理，首席执行官亲自把碎纸片扔进垃圾桶。"我们当时还像兄弟会，而不是金融服务公司，"哈里斯回忆起他在 X.com 的早期时光。在众多举措中，哈里斯打开和重要政府机构的沟通渠道，这些关系在某些时刻帮到了公司。

然而，哈里斯的持久贡献是 X.com 和 Confinity 的合并。如果不是他不择手段地把拉夫琴和马斯克拉到谈判桌上，那么很有可能 Confinity 会耗尽资金，或者 X.com 会在易贝的竞争中落败，或者两者兼而有之。如果没有这场交易，贝宝今天可能就不会存在。

颇具讽刺意味的是，这笔传奇交易的达成也决定了哈里斯作为首席执行官的命运。自从他向马斯克发出最后通牒，两人再也没有顺利合作，即使他们在有关重大商业问题上达成一致意见。在合并后的这段时间里，马斯克还在随时准备接手，作为董事会主席，他的表现异常活跃。"我们有很多人曾经担任过首席执行官，或者自认为是首席执行官。"哈里斯微笑着说。

哈里斯的风格深思熟虑，以共识为导向，这在其他地方可能是优点，却损害了他在 X.com 的声誉。《财富》杂志在 2000 年底报道："内部人士透露，（哈里斯）建立许多组织架构，开了无数次会议，但几乎没有一次能达成任何决议。决策速度慢得像蜗牛。"批评者将合并后的士气低落归咎于他，一些人觉得，哈里斯已经完全对公司失去了信心。

更为温和的批评者则说，他只是被混乱、增长、资金消耗率、激烈的个性以及两个极其好胜团队的融合"压得喘不过气来"，无论谁接手这家尚未完成合并的公司，都可能对这团乱麻感到不知所措。在他们的叙述中，各方都应该受到指责，尤其是反对他的人。"他们让他负责看管年轻人。但这对这帮人来说是行不通的。"约翰·马洛伊说。

* * *

无论对错，这段插曲都强化了团队对"高管经验"的排斥。

这种想法后来会成为初创企业信奉的真理，但在当时，团队的这一判断与普遍看法相悖。按照标准操作程序，一旦互联网公司站稳脚跟，董事会就会安排一位经验丰富的首席执行官来掌舵：易贝的梅格·惠特曼、雅虎的蒂姆·库格和谷歌的埃里克·施密特只是几个引人注目的例子。即使是杰夫·贝佐斯控制下的亚马逊，也曾在 1999 年与一位名叫约瑟夫·加利的首席运营官有过短暂邂逅。加利本应作

第十一章　酒吧政变

为"成人监管"介入,在亚马逊工作了整整 13 个月,此后亚马逊就再也没有首席运营官了。

X.com 的领导人把比尔·哈里斯艰难的任期作为证据,证明这种"监管"不仅没有必要,而且会适得其反。对于每一个施密特式的成功,似乎都有一个约翰·斯卡利形成对比。史蒂夫·乔布斯下台后,百事公司前首席执行官斯卡利被任命领导苹果公司,结果喜忧参半。大卫·萨克斯回忆说:"我们看到苹果引进百事高管后发生了什么。我们看到网景引进吉姆·巴克斯代尔后发生了什么。我们发现自己正处于类似的轨迹上。"

马斯克也怀疑,是否需要单薄的成年人形象来鞭策年轻的公司:

创始人也许古怪善变,但这是一种创造性力量,他们应该来管理公司……如果某人是公司背后的创造性力量,或者是其中之一,至少他们知道该往哪个方向走。也许他们没有完美地驾驭这艘船,船可能有点儿飘忽不定,士气可能好坏参半,船的某些部分可能运转不太好,但是方向是正确的。也许你有一艘船,一切都安排妥当,全速前进,士气高涨,每个人都在欢呼,而它正驶向暗礁。

马斯克钦佩史蒂夫·乔布斯,并研究了他离开苹果的那段时间。"那艘船航行得非常好,"马斯克评价乔布斯离开和回归之间的间隙,"……正对着暗礁。"

大卫·萨克斯回忆道,这是"硅谷对自己的高管缺乏自信的一段时期",他说这种做法导致了灾难,"这可能是硅谷发生转变的时刻……从'斯卡利模式'转向'扎克伯格模式',也就是说,你和企业家一起成长,让他们继续经营公司"。

在批评者看来,这一切听起来可能有点儿自私:这帮年轻的创始人当然会痛斥"成人监管"。而且,就像几位备受瞩目的"成人监管"

失败了一样,对新手创始人极力支持的相反做法,在打造成功案例的同时,也带来同样多的灾难性失败。毕竟,在 2000 年中,许多刚从大学毕业的创始人兼首席执行官就把网络公司搞垮了。

但在当时,马斯克、萨克斯、蒂尔及其同僚对全面的案例研究不感兴趣。他们认为,在 X.com,他们没有看到首席执行官和公司一起成长,行动不够迅速,他们对他没有信心。"我想我们已经对他失去了信任。"马斯克总结道。

* * *

2000 年 5 月,就在埃隆·马斯克 29 岁生日前夕,他重新获得 X.com 首席执行官的头衔。"像是经过了淘汰,结果是我,"马斯克回忆说,"我没打算当首席执行官。感觉像是,'如果我不做,那谁做呢?好吧,彼得不在这里,所以,我想我将成为首席执行官'。"

这是对他在这一决定中所扮演角色的恰当(也许是轻描淡写)说明。马斯克成为首席执行官绝非偶然,也并非默认。蒂尔在合并后分道扬镳,马斯克继续努力解决 X.com 的问题。当觉得这些问题没有得到妥善解决时,他便领导大家推翻了首席执行官。

这艘船现在是他的了,随之而来的工作是驾驶 X.com 远离各种礁石。包括马斯克在内的许多参与者都会记得,接下来的几个月是他们人生中最艰难的时期。"这算不上中年危机,因为我们当时才 25 岁,"Confinity 联合创始人卢克·诺塞克说,"但我们当时很沮丧。"

第十一章 酒吧政变

第十二章

循规蹈矩

作为刚复职的首席执行官,马斯克迅速实施了变革。"他在很多方面重新调整了公司的重心。"马克·伍尔威回忆说。

2000年6月1日,在他上任后的第19天,马斯克引入重新设计的高管架构。现在,他的直接下属有7人:首席财务官戴维·雅克,高级财务副总裁戴维·约翰逊,客户服务和运营副总裁桑迪普·拉尔,高级产品副总裁大卫·萨克斯,现任业务发展和国际高级副总裁里德·霍夫曼,Confinity前工程副总裁杰米·坦普尔顿将再次领导工程团队,拉夫琴还是首席技术官,没有直接下属。值得注意的是,此次重组没有留下首席运营官或总裁的位置。

一周后,马斯克发布另一项任命。"我很高兴地宣布,彼得·蒂尔被任命为X.com董事会主席,"他在一封发给全公司的电子邮件中写道,"他还将在D轮融资中协助杰克(塞尔比)、马克(伍尔威)和肯(豪威尔),并担任公司的战略顾问。"蒂尔突然离开后休息了一段时间。他作为董事长回归,这让那些来自Confinity的X.com员工感到欣慰。

然而，其他许多普通员工对这些内部调整无动于衷。到目前为止，公司已经度过并购前的极度无序、并购本身的动荡以及并购后的全面混乱。对 Confinity 的员工来说，马斯克是他们几个月内的第三位首席执行官。高层的变动已经成为惯例，有太多工作要做，来不及强调谁是负责人。

几名低级和中级员工还描述，在工作环境中，领导将他们与公司高层的矛盾隔开。"我觉得自己受到很好的保护……"Confinity 早期工程师詹姆斯·霍根回忆起高管更替，"我享受到了无知的快乐。"

* * *

对于向大卫·萨克斯汇报的人来说，这次重组以及他的晋升意义重大。

马斯克的重组包括一个重要转变：工程主管现在将与产品经理作为分立、半独立的团队合作。在此之前，工程师更像是自由职业者，依靠个人能力、兴趣和公司需求来解决问题。但这可能会导致混乱。

萨克斯和马斯克希望，向半独立团队的转变会加快迭代速度。两人都发现了一个讨厌的初创企业怪象：随着 X.com 规模的扩大，它完成的实质性工作开始减少。他们远非首先发现这个悖论的人。1975 年，在互联网商业化的前几十年，作为 IBM 工程师以及北卡罗来纳大学教堂山分校计算机科学系创始人，弗里德里克·布鲁克斯博士在他的软件工程宝典《人月神话》(*The Mythical Man-Month*) 中探讨过这个难题。

布鲁克斯写道："一旦发现进度滞后，自然（和传统）的反应是增加人力。就像火上浇油，这会让事情变得更糟，糟得多。火越大就需要更多油，由此循环往复，最终以灾难告终。"布鲁克斯解释说，分配给一个项目的程序员越多，沟通渠道就越多。无论是让团队成员跟上进度还是建立人际关系，花在沟通上的时间都没有花在编码上。换句话说，两个脑袋未必比一个脑袋好。

这个问题的各种解决方案后来逐渐普及，通常打着"敏捷软件开发"的旗号，突出快速迭代和小型团队。但在2000年夏天，这样的资料很有限，X.com不得不随机应变。萨克斯打造小型的独立单元，例如，将X.com制作人保罗·马丁与设计师查德·赫尔利和工程师潘宇分别配对。作为团体，他们专注于一切与拍卖相关的问题。萨克斯和马斯克认为，小型单元将创新者从官僚主义的桎梏中解放出来。

团队结构的巨大变化伴随着较小的情绪变化。例如，对于工作涉及策略、分析和运营的产品职位，团队选择将其称为"制作人"，而不是更传统的"产品经理"。萨克斯解释说："'经理'一词已经有了某种负面含义。称他们为'产品经理'意味着他们的工作只是'管事情'，而不是'促成事情'。"

为了鼓励主人翁精神，X.com甚至给新员工分配了实质和敏感的任务。珍妮特·何辞去一家更大的金融公司的工作，加入X.com，担任量化市场分析师。刚入职几天，萨克斯就给她布置了一个研究问题：确定贝宝在易贝拍卖中的份额。她对这种主动接触感到惊讶：高层领导萨克斯不仅直接找到她这个才工作几天的员工，让她做分析（未经她的经理同意），而且他对电子表格而不是精致的演示文稿也很满意。

"我加入贝宝时，好像没有人告诉我该怎么工作，"珍妮特·何说，"他们直接把问题抛给我。一个问题接着一个问题。然后我就弄清楚该怎么回答了。整个公司……没有废话。"

本着同样的没有废话精神，萨克斯和马斯克禁止举行大型会议，萨克斯称这是"一种故意的策略，目的是破除银行文化，重新建立贝宝原先的初创企业文化"。一名员工记得，有一次，很多人聚集在一间会议室里，而萨克斯犀利的目光穿进窗户，他的意思十分明确。

***

在 X.com 的领导者看来，成长中的组织经常犯一个关键错误：员工的幸福感比产出更受重视。领导者担心 X.com 会落入同样的陷阱，为了避免这种情况，公司领导设定了一种急切的文化基调。他们为了速度而牺牲团结，必要时通过命令做出决定。"这不是思想的开放民主。"X.com 早期工程师、后来的耶尔普联合创始人杰里米·斯托普尔曼回忆说。

保证进度需要编写代码和推出产品，不遗余力，利用所有时间。X.com 领导层认为，这种方法可以使他们成功。但这也意味着员工需要不间断地工作。"我记得，参加面试时，我进来的时候看到人们的桌子下面有睡袋，我说，'哦，我绝不会在桌子下面睡觉'，"金-伊莱沙·普罗科特回忆道，"然而，在我参加第一批产品发行期间，当我迁移到新的信用卡处理器时，我就睡到桌子下面了。我想我工作了36个小时……事实上，我就睡在其中一间会议室里。"

X.com 的咖啡因摄入量堪称传奇。工程师道格·伊德以其高超的软件技术和办公室堆积如山的健怡可乐空罐而闻名。拉夫琴也喝了很多咖啡。后来，在接受美国公共广播公司（PBS）的一档短暂存在的节目 NerdTV 的采访时，他阐述了熬夜的好处。采访者罗伯特·克林吉利在上午10点前来到拉夫琴的办公室。拉夫琴整晚都在那里。

"你整晚都没睡。为什么？"克林吉利问道。

"我玩得很开心，当你玩得开心时就会这样，你就是不想停下来。"拉夫琴如实回答。然后，拉夫琴对凌晨的奇妙进行了详尽阐述。

我认为通宵理论有一些非常特别的地方……对工程师来说，夜间工作的生活方式肯定有特殊之处，特别是它真正打通了创造力或代码编写的脉络。人变得有点儿笨，但也可能更有创造力。他们会感到疲倦，在

第十二章 循规蹈矩

那段时间里，一些精神和同事友情会被唤醒。你做得更多，因为当别人做错事时，你不怕告诉他们"见鬼去吧"，互动也变得更有趣。

但我也认为，当你通宵工作，大概工作了七八个小时，马上就要做出成果的时候，你可以利用这个巨大的价值，再工作8个小时！与其停下来睡觉，让这些想法消失，不如专注于过去几个小时的发现，疯狂地取得更多成果。

基调是由高层决定的。工程师威廉·吴记得，马斯克希望周五晚上工作到很晚的员工能在周六早上回来。（后来，基于这一经历，在特斯拉首次公开募股后不久，威廉·吴就买入了该公司的股票。"工作狂对我这个员工没有好处，但我觉得，如果埃隆在特斯拉这么做，那么无论如何特斯拉都会成功。作为员工，与他共事十分痛苦，但作为他公司的投资人，这是一个明智的决定。"）

在质量保证部门工作的迪翁·麦克雷回忆起，这种强迫产生同伴压力，同时建立纽带。"你会在……（早上）9点半或10点上班。我们会一直待到不知道多晚，可能是10点，很容易就会超过10个小时，"她分享道，"有一种奇怪的同伴压力。如果你要走，大家会说：'你就要走了？你才来14个小时？你累了？'就是这样，但我们之间也有深厚的友谊。"

公司员工围绕怪异的午夜仪式聚在一起。在代码推送时大声播放胡椒盐女子团（Salt-N-Pepa）的歌曲《推动它》（*Push It*）。用高速聚氯乙烯喷枪对着外墙蒸化土豆。甚至是简单的耐力练习，比如比谁能在篮球上坐的时间最长而不掉下来。

许多员工描述过公司混乱的吸引力。"你会被吸进去。除非离开公司，否则你不可能置身事外，"奥克萨纳·伍顿回忆说，"例如，我们会开会，然后提出某个新目标，而每个人都完全投入实现目标的过程。"

* * *

贝宝文化的其他元素也让员工感到疲惫。例如,个人卫生标准差异很大。一位质量保证分析师回忆说,有一位工程师曾光脚伸到办公桌上,在众目睽睽之下擦掉脚指甲上的污渍。"你变得不为所动,因为你不能受到影响。"她回忆说。

残酷的高强度工作使婚姻和家庭不堪重负。一位员工记得,他不得不在周六和周日带着 8 个月大的女儿去办公室。"我记得大家都看着我,似乎在说:'这到底是什么?'我抱着女儿在 X.com 的走廊里走来走去,"他回忆道,"压力太大了。"公司的许多高层领导都没有孩子,周末会议安排得很随意。几位有孩子的 X.com 员工默默忍受着痛苦。

尽管时间的流逝已经冲淡了负面记忆,但许多人仍心有余悸地回忆起 X.com 工作场所日常充斥的敌意。尽管他们谈论的是共同对手和外部焦点,但公司被竞争撕裂,其激烈程度足以让乔治·R. R. 马丁汗颜。员工经常通过电子邮件互相求助,甚至技术辩论也显得异常激烈。

在一场关于公司借记卡 60 天批准期限的辩论中,团队成员相互发送言辞激烈的电子邮件。一名员工表示 60 天的要求"很重要",另一名员工反驳说:"我们理解你认为 60 天的要求很重要。我认为人们想要一个令人信服的解释。"另一位员工则回击说:"如果你愿意参加其中一些会议,你就会得到令人信服的理由。"

伴随着幕后的政治活动和诽谤,诸如此类的激烈斗争搅乱了公司。尽管 X.com 有各种优势,但也是在这里,一位同事曾就自动票据交换所传输、跨国转账限制和信用卡发行这些无聊的话题,用尖刻的语气总结了自己的想法:"你明白它们的区别吗?"

*　*　*

2000年春夏，如今人们熟知的贝宝产品逐渐成形。在这几个月里，X.com发布了贝宝的几个标志性基本功能，它们将使贝宝从病毒式传播产品变成切实可行的业务。

在宣布重组两周后，X.com推出了重新设计的贝宝网站，萨克斯为此向全公司发送电子邮件，称赞"许多人长时间工作，在较短的时间内使我们走到这一步"。网站推出新功能，旨在超越维萨、万事达和美国运通等大型信用卡公司。

自成立以来，X.com一直与信用卡公司保持着亦敌亦友的关系。对小额卖家来说，成为被认可的信用卡商户是一个烦琐、充满文书工作的过程，而X.com利用了这些困难。它为拍卖卖家提供虚拟的信用卡清算所，真正宣布他们是信誉良好的商家，并使千万人能够通过贝宝接受信用卡支付，而不是接受支票、现金或汇款单。"贝宝本质上是一个使高风险和低金额的商家在线接受信用卡的系统。"文斯·索利托说。

但是，用信用卡术语来说，扮演事实上的"易贝主商户"，给X.com的核心业务带来了另一个软肋：维萨和万事达为X.com的交易提供服务，并与之直接竞争。"它们应该在可以干掉我们时就这样做。我们太有竞争力，滥用了他们的系统，"托德·皮尔森回忆道，他是X.com的信用卡客户关系管理员之一，"很难为它们感到遗憾——这些垄断的大公司……但它们应该让我们关门。"

X.com对信用卡公司的依赖，再加上这些公司的高额交易费用，导致双方的联盟并不稳固。它还迫使几名团队成员与信用卡协会和发卡银行进行了多年的紧张外交。不止一位贝宝成员称赞，员工托德·皮尔森、阿莉莎·卡茨莱特及其团队"拯救了公司"，阻止了维萨和万事达等公司的打击。

信用卡问题还推动了一项战略任务：公司必须鼓励用户将贝宝账户连接到银行，而不是信用卡。这个问题上升到公司的最高层，包括董事会。董事会成员蒂姆·赫德表示："我称其为'对信用卡资金的战争'。我对它念念不忘。"

* * *

马斯克打造金融服务帝国的宏伟愿景提供了一个解决方案。团队意识到，如果有足够多的客户在 X.com 账户中存有资金，那么公司就可以在用户之间免费转账。马斯克解释道："内部交易……成本微不足道，基本上为零。因此你要保持平衡。"

为此，马斯克开发了 X.com 更庞大的"X 金融"产品组合，包括储蓄和经纪账户。为了让用户把钱转到平台上，公司为其储蓄账户设定了 5% 的利率，在美国处于最高水平。萨克斯说："我们返还（储蓄账户）100% 的利润。我们不打算赚钱……试图激励人们把钱存在他们的账户里。"

这个过程也产生了一些反直觉的见解。例如，公司发现，从账户向外转账越简单，用户投入的钱就越多。因此，马斯克坚持要求公司继续发放借记卡甚至支票。"如果你为了生活，被迫把钱从贝宝转出，"他说，"你就会这样做。所以如果你必须写支票，而贝宝不让你从贝宝账户写支票……你就得把钱转到支票账户。"（在谈到现在贝宝没有支票时，马斯克重新对这个问题产生了兴趣："那就给他们支票吧！老天爷，你们这些人怎么了！"）

马斯克将公司的目标视为用户所有财富的积累，而不仅仅是进行所有交易。"谁能在系统中保留最多的钱，谁就是赢家，"马斯克解释说，"填满这个系统，最终，贝宝就会留下所有的钱，因为何必要费力把钱转到其他地方呢？"当然，马斯克说到做到，在平台上存下了

第十二章　循规蹈矩

自己的百万财富。

但是普通用户并不打算跟随他的脚步，这无疑是一块绊脚石。X.com用户已经有线下银行的支票账户和储蓄账户。对大多数人来说，在X.com整合这些资金所带来的麻烦，不值得贪图利率上升的几个百分点。

退而求其次的选择是，X.com将其交易基础从信用卡资金交易转到银行账户资金交易。每笔信用卡支付都要花费公司至少2%的费用，通过用户的银行账户进行同样的交易只需花费几美分。如果更多用户将银行账户与贝宝绑定，X.com将节省数百万美元，并在与维萨、万事达等公司的竞争中占据优势。

要做到这一点，X.com需要使用一种银行基础设施，它称为自动票据交换所。它是一个有着几十年历史的系统，可以将重复、可预测的支付数字化，如工资支票和账单。没有了纸张和邮资的成本，每笔付款的管理成本只有邮寄支票的一半。到1994年中，1/3的美国人通过自动票据交换所，以电子方式收到工资支票。

如果X.com能够通过贝宝支付实现这一点，将交易与自动票据交换所系统连接，公司就可以减少对昂贵信用卡的依赖。但是进入银行账户有其自身的风险，其中一些X.com网站已经经历过——2000年1月的负面新闻轰炸就是由松弛的银行账户安全措施造成的。

为了使自动票据交换所成为X.com支付的可靠支柱，公司需要验证银行账户所有权，这肯定很麻烦。"问题是，如果没有某种签名卡，你如何认证银行账户？"马斯克解释道，"基本上，如果没有高成本的现场验证，我们就会像蜗牛一样发展，非常慢。除非有办法验证银行账户，否则我们就完蛋了。"

*　*　*

X.com的验证过程成为该公司对数字金融机制的一项长期贡献。

它来自一本书、一趟出门买咖啡的过程，以及一位 X.com 团队成员对信号和噪声的突破性见解。

桑杰·巴尔加瓦曾在花旗银行的国际支付部门工作过十多年，之后加入 X.com。在花旗工作时，他很早就得出结论，电子邮件地址可以成为一种向国外汇款的方式，既强大又轻巧，就像一种通用的金融护照。

当他推荐跨境电子邮件支付业务时，花旗银行的老板反应平淡。"他们有点儿喜欢，"他回忆说，"但后来有人说，'我们为什么要成为创新者？它会影响我们的生意'。"花旗银行从传统资金转移业务中获利颇丰，电子邮件支付将威胁到这些利润。

巴尔加瓦离开花旗银行，独自践行这一理念。1999 年初，他与人合伙创立了一家名为 ZipPay 的公司。之后，巴尔加瓦被赶出公司，当时他 42 岁。他打算重返成功的银行工作。

但巴尔加瓦对 ZipPay 的推广让他遇到各路风险投资家，包括红杉资本的迈克尔·莫里茨，他们对他另有打算。那是 1999 年 8 月，X.com 的管理团队刚刚离职。马斯克正在招聘，在莫里茨的敦促下，他打电话给巴尔加瓦，要求与他见面。"我说，'好吧，下次我到硅谷，我们再见面'，"巴尔加瓦回忆道，"马斯克说：'不，不，我给你买张票，你必须马上过来。'"

他们原本计划会面 10 分钟，之后变成在附近一家名为 Taxi's Hamburgers 的汉堡店共进晚餐。"我们大约在晚上 8 点见面，一直聊到凌晨 4 点，"巴尔加瓦回忆道，"然后埃隆让我早上 7 点来领录用通知。"

巴尔加瓦回忆起 X.com 的早期，每周工作上百个小时，以及重视速度胜过计划的文化。"科林、埃隆和我构思问题，直到凌晨两三点。我记得有一次我对科林说：'哦，我得把这个写下来。'他说：'不，我们说，我来构建，我们就这样把它弄好。'"巴尔加瓦说。

第十二章　循规蹈矩

他发现，X.com 相对大银行是一个可喜的转变，尽管它也有自己的问题。当团队开始将银行账户与 X.com 的用户账户绑定时，巴尔加瓦主张采取强大的安全和验证措施，这挑战了 X.com 先发布产品、后修复问题的风格。"你不能这样做，"巴尔加瓦争辩道，"因为人们会输入别人的账户信息。"马斯克否决了巴尔加瓦的意见，认为复杂的安全程序会阻碍账户增长。"埃隆认为人们一般都是诚实的。"巴尔加瓦回忆道。

马斯克的决定突破了巴尔加瓦（通常充足的）耐心的极限。他回忆说："事实上，我因为那件事大发雷霆。然后我想：好吧，为什么我要这样反应过度呢？"如果他的估计是正确的，公司很快就会遭到诈骗；如果不对，大家可以继续前进。"果然，10 天内，我们就有了那些报告。"巴尔加瓦说。他指的是第一次关于未经授权账户活动的报告。

在银行账户争执之后，X.com 迅速采用笨拙、传统的验证方法——用户必须邮寄作废支票来确认银行账户的所有权。后来，X.com 网站用传真代替邮寄支票，但效果甚微。"有时你几乎看不清这些传真过来的支票。"巴尔加瓦回忆道。

这段经历让巴尔加瓦思考复杂系统的安全性和身份验证。2000 年早些时候，巴尔加瓦读过计算机安全架构师布鲁斯·施奈尔的《网络信息安全的真相》。这是一本信息技术领域的畅销书，书中对密码学、黑客技术以及信号和噪声的概念进行了通俗清晰的解释。

信号是发送者希望传递给接收者的有意义的信息，例如收音机里的一首歌。噪声是任何干扰信息传递的东西，也就是使歌曲失真的静电噪声。巴尔加瓦意识到，X.com 需要一种比作废支票或难以辨认的传真更清楚、更快的信号，来确认银行账户的所有者。

银行已经使用了这样的信号：4 位数的自动取款机身份识别码以确认借记卡的所有权。X.com 需要类似的东西，一个像自动取款机码一样简单的信号。

于是,巴尔加瓦有了一个想法:如果 X.com 也能创造出自己的一次性身份识别码呢?具体来说,公司可以向用户的银行账户发送两笔低于 1 美元的随机存款,生成 4 位数字密码。例如,用户如果收到 0.35 美元和 0.07 美元,就可以在贝宝网站上输入代码"3507"。输入成功后,一次性代码确认银行账户访问,不需要模糊的传真或慢吞吞的邮寄支票。

巴尔加瓦把这个想法归档,便上床睡觉了。第二天早上,他和同事托德·皮尔森像往常一样出去喝咖啡。两人有很多共同点:他们都在合并前加入 X.com,都是持怀疑态度的金融业老将,也都是父亲,最后一点在年轻的 X.com 团队中十分罕见。

散步时,巴尔加瓦解释了他的想法,用两笔随机存款来验证银行账户的所有权。皮尔森的反应是:"这太棒了。你真是个天才!"巴尔加瓦的提议也引起团队其他成员的共鸣,大家迅速动手,使其成为现实。

由于存在随机存款和公司连接银行账户的其他策略,产品团队要做的工作很有挑战性。对电子商务早期的许多用户来说,甚至输入信用卡号码都是一件麻烦事。公司现在需要帮助用户输入银行代码和支票账户账号,包括更多数字和两倍的字段。

"所有的支票设计也都是不同的,"斯凯·李回忆说,"所以我们必须考虑用户体验,并弄清楚,'没有这些东西,我们如何向用户解释这个复杂的问题'?"公司设计师将支票截图,在相关数字上画圈,并在网站上显示,作为视觉辅助。这一创新图像经受住了时间的考验:设计师瑞恩·多纳休记得,公司原创的支票图像多年来在网上广为流传,在其他网站上也可以看到相同的虚拟账号。

X.com 将桑杰·巴尔加瓦的随机存款确认功能与奖金挂钩。现在,新用户为了获得注册奖金,必须将银行账户与贝宝绑定,并确认两笔存款。这种改变加上其他产品，带来了巨大的回报。到 6 月底，1/3 的新用户都在 X.com 注册了银行账户。

随着时间的推移，X.com 采取更多措施来鼓励银行账户关联，包括在 2000 年 7 月推出的 1 万美元抽奖活动，以及专门为采用银行账户客户定制的功能。一旦验证了更多的银行账户，公司还采用熟悉的策略，将默认设置转换为对其有利的选项：对于同时关联信用卡和银行账户的贝宝用户，公司一度自动切换为使用银行资金支付。这个转换有风险，但对调整公司的成本曲线至关重要。

这些举措帮助 X.com 摆脱了维萨和万事达卡支持的支付方式，降低了繁重的交易费用，减少了相关商业风险，并在行业中留下持久的印记。例如，桑杰·巴尔加瓦的创新经久不衰：如今，随机存款在银行业很常见。

马斯克毫不保留地称赞随机存款："这是一个关键性的突破。"大卫·萨克斯在发布公告中描述了这个创意的简洁，称其为"一个你希望自己能想到的创意，就像魔术贴那样"。

* * *

新的验证系统旨在打击欺诈，而用户的诚实程度令人惊讶。随着该机制的推出，一些用户觉得有必要通过传统邮件退回公司的随机存款。

塞满零钱的信封如洪水般涌来，这使行政人员头痛不已。"作为一家合法的金融机构，我们按要求将这些资金存入他们的账户，"负责打开信封的年轻新人丹尼尔·陈说，"所以我会手动记入他们的账户……然后开车到硅谷银行，把钱真正存进去。"

工作之余，丹尼尔·陈一直在练习变魔术，在儿童活动上表演，并在办公室为同事表演魔术。他表示："我在硅谷为孩子办生日派对赚的钱比在贝宝挣的还多。"在把能拿走的所有硬币都存入 X.com 的客户账户后，他辞职了，继而过上成功的职业魔术师的生活。当然，他的表演包括让硬币在观众眼前消失。

* * *

随机存款验证降低了一些风险，但另一个阴影仍然笼罩着 X.com：易贝。

从某种意义上说，X.com 在易贝的主导地位代表着某种胜利——X.com 相当于管着别人商店的一部分收银机。但这也存在风险：到 6 月中旬，X.com 的绝大多数交易都来自易贝，X.com 的领导担心，易贝可能会随时没收其收银机。公司需要迅速降低易贝的影响。

Confinity 刚发现易贝用户对自己产品的热爱时，设计师瑞恩·多纳休与大卫·萨克斯曾共同改进拍卖支付机制。它的早期版本包括两个步骤：首先，用户点击贝宝按钮；然后输入交易金额并点击支付。多纳休想到，可以直接把第二步合并到第一步：如果用户输入金额并点击按钮，下一页就可以自动填入总额并确认付款。

这种改变看起来奇特有趣、显而易见，甚至微不足道，但它在交易中节省了宝贵的时间。在大卫·萨克斯看来，任何多余操作都应该被删掉。他相信，微小而省时的改进会使产品更有黏性，即时满足将赢得缺乏耐心的用户。

这些对支付设计的改进产生了一个推论：如果按钮是核心产品呢？如果小小的按钮可以帮助贝宝成为网上的默认支付系统呢？萨克斯解释说，团队开始构想"一整套嵌入式按钮，如果有人在你的网站上，他就可以点击并付款给你"。

按钮？这个想法听起来很可笑，但它的意义十分重大。从战略上讲，聚焦按钮使公司进入一个几乎没有竞争对手的领域。诚然，模仿者可以把资金和电子邮件结合起来。他们可以在潜在用户身上挥霍奖金，也会争夺拍卖市场。但他们还需要一段时间才会盯上按钮。

一键搞定所有人的方法也解决了网络商家的一个真正问题。从 20 世纪 90 年代末到 21 世纪初，电子商务发展迅速，新一批规模较小的网上商家面临老问题：如何安全快速地把钱从 A 点转到 B 点。

颇具讽刺意味的是，X.com 是最初在易贝发现独立的电子商务从业者的增长的。作为易贝的招牌用户和大部分拍卖的发起者，超级卖家逐渐离开易贝。萨克斯回忆说："易贝卖家一旦获得足够的发展，就会创建自己的电子商务网站，然后在上面销售。"团队还发现一个市场信号：那些新的独立卖家经常使用贝宝。

令易贝懊恼的是，X.com 为这场反抗推波助澜。萨克斯说："易贝对贝宝非常担心的一点是，我们让他们的卖家离开易贝。"X.com 甚至复制了易贝的某些核心功能，提供给这些单飞卖家，例如，复制易贝的信誉系统，并将其整合到贝宝中。按钮的改进会进一步助长反叛。这也让人想起公司的起源：按钮大小的调整使易贝用户求助于 Confinity，提示他们在拍卖中使用贝宝。

按钮在当时是一种突破，而萨克斯等人相信，按钮还可以推动公司未来的增长。多纳休记得，团队最初对按钮套件的期望并不高。"就像说，'哦，天哪，有那么多乐队可能都想卖他们的 T 恤和唱片'。我很高兴能够面向进行一二十美元交易的人，"他说，"任何非技术人员都可以使网页支持付款，这在我看来简直太酷了，太朋克了。"

* * *

甚至在 1999 年底合并之前，大卫·萨克斯就已经写下一款按钮产品的早期构想。随着时间的推移，这份产品规范吸收了团队成员的无数想法，并包含许多推动贝宝在网上普及的概念。在许多方面，该文档成为当今贝宝的原始文本。

鉴于马斯克对"X"品牌的热爱，团队最初将按钮产品称为"X 点击"，但后来更名为 Web Accept。它的前身是贝宝一项名为 Money Request 的功能，该功能允许用户通过电子邮件发送个人的资金请求，邮件包含贝宝页面的链接。X 点击获取并复制这个功能，"允许贝宝用户在自己的网站、个人主页、拍卖列表或其他网址上粘贴收款请求链接……最终形成覆盖整个网络的单次点击支付系统"。

产品规范也为 X 点击提供了一个商业案例。它将促进贝宝的病毒式传播，将其产品带到世界各地的网站，并扩大贝宝的网络效应。其他"紧密整合的支付竞争对手，如易贝/Billpoint、雅虎/dotbank 和亚马逊 1-Click/zShops"将继续专注本地支付，从而错过贝宝在网络上的推广。

该文件提出了人们熟知的上市时间。"速度至关重要，原因有三"。该规范指出：

1. 产品固有的网络效应意味着，先发者将拥有巨大优势。我们占有市场的每一天都是不可替代的机会，可以取得无与伦比的领先地位。

2. 为了首次公开募股，公司需要提供至少最近 6 个月的收入记录。X 点击可以立即带来收入。

3. 在匹配基本点对点功能方面，雅虎、易贝和亚马逊等竞争对手步步紧逼。我们需要 X 点击，以对抗他们优秀的分布和整合能力。

团队的目标是在 6 月 1 日推出一款试运行产品，该产品的开发将由萨克斯亲自推动。2000 年初开发 X 点击暗示贝宝将脱离易贝，这给了团队一片新天地去开辟。艾米·罗·克莱门特说："它描绘了贝宝如何真正普及网络的愿景。"

＊＊＊

X.com 的重组、X 点击的开发以及随机存款的突破，都与另一场关键变革同时发生：2000 年夏天，公司首次推出收费制度。

X.com 知道收费不可避免。团队就正确的行动方案展开深入辩论。公司应向付款方还是收款方收费？X.com 如何让用户接受公司放弃了"永远免费"的承诺？如果 X.com 对服务收费，易贝的 Billpoint 难道不会乘虚而入吗？"就是这样，"拉尔说，"这将决定客户是否会继续支持我们。"马斯克概括了公司的难题："我们必须有一种方法来产生收入，又不会破坏用户增长。"

正确答案存在于用户行为和金融建模的模糊交叉点。团队从 X.com 产品和竞争对手系统的用户行为中学习，包括它的易贝对手 Billpoint。Billpoint 的费用结构包括固定费用和支付金额的百分比，这激怒了易贝用户。

诚然，这种抱怨与易贝的起源有部分关系。易贝当时的律师罗伯特·切斯纳特表示："易贝起源于非常混乱的卖家社区，他们必须自己解决付款问题，因为易贝不提供这种服务。所以我认为，设立支付公司的想法并没有得到普遍接受。顺便说一下，易贝可以从中赚钱，因为 Billpoint 收费。卖家不接受是因为他们不想再付额外的费用，他们已经向易贝支付了费用。"

X.com 还意识到，对汇款人全面收费将敲响自己的丧钟。没有人愿意为汇款付费，用户只会转向更便宜的选择，向收款方收费，而不是向付款方。相比之下，一种精选的部分收费结构可能行得通，尤其是在与值得花钱的东西绑定，并瞄准正确的受众时。

因此，团队决定通过创建一类高级产品进行收费，这些产品将提供比标准免费账户更多的功能。根据用户是企业还是个人，这些账户将被称为"企业"或"高级"账户。关键是，用户可以选择为高级功能付费，或者继续使用免费服务。

在关于付费账户的公告中，公司宣传了3个不大不小的功能：（1）企业可以以公司或集团名称注册（仅限"企业"账户）；（2）24小时客服专线；（3）每天将账户余额自动归入银行账户。虽然优点不多，但公司承诺将会有更多福利。

X.com最初将对收款金额收取1.9%的费用，不收取额外的固定费用，相较于其主要竞争对手，这很便宜。公司在公告中宣称，其定价"不到其他支付服务价格的一半（例如，Billpoint的起价为3.5%，每笔交易另加0.35美元）"。X.com了解它的受众：明显低于Billpoint的费率吸引了对价格敏感的易贝超级卖家。

在此期间的一次会议上，马斯克承认对以前免费的产品收费有风险。"在那次会议上，（马斯克）说，'我们会收费，我们会定价。这就像掷骰子，是一场赌博。但事实就是这样，这就像赌博'——我记得他用过这个词——'1亿美元'。"拉尔回忆说。

公司明确表示用户有选择权。"任何人都不会被强制升级为企业/高级账户"，产品公告用粗体字声明。换句话说，如果你喜欢免费的贝宝账户，可以保留它。

但是，如果用户可以保留免费账户，还有人会注册好处有限的可选服务吗？在发布的当天下午5点，团队得到了答案：尽管只向部分用户发送公告，但已经有1 300个账户开户。基于这一成果，付费产品向所有用户群推送。一周后的6月19日，公司已经获得9 000名高级客户。那天，付费用户带来了1 000美元的费用；第二天，这个数字是之前的一倍多，达到2 680美元。

"一旦我们有了（付费账户），这至少成为一种收入方式，有人付钱给我们成为可能，"戴维·华莱士回忆道，"有人正从某些高级功能中受益。最主要的是，我们现在开发的任何新高级功能都有了去处，可以吸引人们为其付费……从概念上讲，它将我们从只关注'免费用

第十二章　循规蹈矩

户'转向吸引'付费用户'。"

考虑到夏天的激烈事件,付费账户的推出并没有带来全公司范围内的庆祝,也没有引起世界的关注。但随着付费账户站稳脚跟,公司实现了同时代许多其他网络公司无法实现的目标:它的网站在赚钱,而不仅仅是花钱。

* * *

马斯克重新获得首席执行官的头衔后,向全公司发送了他2000年5月的董事会报告,其中包括一张标题为"主要行动"的幻灯片,上面概述了最紧迫的任务。"如果我们实现这些目标,"他在给整个团队的补充说明中写道,"我相信我们将势不可当。"

马斯克有充分的理由保持信心。到2000年夏末,公司再次推出新产品。在大卫·萨克斯关于网站调整的通知发布6周后,朱莉·安德森宣布X点击正式上线,这是第一次在非易贝网站推出X.com服务。X.com还统一了自己的品牌。公司宣布:"用户在浏览器输入www.PayPal.com后,将转到www.X.com。"

X.com做出这些重要改变后引起世界的关注。威比奖竞赛是互联网界的奥斯卡奖,X.com在其中获得"人民之声奖",并被科技出版物《红鲱鱼》评为100强数字公司。根据PC Data Online(美国数据统计机构)统计,X.com连续4周成为网上访问量最大的财经网站。锦上添花的是,《财富》杂志把X.com评为美国最热门的新企业之一。

业内人士开始关注这家行业新贵。美国银行家协会组织了一次社区银行家圆桌讨论,会上出现X.com的主题。

安德鲁·特雷纳:X.com最近与在线电子邮件支付服务贝宝合并。

疯狂创新者

合并后的公司采用完全不同的营销方式。他们没有花大笔金钱来推广银行，而是向每个客户支付 20 美元来开设一个账户。然后，他们将为每一次推荐向客户支付费用，有一定上限。目前，他们有 150 万客户。

他们这么做的原因是，首席执行官埃隆·马斯克当年 27 岁，来自加州帕洛阿尔托。他表示，他们将获取客户，然后像土地开发商一样，通过收费、贷款等方式开发客户。

亨利·拉迪克斯：在某种程度上，银行已经这样做了。我们已经获得客户，现在需要开发客户关系。我们不用付给每个人 20 美元。也许我们给过，只是不知道。

大卫·贝托：X.com 模式是一个严重威胁。只要别人的电子邮件地址注册了贝宝服务，你就可以给他汇款。我有一群朋友从事网上拍卖，他们每个人都注册了贝宝。

他们要夺走我们的支付系统。他们会让人们沉迷其中，而且很快就可以收费了。比如，一个月花 6 美元进行支付值得吗？银行家过去想知道，能否通过一次透支收取 25 美元，但我们都收，人们也给。

最重要的是，公司的用户基础正在扩大，每天仍有超过 1 万个新账户开设。6 月 1 日，埃里克·杰克逊在给团队的最新消息中写道："昨天，X.com 的账户数量突破了 200 万大关，其中贝宝账户数量达到 1 738 989 个，X 金融账户数量达到 267 621 个。"

和以往一样，公司的"病毒式"战略推动了增长。病毒首先感染易贝，而且没有迹象表明它会停止传播。4 月，X.com 估计其服务出现在易贝 20% 的拍卖中；到 6 月底，这个数字达到 40%，有 200 万个拍卖品使用 X.com 产品。相比之下，易贝的内部支付平台 Billpoint 仅为 9% 的拍卖提供服务。"X.com 在拍卖领域迅猛发展，这对各地的邮政从业者来说不是好兆头，"《每周 X 通讯》（*Weekly eXpert*）吹嘘

第十二章　循规蹈矩

道,"个人支票正在成为濒危物种。"

重要的是,用户增长不再与客户服务相冲突。奥马哈团队已经完全清除了积压的投诉,追踪公众意见的网站始终将 PayPal.com 和 X.com 放在客户服务排行榜前列,这与仅仅两个月前的情况真是天壤之别。

甚至美国政府也开始欣赏 X.com。公司的账户审核部曾协助美国联邦调查局,打击芝加哥一个涉案金额达数百万美元的有组织犯罪集团。现在,公司与美国特勤局、邮政部门的调查人员和当地执法部门经常联系。

* * *

在内部,团队也着手进行整合。2000 年 6 月,X.com 正式搬进安巴卡德罗大道 1840 号的新办公地点。"从大学大道搬到 1840 号有点儿令人震惊,前者混乱不堪,有拥挤的隔间、辐射、奇怪的气味和易坏的空调,后者干净、有序、宽敞,还配备免费的自动贩卖机和电子游戏……"公司通讯指出。

那个夏天甚至带来了些许不屑和友情。公司预定于 7 月 14 日放映新《X 战警》电影,地点是山景城的世纪电影院 16 号厅。X.com 的塔梅卡·卡尔组织了这次活动,她"甚至成功地抵挡了史蒂夫·乔布斯的影响,乔布斯提出以双倍的价格预订放映",公司通讯表示。电影院已经与 X.com 签订合同,便拒绝了乔布斯,让这位苹果联合创始人遭遇罕见的谈判失败。团队成员到达电影院时都穿着 X.com 的 T 恤。

除了电影之夜,X.com 还举办了一场夏至庆典,据说十分疯狂。"我们的董事长彼得·蒂尔虽然能跳上舞池,但无法与麦克斯·拉夫琴的劈叉舞相媲美。"公司通讯挖苦道。团队为首席执行官埃隆·马斯克举办 29 岁生日派对,让他大吃一惊。马斯克"在妻子贾丝廷的带领下,来到当地一家名为 Fanny & Alexander 的社交场所,表面上是去见几个朋友并共进晚餐。然而,当他到达 Fanny & Alexander 的露台时,受到了 40 多名员工的欢迎,他们准备和他一起彻夜狂饮……埃隆甚至被说服喝了一些龙舌兰酒……"几周后,公司为拉夫琴的 25 岁生日举办了一场烧烤会,其中还包括一场激动人心的篮球比赛。

这些生活点滴的最新消息来自《每周 X 通讯》,这是一份记录公司新闻、庆祝员工生日和介绍新员工的刊物。这样一份刊物的存在足以证明公司的成熟。此时,X.com 的员工已经膨胀到数百人,楼下面包店刚出炉的面包再也不够吃了。那年 8 月,一次 X.com 团队全体会议甚至不得不分成两场,姓氏首字母 A 到 Kn 的员工参加上午 10 点的会议,Ko 到 Z 的参加 11 点的会议。"没错,"公司通讯惊叹,"我们已经变得这么庞大了!"

* * *

马斯克观察这几个月的情况,看到一帆风顺的景象,但公司其他人发现了危险信号。尽管营收增长,成本降低,但公司却在欺诈和费用方面损失惨重。虽然公司内部表现得十分团结,但从品牌建设、技术架构到公司使命,管理团队在诸多问题上都存在分歧。尽管马斯克专注于发展,但有些人——特别是 Confinity 老员工——认为他正在把船驶向暗礁。

冲突在水面之下涌动,在 2000 年夏末,它在一系列事件中突然爆发,这些事件改变了马斯克的人生和公司的未来。马斯克在不知不觉中为这一切埋下了伏笔。在修改后的组织结构图的附注中,他写道:"鉴于我们是一家发展非常迅速的初创企业,拥有 400 多名员工,而且还在不断增加,组织结构图自然会随着时间的推移而调整。"它确实发生了变化,而且比他或其他任何人预期的都要快。

第十二章 循规蹈矩

第十三章
剑

只要他抬头，这张清单就会在那一直提醒他，这就是 X.com 未来首席财务官罗洛夫·博沙的意图。

这张清单钉在他书桌前的墙上，上面详细列出他的目标。如果他的目光从作业上移开，清单会让他想起自己的目标，迫使他集中注意力。如果想离开卧室，他会发现门后贴着一张同样的清单，警告他坐下。

这两份清单就像魔法一样有效。他沉着地划掉远大的学业目标：名列全南非学生前十。他不仅在南非排名前十，而且还获得第一名的殊荣，在被认为是南非竞争最激烈的领域精算科学中，他获得有史以来的最高分。

罗洛夫·博沙是南非一个强大的政治家族的后代。但他想为自己赢得名声，而不仅是靠自己的姓氏。带着这样的想法，他离开南非，到斯坦福大学攻读工商管理硕士。

上学一年后，他在伦敦高盛实习，负责网络公司的首次公开募股，其中包括金融服务网站 egg.com。博沙结束高盛实习时得出两个结论：投资银行并没那么有趣，但互联网消费金融很有意思。

在斯坦福，博沙与杰里米·刘的房间隔着走廊相对。杰里米·刘曾在 CitySearch 工作，在那里他遇到了一位名叫埃隆·马斯克的竞争对手，对方也是南非企业家。杰里米·刘认为，博沙和马斯克会有很多共同语言，便介绍他们认识。

当他们在 1999 年秋天见面时，马斯克力劝博沙加入 X.com。博沙拒绝了，他是持学生签证来美国的，没有工作许可，不想绕开移民法规。此外，他也不打算从斯坦福退学，加入创业公司。几个月后，马斯克再次尝试，博沙又一次拒绝了。尽管如此，马斯克还是给他留下了深刻印象。博沙说："有些人你见过，过了两个星期，你就什么都不记得了。但埃隆让人忘不掉。"

加入 X.com 的想法也挥之不去。博沙把他在斯坦福的作业变成探索 X.com 业务、竞争对手和消费金融的机会。"我利用一切理由，把贝宝作为业务去思考……我一直在想，支付业务的商业模式是什么？它的银行业务、存款吸收、信用额度发放是什么情况？"博沙回忆道。

博沙认为 X.com 远非稳赚不赔的买卖。对于公司在 1999 年末的展望，博沙表示："它没有天然优势，没有网络效应，获得客户的成本很高，不清楚单位经济效益是否可观。但博沙看到 X.com 电子邮件支付产品的潜力，特别是它的病毒式传播可以推动规模扩大。

就在博沙对公司的信心增强时，他的个人危机也出现了。1999 年末到 2000 年初，南非的金融危机使博沙的积蓄大幅缩水。他得想办法付房租，一路走来，他不想再依靠家人的资助。缺钱的博沙问马斯克，自己是否可以在 X.com 兼职。

* * *

2000 年 2 月，就在 X.com 和 Confinity 完成合并时，博沙给马斯

第十三章　剑

克发了消息。由于博沙将加入合并后的新公司,马斯克便请彼得·蒂尔对他进行面试。两人见面时,蒂尔向博沙抛出智力测试题:

有一张长度不确定的正圆形桌,你事先不知道它的长度。两名玩家有一袋数量无限的 25 美分硬币。每个玩家交替在桌上放一枚硬币,硬币之间可以接触但不能重叠。最后一个把硬币放在桌上并把它填满的人获胜。有没有办法可以提前确保获胜,这是否和放硬币的先后顺序有关?*

博沙回答正确,并在 X.com 和 Confinity 宣布合并的同一天收到录用信。

工作后不久,博沙在斯坦福的商业课上迎来一位客座教授:易贝的首席执行官梅格·惠特曼。博沙坐着听讲座时,惠特曼被问及贝宝在易贝上的崛起。一个学生想知道,这个第三方公司会被允许嵌入易贝的拍卖生态系统吗?博沙记得她的回答:"我们会打垮他们。"

博沙惊呆了。"我想,别这样说!"他回忆道。在他和其他许多人在公司工作期间,这种不稳定始终困扰着他们。"萨克斯说,达摩克利斯之剑一直悬在我们头顶,"博沙回忆说,"那是我第一次接触这把剑。"

*　　*　　*

博沙开始在晚上和下午下课后工作,在马斯克旁边借用一个隔间。他的首个任务是从零开始重建 X.com 的财务模式。

---

* 答案:有,先放。把硬币放在中间。另一个玩家将把硬币放在桌上的某个地方。然后你把硬币放在与对方相同的直径线上,并且与边界的距离相等。不断重复这个步骤,对手会比你先无路可走。

虽然 X.com 筹集了数百万美元，但博沙觉得它的财务模式"过于简单"。他开始使用更广泛的指标，构建一个更稳健的模型。现有账户有多大比例是活跃的？公司具体要支付多少信用卡费用？如果欺诈率上升或下降会发生什么？取消奖金会怎么样？博沙的电子表格使团队能够切换假设并预测结果，为企业健康状况提供了全面的前瞻性图景。

随着时间的推移，博沙的电子表格具有神谕般的意义，人们在做重大决定之前必须参考这个"模型"。凭借这项工作的优势，博沙在毕业后受邀全职加入公司，并在 2000 年 6 月参加了一次董事会会议，那次会议令人难忘。博沙回忆说："莫里茨出席 6 月的董事会会议并说，'你们还有 7 个月的时间。你们再也筹不到钱了。市场没了'！"莫里茨的发言明确而令人清醒。博沙说："这真的很有帮助，因为他不断提醒我们，不要以为我们能筹到更多钱。"

这次董事会让他难以释怀，还有另一个原因。在匆忙中，他把公司的现金流弄错了，列在电子表格的最后一行，除此之外，表格完美无缺。莫里茨发现了这个错误。博沙是个完美主义者，尴尬得脸都红了。会议结束后，博沙回到办公室哭了起来。同样是完美主义者的拉夫琴过来安慰他。

* * *

博沙深入 X.com 的财务细节，这导致他执着于企业的亏损。为了建立准确的模型，他必须研究不同的损失类型，了解它们的根源——是费用、退款，还是欺诈——并逐行统计。他的数据分析揭示了令人不安的矛盾：X.com 当前的亏损低于模型对未来的预测。博沙保持警惕，"不停挖掘，直到弄清楚这个问题的本质是什么"。

最终，他发现，X.com 没有考虑到信用卡交易纠纷和欺诈的时间

第十三章　剑

延迟。如果客户在信用卡纠纷中胜诉，信用卡公司就会给他们退款。但是，直到账单发出，客户投诉，问题受到调查后，退款程序才开始，这个过程可能需要一个月或更长时间，这时 X.com 已经向商家付款很久了。博沙回忆说："我们在 5 月看到的退款与 2 月或 3 月的交易有关。"

X.com 的预测没有考虑到这一延迟，因此对即将到来的海啸没有做好准备。"大约在 6 月，我开始意识到，我们有一个迫在眉睫的巨大问题。"博沙回忆说。

博沙比大多数人都更了解迫在眉睫的问题：他接受的精算培训包括"链梯分析"等技术，保险公司用这些技术来预估未来理赔所需的准备金。当博沙将他的精算技能运用到 X.com 的账簿时，他发现了一个严峻的现实：公司根本没有所需的准备金。

博沙记得自己曾想："如果我们不解决这个问题，那就会完蛋。"更糟糕的是，博沙感觉到，X.com 的首席执行官并不像他一样担心毁灭。马斯克似乎更关心 X.com 的持续扩张。

* * *

博沙给拉夫琴上了一堂链梯分析速成课，并以此向他描绘了公司储备金的可怕图景。甚至在这一警告之前，拉夫琴就对未来感到不安。他一直在仔细研究公司的欺诈资料，结果令他震惊。

卢克·诺塞克清楚地记得，那年夏天的一个晚上，他的寻呼机在午夜过后震动。拉夫琴想让诺塞克给他打电话。"卢克，我想我们死定了。"拉夫琴开口，然后向他解释骗子如何敲诈了公司数百万美元。

不仅如此，拉夫琴还发现自己陷入权力的斗争之中。虽然他是首席技术官，但上司马斯克却独占公司的技术。这场斗争发生在公司的系统架构处于关键节点时。

公司数据库工程师肯·布朗菲尔德回忆说:"网站在不断增长,每周或每两周翻一番。"由于网站的快速增长,它变得不稳定,用户每周都面临长达数小时的停机。"这就是我生活的全部,"布朗菲尔德回忆道,"在那段黑暗的日子,我们埋头工作,保持网站正常运行,确保我们能活过周一。"

挑战之一是网站建立的方式。布朗菲尔德表示,每一次资金交换,"你都必须停下一切,确保这个人得到钱,确保这笔钱被写入交易,确保那个人失去钱。这一切都必须在没有任何接触的情况下发生。因此,关于数据库中的数据有很多争议"。停止一切活动挑战了服务器容量。布朗菲尔德回忆说:"我们会遇到(无法)真正预见的障碍。"

公平地说,这些问题并非 X.com 独有。在云计算出现之前的时代,许多网站都因为容量和停机问题苦苦挣扎,包括易贝。它经历了著名的大停机,包括 1999 年 6 月一次令人心惊肉跳、几乎长达 24 小时的中断。但易贝对在线拍卖的垄断帮助它度过了危机,用户陆续返回。如果 X.com 的服务表现不佳,它无法指望用户忠诚,因为他们还有很多其他的支付选择。

合并放大了技术上的问题。工程师戴维·高斯贝克回忆说:"我们仍然有两个独立运行的网站。"有两个网站,还有两个工程团队:由拉夫琴招募的 Confinity 团队,以及由马斯克招募的 X.com 团队。随着夏天的过去,分歧只会变得更突出,容量问题也越来越严重。

马斯克提出解决方案:重写 PayPal.com 的代码库。他认为,Confinity 的工程师在 Linux 基础上建立的原始代码库,应该在微软平台上重建,就像 X.com 的原始网站那样。马斯克认为这将带来稳定和效率。他将这一项目命名为"贝宝 2.0",它在公司内部被称为 V2。

第十三章 剑

*　*　*

选择 Linux 还是微软的问题看起来很神秘，但它不仅仅是 X.com 内部的技术争论。公司只是技术专家阵营之间全面战争的一个战场。

到 1999 年，微软已经成为世界上主流的软件公司。这种成功在一定程度上来自简化。微软 Windows 操作系统已经取代了昔日多变的界面：黑屏上闪烁着光标，需要"c:\photos"或"del*.*"等命令，才能打开照片和删除文件。微软 Windows 以其简单、精致的图标、按钮和光标，将计算体验从难以理解提升到难以抵挡。

微软的简化功能也为它招来激烈的反对者，尤其是经历过艰难计算过程的人。程序员的批评尤其尖锐。微软的软件是付费的，而且有版权。黑客认为微软的产品过于简单、不优雅且无新意，就像小型货车一样。

在这些批评的基础上，出现了一系列开源和自由发布的操作系统，它们通常构建在一个叫 Unix 的平台上。Linux 是这些操作系统中最著名的，它由一个叫林纳斯·托瓦兹的大学生在 1991 年开发。它的支持者喜欢 Linux 拥有的微软所没有的一切：灵活、响应迅速且免费。Linux 用户可以根据自己的需要，修改操作系统的核心。

但它的灵活以可用性为代价。即使是像在 Linux 机器上安装调制解调器这样简单的任务，也会产生所谓的"极客疲劳"，贝宝网站也受到了类似的影响。拉夫琴秉承自己的黑客根基，在 Linux 上建立了贝宝网站。他雇用的工程师和他一样，都接受过 Linux 的培训。但是贝宝的 Linux 基础产生了更冗长和复杂的代码库。一位工程师开玩笑说："这就好像 10 年的软件开发不知怎么在贝宝上失败了。"

马斯克打算放弃拉夫琴的 Linux 基础，转而使用微软。鉴于他们对微软平台的熟悉程度，这一转变将由开发 X.com 最初产品的 3 位工程师——杰夫·盖茨、托德·森普尔和尼克·卡罗尔——负责，重新创建整个贝宝网站。这也会让最初创建网站的 Confinity 工程师受到冷落。

* * *

马斯克解释说，从基于 Unix 切换到基于微软的系统是为了有效分配资源。他估计，微软现有的解决方案可以让更少的工程师完成更多工作。"顺便说一下，证据是，我们有四五十名工程师用 Linux 系统，"马斯克说，他指的是负责贝宝网站原始代码库的 Confinity 团队，"而（X.com）4 名工程师在 3 个月内用微软 C++ 复制了所有功能……4 人对 40 人。"

作为狂热的电子游戏玩家和曾经的电子游戏工程师，马斯克还指出，微软被用于最先进的游戏代码，这体现了微软的优势。马斯克解释说："电子游戏领域的技术比其他任何领域都要先进得多。最优秀的程序员在电子游戏领域。"他表示，在某些方面，功能丰富的电子游戏在技术上要比同时代的网站复杂得多。

马斯克还考虑到使用微软代码库在招聘中的优势。在当时，"Linux 很另类，很不寻常。"马斯克说，通过改变公司架构，X.com 可以从更广阔的人才库中吸引人才。马斯克说："2019 年的 Linux 不是 2000 年的 Linux。2000 年的 Linux 非常原始，没有太多支持……那我们为什么要用 Linux？"

从战略上讲，马斯克认为 V2 是迈向全面、作为全球所有资金中心的 X.com 的第一步。马斯克回忆说："这需要比贝宝多得多的软件。因此，在我看来，使用世界上最强大的开发系统微软是有意义的。"

2000 年 7 月，X.com 团队前往里德蒙德，会见微软高层，包括首席执行官史蒂夫·鲍尔默。公司的每周通讯对此次会晤进行了热情洋溢的报道：

第十三章 剑

我们的工程团队最近和微软部分非常高级的成员会晤，他们中的一些人直接向比尔·盖茨（时任董事会主席）汇报工作！微软想从我们这里得到什么？我们的建议！2.0 版 X.com/贝宝网站目前正在整合到微软 2000 平台上，这一消息促使微软找到我们。召开这次会议是为了明确他们该如何改进或修改工具，来迎合我们的需要，并帮助我们在他们的平台上运行。

马斯克说，X.com 是一家会长期存在的公司，这与西雅图巨头微软没什么不同。这一志向要求对架构进行全面改革。卢克·诺塞克记得："他说，你如果要建立一家能存在几十年的公司，就应该把它建在牢固的基础上，你知道这个基础几十年后还会存在。"

* * *

也许并不令人意外，马斯克基于微软平台的重建计划遭到团队高级工程师的强烈反对，拉夫琴第一个反对。

主要问题是，贝宝运行在单一、一体的数据库上。从 Confinity 工程师的角度来看，扩展数据库最简单、最廉价的方法，是添加由太阳计算机系统公司制造的服务器盒。

相比之下，这些工程师认为微软的技术更昂贵，而且不适合贝宝的规模和需求。"微软数据库服务器定位为企业产品，"Linux 的支持者布朗菲尔德指出，"创建（微软）平台的目的是经营企业，并存储 1 万份人员记录。它不是针对这种高性能在线处理、能运行数年的系统。"

另一名工程师抨击微软，称"它解决了已经存在的问题……如果你的现成工具只对你有用，那么你不是在做新颖、有趣和未曾发现的事情"。贝宝面临的都是未曾发现的新问题，一些 Linux 拥护者认为，这使得微软的服务不适合贝宝。

在操作上，基于 Linux 和基于微软的系统在某些方面有所不同。举一个例子，对进程请求的响应。微软保持进程运行，甚至在请求完成之后依然保持。贾韦德·卡里姆表示："问题在于，如果服务请求进程总是活跃的，它就会变得越来越慢。Linux 服务器没有这个问题。原因是，Linux 网络服务器的工作方式是，每当有一个请求，它就启动一个新的进程。"

举个例子，早期的 V2 迭代遭遇"内存泄露"。无休止的进程使系统不堪重负，需要频繁重启服务器。贾韦德·卡里姆指出："对技术纯粹主义者来说，重启机器是一种令人尴尬的解决方案。这就像，如果你喜欢汽车，而我说，'嘿，这辆赛车很棒，但你必须每 5 分钟就关闭一次引擎'。"

其他人则预言，这个问题会随着时间的推移而恶化，事实也确实如此。工程师戴维·康说："我们在做负载测试，基本上每天都在重置服务器。"事实上，一名 V2 工程师在 7 月 10 日的通信中证实了这些问题。当被问及 100 万个新账户会对 V2 系统产生什么影响时，该工程师回答说："由于内存泄露，目前的业务逻辑还不能直接处理创建 100 万个账户（在最大负载下，我们的速度下降到约每秒 2 万个，结果需要运行大约 2.5 个小时，因此需要在重启业务逻辑前创建 22.5 万个账户）。"事后，另一位工程师回忆说，服务器需要"每 13 秒"重启一次。

随着 V2 项目的进行，团队愈加怀疑。在测试早期 V2 迭代时，网站的"支付"按钮（可以说是所有功能中最重要的一个）失效。一位工程师回忆道："随着我们继续开发进程，我认为开发人员都很清楚，这没有在正常轨道上。虽然我们已经造出很多东西，但与目标的距离没有缩小，也不会迅速缩小。"

* * *

甚至一些 X.com 的拥护者也承认，基于微软的架构可能并不理想。在合并之前，苏古·苏古马拉内曾接受 X.com 的面试，但遭到拒绝。"我回到家，收到招聘人员的电子邮件，上面写着，'埃隆没有录用你'。于是我给招聘人员回邮件，内容是：'给我埃隆的邮箱。我打算给他发电子邮件。'"

苏古马拉内给 X.com 的首席执行官写了一封热情洋溢的邮件，促使马斯克给他打电话。在电话里，苏古马拉内告诉马斯克，"(X.com)将从根本上改变互联网。'我不在乎你给我什么。即使让我扫地，我也要在那里工作'。"马斯克录用了苏古马拉内，并将他的邮件转发给整个 X.com 团队。

苏古马拉内加入公司时，X.com 和 Confinity 已经开始合并，Linux 和微软平台的角逐刚刚开始。苏古马拉内的职业生涯都在打造数据库开发工具，从他的角度来看，"(基于 Linux 的)系统将比(基于微软的)数据库服务器对我们帮助更大……我不知道它(微软数据库服务器)能扩展到什么程度"。

早期 X.com 工程师道格·麦看到两者的优点。一方面，基于 Linux 的系统对工程师来说更容易，可以支持多名程序员同时操作。它也适合在任何时间都有多个用户在线的网站。"用 Linux 写东西的环境更友好，因为 Linux 从一开始就一直是多用户平台。Windows 是作为桌面个人计算机操作系统发展起来的。它从来就不适合多用户并发交易。"道格·麦解释说。

另一方面，微软的现成工具使一些任务变得更简单。道格·麦回忆说，"用 Windows 写业务逻辑很容易。在 Linux，你必须做相当多工作才能做到这一点。"他回忆道，微软简化了一些基本任务，比如建立基本的网站。你如果遇到问题，打个电话就能得到客户支持。

不过，道格·麦等许多团队成员最终得出结论，虽然 V2 项目带来了些许改进，但还是得不偿失。"我们写了一遍又一遍，重写了很多不需要重写的东西。我们浪费了很多编程时间，本可以在 6 个月前就推出一款产品，那样贝宝会更成功。"道格·麦说。

那段时间的机会成本是巨大的。在那几个月里，公司因欺诈损失了数百万美元。"如果你把时间花在修复内存泄露上，"一位质保分析师说，"你并没有解决造成 3 000 万美元损失的问题。"

* * *

多名工程师，包括一些拥护拉夫琴和最初的贝宝网站代码库的人，表示基于微软平台的重写本可以成功。如果有足够的时间和付出，他们本可以重建整个网站，重新培训工程师，并在基于微软的贝宝网站上进行重组。但他们脑海中萦绕着一个问题：为什么？他们认为，马斯克希望解决的问题不需要内部改造就能解决。

网络信息技术论坛讨论了微软与 Linux 之间的分歧，并揭示这场辩论的些许宗教色彩。一名信息技术专家在一篇关于哪个操作系统更安全的帖子的开头写道："双方粉丝都坚决表示，他们的操作系统用起来最好、最安全。""我更喜欢 Linux 平台，"一位工程师回复，"就像生活一样，它更难上手，但一旦你克服了最初的学习曲线，从长远来看是非常有益的。（这就像学习生活中的其他东西一样，要有耐心和毅力）。"

事后，工程师承认，他们对 V2 的排斥在一定程度上体现了对微软产品的全面抵触。对 Confinity 的工程师来说，"用 Linux"就是唯一的方法。"对我来说，那时我的生活全是 Linux，"布朗菲尔德说，这代表了许多 Confinity 元老的观点，"我甚至不想听到'Windows'这个名字。"由于它的开源代码库和黑客根源，Linux 反映了个人偏好

第十三章 剑

和架构选择，这使得他们很难接受向闭源系统的转变，后者由市值数十亿美元的大型企业开发。

卡里姆表示："许多人都很沮丧。"他回忆，自己在停车场偶遇一名 Confinity 工程师，对方出乎意料地提前离开办公室。卡里姆问他要去哪里，他回答说："我要去航海。这该死的 V2 绝对不行。去他的。"

工程师威廉·吴在 1999 年底加入 X.com，当时他是计算机科学专业的研究生，往返于旧金山和帕洛阿尔托。X.com 和 Confinity 合并时，他在自己已经排满的待办事项列表中增加了"在两个平台上编写代码"。

威廉·吴回忆说："我编写贝宝借记卡的代码时，实际上写了两个版本的代码。一个是 Windows 版本，以应对埃隆的要求。但我也得在 Linux 上写一个完整的独立版本，用在贝宝平台上，以应对贝宝最终占上风的情况。所以我不得不花很多时间来编码：编写两个不同版本的代码，还要在两个不同的平台上进行测试。"威廉·吴直言不讳地承认，这样做是为了自保。他说："我这样打算，以确保我能活下来，不管结局怎样。那几乎是我人生中最艰难的时期。"

V2 打击了工程团队的士气。"那段时间真的很奇怪。这是一个非常危险的时期，我们不知道是否能成功，所以应该非常紧急。然而，从开发人员的角度来看，有几天我在下午 3 点去看电影，我不应该承认这点。"工程师戴维·康说。

* * *

马斯克明白，发展 V2 的决定没有受到所有人欢迎。但在他看来，V2 的替代方案——产品进展缓慢、两个网站、几乎每周停机——似乎更糟糕。

马斯克试图奖励（并加快）团队的工作，在 8 月推出了一项激励计划："为了增加 V2.0 和 V2.1 发布时间的趣味性，以下奖励计划将生效：在 9 月 15 日午夜 12 点之前推出 V2.0，奖金为 5 000 美元，每延迟一天减少 500 美元，例如，如果网站在 9 月 20 日上线，那么每个人将获得 2 500 美元。"最终结果"必须满足麦克斯规定的可扩展性要求，并且 V2 上线后不能产生任何严重问题（即受到媒体报道）"。

"拼命干吧。"马斯克最后写道。但最后期限到了又过了，却没有成品。就连非工程师也开始担心。"我知道工程是大问题，"作为非工程师的托德·皮尔森说，"（完成重建的）时间过了 3 周，然后 3 周又变成 3 个月。"

在马斯克发出激励邮件近一个月后，公司的每周通讯试图对延迟做出积极的解释：

想知道 V2.0 什么时候推出吗？如此巨大的项目为什么会出现一些延迟？这很容易理解，设计人员需要在新平台创建全新的网站。项目组一直在努力升级我们的服务，让竞争对手望尘莫及，同时确保在全站进行统一调整。我们的后端团队在马不停蹄地工作，在新平台上开发新的升级版管理工具。我们的工程师在全力完成大量编程，而调整网站的新请求仍然在不断到来！质量保证团队在不停工作，以确保发现并修复整个系统中的所有漏洞。产品集成小组正在努力，确保在调整过程中涵盖所有小细节。所有这一切都是在维护当前网站并不断改进的同时进行的，比如在奥马哈的新客服系统、开展追加销售活动、与客户沟通等等。现在我们知道，为什么我们这么多人工作到凌晨、喝那么多咖啡了！我们都在努力使产品成为最好，我们在加班工作，因为我们正在新平台上创建镜像站点！团队成员都在辛苦工作，但当你有朝一日在地中海放松，手里拿着鸡尾酒，脚趾间夹着沙子，一切都是值得的……

第十三章 剑

为了加快速度，马斯克下令停止所有非贝宝 2.0 的开发和代码部署。考虑到贝宝 1.0 拥有大量客户，团队中的许多人感到担忧。然后出现了另一个危险信号：马斯克宣布，他计划在没有严密回退计划的情况下将贝宝 2.0 推向世界。

霍夫曼记得马斯克当时说："我们的时间非常有限，资金也不多，所以我们需要迅速行动。我们没有时间制订回退计划，只需要建立一个新系统，并完全转移过去。"

工程师桑托什·贾纳丹指出，这个方案不见得有它看上去那样危险。他解释说："在 21 世纪初，有一种说法广为流传，那就是'边用边修'。那就是说，我们下定决心，我们要行动，即使需要工作一晚上。与其在回退前准备一周，不如花一晚上来修复它。"

不过，此举还是引起了关注。到此时，每天有数百万美元的交易通过贝宝网站进行。如果 V2 出了什么问题，结果可能是灾难性的。

* * *

V2 是一条分界线，但它不是唯一的分界线。合并后，公司名称一直是争论的焦点。

此时，用户输入 www.paypal.com 后将转到 www.x.com 网站，这是马斯克的决定。许多 Confinity 的老员工私下对此颇有微词。他们觉得，数字说明了一切：截至 2000 年 7 月，贝宝的交易总数达到数百万笔，而 X.com 的交易只有几十万笔。用户围绕在贝宝品牌周围，把贝宝链接放在自己的易贝拍卖页面，并显示在电子邮件签名中。他们觉得，马斯克可能会浪费这种来之不易的信任。

马斯克下令将贝宝改为"X 贝宝"，并删除所有单独提及贝宝的内容。X 将成为整个生态系统的前缀，包括 X 贝宝和 X 金融等产品。"如果你只想做小众支付系统，贝宝是更好的选择，"马斯克表示，"如果你打算，比如，'我们基本取代全球金融系统吧'，那么 X 是更好的名字，因为贝宝是一个功能，而不是事物本身。"对他来说，把公司命名为贝宝"就像苹果将自己命名为'麦金塔'"。

那年夏天，这个问题到了紧要关头。焦点小组对贝宝名称的评价高于 X.com。负责市场调查的维维安·戈回忆道："不断有人说，'天哪，我不会信任这个网站。这是一个成人网站'。"

维维安·戈承认用户意见是有局限的。"人们过去也认为'苹果'是一个滑稽的名字"，但她明确听到了担忧，"人们几乎异口同声地反复说，'我不信，它听起来真神秘'。很难反驳"。

雷娜·费舍尔曾就职于保守的会计公司毕马威，之后加入 X.com。她回忆起，因为这个听起来很色情的名字，自己和其他员工收到"那么多可怕、恐怖的电子邮件"。"我们的产品是贝宝，"她说，"对我来说，贝宝是解释公司目标的简单方法。"

艾米·罗·克莱门特最初加入 X.com，是因为她被 X.com 广阔的愿景折服。"X 是核心，它将成为一个品牌集合。"她说。但到这时，她可以看到，公司的突破是基于电子邮件的轻便支付。"贝宝增长得更快，部分原因是 X.com 账户是银行账户，所以运营成本、耗时都要高得多，"她说，"所以最终，如果我们不能迅速售出利润丰厚的其他各种产品，做 X.com 平台就没有多大意义了。"

马斯克坚持要改名字。他对焦点小组研究的反应十分不满。"贝宝"的支持者认为，马斯克是在以他的个人观点而不是用户偏好来促成这个决定。

但命名冲突只是更深层次分歧的一个明显表现。霍夫曼承认："如果这是唯一的问题，可能会更容易解决。"在马斯克看来，对独立支付服务来说，"贝宝"是个不错的名字。但"X.com"是（或至少将是）世界金融中枢。马斯克表示："这就是决定。你是想拿头奖，还是不想拿？"

第十三章 剑

马斯克的同事承认甚至钦佩他的远见卓识。蒂尔说:"我认为,埃隆非常值得称道的一点是,他对贝宝以及我们的事业都有最宏大、最雄心勃勃的愿景。它不仅是一家支付公司。"在合适的情况下,这个远大想法是马斯克的王牌。霍夫曼说:"他是那种有远见的企业家,他完全确信这种远见会实现。"

但当时,蒂尔和霍夫曼等公司高管和董事会成员并没有被说服。对他们来说,这和愿景无关,而是数学问题。蒂尔回忆说:"9月,我们在银行里还有6 500万美元。我认为2000年9月的资金消耗率是1 200万美元。我们认为必须尽快扭转局面。"

个人际遇也在其中发挥了作用。马斯克设定宏伟目标,因为他想要获得比Zip2更辉煌的胜利。"大学毕业4年后,我创建了一家公司,卖了3亿美元。所以类似的结果会是,'我已经做到了'。"马斯克表示。

但包括拉夫琴、萨克斯、霍夫曼和诺塞克在内的其他高管没有做到过。X.com的高层领导不打算冒着获得"倒霉公司"安慰奖的风险,而去追求头奖。

* * *

代码可能会带上鲜明的个人色彩。例如,最初的贝宝网站代码库就有典型的拉夫琴特征,甚至被约定俗成地称为"麦克斯代码"。马斯克的V2调整将完全废弃麦克斯代码,一些工程师担心,这也会废弃麦克斯本人。

拉夫琴确实考虑过彻底离开公司。他很享受初创企业的孕育期,当时未来未知,而他的印记不容置疑。现在,他不过是几十名员工中的一员,自己的幕后工作正被老板抹去。他说要把一切都抛在身后,开始新事业。"我要离开,"拉夫琴记得自己曾想,"这个V2正在摧毁我的生存意志。"

就像马斯克和蒂尔一样，拉夫琴也反感办公室政治。但和他们一样，他也极其好胜。此时，他知道 X.com 的首席执行官不会妥协，无论是使用微软平台的决定还是公司命名，更不会在战略问题上妥协。但当拉夫琴和其他人谈论这个问题时，X.com 的首席技术官也被说服不要放弃。

2000 年夏末秋初，拉夫琴在 X.com 的其他高管中找到了支持者。他们都参与了反对前任首席执行官的政变。他们认为，曾经有效的方法可以再次奏效。于是，将马斯克赶出公司的秘密行动开始了，对手是 X.com 的联合创始人、首席执行官和最大的个人股东。

第十三章　剑

第十四章
雄心的代价

2000年1月,马斯克与交往多年的女友贾丝廷·威尔逊结婚。但由于马斯克所说的"公司闹剧",他们取消了计划好的蜜月。他希望9月中旬前往澳大利亚悉尼,通过观看2000年夏季奥运会来弥补这一损失。这对新婚夫妇的旅程将环绕世界,在新加坡和伦敦停留。

马斯克一直牵挂着工作,还计划了几次融资会议,并与X.com在海外的员工会面。马斯克解释说:"这本来就是一次迟到的蜜月和筹款之旅。"

马斯克感觉到公司内部发生了变化。马斯克回忆说:"我得到的交流越来越奇怪。"普通的电话让他觉得"不寻常"。"他们非常担心和不安。他们说:'我们不想做这些事情。'我说:'不,你们必须做。'我想这大概就是转折点。"马斯克回忆道。

马斯克没有意识到,一场针对他的行动正在展开。他的管理团队策划了一场政变。在未能让马斯克放弃V2并停止X贝宝的更名后,他们计划向X.com董事会发出最后通牒,以大规模辞职为威胁,要求马斯克下台。他们起草了一份"不信任投票"文件,并悄悄收集了支持他们的员工的签名。

一些员工签名了，不过他们没有政变组织者的坚定信念。产品团队的初级成员贾科莫·迪里戈利开玩笑说："无知是福。"他记得在一次紧张的会议上，团队成员预言公司的前途危在旦夕，将取决于董事会对他们刚签署的不信任投票的反应。"当然，当时 23 岁的我想，'我猜这就是生意？做生意的时候会发生这种情况'？当然，我对此一无所知。"他笑着说。

"又是星期二。"当政变者暗中对马斯克采取行动时，一名员工记得自己曾想。

* * *

计划在马斯克离开前几周成形。卢克·诺塞克、彼得·蒂尔、麦克斯·拉夫琴和早期董事会成员斯科特·班尼斯特在 8 月共同出席一场技术会议。在会上，他们表达了对公司发展方向的不满。

在那个周末以及随后的会面中，他们还讨论了马斯克。他们认为，首席执行官妨碍了 X.com 的成功，需要被撤换。扳倒马斯克将比"酒吧政变"更难，风险也更大。比尔·哈里斯的任期很短，与公司的关系也不深；马斯克是拥有许多支持者的联合创始人，并在董事会中有大力支持他的迈克尔·莫里茨。更重要的是，他有很强的技术能力和鲜明的个性。要把他从首席执行官的位置上赶下台，他们必须采取隐蔽的战略行动。

马斯克的蜜月旅行提供了一个绝佳的行动机会。一名政变领导指出，虽然这个时机看似无情，但确实是必要的。他认为，像马斯克这样的创始人在董事会斗争中拥有超凡魅力，让雄辩可以胜过事实。在他看来，公正的审判需要马斯克缺席。

事后看来，马斯克可以理解隐蔽的必要性。马斯克说："也许他们认为，我会回来说服董事会，相信我最初的战略，然后解雇他们。我想这可能就是他们担心会发生的事情。"在人生的这个阶段，他也意识到自己对人们的影响。"我想他们都很害怕，我会回来把他们消灭，"马斯克笑着说，"大家都很害怕。我不清楚。我不会杀他们的。"

后见之明甚至创造了马斯克式的幽默。"背后捅刀子的混蛋，"他开玩笑说，"不敢当面捅我……你们这些家伙，还想在我背后捅刀子吗？来啊！从前面冲过来！你们可是有 12 个人。"

* * *

董事会成员约翰·马洛伊记得，拉夫琴打来电话时，自己正在国外。"我在一家中国大型投资公司的大厅。"马洛伊说。拉夫琴告诉他，公司的几位领导人已经决定对马斯克采取行动。马洛伊回忆说："我当时想，天哪，我得把这件事办完，然后回去。"

2000 年 9 月 19 日星期二，马斯克乘坐的飞机起飞。马斯克安全离开后，蒂尔、拉夫琴、博沙、霍夫曼和萨克斯搭乘大车，来到红杉资本办公室，说服 X.com 董事会成员迈克尔·莫里茨投下关键的一票。作为马斯克在董事会中最强大的盟友，如果莫里茨站在马斯克一边，并说服董事会成员蒂姆·赫德也这么做，那么董事会将陷入 3∶3 的僵局：一方是蒂尔、拉夫琴和马洛伊，另一方是赫德、马斯克和莫里茨。

这群人带着员工的不信任签名抵达红杉，签名的员工都承诺，如果马斯克继续担任首席执行官，他们就辞职。莫里茨平静地听他们陈述自己的观点，并问了几个细节问题。除了通知马洛伊和莫里茨，蒂尔还接到任务，打电话给蒂姆·赫德，要求召开董事会紧急会议。

马斯克在国外，赫德在芝加哥，马洛伊正从亚洲赶回来，接下来几天的大部分讨论都是通过电话进行的。政变者待在一起，往返于帕洛阿尔托格兰特大道469号拉夫琴和诺塞克的公寓。作为董事会成员，蒂尔和拉夫琴在一间公寓接听董事会电话，然后回到另一间公寓向同谋者汇报情况。

双方都提出了自己的观点。蒂尔和拉夫琴主要聚焦网站技术令人担忧的转变。这是董事会第一次听说此事。得知如此重大的变更没有事先经过董事会，而且没有回退计划，其他成员感到非常震惊。一位董事会成员说："这本应该经过董事会的审查，而事实并非如此，真是令人难以置信……要冒这样的险，我感到很震惊。"

赫德把这种情况比作驾驶波音747飞机。"它有4个引擎。你正在风暴中飞越喜马拉雅山，风暴十分强烈。两个引擎坏了，飞机上没有机械师，而你要在飞行途中更换另外两个引擎。"董事会成员赫德、马洛伊和莫里茨虽然不是工程师，但还是被拉夫琴的例子说服了。

蒂尔和拉夫琴还揭露了其他问题。合并前，X.com曾向客户授予信用额度。但是，由于急于上市，公司没有对申请借款人进行严格的审查。结果，X.com发放了不安全的贷款，最终将不得不记为亏损。2000年初，马斯克曾宣布终止该项目。但令董事会非常惊讶的是，公司账目仍将这些贷款显示为生息资产，预计将得到偿还。

其他人则以马斯克之前终止无担保信贷额度计划为例，对这一说法提出疑问。他的部分支持者认为，问题在于，马斯克希望让X.com个别业务继续运营的时间比公司一些人希望的更长。反对者称，此举表明他在冒不必要的风险。"马斯克意识到，（X.com整体）业务必须退出。我们必须关闭，不得不承受打击，"桑迪普·拉尔回忆道，"他对客户很忠诚，因为他觉得自己开创了一种产品。他不想把它从客户的脚下连根拔起。所以他花的时间比公司其他一些人能接受的要长得多。"

拉尔的结论是，对马斯克来说，"他想关闭这项业务……箭已经在弦上"。根据拉尔的说法，延迟部分是受X.com与First Western

第十四章　雄心的代价

National Bank 初始协议的影响。一名借调到 X.com 的 First Western National Bank 的代表指出，有规定延缓了 X.com 银行和贷款产品的终止。

在这些具体说法的背后，董事会第一次看到 X.com 与 Confinity 之间的分歧如此之深。马洛伊记得："两家公司之间如此混乱。我不认为他们向董事会汇报过分歧的程度。表面上的问题严重性并不明显。"

* * *

这次政变主要是基于员工大规模辞职的风险。大卫·萨克斯和罗洛夫·博沙的参与尤为重要：萨克斯是马斯克提拔的，博沙是他招来的。两人都对他有亲近感，但如果他继续担任首席执行官，他们看不到公司摆脱困境的出路。特别是对博沙来说，威胁辞职意味着，如果马斯克获胜，他可能要放弃自己的工作和移民身份。他不是轻易做出这个选择的。

马斯克说："董事会开会时我缺席了。"公司高管和董事会之间的反复讨论持续了好几天。马斯克将成为一年内第二位被解职的 X.com 首席执行官，这无疑会引发媒体轰动。但对董事会来说，对公司内部动力造成的风险超过了外部噪声。即使不再担任首席执行官，马斯克仍将是公司的重要股东。董事会将如何运作？马斯克将如何继续与蒂尔和拉夫琴共事？

在此期间，董事会还收到了员工的意见。其中一人给赫德写了一封激情澎湃的长篇邮件。他抄送马斯克，以及他认为对政变有疑虑的同事。"我收到一封信，信中描述了对现任首席执行官埃隆·马斯克的不信任投票。我没有在这封信上签名，也不同意我所读到的内容。"发信人在邮件开头写道。然后，他概述了在他眼里马斯克作为首席执行官的优势：

从我的专业角度来看，埃隆是一位非常优秀的首席执行官。他很容易沟通，因为他会读每一封发给他的电子邮件。在我和埃隆共同参加的会议中，面对财捷、微软等许多公司，他给人留下了深刻印象，在展示公司时表现出色。埃隆是一个非常强硬的谈判者，正因如此，我们与财捷达成了很好的协议，我们与许多供应商（如 First Data 和万事达）也达成了不错的协议。我们应该很快就能与微软达成协议，我相信我们很有可能在年底前与美国在线达成协议。

最后，他建议赫德在董事会做出决定之前征求各种意见。

马斯克回复政变小组，邮件中去掉了董事会成员赫德："谢谢各位。这整件事让我难过得无以言表。我付出所有的努力，几乎用完从 Zip2 获得的全部资金，婚姻濒临破裂，但我却被指责做了坏事，而我甚至没有机会对此做出回应。我甚至不知道这些坏事是什么。"

从那周周中到周日晚上，董事会一直在商讨。但最终，马斯克根本没有足够的得票来留任。"我回来的时候，大局已定。"马斯克回忆道。拉尔说："木已成舟。事发时他不在。他在海外，坐飞机回来……他没有机会及时反击。当他到时，已经太晚了。"

* * *

9月24日周日晚上，彼得·蒂尔向全公司发送了一封电子邮件。

所有人：

正如你们所知，在前首席执行官意外离职后的动荡时期，埃隆·马斯克于5月同意再次担任 X.com 首席执行官。他展现了不可思议的职业素养和企业家领导力，迅速在公司内部和投资人中恢复了稳定。在他的努力下，公司在各个领域取得了巨大进展：X 金融和贝宝

第十四章　雄心的代价

拥有近 400 万用户，支付金额接近 20 亿美元 / 年，从某些方面来看，X.com 已经成为互联网上最大的电子金融公司。我们正准备在组织规模、复杂程度和战略合作伙伴关系方面取得重大飞跃。

由于这一成功发展，埃隆和董事会决定成立揽才委员会，招募一位经验丰富的首席执行官，带领公司更上一层楼。埃隆将继续以董事和大股东的身份活跃在董事会。我已同意在任命新首席执行官之前担任董事长，负责运营。向我汇报的有里德·霍夫曼、戴夫·约翰逊、桑迪普·拉尔、麦克斯·拉夫琴、大卫·萨克斯和杰米·坦普尔顿。

彼得·蒂尔
X.com 董事长

5 个小时后，马斯克发来一封跟进邮件，主题是"让 X.com 更上一层楼"：

大家好：

X.com 发展非常迅速，不到两年时间，我们就有了 500 多名员工。因此，经过深思熟虑，我认为是时候引进一位经验丰富的首席执行官了，他会拥有大公司管理经验，将把 X.com 提升到新高度。作为企业家，我的兴趣更多在于建立和创造新事物，而不是大型（但优秀）公司的日常管理。

我会努力为 X.com 找到真正优秀的首席执行官，并做一些对公司有意义的公关工作。在揽才工作完成后，我计划休假 3 到 4 个月，仔细考虑一些想法，然后在明年年初创办一家新公司。

彼得·蒂尔从一开始就参与了公司的工作。他非常聪明，对我们面临的问题有着深刻的认识，他将在过渡时期负责运营，让我能够专注于招募首席执行官。在接下来的几个月里，请给彼得和公司全力支持，因为我们有大量工作要完成，并将面临激烈的竞争。总而言之，我毫不怀疑 X.com 将成为一家极具价值的公司，在创建新的全球支付系统方面，它将代表互联网促成最大的进步之一。

和大家一起工作很愉快（虽然我还没有离开）。你们就像我的家人。

埃隆

* * *

马斯克确实将 X.com 团队视为家人，他经常在办公室与他们相处，比在家与真正的家人相处的时间更多。但并不是"深思熟虑"导致了他的退出，那只是挽回颜面的套话罢了。

尽管如此，就连批评他的人也会承认，这封邮件出人意料地大度。在蒂尔将他边缘化仅仅几个小时后，马斯克就公开赞扬蒂尔，这显示了他的自我克制。

事实上，马斯克并没有寻求报复。事件发生后，马斯克在 X.com 的早期员工杰里米·斯托普尔曼立即联系他，问自己和其他人是否应该威胁集体辞职，表示对他的支持。马斯克指示他回避。即使是马斯克在公司时间最长的盟友，也对他的温和感到不解。布兰登·斯派克斯说："我觉得很奇怪，他的反应竟然如此绅士。换作是我，我会很生气。"

马斯克的立场源于现实主义。马斯克多年后解释说："虽然我不同意他们的结论，但我理解他们为什么那样做。"董事会已经做出决定，从非常务实的角度来看，斗争不会有什么结果。"我本可以努力抗争，但我说，在这个关键时刻，最好让步。"马斯克回忆道。他补充说："彼得、麦克斯、大卫等都是聪明人，出发点总体没问题，他

第十四章　雄心的代价

们出于正当的理由，做了他们认为正确的事情。只是在我看来，这些理由并不充分。"

他还说："要对他们怀恨在心很容易，但最好的办法是宽容，改善关系。我付出很多精力使局面好转。"其他人看到他的努力，尽管他们对马斯克担任首席执行官心存疑虑，但还是赞扬了他的克制。"他这样做是为了公司的利益。"马洛伊回忆说。拉夫琴说："他不记仇。对一群趁他度蜜月，把他从首席执行官位置上赶下来的人，他非常宽宏大量。"

当被问到为什么让步时，马斯克引用了《圣经》里所罗门审判的故事。故事里，两个妇女都声称自己是一个男婴的母亲，所罗门王必须做出裁决。国王提议把孩子劈成两半，第一个女人为了孩子的生命，立即放弃了自己的要求。"把活的孩子给第一个女人，千万不可杀他，"所罗门王下令，"她是孩子的母亲。"

"至少在一定程度上我确实把公司看成我的孩子，"马斯克说，他的语气带着一丝激动，"如果我攻击公司和那里的人，就像……攻击我的孩子。我不想那样做。"

这是马斯克第二次在自己创办的公司被排挤，这让他很痛苦。贾韦德·卡里姆回忆起一天深夜在餐厅发生的一幕，当时马斯克的命运正在决定之中。马斯克走进来，默默地走向一款全尺寸街机游戏《街头霸王》。"他看起来非常心烦意乱，"卡里姆说，"……他一个人在游戏厅玩《街头霸王》。我说：'嘿，埃隆，最近怎么样？'他说：'嗯，还好。'……两天后，他们宣布他被董事会解雇了。"

* * *

莎士比亚戏剧《恺撒大帝》中的阴谋家发现，发动政变是一回事，为弑君辩解完全是另一回事。刀上的血还温热，马可斯·布鲁图

疯狂创新者

斯向聚集的罗马人讲话，对方困惑而愤怒。"不要跑，站好，"布鲁图斯告诉他们，"野心的债已经还清了。"群众不买账，把阴谋家赶出罗马，内战随之爆发。

蒂尔、拉夫琴、萨克斯等政变策划者现在面临类似的任务：团结一个由革命者和效忠者组成的分裂团队。"内战结束后，没人会高兴。"工程师埃里克·克莱因回忆道。

办公室里的气氛很紧张，政变后的某些时刻凸显了公司内部的分歧。两个偏好基于 Linux 系统的工程师销毁了《VBScript 概览》（*VBScript in A Nutshell*）和《COM+ 基本服务内幕》（*Inside COM+: Base Services*），两本在微软环境下编程的参考指南，以此庆祝 V2 的消亡。

即使支持罢免马斯克的人也陷入了尴尬境地。政变发生时，财务团队成员马克·伍尔威正在亚洲，但组织者事先通知了他。当马斯克打电话跟他说"嘿，我刚被解雇了"，伍尔威只好假装震惊。

公司内部的分歧不仅限于尴尬和不成熟的迟钝。尽管有人签署了不信任投票，X.com 也有不少马斯克的支持者。"至今我还记得，我看到有人在哭，像是啜泣，"贾韦德·卡里姆回忆说，"一些工程师在 V2 上投入了很多精力。"

艾米·罗·克莱门特将这次政变称为"我的一场小危机"。她在 1999 年底加入 X.com，但她对政变的厌恶并非源于对马斯克的忠诚。她对偷偷摸摸的反叛方式感到心烦。她说："这件事进行的方式，要求人们签署请愿书，涉及我不认同的道德和价值观。"

克莱门特从旧金山通勤过来，为了避开交通堵塞，她经常在黎明时分赶到办公室。她回忆起，自己不止一次走进办公室，发现马斯克通宵工作后在办公室睡觉。"我们都如此努力地工作，付出了这么多时间和精力，就不能争取以一种有效、成熟的方式来解决问题吗？"她说。

另一位 X.com 工程师杰里米·斯托普尔曼怒不可遏。"我们都爱埃隆，"斯托普尔曼说，"他就像工程师的领路人。"对于政变一事，斯托普尔曼直言不讳："我非常生气，气坏了。"当时 25 岁的斯托普尔曼对蒂尔和拉夫琴大发脾气。"我很坦率。我记得我告诉他们，我觉得这件事很糟糕。"斯托普尔曼尤其反对解雇马斯克的过程。"我想我理解其中的原因……但一想到他上了飞机，不能为自己辩护，我就觉得很不公平。"

蒂尔和拉夫琴听斯托普尔曼把话说完，借机向他解释，并在这个过程中赢得了斯托普尔曼的理解。"他们没有说，'我们不在乎你，你只是个初级工程师'，"斯托普尔曼回忆道，"他们让我感受到爱，这让我解除了戒备。"

桑迪普·拉尔对马斯克离职背后的问题表达过自己的观点，他认为这可能会破坏他与新任首席执行官蒂尔的关系。但事实并非如此。蒂尔问他公司最紧迫的问题是什么，拉尔说出自己的想法。蒂尔第二天组织了一次会议，成立团队来处理这个问题，并要求在 24 小时内解决。拉尔说："直到今天，我都对他在不了解我时给予的充分信任感到惊讶。"

在马斯克被解职后，另一位政变组织者里德·霍夫曼曾尝试采用一些缓和方式。他向心怀不满的团队成员发送一系列消息，试图安抚他们，并大致概述了未来可能会产生的变化。不过，也只能到此为止了。以前分开的 Confinity 和 X.com 团队成员仍然分别去各自喜欢的酒吧。

个人经历是分歧的重要因素。政变组织者甚至没有把不信任投票的文件发给许多 X.com 的老员工，他们认为对方不会支持他们。因此，许多人被蒙在鼓里。"政变发生时，"桑迪普·拉尔记得，"我在内布拉斯加州，里德给我发来信息，说：'你对政变持什么立场？'我说：'政变？什么政变？'我刚从花旗银行来！我们那里没有政变。"

拉夫琴和蒂尔并没有进行全面的忠诚度考查，马斯克雇用的许多人在他离开后继续茁壮成长。朱莉·安德森、桑迪普·拉尔、罗洛夫·博沙、杰里米·斯托普尔曼、李·豪尔和艾米·罗·克莱门特等人都留在公司，并得到晋升。马斯克至今仍以招募这些人才为荣。

但对其他人来说，这种断层实在难以承受。一旦马斯克离开，他们就会被边缘化，或者被安排到其他职位，这让他们感到在X.com工作非常不舒服。"他们很礼貌……但如果你是埃隆的支持者，这可不是一个有趣的工作场所。"斯派克斯回忆道。在政变的余波中，毕业于哈维·穆德学院的3位工程师几乎同时辞职，他们是X.com最早的开发人员和贝宝2.0的首席工程师。此举既是出于团结，也是想到他们作为微软专家，在公司有用武之地的日子将所剩无几。由拉夫琴负责公司技术，贝宝2.0将不复存在。

但哈维·穆德校友的离开吓坏了蒂尔和拉夫琴。其他工程师会不会一气之下跟着走，把贝宝的工程团队挖空？事实上，大多数人都不像他们三人做得那么彻底，部分是因为他们看到了公司的潜力。斯托普尔曼说："我能感觉到公司正在发生一些神奇的变化，所以如果我们能让它继续发展下去，将会有好结果。我并不急于把它全部抛下。"随着时间的推移，甚至许多反对政变的人也承认，X.com需要进行战略转变。李·豪尔说："大家对公司面临的挑战都心知肚明。"

* * *

20年后，政变组织者谨慎地谈论这一时期。许多人与马斯克保持着良好的关系，经常与他沟通，并将他视为朋友。他们也钦佩他在此期间取得的成就，很多人投资了他离开X.com后的项目。一些人选择保持沉默，因为他们对罢免事件的发生顾虑重重；还有一些人干脆认为，双方应该重归于好。

尽管他们三缄其口，但他们并不怀疑自己的决定。在他们看来，不可否认，公司正朝着错误的方向前进，纠正方向需要马斯克离职。一名政变组织者坚称，如果马斯克继续担任首席执行官，公司撑不过6个月。其他人也附和这种观点，认为高欺诈率，信用额度债务危机四伏，X.com金融套件尚未完全关闭，V2进展停滞，这些状况将使公司处境岌岌可危：资金耗尽，技术团队分裂，网站服务器无法应对持续快速的增长。

尽管如此，对于部分媒体对马斯克在贝宝任期表现的负面描述，政变小组也表示不满。他们说，这是不准确的。对他们来说，马斯克对公司给予高度的个人投入，提供资金支持，拥有董事会席位，以及明确的企业愿景，他的贡献毋庸置疑。正是在他的任期内，公司推出了第一批盈利产品，开始调整基础交易融资结构，加强产品渠道，将关键人物提拔到领导岗位，并顺利处理合并和比尔·哈里斯的离职。就连罢免他的人也觉得，媒体报道把马斯克从公司的创业经历中剔除是不公平的。

* * *

20年后，马斯克勉强对那次反抗表示出一点儿钦佩。马斯克笑着说："这次政变执行得很好。他们只是在我不在时才动手，这还不错。"

时过境迁，马斯克从这一事件中吸取了教训。首先，他觉得，在如此复杂且充满争议的公司转型期，自己去国外旅行是个错误。马斯克说："当这些极其危险的事情发生时，我却远离前线……对我来说，这当然不是一个好决定。我没有在现场稳定他们的情绪。"

如果他在场，他相信他可以说服批评者接受自己的路线，或者至少威逼他们屈服。"我认为，恩威并施不会导致政变。"马斯克说。

尽管马斯克言语谨慎，但他仍然相信自己的愿景对公司是有利的。他意识到批评者对贝宝2.0的担忧("你真的想在公交车疾驰的时候给它换轮子吗?")。但他仍然认为这是正确的决定。"从我的角度来看,如果我们切换到新的架构,"他说,"我们就能够加快发展系统。在我看来,这一行就是这样……所以我们应该冒这个险去做。"

马斯克还反思了这场斗争的人性层面。他承认:"我没有完全理解其中的情感因素。如果你考虑舍弃所谓的'麦克斯代码',这有点儿难以接受。可以理解,麦克斯对此会有点儿生气。"马斯克还觉得,他本可以更好地传达自己的愿景,尤其是对拉夫琴。他说:"我应该花更多精力去说服麦克斯,尤其是让他相信这是正确的技术举措。"

今天,在那之后取得巨大成就的马斯克,可以饶有兴致地研究他被解雇的经历。马斯克表示:"最终结果是积极的,这一点很难反驳。"他也在很大程度上与推翻他的人重归于好,或者,正如他所说,"我不再记恨他们"。然而,直到最后,马斯克仍然慨叹他眼里X.com最大的失败:它没有像他所希望的那样,成为金融服务领域的亚马逊,一家有可能"市值万亿美元的公司"。

* * *

贝宝早期员工谈到公司的高潮和低谷,表示在互联网泡沫破灭时,创立一家支付服务初创公司,这代表着科技的"希望之春"和"绝望之冬"。

很少有人比埃隆·马斯克更能深切地经历这些起伏。从1999年到2002年,马斯克通过出售第一家初创公司大赚一笔,又创办了另一家成功的互联网公司,当这家公司上市时,他又赚了一大笔钱,并继续创办第三家企业。同样在那几年,他击退了一场针对自己的政变,差点儿死于车祸。作为首席执行官,他被与他共同创办公司的人赶下台,又因为疟疾和脑膜炎差点儿再次丧命,还因为婴儿猝死综合

第十四章 雄心的代价

征（SIDS）失去了一个还在襁褓中的儿子。

马斯克离开后不久，X.com 的一位早期员工塞舒·卡努里给他写信。"埃隆，"他写道，"得知你在团队中职位的最新消息，我很遗憾。我想说的是，你不应该为此感到沮丧，因为我相信，你注定会在技术领域做出更伟大的事业。"卡努里回忆说，马斯克回信表示感谢。

马斯克从 X.com 离职的过程虽然混乱，却给了他进行创造的喘息空间。从 X.com 的工作中解脱后，他可以回归最初的爱好：太空探索和电能。X.com 早期工程师斯科特·亚历山大说："史蒂夫·乔布斯之所以能成就皮克斯，是因为他被苹果公司解雇了。埃隆创立太空探索技术公司，成就特斯拉，是因为他被 X.com 解雇了。"

这些新事业迅速启航，对马斯克来说，他几乎没有时间抚平伤口或心怀不满。政变几个月后，马克·伍尔威带马斯克出去喝酒。伍尔威回忆说："我问他下一步打算做什么，他说，'我要去殖民火星'。我们在帕洛阿尔托一家叫 Fanny & Alexander 的小酒吧，坐在外面。他说，'我一生的使命就是让人类文明成为多行星文明'。我说，'老兄，你疯了'。"

不到两年后，2002 年 5 月 6 日，埃隆·马斯克提交资料，成立一家新公司——太空探索技术公司。7 天后，他注册网址 www.spacex.com。2008 年 8 月 4 日，太空探索技术公司宣布，从彼得·蒂尔的创始人基金获得 2 000 万美元的股权投资，该基金的执行合伙人卢克·诺塞克加入公司董事会。

2008 年 9 月 28 日，被罢免将近 8 年后，在美国夏威夷西南部夸贾林环礁的欧姆雷克岛，埃隆·马斯克目视太空探索技术公司的猎鹰 1 号火箭升空。发射 9 分 31 秒后，猎鹰 1 号成为"第一枚私人研制、绕地球飞行的液体燃料火箭"。

疯狂创新者

第三部分

双车

第十五章／伊戈尔
第十六章／使用强力
第十七章／犯罪进行中
第十八章／游击队
第十九章／征服世界
第二十章／措手不及
第二十一章／不法之徒
第二十二章／我只得到一件T恤
结局／地板

第十五章
伊戈尔

董事会把马斯克赶走后,迈克尔·莫里茨要求约定条件。蒂尔可以担任临时的首席执行官,但贝宝必须认真执行揽才计划。为此,董事会聘请了专业猎头公司海德思哲,并让蒂尔和拉夫琴整理一份职位描述。

一位董事会成员回忆说,他们拿出了一个"白日梦"。蒂尔和拉夫琴的理想人选必须具备技术实力、战略头脑和高智商,有带领公司完成首次公开募股的经验,能适应T恤和牛仔裤的创业公司文化,喜欢贝宝的激烈辩论。"这是最可笑的事,"另一位董事会成员说,"他们在寻找完美的人……年轻人真是天真。"

猎头列出了十几个候选人,但毫不意外,没有一个合格。根据董事会成员约翰·马洛伊对贝宝高管团队反馈的回忆,有些人因为"思维不够严谨"而被淘汰。部分候选人在经历艰难的筛选过程后退出了应聘。马洛伊回忆起,一位求职者在面试后怒气冲冲地打来电话,要求知道解决数学难题与经营公司有什么关系。

平心而论,蒂尔同样想要新的首席执行官。里德·霍夫曼解释说："彼得并不是真的想为别人工作。"别人也包括贝宝董事会成员。但其他团队成员希望蒂尔留任，并将揽才过程视为一场闹剧。萨克斯回忆说："我们组织这些虚假的求职面试。我们假装在面试，只是把问题拖到后面解决。"马克·伍尔威称这个过程为"假象"。

* * *

有一位候选人挺过了这场闹剧。大卫·索罗年仅约35岁，却已经积累了丰富的金融服务经验。在获得麻省理工学院电气工程和计算机科学学位后，索罗就职于O'Connor & Associates，那是一家金融科技公司，是衍生品交易技术的先驱。他在26岁时成为合伙人，并在30岁出头时负责该公司和瑞士银行的合并。蒂尔说："他是一个聪明的数学专家，了解所有问题，应该符合要求。"

甚至在角逐首席执行官职位之前，索罗就与X.com有过接触。1999年，索罗刚到西海岸，一位风投家朋友把他介绍给马斯克。索罗记得X.com办公室大大的X标志，并回忆起马斯克解释还不明朗的愿景的情形。他们讨论了各种想法，虽然马斯克给索罗留下了深刻印象，但他并不认同X.com的商业案例。

一年后，索罗坐进更宽敞的贝宝办公室。这一次，拉夫琴和蒂尔负责询问。风水（和座位）轮流转，蒂尔和索罗多年前就认识，当时索罗在O'Connor & Associates面试应聘工作的蒂尔。

面试结束后，索罗向妻子盛赞贝宝对价值的重视，他在O'Connor & Associates发现过类似的特征。索罗回忆说："在我将近30岁时，O'Connor & Associates的执行合伙人对我说：'大卫，我们想让你担任银行固收和衍生品部门的全球负责人。'我记得我说：'……那太好了，但你不觉得，从所罗门兄弟银行雇一个真正懂行的人更好吗？'他说：'你知道吗，虽然放弃雇用经验更丰富的人可能会损失9个月

第十五章 伊戈尔

到一年的时间，但最终，通过押注我们认为有才华、有职业道德和我们了解的人，我们总是会取得成功。'"

回想起来，索罗觉得同样的逻辑也适用于贝宝。索罗说："我记得我回家时想，'彼得这个家伙什么都有'。老实说，他估计会比我做得更好，因为他是从零开始经营这家公司的。他了解那里的人。他们显然非常尊重他，这在我看来合情合理。"索罗退出竞聘，并告诉莫里茨："如果我是你，我会押注在彼得身上。"

董事会成员蒂姆·赫德也独立得出这一结论。"很可能只有彼得能当好首席执行官，因为人们尊重他。麦克斯也尊重他。里德，其他人……大家留在公司是因为彼得在，"赫德说，"彼得是个好的经营者吗？绝对不是。他会告诉你这点。但没有人能当好经营者。"

索罗面试时，已经有无数候选人在贝宝的考验中失败。蒂尔于2000年9月上任，2001年春天，公司仍在面试候选人。索罗将是最后一个接受面试的，因为董事会从蒂尔的头衔中删除了"临时"二字。蒂尔承认，索罗的外部支持"在说服董事会选择我上发挥了很大作用"。

对蒂尔来说，强制的揽才过程留下了苦涩的余味。一位观察者表示，对于董事会中一些人一直试图排挤他的情况，蒂尔感到"非常不满"。这件事在他和红杉资本的莫里茨之间造成了裂痕，而且始终没有完全修复，还加剧了贝宝对"高管经验"的抵触。

关于让有才华的新人掌舵，蒂尔既是例子，也是赞成者。早些时候，蒂尔不顾董事会成员的建议，任命里德·霍夫曼为首席运营官。他任命萨克斯为战略副总裁，哪怕有人担心萨克斯和同事的关系。他提拔刚从商学院毕业的罗洛夫·博沙担任首席财务官，并任命年轻律师丽贝卡·艾森伯格担任首次公开募股的首席法律主席。后来，关于蒂尔逆向行为的讨论集中在他对市场和政治的决策上。但在贝宝时代，他反传统的倾向与数学或政治哲学无关，而是与人有关。

丽贝卡·艾森伯格是哈佛毕业的律师和科技专栏作家，被解雇仅几周后，她在互联网泡沫高潮时期加入公司。她激情澎湃地回顾了自己的入职经历，并谈到贝宝的文化。"彼得及其团队的伟大之处在于，他们丝毫不关心其他东西。我是一个直言不讳的专栏作家。在那之前，我的照片被印在公交车上。我想什么说什么。我是女人，还是著名的女权主义者。我承认自己是双性恋，"她说，"他根本不在乎。他看重的是努力工作的聪明人。"

* * *

马斯克离开后不久，蒂尔召集了一小组人，包括博沙、萨克斯和拉夫琴。他们围坐在博沙女友公寓里的一张大木桌旁，拉夫琴回忆起那一刻的严肃气氛：他们得到了想要的东西，马斯克离开了，公司现在是他们的了。但危机也随之而来。蒂尔将对抗不同生存威胁的责任分配给了与会人员。

另外一帮人来到加州的瓜拉拉，在里德·霍夫曼的祖父母家中碰头。他们把每天的安排进行了划分：第一天，诊断公司问题；第二天，提出解决方案。他们达成的一项特别共识是：公司将放弃X金融，并专注于巩固其作为易贝"主商家"的地位。（第三天，聚会小组还是进行头脑风暴，讨论如果公司倒闭该怎么办。霍夫曼提出了一个他最终实现的想法：建立一个职业社交网络，也就是后来为世人所熟知的领英。）

2000年秋天，贝宝各级员工都感到了紧迫感。"那时，在贝宝，你做的每一件小事、每一秒都很重要。你！你一个人就可能成为瓶颈。你能感觉到，也能理解，"奥克萨纳·伍顿回忆道，"这种紧迫感会驱使你。你会不吃饭，不去洗手间，就是要把它搞定。"

贝宝有很多事情要做。来自易贝、维萨、万事达等对手的威胁仍

第十五章 伊戈尔

然很大，公司的资金越来越紧张。到2000年秋天，贝宝只剩下够几个月使用的资金，获得额外资金的希望渺茫。除非贝宝能够扭转局面，表现出良好的业务状况，否则谨慎的投资人不太可能再砸钱。马克·伍尔威回忆说："我们认为，我们很有可能会破产。"

马斯克离职一周后，董事会召开会议。9月28日，蒂尔在一封发给全公司的邮件中概述了这一战略调整。

所有人：

下面是X.com下个月首要任务的最新消息。

（1）欺诈防范。麦克斯·拉夫琴将领导这项工作，莎拉·因巴赫将协调实现这一目标所需的工程、财务和运营团队。好消息是，欺诈危机很容易控制，我们有许多出色的前端解决方案（在骗子进入系统之前预防）和后端解决方案（一旦骗子进入系统就发现他们）。

（2）产品周期/V1平台。产品周期将尽可能加快，因此所有工程资源都将集中在V1平台……

（3）品牌。我们的双重品牌不会改变，产品将被称为贝宝（因为这是消费者熟悉的），公司将被称为X.com（因为这是投资人熟悉的）。

（4）X金融。我们将关闭X金融业务，并着手将所有业务整合到贝宝上。X金融的所有工作人员都将转移到贝宝产品上，因为它需要我们在现阶段倾注全部精力。

谢谢。

彼得

＊＊＊

正如拉夫琴指出的，对一家刚开始"对欺诈一无所知"的金融公司来说，欺诈防范如今已名列其战略优先事项的首位，这代表着一个巨大的转变。就在蒂尔发布公告的几天前，罗洛夫·博沙和拉夫琴向蒂尔等董事会成员概述了贝宝欺诈问题的严重性。

博沙通过对公司的持续分析得出了关键结论：困扰网站的欺诈会以不同的形式出现。第一种，由买方实施的商业欺诈。有人会买一件东西，然后谎称它送到时是坏的，或者发错货，或者根本就没有送到。买家会要求退款，而金融中介贝宝则负责提供退款。公司逐渐意识到，这类欺诈行为让大大小小的零售商都很恼火。博沙回忆道："商业欺诈有点儿令人恼火，但这只是做生意的一小部分成本。"

更令人担忧的欺诈类型涉及信用卡、外国直接发货网站，甚至还涉及空壳公司。一些黑客用偷来的信用卡开立贝宝账户，购买商品并运到海外，然后转卖。还有一些骗子构建空壳公司，诱骗毫无戒心的买家购买虚假商品，然后不发货，把钱装进自己的口袋。为了掩盖踪迹，欺诈者会通过一系列精心设计、无法追踪的虚假海外账户，将资金转移。

这种职业犯罪给公司带来了更严重的风险。"你可能会让几个聪明的罪犯不断从你的账户中转走数百万美元，这将使你破产，"博沙解释道，"未经授权的欺诈行为难以遏制。"

打击专业欺诈的核心挑战是，迅速并大规模地区分授权和未经授权的收费。之前，公司竭力保持宽松，避免在交易过程中增加任何额外步骤，以促进增长。但现在，随着贝宝逐渐获得认可，它的宽容成为一种负担。公司的对手不再是无聊的大学生，他们为赚取啤酒钱而开设虚假账户。公司在与一心想窃取数百万美元的职业罪犯作战。

博沙总结道，如果不加以制止，欺诈将不仅仅是烦恼，它可能会使企业陷入困境。博沙将这些看法传达给贝宝董事会，董事会也同意

第十五章　伊戈尔

他的悲观评估。董事会成员蒂姆·赫德总结道："如果我们不解决这个问题，贝宝今后就不存在了。"

* * *

在拉夫琴最喜欢的电影《七武士》中，武士首领勘兵卫让一名武士"到北方去"，决战将在那里进行。对方问，如果勘兵卫知道战斗将在哪里进行，为什么不建造一道屏障来阻挡敌人呢？勘兵卫解释说："一座好的堡垒需要一个缺口。必须诱敌深入，这样我们可以攻击他们。如果只防守，我们就会输掉战争。"

贝宝在飞速增长的过程中，不经意间建起一座缺口巨大的堡垒，并被骗子充分利用。但是，就像《七武士》一样，贝宝堡垒的缺口成为关键的诱饵。贝宝对其平台上众多欺诈者的密切观察，帮助它采取一系列尖端的补救措施，其中有几项成为威慑技术的行业标准。卢克·诺塞克解释说："（欺诈）意外地拯救了我们，而且这比购买超级碗广告便宜。"

在马斯克卸任首席执行官之前，向贝宝 2.0 的缓慢过渡给了拉夫琴空闲时间。他趁机泡在诈骗犯的聊天室和在线论坛中，在对方的地盘上监视他们。托德·皮尔森回忆道："看着他解决这些欺诈问题，你一定会惊叹不已。他有创造力……比如他会进入俄罗斯黑客聊天室，并窃听他们。我想，'我们可怜的对手，他们太倒霉了'。"董事会成员蒂姆·赫德记得，拉夫琴曾给诈骗犯打电话，并用乌克兰语和对方交流。

拉夫琴和同事发现，公司的攻击者老练程度各不相同。一个有点儿聪明的骗子创建山寨网站"PayPai.com"，利用字母 l 和 i 的相似性，引诱用户访问一个正常运行的 PayPal.com 复制网站，小赚了一笔。但更复杂、更具威胁性的诡计也出现了。例如，从贝宝成立之初，它就面临来自机器人的攻击。机器人是用来开设大量新账户的代码，目的是榨取公司 10 美元和 20 美元的奖金。

为了解决机器人问题，贝宝的工程团队发现，自己要解决一个古老的哲学问题。在 17 世纪，勒内·笛卡儿曾思考，什么是人类能做而机器人或"自动机"不能做的。笛卡儿在《方法论》中提到自动机时，自动机还不存在，但在 20 世纪 50 年代，英国计算机科学家和数学家艾伦·图灵开始研究笛卡儿的问题时，自动机的原始版本已经出现。"我建议思考这个问题：机器能思考吗？"图灵写道。

图灵的答案是，让计算机参加一个"模仿游戏"。在游戏中，计算机和人被锁在不同的房间里，需要回答第三个房间里的人提出的问题。如果提问者不能区分机器和人的答案，那么计算机就通过了图灵测试。

几十年之后，贝宝的工程师出于更功利的动机加入了竞争。"什么事情计算机不能做，但对人类来说却很容易？"拉夫琴向他召集的工程师团队提问。工程师戴维·高斯贝克回想起，他在大学时对计算机破译图像能力的研究。他记得，人类可以认出弯曲、隐藏或扭曲的字母，这对计算机来说要困难得多。他看着拉夫琴说："OCR。"他指的是光学字符识别。

这个概念对拉夫琴来说并不陌生。在他经常访问的 Usenet 等论坛上，黑客们一直在窜改文字，以防止信息被窥探。于是，"SWEET"会变成"\$VV££+"，"HELLO"可以表示为"|-|3|_|()"或")-(3££0"。人类可以读懂这些代码，政府的计算机则不能。

"所以那天晚上我在想，'有哪些问题是人类容易解决，而计算机却很难解决的'？"高斯贝克回忆道，"识别字母似乎是最典型的例子。我给麦克斯写了一封电子邮件，说：'显示文字图像，然后要求用户输入，我们为什么不这样做呢？这很难自动生成。'"高斯贝克在深夜给拉夫琴发了电子邮件。第二天，当高斯贝克到达办公室时，他发现拉夫琴"已经完成过半"。在那个周末，拉夫琴马不停蹄地完成了一

第十五章　伊戈尔

个初级产品。完成后，他立刻推送代码，然后用安装在隔间里的扬声器播放瓦格纳的《女武神的骑行》。

* * *

为了完善产品，拉夫琴和团队研究了当时已有的自动化工具。拉夫琴走到附近的一家计算机商店，买了一大堆光学字符识别软件（当时还处于起步阶段），它们可以从图像或手写字中提取机器可读的文本。这项研究被进一步改进，包括使用模板字体，并在文本上添加粗大的半透明线条，两者都会使从商店购买的光学字符识别软件出错。

团队预测，他们称为"高斯贝克-拉夫琴测试"的方法一开始会有效，但随着时间的推移会逐渐落后。与其他贝宝产品一样，团队计划研究失败之处，重新部署，然后重复。尽管最初的解决方案很高明，但高斯贝克预计，如果有足够的时间，诈骗者能够战胜系统。"这个问题还是可以解决的。"高斯贝克记得自己曾想。

部署这个功能后，团队等待它崩溃。令他们相当惊讶的是，它并没有崩溃。高斯贝克回忆说："最初的版本在许多年里都保持得很好。我想，那些试图打败它的人并不是有能力做到这一点的人。这是一套与网页交互截然不同的技能。"

高斯贝克-拉夫琴测试成为全自动区分计算机和人类的图灵测试（即验证码）的第一次商业应用。今天，验证码测试在互联网上很普遍，上网时我们经常需要从一组图像中寻找某个特定图像，比如消防栓、自行车或船。但在当时，贝宝是第一家迫使用户以这种方式证明自己是人类的公司。高斯贝克和拉夫琴并没有发明验证码，卡内基·梅隆大学的研究人员在1999年设计了类似的产品。但贝宝版本的验证码测试是此类技术的第一次大规模应用，贝宝也是最先解决区分人类与机器这一古老挑战的产品之一。

※ ※ ※

喜剧演员约翰·穆兰尼后来拿验证码测试开玩笑说:"世界是由机器人控制的。我们每天大部分时间都在告诉他们,我们不是机器人,只是为了登录并查看自己的东西!"

贝宝的一些人预见了这个问题:这样的测试可能会给真正的人类用户带来麻烦。当拉夫琴第一次向大卫·萨克斯提出,想用粗线条划过的残破文本进行用户测试时,萨克斯记得自己的回答是:"你在跟我开玩笑吗?没人能理解这个。这将阻止人们注册我们的产品……你想对我的注册页面做什么?!"斯凯·李记得,关于创建能用于验证码测试又不影响网站使用的图像,大家进行了长时间的反复讨论。她说:"下载图像不会花很长时间。你想要的是速度,而不仅仅是有用。"

最终,萨克斯妥协了。但他的抵制体现了贝宝在网站的安全性、可用性和资金之间的长期平衡举措。"彼得叫它'表盘',"萨克斯回忆道,"你如果愿意牺牲可用性,那就很容易阻止欺诈。难的是保持足够的可用性且不让欺诈泛滥。因此,麦克斯控制诈骗表盘,我控制可用性表盘。我们一起达成平衡。"

在此期间,公司领导层在产品和财务之间,建立了萨克斯所说的"紧密、迭代的循环"。每周的周末会议成为常态,公司密切关注表盘的每一次调整,了解账户增长的减少如何影响收入,或者银行账户融资交易的变化如何改变成本等。

随着时间的推移,贝宝对这些表盘的微调使它拥有竞争优势。"我们很多竞争对手的失败之处是,当开始被欺诈困扰时,他们会立即把注册页面变成 4 个标有箭头的页面,上面有 100 个问题。"肯·米勒

第十五章 伊戈尔

回忆道。尽管贝宝因欺诈损失了数百万美元,但它并没有采取如此严厉的措施。相反,他们做出了细微的调整,结合使用产品设计、详细分析和打击欺诈的工具,将损失转化为突破。

* * *

高斯贝克-拉夫琴测试和桑杰·巴尔加瓦的"随机存款"概念都在外部防范了骗子,但并没有阻止所有的骗子进入。许多人设法绕过这些安全措施。为了对付他们,公司还必须解决如何部署后端交易监控的问题,也就是说,监控已经开立账户的用户。

在这个领域,贝宝将在行业中留下另一个开创性的印记,这在一定程度上要归功于一位工程实习生的贡献。鲍勃·弗雷扎加入贝宝的经历一波三折。他的父亲比尔·弗雷扎曾在 1999 年参加过卡托研究所的一次会议,在那次会议上,彼得·蒂尔谈到互联网企业的前景。比尔·弗雷扎和蒂尔交换了电子邮件地址。在儿子鲍勃(当时是斯坦福的本科生)申请暑期实习时,比尔·弗雷扎把他的简历发给了蒂尔。

蒂尔很快回复。"谢谢你把弗雷扎介绍给我们,"蒂尔回复道,"我们已经有大约 14 名斯坦福毕业生在 Confinity 工作(包括我本人),我尽一切努力从斯坦福聘请更多的人,所以我肯定会给他打电话。"弗雷扎是一名迅速成长的工程师,因此蒂尔把邮件转发给了拉夫琴。

"一开始,我在想,'彼得,你为什么要把这个实习生交给我'?"拉夫琴回忆道,"我不需要任何人给我倒咖啡。"Confinity 没有传统意义上的实习生:拉夫琴希望他的团队规模小,工程师自力更生。他不打算给大学生当导师。

一些实习生来面试时,拉夫琴鼓励他们选择全职工作。早期员工贾韦德·卡里姆在大三时接受了拉夫琴的面试,他以为那是一份暑期工作。"然后我说,'是的,我只是对暑期实习之类的感兴趣'。但拉夫琴没有理会,直接给我发了全职工作的录用通知。"卡里姆接受了这份工作,在 20 岁开始了职业生涯。在公司名单上,他是几个中途退学的大学生之一。(公司有能力吸引一流大学的人才,受到这种能力的鼓舞,公司在《斯坦福日报》刊登广告,鼓励学生退学加入。)

与卡里姆不同,弗雷扎更明确地表示,他只是在找暑期工作。蒂尔敦促拉夫琴联系他,与他谈谈。拉夫琴回忆说:"我在帕洛阿尔托的大学咖啡馆和(弗雷扎)谈过,我意识到他是一个特别的孩子。"

弗雷扎于 6 月 20 日进入贝宝实习,当时拉夫琴开始关注欺诈问题。弗雷扎在公司最亲密的朋友之一,是另一位斯坦福实习生鲍勃·麦格鲁。团队的其他成员称两人为"实习生鲍勃们"。"我想这个玩笑演变成,他是'鲍勃实习生',而我是'实习生鲍勃',"麦格鲁回忆道,"没人记得谁是谁。"

在没有正式实习项目的情况下,贝宝的首批实习生默认要完成全职员工的工作,并获得相应奖励。弗雷扎获得了公司的少量股权,这对于临时员工并不常见。波拉·钟在 2000 年夏天加入公司,成为商务实习生。她在完成暑期工作后,继续做兼职,同时在斯坦福商学院完成了学业,并获得了这段时间的股票期权,最后在 2001 年全职加入公司。公司甚至向某些顾问和合同工授予按小时计算的股票期权。

弗雷扎、麦格鲁等短期员工和全职员工一样努力工作,并负责同样敏感的项目。例如,麦格鲁设计了一种方法来提高贝宝主密码的复杂性。"麦克斯考虑了(我的想法)一会儿,"麦格鲁回忆道,"这与他所做的不同。然后他说:'好主意。我们就这样做。'于是我重写了整个密码管理方法。"

麦格鲁还回忆起公司给予优秀员工的自由,包括他的同事"实习生鲍勃"。一天,弗雷扎下午 2 点才来上班,取消了原定与老板拉夫琴的会议。拉夫琴问发生了什么事,弗雷扎解释说,他刚买了一个计算机方向盘,昨晚为玩电子游戏熬到很晚。麦格鲁笑着说:"这样的事情就会发生在这种地方。"

***

公司的高级安全调查员约翰·科塔内克记得，弗雷扎对欺诈问题非常愤怒，因为他曾两次成为欺诈的受害者。两名卖家寄给弗雷扎的是空箱子，而不是他订购的商品。"他多次对我说：'我不希望这样的事情发生在人们身上。我不希望人们被宰。我想帮助阻止这种事情发生。'"科塔内克回忆道。

2000年夏天，弗雷扎加入拉夫琴对欺诈模式的调查。欺诈者会留下线索，前后一致的行为序列。起初，这些模式有简单的规律，例如，交易的时间或金额可以用来检测欺诈行为。有一次，拉夫琴注意到，欺诈账户通常有一个特征：骗子在伪造账户资料时，不会把名字的首字母大写。这种模式可以作为预防性测试。例如，如果一个账户中的tom使用小写t，它将被团队的人工欺诈分析师标记，需要特别注意。

不过，骗子很快就领会了这种简单的逻辑。"坏人……会测试你是否使用简单的规则集合。"拉夫琴对行业出版物《美国银行家》这样说。比如，如果拉夫琴和团队设置1万美元的标准，超过标准的交易由贝宝员工手动审核，那么小偷就会注意并进行迭代。"他们会发起10次1 000美元的收费。然后，假如我们设置，对总费用超过1万美元的交易进行审核。那么他们会说：'好吧，要是我创建10个假账户，给每个账户汇999美元呢？'"麦格鲁说，"这……很难制定规则。"

公司越大，骗子就越老练。贝宝真正的麻烦始于国际黑客开始攻击公司。最大胆的骗子与拉夫琴及其工程团队展开了猫鼠游戏。骗子找到漏洞，工程师会修补它，然后骗子会再次尝试。"这变成了军备竞赛，"肯·米勒说，"我们会采取措施，而他们会用新方法狠狠回击。"

一个特别顽固的小偷的化名为"伊戈尔"。伊戈尔的手段之一是，创建两个看似合法的账户，以通过贝宝的初始筛查程序。然后，他会等待。过了足够的时间以避免被怀疑，他会借助窃取的信用卡号码，用一个账户购买另一个账户的商品。然后，假卖家会把钱转到非贝宝的银行账户。

对旁观者来说，这些交易看起来很普通，与贝宝每天促成的无数买卖交易没有什么不同。伊戈尔的狡猾之处在于，他创造了一种贝宝不会起疑心的复制交易。

* * *

到 2000 年秋天，公司每天处理数以万计的交易，金额和细节可能相差很大。手动搜索不当交易是不可能的。因此，拉夫琴和弗雷扎等人开始研究更复杂的模式，包括可疑的邮政编码、互联网协议地址、触及交易限额的账户等特征，它们涵盖贝宝的各种欺诈情形。

拉夫琴和弗雷扎等人深入研究模式识别，他们想知道，贝宝系统上的活动是否可以用视觉而非数字形式呈现。于是，团队尝试了一下，构建了资金流动的可视化展示，相当于为公司做超声心动图。

在计算机显示器上，画面显示一系列代表资金流动的线条，每条线的粗细对应某次交易的规模。如果一个账户只出现过细线（小额）交易，而近期记录中突然出现粗线，可能就意味着有麻烦了。

将金融欺诈可视化增强了调查人员的直觉，这些数字工具让贝宝欺诈分析团队明确了要在数字迷宫中寻找的目标。科塔内克回忆说，在使用这些工具之前，团队淹没在大量纸质记录中。"我们直接打印出来，一箱箱全是文件，这样就可以拿着荧光笔检查，再贴在墙上。我好像在电影里看到过，但在现实生活中，除了贝宝，我在其他任何

第十五章　伊戈尔

地方都没有见过。"科塔内克表示。

随着时间的推移，产品主管和工程师帮助迭代原始设计，为调查人员打造工具，以大规模地发现可疑活动。"突然间，只需点击一下按钮，我们就可以看到一个由4 300个账户组成的网络，我们认为它们都是相关的，并且属于同一个圈子，"肯·米勒说，"而在以前，我们要花几周时间才能得出结论。"

可视化展示也使比较欺诈类别变得更容易。有一次，弗雷扎向麦格鲁建议，团队可以尝试将图与图相匹配。在理论计算机科学术语中，他描述的是子图同构问题，这是一个具有挑战性的计算任务。程序员曾使用这种技术来比较化合物的复杂结构等。

弗雷扎和拉夫琴将这种技术应用于欺诈活动模式，并取得了另一个突破：现在，贝宝不仅可以匹配数字，而且可以匹配模式。他们用计算机生成的规则对其进行验证，一个模式如果与之前的某个模式相似，就会触发警报。如果这样的欺诈模式出现得足够频繁，团队就可以在系统中编写一条通用规则，以防止它再次出现。

工程师桑托什·贾纳丹说："一个简单通俗的解释是，我们开始打击模式，而不是（打击）骗子。模式就是数学。一些从事这项工作的人基本上都是来自斯坦福的数学专家，麦克斯雇用了他们，他们创建模型，检测模式中的变化和异常，这在当时是一种非常先进的观察事物的方式。"

贝宝诈骗者被迫采取更复杂的欺诈形式，而且往往会厌倦这个过程。"（我们的工作）让那些愚蠢的骗子失业了。"麦格鲁回忆道。额外的工作也导致欺诈者犯更多错误。麦格鲁解释说："方法越复杂，你就越有可能留下痕迹。你重复使用以前在可疑交易中用过的互联网协议地址，就会触发标记，标记会被欺诈分析师收到。欺诈分析师调出你的新图表，一下子就能识别出模式，并看到你正在试图做可疑的事情。"

弗雷扎和拉夫琴的新欺诈检测系统被命名为"伊戈尔",以纪念那个臭名昭著的贝宝欺诈者。伊戈尔不仅曾入侵贝宝系统,还进行人身攻击,用嘲讽、挑衅的电子邮件嘲弄拉夫琴。他因该项目的名字而不朽,这个名字出现在对合作伙伴的宣传甚至美国证券交易委员会的文件中,这增添了一些讽刺意味:伊戈尔系统帮助结束了伊戈尔本人的恐怖入侵。

* * *

像伊戈尔这样的工具为贝宝提供了实时、账户层面的欺诈视图:如果某个账户看起来可疑,反诈团队可以观察资金流动,并当场发现不良行为。还有其他帮助团队在欺诈发生后进行追踪的创新。

在这项工作中,公司使用应用数学来弥补经验不足。工程师桑托什·贾纳丹表示:"负责这项工作的人并不是该领域的专家。坦白地说,这样很好。他们没有先入为主的观念,而是以全新的眼光看待这个问题,并将欺诈转化为可控制、数学化的东西。"

迈克·格林菲尔德就拥有这样的全新眼光。他作为欺诈分析师加入公司,向拉夫琴汇报工作。格林菲尔德回忆说:"他们实际上是雇我来,让一个(但愿)聪明的22岁年轻人来解决这个问题,看我能做些什么。老实说,头6个月我并不是特别有用。"格林菲尔德开发软件,生成决策树形图,以预测欺诈,但他"输入了太多数据",使得软件无法发挥作用。然而,该软件被证明非常适合识别商业欺诈行为。

格林菲尔德软件背后的算法过程被称为"随机森林",由多个决策树形图组成,以改进预测。这种方法使贝宝可以筛查出冒牌交易。"经过18个步骤后,我们会说:'好,这笔交易有20%的概率有问题,另一笔有0.01%的概率。'我们会创建100个这样的算法。"格林菲尔德解释说。

贝宝的方法与传统金融服务公司不同：它的模型可以同时处理数百个不同的变量，而不是传统银行使用的更有限变量的回归模型。2000年到2001年，机器学习和大数据催生的行业还很遥远，但贝宝开创了定义这些行业的许多技术。例如，贝宝对随机森林的使用，是世界上最早将这种学习方法应用于商业目的的例子之一。

经过这些演变，贝宝有效地将自己重塑为首批大数据安全公司之一。拉夫琴表示："贝宝其实或多或少是一家商品企业。这听起来很酷，很有创意……在互联网上转移资金。但是信用卡接口已经存在了20年……我们（所做的）只是放上非常漂亮的网页封面，让人们使用电子邮件地址而不是账号。"但在表面之下，拉夫琴说，贝宝的核心创新闪闪发光：

贝宝的核心部分是庞大并由数字驱动的风险管理系统，当你把钱转给别人时，我们可以立即判断，你转的钱是你自己的，还是你非法获得的，确定性相当高，并且稍后可能会帮助当局调查或追回这笔钱。

即使是贝宝数百万美元的不良交易，也可以用它们生成的大量数据来解释。格林菲尔德后来在个人博客中写道："在搜集了解问题和建立良好预测模型所需的数据时，因欺诈而损失大量资金是不可避免的，也是必要的。通过数百万笔交易和数万笔欺诈交易，我们的欺诈分析团队可以发现更微妙的模式，并更准确地检测欺诈。"

总之，贝宝将欺诈从生死攸关的威胁变成公司的标志性胜利之一。它还有减少竞争的意外好处。蒂尔说："随着俄罗斯黑客越来越厉害，他们也越来越善于摧毁我们所有的竞争对手。"小偷欺诈贝宝用户越来越费劲，便转向更容易捕获的猎物。"我们还发现诈骗犯很懒，对吧？他们只想做最少的事……所以我们只是希望把他们推向我们的竞争对手。"米勒说。

* * *

2000年12月19日，罗洛夫·博沙给几位高管发了一条消息，他现在可以报告，从10月到11月的一个月里，因欺诈而引发的成本下降了近200万美元。随着时间的推移，贝宝将成为金融服务行业中欺诈出现率最低的企业之一，到2001年底，其欺诈出现率降低了几个数量级。

坊间流传的迹象也证明，公司在打击欺诈方面取得了进展。从2000年底到2001年初，拉夫琴和米勒等员工仔细研究了各种互联网中的聊天渠道，它们经常被诈骗犯使用。他们注意到，正常使用的贝宝账户现在是收藏家的宝贝。随着公司关闭不法分子的账户，少数幸存下来的账户被像商品一样出售。米勒说："你可以看到，获得贝宝账户的成本越来越高，我们认为这是非常好的事情。"2001年，公司直接购买了被盗的贝宝账户，只是为了针对欺诈行为开展逆向工程，更好地了解对手。

团队在打击欺诈方面的成功使成员获得认可。在2002年"35岁以下的创新者"名单中，拉夫琴占有一席之地，该名单由《麻省理工科技评论》(*MIT Technology Review*)每年编制，并经同行评议，久负盛名。多年来，其他获奖者还包括脸书创始人马克·扎克伯格、谷歌联合创始人拉里·佩奇和谢尔盖·布林，以及Linux创始人林纳斯·托瓦兹。由于拉夫琴和弗雷扎在伊戈尔项目中的工作，他们获得了美国专利，专利号为US7249094B2，该专利被定义为"描述在线交易的系统和方法"。

弗雷扎在去世后被授予这项专利。2001年12月18日，在期末考

第十五章　伊戈尔

试后的第三天，也是他 22 岁生日的前三周，弗雷扎因心脏衰竭去世。在《斯坦福日报》上的讣告突出介绍了弗雷扎在贝宝的经历和他在伊戈尔项目中的工作。麦格雷告诉该报："贝宝没有成为破产的网络公司，而是处于领先地位，伊戈尔项目是两三个主要原因之一。"

弗雷扎的死对同事打击很大。"他去世的时候，大家都很悲伤，"团队首席招聘官蒂姆·温泽尔说，"因为大家都很喜欢他。"贝宝邀请哀伤辅导师到办公室，拉夫琴飞往宾夕法尼亚州的劳伦斯维尔，参加 12 月 22 日弗雷扎的追思会。

萨尔·詹班科还建议团队为弗雷扎的父母和兄弟编一本贝宝纪念册，拉夫琴向全公司发出请求，希望大家提供任何"有趣、私人、好玩、滑稽的东西，无论什么，只要是与你和鲍勃共事有关的东西"。

拉夫琴在葬礼上把纪念册交给弗雷扎的家人，对方深受感动。"我可以毫不夸张地说，对我们来说，没有任何想法、语言、行为或姿态的意义，能与你们贝宝的所有人整理的这本回忆录相提并论。"比尔·弗雷扎在给团队的信中写道。他指出，他儿子生前很喜欢在贝宝的工作，也很喜欢"向才华横溢、多疑且苛刻的同事证明自己的挑战"。

比尔·弗雷扎写道："我知道，鲍勃已经达到工程师在能力巅峰时所进入的优雅境界。得知他在短暂的一生中体验过如此深刻的快乐，这将是我永远的安慰。"几周后，弗雷扎一家参观了贝宝公司的办公室。几年后，拉夫琴面对一群初创企业创始人，引用弗雷扎的例子来说明，经验不足不是发挥影响力的障碍。

第十六章

使用强力

就在马斯克离开之前，产品团队再次做出努力，以增加公司的收入。通过一项名为"追加销售"的活动，贝宝温和但坚定地鼓励用户承认，他们使用贝宝是否出于商业目的。如果他们回答是，网站将提示他们升级到企业或高级账户。

整合追加销售的工程、设计和商业元素的任务主要落在两位制作人身上：保罗·马丁和埃里克·杰克逊。杰克逊也是蒂尔聘请的斯坦福校友，1999年底加入公司。杰克逊最初被分配到卢克·诺塞克的市场营销部工作，后来成为大卫·萨克斯在产品团队的弟子。

保罗·马丁曾是斯坦福的田径运动员，主修历史，他通过《斯坦福评论》结识蒂尔。在参观Confinity办公室时，马丁"看到一群非常酷的人……拥有绝妙的……对抗世界的心态"。不久，马丁从斯坦福辍学，加入Confinity，成为营销助理，年薪3.5万美元。

5月，贝宝推出最初的企业和高级账户，放弃了它"永久免费"的理念，但由于没有强制用户升级，公司受到的抵制有限，同时证明了这种方式可以产生收入。马丁说："让人们为以前免费的服务付费，这在当时被认为是硅谷最困难的任务，许多其他公司都失败了，而我们成功了。"

现在是追加销售，这将进一步推动账户升级。产品团队将所有的注意力都投入这次活动，并全力应对用户愤怒的风暴。马丁比大多数人更了解在线拍卖用户的强烈情绪。在拍卖产品的工作中，他加入各种拍卖相关的留言板，并且表现活跃。"贝宝保罗"是他在易贝的反馈论坛、Auction Watch 和 Online Traders Web Alliance 电子商务网络平台的名字。当贝宝网站出现问题时，无论是否被发现，他都是遭到猛烈抨击的几名贝宝员工之一。

他不是唯一有这种遭遇的人。易贝也曾因用户的直言不讳而备受困扰。作为易贝的首批员工之一，玛丽·卢·宋在设计新的拍卖类别时，天真地将"纽扣"与"缝纫收藏品"版块混为一谈。这个名称似乎合情合理，但拍卖留言板却一片沸腾。记者亚当·科恩在《完美商店》(The Perfect Store) 一书中记录了易贝创立早期历史中的纽扣事件：

在此之前，她还不知道纽扣收藏家的存在，他们指责她对纽扣如此无知。"你知道纽扣有复古的，有古董的，也有现代的吗？"一个愤怒的纽扣卖家教训她，"你知道纽扣不属于缝纫收藏品吗？你知道纽扣属于专有的纽扣类别吗？你知道纽扣可以是塑料的，也可以是金属的吗？你指的是针背扣还是四孔扣？"

宋承认失误，并为纽扣创建了新的类别。宋告诉科恩，如果麦当劳推出新款三明治，人们会决定买不买。他们不会说："为什么不告诉我？"宋和马丁都意识到，不管他们喜欢与否，在线拍卖社群对平台和工具有一种特殊的主人翁意识。

* * *

由于追加销售，贝宝在其"永久免费"的政策上反复无常，团队知道他们必须在用户面前走钢丝。公司将追加销售称为对程序的小幅调整，请已经将贝宝用于商业目的的用户，在网站上将自己标为商家。团队在发给员工的谈话要点中写道："这不是新政策，只是对旧政策的提示。"

当然，用户不太可能这么看。贝宝上的易贝卖家通常不认为自己是商家。他们大多数都没有店面，没有库存，也没有员工。他们认为自己是虚拟旧货甩卖的主办者，而不是崭露头角的企业家。

团队编写并仔细编辑了用户登录贝宝网站时看到的页面。它要求用户"重申"自己属于什么类别，并引用服务的"使用条款"，该条款要求从事商业活动的贝宝用户注册企业账户。用户有3个选择：

- 升级到企业账户：适用于在线开展销售业务的公司。
- 升级到高级账户：适用于在线兼职销售或全职销售的个人，或想要使用我们所有最佳功能的个人。
- 我不是卖家：适用于仅将贝宝用于非商业目的，并希望保留个人账户的个人。

起初，团队选择只向交易金额最高的易贝卖家展示该页面，他们的高支付量业务本应让他们选择选项1或选项2。他们对这些选择的反应将是一个重要的信号。

贝宝追加销售发布前几天，贝宝给人的感觉就像一座正在为围攻做准备的城市。全体员工的工作包括工程、设计、产品和客户服务。萨克斯为空隙页面写了草稿，全公司都被预先警告客户抗议即将到来。员工被告知，所有媒体咨询都要转给公关主管文斯·索利托，所有客服咨询都要转给奥马哈。

2000年9月12日,也就是发布的前一天晚上,杰克逊向整个团队写道:"启动追加销售,希望一切顺利……"

* * *

然后结果就是:用户愤怒了,拍卖留言板上充斥着批评。用户kellyb1写道:"我注册贝宝时,贝宝说它是免费的,而且会一直免费。他们的所作所为肮脏而卑鄙。他们用免费账户的承诺把大家都拉进来,'别担心,我们通过浮动时间盈利'。"Honesty.com网站为拍卖卖家提供服务,其用户依赖贝宝。其中一名用户愤怒地写道:"难道要由贝宝来判断我是不是企业吗?这似乎是我和政府之间的事。"

贝宝员工达蒙·比利安的全职工作是泡在客户讨论中。每天,他都会向公司发送一份留言板观点概述,以及精选摘录,有正面的,也有负面的。在追加销售发布当天的报告中,比利安没有什么令人高兴的内容可汇报。关于贝宝排名前五的短语和感受是:

1. 诱饵推销
2. 鱼饵
3. 骗子(说我们永远不会强制升级)
4. 小额卖家担心费用问题
5. 有些人可能会在他们的网站显示"拒绝贝宝"的标志

大多数时候,比利安会单独处理留言板上的问题。而那天,他简直不知所措。比利安告诉团队:"仅Online Traders Web Alliance就有超过500篇各种帖子,而在Auction Watch上则更多。我甚至看不完所有帖子,更不用说及时回复大多数咨询。"奥马哈的热线也被投诉电话打爆了。

比利安警告说，用户的不满似乎正向留言板外蔓延。"由于更改／点选连结页面，"比利安写道，"我已经收到 4 份用户联系媒体的报告，还有几份评论是关于联系监管机构的。"客户复制了空隙页面文本，并发给科技记者。科技资讯网（CNET）等网站对用户批评进行了报道。

那几天潮水般的用户抗议和负面报道令人疲倦。但随着时间的推移，公司的网络效应开始显现。杰克逊发给全公司的报告中称："初步结果令人备受鼓舞。"

到目前为止，在大约 3 万名浏览过追加销售页面的用户中，近 20% 已经转换为收费账户，这一比例超过了团队最乐观的预测。也许更重要的是，只有个别用户弃用贝宝。"尽管留言板上出现了骚动"，但公司每周通讯报道称，在追加销售活动结束时，"只有 158 名用户真正关闭了账户（仅占我们用户群的 0.004%）"。

贝宝在消息中强调，其服务仍将是最廉价的支付方式。正如公司在给客户的群发邮件中所写的：

X.com 承诺始终为个人免费提供贝宝服务。然而，为了继续保持企业的强大和成功，我们需要卖家承担他们接受信用卡的成本的合理份额。维萨和万事达对我们处理的每笔交易都收取费用，我们需要将这笔费用转嫁给卖家，以实现收支平衡。

其他公司收取的费用是 X.com 的两倍：用 X.com 支付 50 美元的费用为 1.20 美元，Billpoint 收费 2.34 美元，而 BidPay 收费 5 美元。不要被未经验证服务的促销优惠欺骗，其他公司都不能持续地、以更低价格向在线卖家提供即时、安全、防欺诈的支付方式。

用户公开回应了公司的定价信息。一位网名为"黄蜂星"的发帖

第十六章　使用强力

者写道:"所以,这个时刻终于来了……贝宝对易贝卖家不再免费。"不过,尽管对这一调整有明显顾虑,他承认自己并不打算放弃贝宝。他写道:"我还是会接着用。我想它比其他的便宜吧。"

2000年9月的追加销售产生了一个强有力的数据点。"我们发现定价完全没有弹性,"蒂尔解释道,"当我们提高价格时,顾客都无法离开。人们说:'我们拒绝付费。'然后他们就离开了,而他们在网上没有其他可以收到付款的地方,于是又回来了。"对团队来说,这一事件在用户行为和转换成本方面提供了重要经验。他们意识到,一旦融入用户的生活,淘汰一种产品或服务就需要付出巨大的努力。艾米·罗·克莱门特表示:"人类是习惯的动物,找到办法来改变默认的行为、思维、叙事等可以带来巨大的变化。"

* * *

追加销售活动依靠的是坦诚,而不是任何强制机制。团队写道:"我们希望目前拥有个人账户的卖家遵守规则,升级到高级账户或企业账户。在让您选择账户类型时,我们相信您的诚实。"

由于没有罚款,贝宝用户仍然可以决定无视规则,像以前一样使用这项服务。公司告诉员工,他们没有强制执行的计划,但如果用户不尽快升级到高级和企业账户,他们将重新评估这一立场。

2000年9月,这个时刻到了。从5月到9月,贝宝高级账户和企业账户的注册用户超过20万,但这不足以解决公司的财务问题。所有账户费用不足以支付反欺诈、管理和信用卡支付的费用以及退款,它们仍然占据大量成本。尽管贝宝努力将用户交易转换为银行账户交易,但到2000年9月初,贝宝近70%的支付仍由信用卡支持。克莱门特指出:"我们一直在逐渐消除最初商业理念中的根本缺陷。贝宝一开始是没有用例的产品。然后我们有了用例,但没有业务模型。之后我们必须打造可持续的业务。"

本书成书时，贝宝仍处于亏损状态，其付费用户占公司所有用户的比例不到10%。公司将不得不采取更有力的策略，将用户的账户升级为收费账户，同时将其交易组合从昂贵的信用卡支付中剥离。换句话说，贝宝将不能再仅仅鼓励用户"遵守规则"，它现在必须作为裁判介入并强制执行规则。

贝宝产品之所以发展迅速，是因为它在各个方面都很宽容，从分发奖金到容忍欺诈，再到通过支付信用卡费用为小额买家和卖家提供担保。现在的"强制升级"是迄今为止产品风险最大的一次调整。

公司将要求企业用户遵守规则并升级账户，同时将客户间的交易从信用卡资金交易转换为银行账户资金和内部资金交易。一些员工开玩笑地将这次"强制升级"（Forced Upgrade）称为"FU"，他们承认，这是公司与客户关系最具争议的转变，可能会激怒客户。

此举在公司内部引发了新一轮担忧。克莱门特笑着回忆说："强制升级真是太可怕了。我们不知道会发生什么。"每天近2万名注册贝宝的新用户会突然消失吗？或者更糟的是，从一开始就收费的Billpoint和易贝，会以低于贝宝的价格赢得用户吗？对产品和执行团队来说，强制升级要么会解决根本上的业务难题，要么会暴露贝宝用户对价格不敏感的局限性。

很久以后，互联网公司可以向资深研究机构求助，了解"免费增值"定价模式。何时收费、收费多少以及如何收费这些烦人的问题，它们可以通过完善的案例研究和例子得到答案。但直到2006年，"免费增值"一词才出现，在这个问题以及很多其他问题上，团队只能依靠直觉、见机行事和迭代来寻找答案。

贝宝的高管意识到，相比迄今为止的任何其他决定，强制升级更有可能引发大规模的用户流失，因此，团队在全力研究这一调整机制时，内部争论非常激烈。在此期间产生了一个关键观点：对于这件用户不想做的事情，贝宝必须把升级过程安排在用户必须做的事情中。因此，团队提出了支持强制升级的概念：将升级与收款捆绑在一起。

在强制升级期间，个人账户用户在6个月内通过信用卡收款的最高限额为500美元。如果超过该金额，用户仍然可以收到付款，但只有升级到高级或企业账户才能获取账户中的资金。"我们认为，没人愿意拒绝客户的付款，"马丁在接受《投资者秀》(The Investor Show)播客采访时解释道，"这就是它的美妙之处。我们没有让任何人选择是否要升级为企业账户，而是让他们选择是否要接受付款。"

贝宝还提出了一个变通办法：如果收款已经达到500美元限额，但收款人仍然想要收款，他们可以要求汇款人从银行账户或贝宝账户重新转账。这样，贝宝公司可以让收款人迫使其他用户转为用银行账户资金和内部余额进行交易。

在这两种情况下，贝宝都会获益，它要么迫使收款人将账户升级为付费账户，要么使付款人转而选择更便宜的交易类型。

* * *

2000年10月3日，贝宝公司向其最活跃的个人账户用户发送了一则通知：

从现在开始的两周后，即从10月16日星期一起，X.com将对贝宝个人账户实施新的限制：每6个月接收信用卡付款的限额为500美元。该政策实施后，超过500美元限额的个人账户将无法再接受信用卡支付，除非选择升级为高级账户或企业账户。向个人账户的信用卡付款超过限额将被"待处理"，直到收款方选择通过升级接受付款，或通过拒绝收款将其退还给付款方。（之后，付款方可以通过银行账户或贝宝现有余额重新支付。）

在这段时间的交流中，贝宝让用户了解自己的想法，认为坦诚有助于平息不满。

我们向用户承诺，我们将努力制定符合以下标准的政策：（1）总体上公平合理；（2）在实施前两周宣布；（3）不强迫任何人升级（不过可以从个人账户中移除高成本的功能，例如接受信用卡支付的功能）；（4）满足贝宝将信用卡处理成本（以及其他费用，如客户服务和反欺诈）与高支付额用户匹配的需求，后者产生了我们的大部分成本。

不过，这则消息有些狡辩的意味，公司实际上让用户别无选择，只能升级。"事实上，这不是强迫的，你有选择，"大卫·萨克斯重申，他没有偏离剧本太远，"但如果你想继续使用贝宝，你就必须升级。"

可想而知，奥马哈的客服热线和留言板上再次充斥着愤怒的投诉。一位用户写道："贝宝是可以免费使用的，直到它让我们离不开，然后开始收费。""我对这家公司感到非常失望，"另一位用户抱怨，"我帮你销售、推广、发展，而你却这样对我们？你应该感到羞愧。"

用户愤怒地表示，强制升级会减少他们的收入，而且这公然违背了公司"永久免费"的承诺。"我再也不用贝宝了。到此为止，"一位用户写道，"他们制定了政策，而我不同意，所以我决定不使用它。"当抵制和停用的言论席卷留言板时，贝宝员工感到焦虑不安。

贝宝的支持者也出现了。一名用户说："你们想抗议就抗议吧，但我认为没人会支持你们。我最近和很多人谈过这件事，他们都是易贝卖家，大多数讲道理的人都认为，如果这是让贝宝继续经营下去的代价，那么我们都会接受。当然，人们对收费并不满意。尽管抗议吧，我认为你们这是自讨苦吃。"

其他人甚至可以站在贝宝的立场考虑。"关于贝宝的负面观点到

第十六章　使用强力

底是怎么回事？"一名用户写道，"他们太棒了……我的生意得到很大的促进，接受付款和存款到账户上都很便利……还有什么类似的服务？我想不出来。"另一个用户指出，由于贝宝的市场渗透率高于竞争对手，使用贝宝会导致拍卖中的出价更高。"是的，新的收费很糟，"一位用户写道，"但（当我接受贝宝支付时）出价确实更高了，我认为用它们来冲抵收费还绰绰有余。我将继续使用贝宝，并将继续向其他拍卖商推荐贝宝。"

道德问题始终笼罩着强制升级活动。一方面，公司违背了明确的承诺。这种巨大的转变让用户感到不满，尤其是超级卖家群体，他们已经在商品页宣传贝宝服务，使贝宝受益。公司还设计了升级程序，用户如果不升级，就可能损失金钱——付款方不一定知道收款方是否已升级，或达到500美元的限额。

另一方面，贝宝是企业，不是慈善机构。从交易组合中剥离信用卡对贝宝的生存至关重要，对其核心产品创收也是如此。公司也没有选择立即关闭免费账户，而是从可选择的升级，到温和鼓励，再到强制转换，所有这些都在6个月内逐步进行。更重要的是，如果贝宝不采取这些措施，公司可能不得不完全关闭其支付产品，这对有关各方都是灾难性的，尤其是参与拍卖的买卖双方。

多年来，对于其他选择涉足免费增值模式的公司，这些产品设计难题困扰着它们。这样的模式使令人兴奋的新技术得以普及，也使用户体验不佳，他们感觉自己就像温水里的青蛙。一位博客作者描述了这种分裂。他写道："免费增值开发者的行为就像可卡因贩子。他们免费提供基本服务，当你要求更多时，他们就会向你收费。"不过，仅仅在几个段落之后，作者就表示认可这种模式的普及力量："免费增值模式的出现，可能是万维网有史以来发生的最好的事情。"

该活动于10月下旬启动，在一个月内，95%的目标个人账户升级为企业或高级账户。事实证明，这是贝宝向成熟企业飞跃的关键一步，也彻底终结了将 Confinity 的贝宝推向世界的"永久免费"的承诺。

* * *

除了媒体对追加销售活动的短暂关注，公司 2000 年秋季的迭代并没有得到媒体的广泛报道。当然，团队倾向于这样，他们认为关于伊戈尔或公司定价策略的报道越少越好。

但在内部，团队明白那段时间进行迭代和改进的重要性，尤其是对底层交易组合，贝宝模式从一开始就存在一个烦人的问题。从 10 月底到 11 月初，埃里克·杰克逊尽职地发送折线图，显示蓝线（银行和余额支付）上升，红线（信用卡支付）下降。11 月 2 日，杰克逊在发送图表时附上了庆祝的标题："两条线交叉了，这终于发生了！！！"银行账户和贝宝账户资金支付现在追上了信用卡资金支付。

此后不久，公司又实现了另外两个里程碑。"11 月 24 日星期五，我们通过贝宝系统处理了我们的第 10 亿美元，"产品经理詹妮弗·郭写道，"我们正在处理巨额交易，但这还不是终点。当然，在达到征服世界的最终目标之前，我们绝对不会放慢脚步！"2000 年 12 月 8 日，贝宝向这一目标又迈进了一步，注册账户达到 500 万个。

经历了长达一年的内部动荡，又身处股市暴跌的情形之中，这些事件给了贝宝员工信心，让他们相信贝宝可以避免其他网络公司的衰退。像网站宕机这样的内部危机变得不那么可怕，而且更可控了。11 月，贝宝网站出现了长时间瘫痪，但内部消息表明，团队信心不断增强：

坏消息是，贝宝网站今天早上一直有非常糟糕的性能问题。甚至可以说，我们已经宕机了 7 个小时。

好消息是，这是只有最成功的网站才会遇到的高级问题。今天上

第十六章 使用强力

午，我们的用户数量超过了网络负载均衡设备的处理能力。

宕机仍然引起了熬夜的人的恐慌，但与前几个月不同的是，公司觉得用户更宽容了。此时，正如贝宝需要他们一样，他们也需要贝宝。

贝宝也赢得了公众的赞誉。2000年11月，*GQ*将贝宝评为"当月最佳网站"，《美国新闻与世界报道》将贝宝列入"最佳网站"名单。2000年10月，贝宝领导层参加在旧金山Regency Center举办的《连线》杂志Rave奖颁奖典礼。现场铺着红地毯，开着旋转聚光灯，这次活动邀请了大卫·斯佩德、科特尼·洛芙、托马斯·杜比和旧金山市长威利·布朗等嘉宾主持，摇滚艺术家贝克也登台表演。

贝宝获得《连线》杂志"最佳游击营销活动"提名，虽然它输给了音乐服务公司Napster，但提名本身就很有意义。贝宝也笑到了最后。据公司通讯报道："Napster最终包揽获得提名的所有3个奖项。有很多人猜测，Napster可能得了同情票，因为联邦法官最近的判决可能会让它在年底前倒闭！"在多个唱片业组织对其提起侵权诉讼后，Napster确实于2001年7月关闭了业务。

贝宝现在已经成为数字领域不可或缺的工具，这让其创始人一直紧绷的神经有所放松。团队因此而进行庆祝。大卫·萨克斯带领产品部门进行了一次漂流，他曾承诺，如果代表支付组合指标的红蓝线"交叉"，他就会这样做。曾经受到限制的奢侈项目开始出现：员工现在有全公司范围的聚会，可以享受办公室按摩，还可以享用坚宝果汁冰沙。

2000年万圣节，团队成员乔装打扮后来到办公室。据每周通讯报道，"我们的彼得·蒂尔穿着欧比旺·克诺比的服装"。公司通讯表达出一丝失望，因为卢克·诺塞克没有像他据说承诺过的，打扮成卢克·天行者的样子。但公司通讯称，诺塞克打扮成黑手党成员的样子参加了万圣节派对。

第十七章
犯罪进行中

瓦西里·戈尔什科夫和阿列克谢·伊万诺夫分别使用黑客代号"Kvakin"和"Subbsta"。他们住在俄罗斯车里雅宾斯克,擅长以美国金融公司为目标,窃取客户的信用卡和银行账户信息,然后用来购买商品。商品被运往哈萨克斯坦、格鲁吉亚等苏联卫星国附近的地点。在跨越国界和时区后,这些商品几乎无法追踪,戈尔什科夫和伊万诺夫将它们转手牟利。

这两名 20 来岁的黑客还从事着另一项事业,他们希望能以此在科技行业获得合法营生。两人侵入企业计算机系统,向企业发送入侵证据,并提供"安全咨询服务"。这个副业的消息显然传开了,因为在 2000 年夏天,戈尔什科夫和伊万诺夫收到来自一家名为 Invita Security 的美国公司的询问,对方希望他们为其提供逆向工程保护以防范黑客。

Invita Security 提出让他们两人飞到西雅图,当面把事情谈妥。戈尔什科夫和伊万诺夫听过黑帽黑客成为高薪白帽安全专家的故事,与 Invita Security 的合作听起来很有希望。从俄罗斯中西部到西雅图的旅程花了 30 个小时，两人于 2000 年 11 月 10 日抵达美国。

他们被接走，并乘车前往位于附近办公园区的 Invita Security 总部。从机场开车出来时，伊万诺夫对美国人遵守交通法规感到惊讶。"你们为什么开车这么平静？"他问接待方，"在俄罗斯……红灯一变，我们就踩油门……在俄罗斯，经常看到人们在人行道上开车，去他们想去的地方。"

他们一到公司办公室，伊万诺夫就远程登录了他（留在俄罗斯家中）的个人计算机，并演示他曾用来入侵美国系统的技术。东道主颇为震撼。当被问及两人如何获取信用卡信息的细节时，戈尔什科夫显得很谨慎。他说："这类问题最好在俄罗斯讨论。"Invita Security 的高管问他们是否担心美国联邦调查局，戈尔什科夫耸了耸肩。他说："我们根本不考虑美国联邦调查局，因为他们无法在俄罗斯抓到我们。"

演示一结束，戈尔什科夫和伊万诺夫就登上公司面包车，去酒店过夜。当面包车驶入酒店停车场，司机突然猛踩刹车。车门打开，一个声音喊道："美国联邦调查局！……把手放在背后，从车里出来！"

戈尔什科夫和伊万诺夫被全副武装、穿着风衣的联邦特工包围。两人被推下面包车，戴上手铐，特工用英语向他们宣读米兰达权利，并递给他们一张印着俄语翻译的纸。

*　*　*

为了诱捕戈尔什科夫和伊万诺夫，美国联邦调查局设下代号为 Operation Flyhook 的陷阱，使用虚假的 Invita Security 公司，其"高管"其实是美国联邦调查局卧底特工迈克尔·舒勒和马蒂·普雷维特。戈尔什科夫和伊万诺夫用来炫耀黑客技术的计算机安装了"嗅探"程序，记录他们的每一次按键，房间里的视听设备记录下了他们的一言一行。戈尔什科夫刚登录他在俄罗斯的计算机,联邦特工就下载了几亿字节的关于他黑客行迹的宝贵记录。

正如史蒂夫·施罗德在《诱饵》(The Lure)一书中记载的,戈尔什科夫和伊万诺夫收获累累。他们总共入侵过近 40 家美国公司,其中包括西联汇款,他们从后者的网站上窃取了近 1.6 万个信用卡号码。他们还从一个名为 CD Universe 的网站上窃取了 35 万个信用卡号码。负责此案的检察官表示,戈尔什科夫的"黑客技术是一流的"。一位法庭取证专家称,这两人是"他见过的一流的系统集成商"。

该档案还揭露了,检察官所称的戈尔什科夫和伊万诺夫诈骗贝宝的"巨大阴谋"。两人创建了数百个假贝宝账户和假易贝账户。然后他们发起实时拍卖,用偷来的信用卡付款,之后在不发送任何真实商品的情况下,将钱从一个账户转移到另一个账户。在贝宝看来,这是一笔普通交易,但实际上,这是一项复杂的操作,目的是将窃取的信用卡号码转换成现金。

利用偷来的信用卡,他们还在实时拍卖中用机器人竞价。参与此案的网络安全专家雷·蓬蓬写道:"伊万诺夫和戈尔什科夫的计划既详尽又震撼人心。他们通过精心设计的网络钓鱼攻击获取贝宝账户,从账户中窃取信用卡号码。然后,这些号码被自动程序用来在易贝拍卖购物。从易贝购买的商品被运往俄罗斯转售。"贝宝的损失总额接近 150 万美元。

伊万诺夫和戈尔什科夫还诈骗了使用贝宝的非易贝卖家。有一次,他们向一家计算机零件销售商订购了各种硬件。卖家寄来账单后,戈尔什科夫和伊万诺夫用偷来的信用卡通过贝宝付款。卖家随后将货物送到哈萨克斯坦的一个地址,戈尔什科夫在那里贿赂海关人员,将货物运往俄罗斯。

***

普雷维特特工打电话到贝宝，告诉贝宝美国联邦调查局的收获。电话另一头是贝宝的首席安全调查员约翰·科塔内克。科塔内克在科技公司有着独特的背景：在职业生涯初期，他曾是海军陆战队的军事情报官员。

科塔内克说："从海湾战争回来后，我买了一台计算机。我在这台486DX上花了一大笔钱。自从放进第一张3.5英寸光盘起，我就上瘾了。它使我心潮澎湃。"科塔内克刚萌生研究技术的想法，就从海军陆战队战友那里听到一些消极的看法。"我所有的弟兄都在数落我。他们说：'天哪，计算机。那没有前途。没人关注计算机。'"他回忆道。

从海军陆战队退役后，科塔内克在梅西百货担任内部调查员。随后，他从一位在贝宝工作的朋友那里听说，X.com和Confinity正准备联手，可能需要有人在两家公司和执法部门之间进行联络。

加入贝宝后不久，科塔内克发现自己遇到了语言障碍。他向全公司发邮件求助："X.com有人会说/读俄语吗？我在调查跟俄罗斯有关的有组织犯罪。在寻找线索的过程中，我希望有人能看看电子邮件地址，并告诉我它们是否有什么意义。我走投无路了！！"刚到X.com的科塔内克很快就得到回复。"他们说：'麦克斯会俄语。你不知道吗？！'我说：'我根本不知道麦克斯是谁。'接下来我所知道的就是，这个戴眼镜的家伙走进了我的隔间。"科塔内克回忆道。

拉夫琴和科塔内克这对奇怪的组合联手，与俄罗斯诈骗犯通信，由科塔内克把握口吻，拉夫琴翻译。"我会说：'我们骂他几句，把这些家伙惹毛。'麦克斯说：'好的。'于是他会用我的电子邮件地址，用乌克兰语打一些文字，回复他们。第二天，我就会收到回信。"于是，科塔内克和拉夫琴与贝宝的俄罗斯诈骗犯建立了一种"奇怪的关系"。

***

科塔内克之前知道伊万诺夫和戈尔什科夫，但不知道他们的真名。科塔内克和拉夫琴等贝宝员工知道他们叫"格雷格·斯蒂文森"和"穆拉特·纳西罗夫"。科塔内克的电子表格记录了两人对贝宝的攻击，其交易已达到 10 796 笔。美国联邦调查局联系他后，科塔内克给特工发了电子邮件："我必须说，你们昨天的消息使我大为振奋。过去 10 个月，我一直在关注和研究这个组织。"

和伊戈尔一样，"格雷格·斯蒂文森"也曾是贝宝痛恨的死对头。刚开始对付他时，科塔内克和反诈小组只是关闭姓"斯蒂文森"的账户，并发邮件到用户的邮件地址，告知对方。始作俑者伊万诺夫给科塔内克回信说："你以为你抓住我了吗？看看这个。"当天又有数千个欺诈账户开设。

10 月中旬，科塔内克写信告诉他，他已经被贝宝抓了个现行：

科塔内克：嘿，哥们儿，又是我……我们的一些客户说，你们一直在给他们发邮件，要求发货。猜怎么着，货不会发了。所以可以说，如果你没有收到货，那是因为我们拦住了。祝你下次好运。

斯蒂文森：你在吗？还是这是空邮件地址？请回复，我想和你谈谈你们的安全问题。

科塔内克：我们还是谈谈你在我们系统上的欺诈活动吧。

在这里，以及在他的全部通信中，斯蒂文森都在谋求有偿的安全工作。"我可以停止在贝宝的活动，"他曾对科塔内克说，"我可以把整个系统卖给第三方。"在一封用俄语写给拉夫琴的长信中，斯蒂文森再次表示愿意提供安全服务，介绍了他的一些谍报技巧，并嘲讽了阻挠他的行为：

第十七章 犯罪进行中

你好。你可能已经知道，我们这里有一整套通过贝宝购物的系统。

这可能看起来很奇怪，但你们将把更多的时间花在对人为因素的分析和评估上（正因为如此，我才可以通过贝宝行动，就像没人能够清除人类的肮脏）。你保护公司的措施可以被视为向前迈出了几步。

此外，我们最开始假设大多数人都是合法用户，因此在每次调整之后，我只是尽量表现得让你的系统也认为我是合法用户。

至于你的最新调整，在不久的将来，这些调整也将出现在其他网站（商店、银行等）上。这样的调整只能为你赢得一些时间（我认为不会超过2个月）。

现在，关于安全问题，我可以提供帮助，但对于一切安全问题，仅凭一句"谢谢"都不会得到解答，因为"谢谢"不能当钱花。此外，每个人都做自己的事情……你做你的事，我做我的。我希望你能理解我。

致以最美好的祝愿。

猫捉老鼠的游戏还在继续。贝宝试图阻止斯蒂文森，而后者会想办法突破公司的防线。他还会嘲讽他们。"去你的，美国混蛋们，"他曾写信给团队，"我会回来的。"

"他们明目张胆，"科塔内克告诉美国有线电视新闻网，"他们认为我们抓不着他们，因为他们在俄罗斯。"拉夫琴后来对记者说，他开始把斯蒂文森的嘲笑当真。拉夫琴在接受《旧金山纪事报》采访时曾表示："交战规则很明确。他们想偷东西，我要阻止他们。"团队有时能阻止斯蒂文森。拉夫琴和科塔内克还记得，他们让斯蒂文森试着破解高斯贝克－拉夫琴验证码，他失败了，他们感到十分自豪。

***

并不是所有小偷都远在几个时区之外。有一次，公司发现一个才华横溢的骗子住在离公司仅几英里外。团队搜集他的行径记录，甚至让欺诈继续进行，以便执法部门有时间开展工作。"我们拿到提出刑事定罪的所有必要证据，并交给美国特勤局和美国联邦调查局。他们说：'好吧，需要弄清楚他在哪个司法管辖区'，"马斯克回忆道，"我们说：'老天爷，他现在正在偷钱！这是他的地址！这是他的相貌！这是所有证据！'……犯罪正在进行！……最终，两三个月后，他们去逮捕了他。这花了太长时间。"

尽管情况经常令人沮丧且十分耗时，但公司还是希望与执法部门合作，制定威慑措施。马斯克解释说："让政府真正实施逮捕很重要。因为如果没人真的被逮捕，那么人们会继续以这样或那样的方式进行欺诈。在诈骗界，消息传得很快。'好吧，贝宝在抓人，所以最好掂量掂量。'"

诈骗分析师梅拉妮·塞万提斯记得，她曾联系多个州的执法部门，得到的答复千奇百怪。"我们刚开始说：'嘿，这里是贝宝，我们是一起金融犯罪的受害者，犯罪嫌疑人在你们辖区内。'他们会说：'贝宝？那是什么？'"塞万提斯回忆说，即使团队能够吸引执法部门的兴趣，但执法人员也不确定如何对数字犯罪进行分类，以及它们究竟是已构成洗钱、接入设备欺诈、电信欺诈犯罪，还是资金传输错误。"我们联系美国联邦检察官，他们会说：'我认为这构成了犯罪，但没有法律可以起诉。'"塞万提斯记得。

因此，美国联邦调查局在伊万诺夫和戈尔什科夫案件上的努力是一个可喜的变化。联邦调查局就 Operation Flyhook 联系贝宝公司几天后，科塔内克、拉夫琴、埃里克·克莱因和莎拉·因巴赫（贝宝客服运营和反欺诈高级副总裁）组成贝宝代表团，在西雅图会见美国联邦

第十七章　犯罪进行中

调查局特工。特工向他们详细介绍了在诱捕行动中发现的细节。

美国联邦调查局和贝宝开始合作调查此案。科塔内克回忆道:"我们建立联系,连接他们机器的互联网协议地址、他们在我们系统中使用的信用卡,以及他们在我们系统上开户所使用的 Per(实用报表提取语言)脚本。"团队发现,伊万诺夫和戈尔什科夫是假冒贝宝网站 paypai.com 的幕后黑手。

虽然贝宝很高兴政府介入此案,但关于这一努力的媒体报道并不总是正面的。控方向联邦法院提交宣誓书时,西雅图的一家报纸刊登了关于此案的报道。在报道中,他们错误地声称,贝宝是伊万诺夫和戈尔什科夫入侵的信用卡数据库之一。两人是在贝宝使用偷来的信用卡,而不是从贝宝偷信用卡,在拉夫琴看来,两者有天壤之别。拉夫琴知道,前者是公司可以设法解决的问题,而后者有可能削弱人们对贝宝安全性的信心。

按照检察官的说法,拉夫琴"勃然大怒",并敦促司法部纠正记录。检察官打电话给记者,解释错误,第二天的报纸刊登了更正内容。

* * *

这次报道纷争表明拉夫琴的一个核心原则:无论发生什么——与易贝的冲突、痛苦的宕机、大量客户投诉——任何黑客都不应该能够入侵贝宝系统,并获取用户个人信息。"开发团队在价值观上非常一致,"戴维·高斯贝克回忆道,"关于我们应该建立的标准,特别是关于安全性和正确性的保证,'我们必须确保它坚不可摧'。"

拉夫琴逐渐觉得,金融服务业对信息安全不够重视。拉夫琴和团队仔细研究了行业网络安全标准,但反应平平。如果贝宝系统要真的安全,仅仅达到这些标准远远不够。工程师鲍勃·麦格鲁回忆说:

"当时已经有了关于如何提供保护的标准，但对于对手能攻击你系统的各种方式，它们可能只覆盖了其中的 1/10。贝宝的工作结构松散，但实际上质量很高。它由注重创建真正安全系统的人完成，而非仅仅注重达到协议标准，以确保信用卡安全。"

拉夫琴还认识到，贝宝需要达到更高的标准。贝宝没有自动取款机或公共分支机构，"贝宝品牌"就是它的网站。对网站发起黑客攻击，相当于强盗同时攻击一家实体机构的所有当地银行分行。"富国银行有一个和我们竞争的账单支付系统，但如果被黑客攻击，它们并不会消失，"麦格鲁解释说，"在贝宝，任何计算机安全问题都绝对是生死攸关的威胁。"

除了外部安全措施，团队还建立了内部安全措施。麦格鲁回忆说："我们的欺诈分析师正针对欺诈采取保护措施。"休伊·林参与开发了公司的"许可"工具。她回忆说，在公司早期，"所有人及其亲属"都能接触敏感信息。之后，贝宝加强了这些控制，即使公司 C 级高管也不能直接访问贝宝用户的信用卡信息。主密码演变成共享的复杂系统，任何访问尝试都会同时自动提醒所有其他高管。在数字安全的世界，没有人可以信任，即使是公司的创始人和领导。

科林·科比特于 2001 年加入团队，担任网络架构师。他帮助改进了贝宝数据中心。在这个职位上，他构建了一个三层网络架构，包括一系列精心设计的安全防护措施。一旦有人深入系统核心，这些安全防护措施就会变得越来越难对付。"管理系统的人有时候不喜欢它的工作方式，因为它太烦琐了。"

除了网络的"逻辑分割"，公司还实现了"物理分割"。科比特回忆说，某些网络盒"实际上会放在单独的上锁的柜子里"。安全工程师只有在成功通过"5 个实体掌纹读取器"后，才被允许访问公司的核心基础设施。科比特指出，在掌纹被验证 5 次之后，工程师仍然需要"唯一的 8 位数代码才能真正进入柜子"。

除了正式的安全措施，公司也有非正式的方法来保护信息。员工如果误将笔记本电脑放在无人看管的地方，就会被"烧伤"：另一名员工会控制他的笔记本电脑，并假装成笔记本电脑的主人，向全公司发送一封羞辱性的电子邮件。

随着时间的推移，"烧伤"出了名，员工会提前很久准备。金-伊莱沙·普罗科特回忆道，她自己偶尔也是受害者："这太复杂了。工程师对此很感兴趣。他们一直在观察，并且会准备好电子邮件。当你离开办公桌，如果你的计算机没有锁，他们就会把准备好的文件发给你，然后跑到你的办公桌前，打开它，再把它群发给公司其他员工。你会感到，'哦，糟了'。"

* * *

随着欺诈行为的增加，贝宝的反欺诈团队也在不断壮大。在加入公司之前，塞万提斯一直在为一家维萨卡处理中心处理欺诈案件，她觉得这份工作很无聊。在那里，她开始注意到，帕洛阿尔托的一家新公司反复出现在她的欺诈报告中。塞万提斯决定采取大胆举动。"如果你是以调查欺诈为生的人，你需要去欺诈发生的地方……所以我联系了贝宝，我不知道我从哪里来的胆量，但我说，'你们遭遇了很多欺诈行为。我知道这一点，因为我一直在向你们收费。看来你们需要帮助'。"

贝宝的反诈斗士目睹了人类最恶劣的部分行为。杰里米·罗伊巴尔通过临时工中介来到 Confinity。他证明自己是一名优秀的客服代表，但当客服部门搬到奥马哈时，他需要一个新角色。"科塔内克把我从废料堆里拉出来，说，'我想让你做欺诈分析师'。"罗伊巴尔回忆说。

在这个职位上，罗伊巴尔会搜集一系列信息，以满足执法机构的传唤要求，这使他接触到贝宝用户群的阴暗面。他回忆起自己为儿童色情物品购买编制电子表格。"真痛苦……每一行都记录了非常可怕的东西。"他回忆道。有一次，出庭做证后，罗伊巴尔回到酒店房间后哭了。"它会让你崩溃的。"他说。

尽管遇到了犯罪和邪恶，塞万提斯、科塔内克、罗伊巴尔等贝宝反诈团队成员还是把这段经历看作个人职业生涯的巅峰，部分原因是他们在保护弱势群体方面的直接作用，也因为贝宝反诈团队在打击欺诈的过程中变得更有前瞻性。由于其先进的工具和技术，贝宝经常能够在银行或信用卡公司之前发现违法行为。罗伊巴尔回忆说，用数字手段打击犯罪"非常有力量，也让人很有成就感"。他和同事感觉自己是"现代的超级英雄"。

罗伊巴尔和同事受到其他"超级英雄"的鼓舞，包括他们遇到的执法官员，随着时间的推移，对方成为他们将网络世界的坏人绳之以法的重要盟友。罗伊巴尔清楚地记得，他给阿肯色州的一名官员打过电话。"'长官，我认为有人在欺诈老人'，回答令人精神振奋。他说：'在我的县不行！'砰，去抓他们。"

罗伊巴尔在公司待了8年，塞万提斯待了14年。"当你遇到宽宏大量、有魅力、天才般的人，你想和他们在一起吗？"塞万提斯问道，"这就是办公室里每个人的感受。"约翰·科塔内克目前负责加密货币交易所Coinbase的全球调研，他也表达了同样的观点。他承认："我简直无法自拔。甚至野马也不能把我从那份工作中拉走。"

就连拉夫琴在回顾那起几乎摧毁公司的事件时，也把它作为自己贝宝经历的重要部分。他回忆起自己写给马斯克的一封不光彩的邮件，标题是"欺诈是爱"，这是一个具有讽刺意味的内部笑话。他表示："回想起来，这不仅仅是个玩笑。我真的喜欢上了打击欺诈。这是你能找到的最接近间谍活动的事情。我私底下是间谍小说的狂热读者，如果你是金融科技达人，这是你能接触到的最接近间谍技术的东西。"

反诈团队还表明，尽管贝宝在算法和自动化打击欺诈方面取得了很大的进步，但科技公司仍然需要人来提供最后 1 英里的保护。塞万提斯指出："欺诈捕捉是人、机器学习和自动化规则的结合。人永远是其中的一个组成部分。永远。因为有一些人类行为是机器无法完全模仿的。"

* * *

负责伊万诺夫 – 戈尔什科夫一案的美国联邦调查局特工和检察官定期走访贝宝，并将打击"贝宝欺诈"列为联邦政府的首要任务。贝宝与美国联邦调查局的合作标志着公司历史上一个具有讽刺意味的转折点。Confinity 刚成立时，它曾考虑推出一种不受政府束缚的通用数字货币。而现在，同样的团队与美国联邦调查局特工肩并肩坐着，协助他们起诉金融犯罪。

科塔内克回忆说："我认为重要的转折点是，我们可以给在某个州的某人打电话，无论是美国联邦调查局的外地办事处还是美国特勤局的外地办事处，说：'伙计，我有一个案子要给你。'他们会拿起电话，并且会听我们说。"

礼尚往来。参与伊万诺夫 – 戈尔什科夫一案的美国联邦调查局特工，要求科塔内克和拉夫琴都在审判中做证，科塔内克同意出庭做证。他在法庭上介绍了伊万诺夫和戈尔什科夫利用贝宝犯罪的阴谋，包括创建 paypai.com 和窃取信用卡实施诈骗。该案件的首席律师向陪审团大声朗读了伊万诺夫冗长的"谢谢不能当钱花"的邮件。

伊万诺夫和戈尔什科夫均受到多项指控，包括共谋犯罪、计算机欺诈、黑客攻击和敲诈勒索。伊万诺夫承认有罪，并被判处近 4 年有期徒刑；戈尔什科夫接受审判，被判处 3 年监禁。此案成为新兴网络安全诉讼领域的里程碑，由于在调查中的杰出表现，参与此案的美国联邦调查局特工获得了著名的局长奖（Director's Award）。

作为报复，俄罗斯起诉美国联邦调查局，声称该局非法入侵伊万诺夫和戈尔什科夫的计算机。2002年，俄罗斯政府对舒勒特工提起刑事诉讼。这条消息登上了《莫斯科时报》头版。

瓦西里·"克瓦金"·戈尔什科夫服刑期满后，被遣返回俄罗斯。在他服刑期间，他当时的女友生了孩子。被驱逐出境后，他在俄罗斯与家人团聚。至于阿列克谢·"苏布斯塔"·伊万诺夫，他如愿以偿地成为白领，从事合法的科技工作。在一个非主流的美国梦中，伊万诺夫在美国找到了一份工程师的工作。

第十八章
游击队

2000年秋天，易贝迎来了胜利。当年早些时候，尽管其他科技公司股价都在暴跌，但易贝的市值已经突破30亿美元。到2000年第三季度，易贝净收入增长108%，注册用户增长146%，净利润比前一年惊人地增长了12倍。

一位分析师指出，易贝第三季度的业绩使其股票成为"少数几只财务实力已超过最佳线下公司的互联网股票之一"。此外，这位分析师写道，由于易贝不依赖广告，它的未来似乎甚至比美国在线或雅虎更稳固。一些人认为，易贝的拍卖模式或许将彻底改写在线商务的规则。他们假设，固定价格零售已死，易贝已经终结了它。

贝宝的大卫·萨克斯在这段时期写信给少数贝宝高管等领导，发出警告："正如你可能知道的，易贝（与维萨勾结）向卖家免费提供维萨服务，向我们宣战……"由于易贝的霸主地位，这一警告意义非凡。

***

在距离贝宝总部仅数英里的地方，易贝拥有并经营的支付服务平台 Billpoint 一直在密切关注贝宝的变化，尤其是其收费和强制用户升级的做法。Billpoint 发现了一个收复失地的机会窗口，并在 2000 年下半年采取行动。

9 月 19 日，Billpoint 在给拍卖卖家的邮件中直接批评了贝宝。这封邮件介绍了 Billpoint 改进后的新定价方案，并宣布取消三天资金持有期。"更好的是，与贝宝不同，你不需要每次都提出特别申请来获取资金。"邮件宣称。该公司自夸，Billpoint "为易贝所有并支持"，"得到富国银行和维萨美国的支持"，是第一家提供国际支付服务的公司。

仅仅几周后，Billpoint 的另一个举动在贝宝引起轩然大波。从 10 月 23 日到 11 月底，使用 Billpoint 的卖家将不会被收取维萨的交易费用，在 Billpoint 使用维萨信用卡的买家将获得每笔交易 1 美元的折扣。Billpoint 对卖家说："没有噱头，没有胡说。只有坦率、可靠和安全，它来自你可以信任的名字——易贝、富国和维萨。"

由于维萨交易占易贝信用卡支付总额的一半以上，贝宝领导层陷入了恐慌。在传达易贝的"宣战"消息时，萨克斯指出，这次进攻发生在一个危险时期。"不幸的是，由于强制升级原定于周一开始，"他解释说，"我们正处于最脆弱的时刻。至关重要的是，我们要在接下来的一周迅速而有创意地做出反应，让自己在下个月有最大的成功生存的机会。

令人担忧的是，在 Billpoint 和贝宝的故事中，这是 Billpoint 在价格上第一次低于贝宝。"……这将是一次严峻的考验。"萨克斯在给团队的邮件中写道，他把团队称为"易贝响应小组"。他将公司多个职能部门的骨干都纳入了小组：整个执行团队、拍卖产品的制作人、公关主管、维萨／万事达关系协调员、总法律顾问、数据专家，以及其

第十八章　游击队

他他认为可以提供帮助的人。

易贝响应小组的第一条对策是：驳斥将 Billpoint 和贝宝对比的邮件。他们决定给易贝超级卖家写一封邮件，告诉他们贝宝有许多 Billpoint 没有的优点，比如更好的客户服务和欺诈控制。邮件还指责 Billpoint 歪曲了贝宝的新支付结构。贝宝团队解释说："Billpoint 使用有误导性的图表，将我们的高级/企业账户与他们收费最低的账户进行比较。"

贝宝还动用了其他手段。大卫·萨克斯指示达蒙·比利安，在留言板上纠正"错误的收费信息"，并要求里德·霍夫曼呼吁他在易贝的联系人纠正他们的信息。萨克斯还提出其他想法。他考虑，现在是不是该向易贝发出律师函，并对其反竞争定价发出初步禁令？公关主管文斯·索利托能否做些什么，"在不示弱的情况下赢得舆论"？客服团队能否为忠实的贝宝用户创建特殊名称？萨克斯补充说："欢迎所有人提出建议。我们需要很多好点子，才能在价格以外的方面击败易贝。"

* * *

易贝与支付系统之间的麻烦关系，早在它与贝宝发生冲突之前就有了。在易贝的最初版本中，创始人皮埃尔·奥米迪亚信任拍卖用户，相信用户会将拍卖费用邮寄给他。易贝的第一批员工回忆说，他们收到数千个信封，有些信封里有 5 美分和 10 美分的硬币，粘在索引卡上。

即使易贝不断发展，支付仍然是事后才考虑的事情。里德·马兹曼是易贝的早期员工，他回忆自己曾走进一个房间，里面传真机嗡嗡作响。当他问传真机在打印什么时，他被告知他们在搜集信用卡授权收据。办公室的地板上铺满了单据。

奥米迪亚知道，拍卖支付可能成为利润丰厚的收入来源。他曾目睹拍卖网站 Auction Universe 等对手推出 BidSafe 等程序，为卖家提供信用卡处理服务，每年收取 19.95 美元。但在当时和后来，易贝一直聚焦于增长和改进其核心拍卖业务，这导致许多花哨的项目被搁置。出于这个原因，易贝选择不干涉用户。除了让用户选择他们偏好的支付提供商，易贝也不提供运输和处理，拍摄拍卖照片，或其他广泛的客户服务。奥米迪亚的不干涉风格源于他的自由意志主义情感和"人性本善"的基本信念。

随着易贝的成长和成熟，它在支付业务上的立场略有改变，并于 1999 年春收购了 Billpoint，将拍卖过程的最后一站纳入内部。但是 Billpoint 的整合十分缓慢，这为第三方支付系统打开了大门，包括 Confinity 和 X.com 在 1999 年末推出的产品。"我们从银行业聘请高管来经营 Billpoint，"梅格·惠特曼多年后写道，"他们采取银行的典型姿态，在为每个来客开户之前，都要先审核他们的资格。但这个更烦琐的过程让客户感到不快，包括易贝卖家，而贝宝张开双臂欢迎他们，只需点击几下，就可以获得现金奖励。"

2000 年上半年，Billpoint 不幸与贝宝慷慨的奖金计划和免费承诺展开了竞争。Billpoint 的联合创始人杰森·梅记得，关于 Billpoint 应该发放奖金还是取消收费，易贝内部发生过激烈的讨论。"在奖金和费用相关的竞争方面，我们能做的不多。因为我们的定价模式在某种程度上受董事会的控制，而董事会由易贝和富国银行主导。我们偶尔会说：'好，也许我们可以免费 6 个月，或者灵活掌握。'这就是我觉得贝宝领先的地方……我们的组织一直在明确地说，'我们不会孤注一掷'。"梅回忆说。

到 2000 年底，易贝用户已经完全接受了贝宝，这让易贝的经营陷入两难境地。一方面，贝宝正在窃取支付费用，那理论上本应归易贝的自营服务 Billpoint；另一方面，贝宝在帮助易贝用户完成交易。

第十八章　游击队

肯·豪威尔表示："在某种程度上，只要有很多人在使用任意支付服务，（易贝）完成的交易越多，他们赚的钱就越多。"

与核心拍卖服务业务相比，易贝向支付业务的转变微不足道。从1999年到2000年，易贝的主要收入增长来自用户增加和拍卖类别扩大，而不是Billpoint的相关服务。"人们看到Billpoint可能会说：'哦，这只是（易贝整体收入的）几个百分点。'而对于贝宝，这是我们的全部。"豪威尔说。

尽管如此，易贝似乎也做好了争夺支付市场份额的准备。它采取下一步作战行动，选择将Billpoint更紧密地整合到其拍卖平台中。首先，它将"Billpoint"更名为"易贝支付"（eBay Payments），这是一个微妙的调整，旨在引导用户使用易贝首选的支付系统。之后，易贝悄然做出一个更为重要的改变，推出一项名为"立即购买"（Buy It Now）的功能。卖家现在可以设定价格，如果买家选择支付，那么拍卖将立即结束。

起初，立即购买似乎对贝宝没有威胁。对贝宝来说，只要用贝宝结算，价格是由卖家还是通过拍卖决定并不重要。但是，在贝宝团队深入研究立即购买的按钮机制之后，他们开始陷入恐慌。在传统拍卖中，易贝的竞标者会出价，如果中标，他们就会收到邮件，然后选择支付系统。如果拍卖买家在拍卖过程中离开了易贝，贝宝就有机会介入支付过程，在拍卖完成时发送提示，并提醒用户用贝宝完成支付。中标者可以从电子邮件账户转到贝宝，付款给卖家，这样就完成了拍卖过程，而不用再回到易贝网站。

立即购买从根本上重置了这个过程。如果买家点击"立即购买"按钮，易贝支付表单就会出现，让买家直接在易贝网站上完成付款。这意味着买家无须使用邮件，最重要的是，没有离开易贝网站的时间窗口。如果买家愿意，他们仍然可以打开新的网页浏览窗口，导航到www.paypal.com进行支付，但自动弹出的易贝支付页面将大大增加

疯狂创新者

使用贝宝的买家的阻力。埃里克·杰克逊在个人贝宝回忆录中写道："这无疑是易贝截至当时最大胆的举措。"

* * *

易贝隆重推出立即购买,并免除该功能的交易费用,以鼓励用户使用。该公司解释说,它对 2 万名用户进行了调查,并组织了多个焦点小组,了解到,"尽管用户喜欢易贝提供的选择……许多买家希望能够更快、更确定地购物,而许多卖家希望能够不需要等到展示结束就能售出商品"。

立即购买推出后迅速受挫。10 月 23 日,在发布后不久,易贝留言板上就出现了关于易贝支付漏洞的批评。支付通知延迟激怒了用户。"我花了一个多星期才搞定这玩意儿,把钱存进账户。太痛苦了,"一位用户写道,"回归贝宝,抛弃 Billpoint。"另一位用户评论道:"我刚收到 Billpoint 的一封信,告诉我 17 号上午有人支付。今天已经 21 号了。我们优先发货。现在我的包裹发晚了。我谢谢 Billpoint!"

即使到 11 月底,立即购买仍处于瘫痪状态。一位用户写道:"我是卖家,正试图收到付款。我的买家使用立即购买功能付款,但我没有收到易贝的付款通知。我注册了 Billpoint,试图收到付款,但无济于事。立即购买的信息页面……非常没用……立即购买功能使这次交易成为有史以来最困难的交易,我将从我的拍卖中删除这个选项。"

媒体嗅到了易贝的麻烦,《每周电脑报》(*eWeek*)发表报道《立即购买功能存在缺陷》。文章指出,如果卖家设定的起拍价与立即购买价格相同,立即购买就会出错。在这种情况下,点击"立即购买"的买家将收到"出价金额错误"的出错信息。易贝领导层在官方声明中表示:"我们正在迅速纠正这个问题,应该会在下周初修复漏洞。"

第十八章　游击队

与此同时，易贝敦促卖家，将立即购买的价格设定为比最低出价高一美分。

立即购买举步维艰，但易贝有时间。据报道，梅格·惠特曼在谈到易贝收回支付的策略时表示："这是马拉松，不是冲刺。"到 2000 年 11 月底，易贝的耐力引发了贝宝团队的担忧。"过去一个月，Billpoint 的市场份额已经从大约 9% 增长到近 15%。"埃里克·杰克逊在给产品团队的消息更新中写道。绝对数字也令人担忧。据贝宝估计，Billpoint 在拍卖中被列出的数量，从 9 月的仅 40 万次增加到了 11 月初的 80 多万次，媒体等外部观察者也开始注意到这一增长。

易贝公布的第三季度收益超过华尔街预期，之后，一位记者指出："在竞争对手贝宝开始向部分用户收费后，易贝的在线支付系统 Billpoint 似乎终于获得了动力。"

* * *

易贝现在有了收回支付的真正机会，它做出的每次调整都让高管，尤其是蒂尔和萨克斯勃然大怒。"大卫和彼得会歇斯底里地说：'他们不能这样做！他们怎么敢？'"一位高管说，"我们说：'这是他们的平台。他们想做什么就做什么。'"

撇开愤怒和沮丧不谈，这场斗争促使两家公司建立了秘密沟通渠道。里德·霍夫曼与易贝的律师罗伯特·切斯纳特建立了关系，他们一起帮助缓和了 2000 年到 2001 年的紧张局面。

切斯纳特曾是一名联邦检察官，1999 年初受聘于易贝，负责监管易贝的"信用和安全"事务，裁决一切安全问题，从轻微欺诈索赔到易贝用户是否可以拍卖自己的器官。这也让他有机会与贝宝等第三方公司打交道，这些公司已经在易贝内部建立了业务。

对切斯纳特来说，贝宝本身就是一个信用和安全问题。如果别人控制资金流动,易贝将更难监管其拍卖市场。他说:"如果控制资金,你就能更好地控制欺诈行为。如果第三方支付系统占有你的市场,那么他们将控制信用,而你不能控制欺诈。"

随着时间的推移,切斯纳特开始尊重贝宝团队为增长付出的积极努力。他开玩笑说:"我认为他们的竞争对手可能在晚上六七点下班,而这个时间只是贝宝员工用来吃饭的工作间歇……他们很有创业精神,很有进取心。你不得不佩服这一点。"易贝首席执行官梅格·惠特曼也有类似的观点。她在自己的商业回忆录《价值观的力量》(*The Power of Many*)中写道:"贝宝是一家由极其上进的人组成的公司,他们非常崇尚行动。"

* * *

作为数字外交官,切斯纳特和霍夫曼经常沟通,他回忆说:"(我们进行了)么多次艰难的长时间辩论。"其中,贝宝的"贝宝认证"标志引发了一次极其激烈的争执。易贝卖家一旦认证银行账户,就可以获得这个标志,向易贝买家表明他们的可信度。对贝宝来说,这是另一个让用户摆脱信用卡支付的策略。而对易贝来说,这个标志是贝宝在自己网站上的涂鸦,是又一个令人讨厌的促销噱头。

易贝以标志大小为借口,直接禁止了它。不出所料,这引起了贝宝总部的愤怒。但这也让通过认证程序的易贝卖家不满。霍夫曼的任务是通过易贝的切斯纳特恢复标志。由于双方关系过于紧张,无法正式拜访,霍夫曼和切斯纳特的各种交流通常只能在两家公司附近的"波士顿市场"餐厅秘密进行。

霍夫曼依靠贝宝的王牌——易贝用户和他们对删除标志的抗议——成功地让切斯纳特恢复了"贝宝认证"标志。然而,在其他情况下,霍夫曼和切斯纳特不得不使用更多的官方外交手段,表明双方

第十八章 游击队

在某次斗争中的让步。例如，在 Billpoint 的定价冲突中，霍夫曼在一封标题为"协议"的邮件里，逐项列出待解决的问题。详情如下：

3. 我方将更正定价页面，以恰当反映你方定价。这将在我方的下一次推送中发布。（X 的承诺。）

4. 你方将更正媒体报道和公告，以准确反映我方的退款等情况。（易贝的承诺。）我方今天会发消息告诉你方确切信息，这样你方可以准确了解珍妮特·克兰等人的意见。（X 的承诺。）

5. 在我方进行更正或尽最大努力的大约同一时间（最多 3~5 天），你方将更正网站和邮件通信，纠正关于我方定价和退款功能的内容。（易贝的承诺。）我方今天将通过邮件告知你方需要更改的内容。（X 的承诺。）

在两年中，霍夫曼和切斯纳特陷入争执的泥潭，他们为个别词语的细枝末节争论不休，并来回发送截图证明自己的观点。他们在细节方面的工作使双方关系缓和了一阵。

* * *

随着两人建立重要的秘密沟通渠道，他们的努力产生了更多影响。2000 年 11 月 10 日，霍夫曼在给全公司的信中写道："今天我们与易贝举行了第一次正式会议。"这两家公司已开始讨论正式合作的可能性。从一定程度上的收入分享协议到全面收购贝宝，所有选项都摆在桌面上。

霍夫曼提醒团队，任何可能的交易都还很遥远。富国银行持有易贝旗下 Billpoint 的股权，条件之一是 Billpoint 始终是易贝首选的支付提供商。"与易贝达成的任何支付协议都将涉及 Billpoint……这需要时间,而且存在一些明显的不确定性。"霍夫曼写道。

贝宝和易贝最早的谈判细节被严格保密。外部公司 First Annapolis Consulting（美国支付咨询及服务公司）检查了双方的账簿。对易贝的领导来说，有一个问题尤其令人担忧：财务欺诈。虽然易贝也有欺诈卖家，但值得注意的是，该公司的欺诈出现率一直低于大多数零售商店。任何可能增加欺诈的交易都没有希望达成。

在双方团队探讨交易的过程中，First Annapolis Consulting 团队待在贝宝总部，采访员工，并深入研究数据，以了解公司的欺诈情况。该团队对贝宝充满信心，并在给易贝的报告中表达了同样观点："如果 Billpoint 与贝宝启动对话的条件是，贝宝必须充分关注风险管理，那么我们认为贝宝符合这一标准。该组织最近在风险管理能力方面投入巨大，并开发了一些创新工具。"

但 First Annapolis Consulting 注意到贝宝的其他非欺诈风险：它的策略很新，未经检验；增长飞快而危险；担保程序过于简单。评估小组对公司的"经营稳定性"提出疑问：如果易贝和贝宝达成协议，员工会离开吗？First Annapolis Consulting 写道："尽管存在这些担忧，但我们考虑的关键问题是，贝宝的商业模式能否弥补它所承担的风险。"

当时，来自易贝和 Billpoint 方面的答案是否定的。易贝的领导人，包括最关键的 Billpoint 首席执行官珍妮特·克兰，认为贝宝充满各种欺诈行为。易贝得出结论，目前他们将利用 Billpoint 夺回支付，而不是立即仓促地达成交易。尽管最终没有达成交易，但 2000 年底的预调查工作为对话打开了大门。在接下来的两年里，两家公司将以不同的严肃程度继续进行谈判。

* * *

尽管推出了立即购买、免费维萨推广，以及为了增长付出了其他

第十八章　游击队

努力，但从 2000 年底到 2001 年初，Billpoint 在平台上只获得了支付的极少份额。随着 Billpoint 逐渐停止推广，它的上升陷入停滞，并出现倒退。贝宝通过多次反击击退 Billpoint 的进攻，双方继续争夺地盘。

贝宝使出的一招是，推出面向易贝超级卖家的借记卡，这是 Billpoint 所不具备的功能。贝宝承诺对使用该卡的卖家提供返现奖励，而且多了一个花样：它只会把该卡发给把贝宝宣传为独家支付提供商的卖家。团队通过网站、邮件甚至电话大力推广该卡。"我们浏览数据库，查看前 15 万名易贝卖家，直接向他们发放借记卡，甚至不需要他们申请。"产品团队成员普勒马尔·沙阿说道。

2001 年，贝宝商店（PayPal Shops）推出，这项服务主打非易贝的在线商店，帮助卖家建立自己的在线业务。贝宝商店源于大卫·萨克斯的建议，他希望贝宝在全网提供支付服务，而不仅仅是在易贝。对易贝卖家来说，贝宝商店承诺会节省成本：如果卖家可以经营自己的网上商店，他们就不再需要向易贝支付费用。贝宝创建贝宝商店专用按钮和虚拟购物车，以此加大投入。这一举动预示着贝宝将成立"商家服务"部门，帮助贝宝将业务范围扩展到拍卖之外。

在内部，易贝将这些场外交易称为"灰色市场"，Billpoint 也不向它们提供服务。但易贝做出了同样的回应，于 2001 年 6 月推出易贝商店（eBay Stores），为喜欢以固定价格销售而非拍卖的卖家提供平台。易贝商店的卖家可以选择使用正式的信用卡商家账户或接受 Billpoint。易贝知道大多数卖家没有资格申请商家账户，希望 Billpoint 的紧密整合能削弱贝宝的霸主地位。

易贝商店的推出再次动摇了贝宝的领先地位。霍夫曼受委托，联系了罗伯特·切斯纳特，要求对方做出调整。易贝进行了小幅修改，允许在易贝商店使用贝宝。贝宝也提供了在易贝商店使用贝宝的详细说明，甚至建议易贝卖家在贝宝商店目录中列出自己的商店。

2000 年到 2001 年，易贝和贝宝之间的大部分来往和斗争都没有引起媒体的注意,直到 2001 年初易贝的一次进攻。易贝修改了"出售物品"表单,当卖家使用该表单创建拍卖列表时,支付选项默认为 Billpoint。杰克逊写道:"如果我匆匆走完这个过程,在易贝网站上发布拍卖,Billpoint 就会作为支付选项出现,并触发 Billpoint 的所有功能,鼓励中标者使用它来付款。"

这一变化对大多数用户来说难以察觉,却给贝宝带来了巨大影响。几乎在一夜之间,Billpoint 在拍卖市场的总份额就上升了 5%。贝宝团队发现,由于高销量卖家使用自动化工具,发布数百或数千个拍卖,他们很少访问"出售物品"页面。因此,这些卖家不知道 Billpoint 已经成为他们的默认拍卖支付方式。

贝宝向其用户群发邮件,发出警报。邮件中写道:"未经授权的 Billpoint 标志可能会使买家困惑,导致对方使用 Billpoint 向您付款,而这又会损害您的根本利益。为了使您免受更多未经授权的 Billpoint 标志影响,唯一可靠的方法是关闭您的 Billpoint 账户。"团队还附上了易贝客服支持中心的电话号码。

随着卖家在留言板上公布这一变化,双方冲突公开化。媒体得知这场纷争,两家公司在公开场合相互攻讦。贝宝指责易贝有失公平;易贝指责贝宝夸大问题,称贝宝的反应"具有煽动性",并称其举动具有"严重的误导性"。

罗莎琳达·鲍德温是在线拍卖出版物《拍卖行会》(*The Auction Guild*)的编辑,也是在线拍卖界的意见人士,她在这场争论中站在贝宝一边。在一篇名为《Billpoint 的不道德策略》的文章中,鲍德温用 1 356 个字对 Billpoint 进行了抨击。她写道:"我们不认可他们未能使卖家免受无端退款困扰的做法。我们不认可他们就欺诈性记账卡退款欺骗卖家的行为。我们不认可他们在卖家没有选择他们的服务时,把自己的标志偷偷放进拍卖的举措,我们也不相信他们会保护用户信息。"

第十八章 游击队

她最精辟的妙语都留给了"出售物品"。她写道:"易贝的Billpoint使用各种卑鄙手段,将他们的标志偷偷放进卖家的拍卖中。"但这一调整尤为突出:

他们将Billpoint选项设置为取消而不是选定,却没有说明。他们自动将自己的标志添加到列表中,哪怕它不是列表上的选项。易贝正哄骗新卖家注册Billpoint,并向他们索要银行信息,这不是为了他们声称的网站安全,而是让卖家能够使用Billpoint,无论他们是否愿意……

鲍德温最后写道:"Billpoint本身的优点不足以让卖家愿意使用……避免易贝肮脏伎俩的唯一方法,就是永久关闭你的Billpoint账户。"然后,她为卖家提供了关闭账户的链接。

公平地说,鲍德温的部分指控可以恰如其分地用在贝宝身上。贝宝不止一次在没有与卖家确认的情况下激活选项,并将默认设置改为有利于贝宝用户增长的选项。公司最早的举措之一是"自动链接"功能,它可以在拍卖中为使用过它的卖家贴上贝宝标志,这基本上是易贝"出售物品"的翻版。

鲍德温的评论也反映了易贝卖家群体中强烈的独立倾向。"部分卖家不愿意让易贝在他们的生意上拥有之前那么大的权力……贝宝提供了一个机会,让他们能稍微独立于易贝。'易贝要我们往东,那我们偏要往西。'卖家群体里肯定有这样的人。"易贝的罗伯特·切斯纳特说。

最终,在赢回支付市场份额方面,易贝的"出售物品"调整可能为时已晚,力度也太小。面对来自传统媒体、"拍卖媒体"以及自身卖家的压力,易贝退缩了,撤销了"出售物品"的调整。在随后几周内,易贝因这一调整而增加的支付市场份额消失殆尽。

疯狂创新者

＊＊＊

在贝宝成立的头 4 年里，萨克斯、蒂尔等领导团队成员都觉得，易贝可能会一时兴起，击垮贝宝。"我做过的一个思考实验是，'我如果经营易贝支付，怎样能干掉贝宝'？我想到了很多不同的办法！"萨克斯说，"我一直担心有一天他们会想到。"

这种担忧推动了应急计划的制订。他们一度考虑，如果易贝封锁贝宝的企业互联网协议地址，贝宝的按钮就会失效。作为防备，贝宝注册了数百个拨号上网的美国在线互联网账户。如果易贝屏蔽贝宝的互联网协议地址，使其无法显示贝宝标志，贝宝就可以通过这些美国在线连接来提供服务。

随着紧张局势的加剧，贝宝团队担心易贝会忍无可忍，直接关闭贝宝，后果将不堪设想。拉夫琴、霍夫曼、蒂尔和诺塞克想出一个激进的解决方案：他们将建立自己的在线拍卖网络，并将这个计划命名为"霸王行动"（Operation Overlord），这是二战期间盟军进攻诺曼底的代号。贝宝可以利用其掌握的大量超级卖家信息，将他们吸引到竞争拍卖网站。这个想法不可能实现，但仅仅是讨论就足以说明贝宝对易贝实力的担忧程度。

虽然这些担忧从未完全消失，但它们确实开始减弱，部分原因是，在"出售物品"等动荡时期，易贝卖家支持贝宝而不是易贝。"易贝有这样一段历史，每次他们对网站进行改动，就会引发用户的强烈抗议。这是一个非常难对付的用户群。他们有理由害怕。"萨克斯说。

据 Billpoint 联合创始人杰森·梅表示，易贝高管团队曾考虑全面关闭贝宝，但最终选择放弃。梅记得："关闭贝宝肯定是他们考虑过的事情。但易贝的高管非常明确地决定不那么刻薄。这并不是说他们随波逐流，不愿意考虑这些选择。"

第十八章　游击队

鲍德温的批评在《拍卖行会》发表时，贝宝已经达到Billpoint无法企及的普及程度，鲍德温的批评反映了拍卖界的整体情绪。易贝的罗伯特·切斯纳特回忆说："我们很不愿意做违背用户社群意愿的事情。大家喜欢贝宝，通过贝宝获得了成功。我们不喜欢贝宝，但我们的用户社群想要它。"

恐怕没人比易贝创始人皮埃尔·奥米迪亚更了解忠实用户群的力量了，他曾阻止亚马逊和雅虎在拍卖业务中分一杯羹。"我们有一块大磁石，那就是易贝，所有这些小磁石都来，试图把人们吸引走，"奥米迪亚向记者亚当·科恩解释道，"但易贝的吸引力太大了，他们很难成功。"

贝宝努力增强自己的吸引力，尤其是对易贝超级卖家的吸引力。保罗·马丁记得："我们会向超级卖家征求建议，了解他们想让我们做什么产品。下个周一，他们就可以在网站上看到产品了。"在此期间，团队打造了几个产品，帮助卖家改进拍卖列表。他们发布中标人通知，自动向中标者发送使用贝宝支付的说明。他们还更新了智能标识，当拍卖结束时，支付按钮会改变颜色，这是一项引人注目的更新。

谈到团队努力迎合易贝超级卖家群体，马丁说："这些东西听起来很简单，但你必须记住，它们对我们来说在编程方面是非常困难的。因为我们不是在自己网站上做这些东西。我们是在别人的网站上做，而对方不喜欢我们……这就像我们在开发恶意软件。"

贝宝在易贝之外的努力也获得了回报。尽管贝宝早期在客服方面遇到困难，但奥马哈的成功使公司受到卖家的喜爱，他们纷纷在留言板上称赞它全天24小时运营的服务。公司的每周通讯捕捉到了最强烈而不寻常的信号，它们表明，贝宝已经赢得了易贝的用户。贝宝员工达蒙·比利安（在易贝留言板上又名"贝宝达蒙"）的"地位近似摇滚明星"，并收到来自易贝卖家从照片到求婚信的各种东西。

＊＊＊

1998年5月，美国司法部联合20个州的总检察长，以反竞争和垄断行为起诉微软。随后，微软被指控试图"消灭"其网络浏览器对手网景等罪名，这场法律斗争持续多年。政府威胁要分拆微软。

该案让易贝等各地科技领军企业不寒而栗。贝宝的领导助长了这种恐惧。贝宝最新的团队成员之一基斯·拉布伊斯受蒂尔委托，建立针对易贝的反垄断书面记录。贝宝还成立政治行动委员会（PAC），资助国会议员，并鼓励对方就易贝的垄断权力，向联邦贸易委员会做出反映。

2001年春末，公司聘请外部法律顾问，向易贝总部发出一份长达11页、单倍行距的严厉声明。这封信通过传真和联邦快递寄给梅格·惠特曼，向她发出警告。"易贝正滥用其对在线市场的市场权力，扭曲并消除在线支付服务领域的竞争。参见美国诉微软公司案，"该律师写道，"与微软一样，易贝正试图消除或限制第二市场（在线支付服务）的竞争，这在很大程度上是为了加强和维护其核心业务（在线市场）的垄断。反垄断法不允许易贝等拥有市场权力的公司，通过消除贝宝等下游竞争对手来扩大其垄断地位，这些对手提供了有利于消费者的竞争，即以更低价格提供更好的服务。"

贝宝始终将易贝视作会带来威胁的垄断者，甚至在日常交流中也加以利用。例如，霍夫曼就"出售物品"调整联系切斯纳特时，他的意思很明确："罗布，如果易贝像一些留言板信息所说的那样，默认使用Billpoint，请考虑我对'捆绑'产品问题的正式关切，例如，将付款方式与你们在拍卖领域的垄断地位捆绑，从而造成反竞争、反垄断的局面。"

贝宝通讯主管文斯·索利托为公司使用这些策略辩护："易贝的观点是，'我们要么收购你们，要么干掉你们'。他们只要不是在收购我们，就是在'试图干掉我们'。所以在公共关系和政府关系领域，这是焦土策略。我想尽一切办法去搞他们……我几乎是在国会山跑来跑去，称他们是邪恶的垄断者。"

易贝的切斯纳特认为，竞争对手的担忧不无道理。他说："公平地说，他们的生存取决于我们。我能理解这种心态。"但切斯纳特和易贝领导层并没有像贝宝高管所希望的那样，对反垄断的威胁感到担忧。他笑着说："威胁并不难发现，真的不难。但我是律师，还是联邦检察官。以前就有人威胁要开枪打我！你实在不能用反垄断的威胁来恐吓我。"

对易贝来说，比反垄断案更可怕的是，贝宝与易贝自身用户建立了实际信任。切斯纳特记得："我真正担心的是，如果我们关闭贝宝，卖家群体会有什么反应。"

第十九章

征服世界

蒂尔接任首席执行官时，曾将海外增长列为自己的战略要务之一。在 2000 年底发布消息前，他就有这个想法了。

在最初的宣传文件中，Confinity 将移动钱包描述为，一种将大众从操纵货币的政府和储备银行解放出来的手段。虽然这些想法最终让位于从 Billpoint 解放易贝用户，但团队继续为贝宝的全球增长做计划。例如，团队在选择产品名称时，易于跨国使用是一个关键因素。即使是团队随便起的内部用语"世界支配指数"或"新世界货币"，也体现了将贝宝打造成打破边界的通用支付系统的目标。

X.com 也有征服世界的早期基因。马斯克希望，X.com 有朝一日能成为"所有货币的全球中心"，将全世界的美元、德国马克（本书成书时即将成为欧元）和日元集中在一个地方。对马斯克来说，这样的发展轨迹并不是革命性的，而是显而易见的。马斯克"从信息论的角度"思考货币问题，提到了克劳德·香农博士在 1948 年创立的领域。他解释说："货币是一个信息系统。大多数人认为金钱本身就有力量。但实际上，它只是一个信息系统，有了它我们就不必进行物物交换，并且能以贷款和股权等形式迁移价值。"

如果像马斯克认为的那样，存储在 X.com 账户里的钱只是信息的另一种表达方式，那么国有货币就是一种讨厌的发明。像互联网这样的全球信息网络，可以使数据简单、快速、廉价地跨越国界，从而消除货币兑换的摩擦和费用。马斯克解释说："X 的志向是成为所有资金的保管者。它应该是全球金融体系。"

到 2000 年底，贝宝不再试图发动国际金融革命，但它仍然在海外寻找机会。作为单个国家，美国的互联网用户总数仍居世界首位，有 9 500 万美国人上网。但是以大陆为单位，亚洲和欧洲的互联网用户总数与北美大致相同。曾对"万维网"持怀疑态度的外国领导人也在推广它。1998 年，法国总统雅克·希拉克主持全国性网络庆典互联网盛宴（La Fête de l'Internet），并亲自在爱丽舍宫主持在线讨论。1996 年，希拉克曾不好意思地承认，他不知道控制计算机的点击设备叫鼠标。

互联网在海外的发展激起了许多美国公司的兴趣，其中包括用户遍布 90 个国家的易贝。1999 年中，易贝收购了成立 3 个月的德国拍卖网站 www.alando.de，打算将其变成 www.ebay.de，随后又收购法国在线拍卖网站 iBazar 和韩国互联网拍卖公司 Internet Auction Co.。这些网站使易贝能够更细致地定制服务和语言，甚至利用当地法律。例如，全球电子商务网络 Alando 的拍卖卖家可以在网上向德国人卖酒，而美国的卖家则不能。*

随着易贝向海外扩张，贝宝也看到了自己的机会，海外拍卖商也

---

* 易贝的全球收购也帮助它阻止了外国模仿者的崛起。例如，对于向美国拍卖巨头大量借鉴，Alando 的联合创始人毫不避讳。Alando 联合创始人马克·萨姆维尔早先对《华尔街日报》说："我们在易贝做了很多交易。我们决定复制有效方法并改进。为什么要浪费时间做重复工作呢？"在短短几周内，模仿为 Alando 赢得了 5 万名注册用户，并在发布几个月后获得了易贝 4 200 万美元的收购报价。

疯狂创新者

需要支付服务。"如果你是收藏家,"波拉·钟指出,"你不会只看美国。你会去英国和德国寻找收藏品。"贝宝发现用户会向国外网络地址汇款。"大卫(萨克斯)有点儿怀疑……他看到这些数据,说:'有人正在入侵我们的系统,因为他们只需要把钱汇到加拿大、英国或其他英语国家。我们需要弄清楚如何实现这一点。'"贾科莫·迪里戈利回忆说。

国际客户的兴趣与出海的另一个好处相吻合:融资。2000年3月,贝宝在筹集了1亿美元后,仍然需要更多资金。但由于股市仍在下滑,美国投资者对亏损的互联网公司已没什么兴趣。然而,国际投资者仍然感受到科技的光芒。"硅谷是所有这些创新的中心,"马克·伍尔威解释道,"巴黎不是,他们知道自己的技术来自美国。"

团队选择利用国际扩张来实现两个主要目标:增长和融资。它开始这次尝试的方式,就像之前的许多其他事情一样:几乎没有计划,快速行动,相信自己能凭借迭代走向成功。

* * *

斯科特·布劳恩斯坦是早期帮助贝宝出海的人之一。在斯坦福获得工商管理硕士和法学博士学位后,他在硅谷寻找在伦敦设有办事处的公司,希望与他的英国未婚妻定居下来。

凑巧的是,布劳恩斯坦发来问询时,贝宝正考虑发展国际业务。在他称为"史上最漫长的面试"中,布劳恩斯坦目睹了公司的动荡。当他刚开始面试时,比尔·哈里斯是首席执行官;当他收到录用通知时,马斯克掌管公司;在他加入公司几周后,蒂尔取代马斯克成为掌舵人。在此期间,纳斯达克指数也损失了超过1/3的市值。

入职后不久,布劳恩斯坦被指派在伦敦建立贝宝的欧洲业务,除此之外几乎没有其他指示。"我没有在欧洲成立过公司,"布劳恩斯坦

第十九章　征服世界

回忆道，"我也从未看过游说或监管方面的东西。"刚到欧洲，他就意识到挑战的艰巨性。布劳恩斯坦解释说："与美国银行法相比，欧洲银行法晦涩难懂。"最终负责贝宝国际扩张的桑迪普·拉尔说得更清楚。他表示："美国监管机构在创新方面其实做得很好。它们一直很少干涉……但在德国和所有这些欧洲国家，情况并非如此。"

不仅仅是受外国规定的影响，贝宝此时还没有找到实现货币转换所需的确切技术。从 1999 年底到 2000 年，贝宝的交易完全以美元结算。作为巨大的国际市场，随着欧元的使用，欧洲刚启用其本地货币的 2.0 版本。

对马斯克、蒂尔等贝宝高管来说，急迫是处理所有事情的默认姿态，尤其是国际扩张活动。布劳恩斯坦刚到伦敦，马斯克就顺道来进行演讲。他们约好在伦敦的小办公室见面。布劳恩斯坦记得："在不到一个小时的时间里，埃隆就监管环境盘问了我。我说：'埃隆，我刚到这里一个星期！'"

在国际市场，贝宝从一开始就感觉自己落后了。维萨和万事达已经进入海外市场，其他初创企业也在开拓美国以外的支付业务。2000 年 3 月，总部位于西雅图的在线支付服务公司 eCash Technologies 宣布在德国开展业务，并在多个欧洲城市和澳大利亚开展试点项目。然后，在 2000 年 4 月 25 日，贝宝的老对手 TeleBank 宣布自己是"第一家向全球推广服务的美国纯网络银行"。

贝宝不知道如何继续。在经营其帕洛阿尔托业务方面，公司已经遇到了足够多的困难。将这种混乱以本地化子公司的形式输出到国外会带来新的问题，甚至是公司代码库层面的问题。一位参与贝宝进军日本市场的用户体验设计师说："为了本地化为其他语言，公司首先通常要从代码中提取可本地化的字符串。"

由于复数和单位的表达可能因语言而异，开发人员必须为本地代码库创建本地语言约定。在贝宝的情况中，这是一个挑战。"到那里后，我注意到的第一件事是，所有可本地化的字符串都被嵌入代码，并且是用'麦克斯代码'编写的。"设计师回忆道。

面对语言、监管乃至货币符号的问题，团队意识到，贝宝不能无缝、轻松地移植到国外。网站的大部分内容只能一块一块地复制，同时还要应对美国核心网站日益紧迫的问题和动荡。

* * *

最初，团队确定采用最简单的策略：贝宝将允许国际用户在平台上，以美元与美国客户进行交易。然后，它将海外信用卡与贝宝绑定，把这项服务扩展到部分市场。最后，贝宝将寻求在各国分别建立合资企业，提供以当地货币结算的服务，通过他们的帮助来克服语言障碍，实现货币兑换和监管。

随着贝宝寻求合作消息的传开，感兴趣的公司和机构很快就出现了。布劳恩斯坦解释说："支付领域的创新并不多。它的发展非常缓慢。当贝宝出现时，人们既兴奋又紧张。"欧洲金融高管害怕错过这一创新。如果贝宝是下一个大事件，他们想从一开始就参与。

这种热情并不仅限于欧洲。"我一到中国台北，就有人举着写有'欢迎贝宝的马克先生！'的牌子等着我，"伍尔威记得，"那里的投资者很喜欢我们……即使在经济衰退之后……只要是硅谷的人来到首尔或台北，他们都欢迎。"

2000年5月底，贝宝受邀参加在北京举行的首届互联网金融大会，这是对贝宝的极大认可。此次会议由雷曼兄弟和中国国家开发银行联合主办，中国金融界的领军人物出席了会议。杰克·塞尔比代表贝宝来到北京，一到那里，他就罕见地写了发给全公司的邮件，向同事报告自己的所见所闻：

第十九章 征服世界

经过 14 个小时的飞行，我错过一次转机，周一深夜才到。会议在第二天早上开始，40 多名中美代表都坐在大厅里，并配有耳机和麦克风（这就像联合国会议，每个字都被翻译成英语或普通话）。

上午的会议结束后，我发现，下午网上银行部分的原定发言时间已经给了另一个组织，美国安全第一网络银行——"世界上第一家网上银行"。我找到雷曼兄弟北京办事处的负责人，向他解释：安全第一网络银行很差劲，更重要的是，我的发言将是大会最精彩的 15 分钟。经过一番劝说，最终他还是做出让步，把安全第一网络银行首席执行官的发言时间减半，剩下的时间让我发言。安全第一网络银行的发言人口若悬河，但除了说他们确实是全球首家网上银行，他乏善可陈。然而，X.com 推出 4 周后，就获得比安全第一网络银行近 5 年还要多的客户，这样的闪光点当然不能不提。

起初，塞尔比不知道观众是"震撼还是听不懂我说的话"。但那天晚上，他坐在中国国家开发银行副行长旁边，后者表示，中国需要贝宝的参与。第二天，这位副行长在演讲中提到贝宝，认为中国企业需要以贝宝为榜样。

塞尔比表示，即使是随意的美国创业文化也很受欢迎。他写道："3 天来，我是会场上唯一没有打领带的人。他们认为不打领带非常棒！"

* * *

贝宝的合资模式为外国银行和金融公司提供了机会，对方可以通过投资建立联名网站。塞尔比解释说："我们本质上是在向他们出售独家经营权，让他们成为我们在该地区的合作伙伴。"

之后几年，杰克·塞尔比和业务发展部的同事四处奔波。由于他们的努力，公司与法国农业信贷银行、荷兰国际集团（ING）和新加坡开发银行等机构建立了国际合作伙伴关系。这些公司非常乐意把钱交给贝宝，贝宝则承诺提供贴牌服务。

不过，这些贴牌贝宝进展缓慢，在某些情况下从未兑现。伍尔威解释说："法国农业信贷银行交易就是个很好的例子。它投资了 2 000 万美元……它想推出'贝宝法国'，但我们的主要目的是获得资金。"塞尔比承认贴牌项目被延迟，但他也指出，合作银行即便没有通过推出本土贝宝获利，也从投资中获利了。塞尔比说："我们都朝着同一个方向前进，当我们成功时，他们也会成功。时机或早或晚。"

拉尔、布劳恩斯坦、塞尔比等人不得不放慢脚步，在国际产品上完成足够多的工作，以保持上升势头，同时不干扰团队在国内贝宝的工作。如果国际合作伙伴的耐心减少，拉尔有时不得不承认残酷的现实：贝宝仍在为赢得易贝而战，而国内的成功是发展国际业务的先决条件。

拉尔说："包括我在内，我们所有人都非常清楚，首要任务是在国内取胜。如果在国内没有获胜，那么在国际上就不可能走得更远。"

尽管在海外进行交易很复杂，但这些伙伴关系有助于将各地贝宝模仿者减到最少，更重要的是，它们在关键时刻为贝宝提供了资金来源。这些交易还使公司能够培育国内产品，而不需要增加人手，并在世界各地推出新的贝宝版本。

尽管贝宝的海外扩张刚刚起步，但它也成为对抗 Billpoint 的利箭。例如，事实证明，允许非美国客户进行美元交易的决定是重要的第一步。海外易贝卖家希望进入美国市场，但跨境转移资金需要支付高昂的费用。"以前，他们能收到钱的唯一方式是通过国际汇款。西联汇款收取 25 美元。或者你去其中一家银行，支付 25 美元和巨额外汇手续费，这就排除了小额贸易。"拉尔解释说。

当贝宝开始允许外国用户接受美元时，它为海外卖家打开了闸

第十九章 征服世界

门。拉尔回忆起一家在泰国的易贝宝石商家 www.thaigem.com，它一度成为贝宝排名第一的海外商家，并成为贝宝非易贝业务的案例研究对象。《每周伙伴》（*Weekly Pal*）称其为"电子商务的成功典范"，并写道，该公司"一开始规模很小，在易贝只有 5 件商品，现已发展成切割宝石的主要供应商"。贝宝每月从 Thaigem 的交易中获得大约 60 万美元收入，但真正的致命一击是这个宝石卖家的演变："它已经将 95% 的业务从亚马逊和易贝转移到自己的网站上。"

随着时间的推移，公司也找到在国外推出本地化产品的方法。起初，布劳恩斯坦和拉尔将目光集中在欧洲，因为欧洲大陆有电子货币许可证计划。拉尔回忆说："你如果获得许可证，就可以把它带到另一个欧洲国家。所以你所做的是，在一个国家申请，得到许可证，你在告知各国监管机构之后，就有权在所有欧洲国家经营。"公司努力在英国获得许可证——据拉尔说，英国拥有"最开明的监管机构"——然后在其他欧洲司法管辖区使用它。

随着其货币兑换产品开始成为现实，贝宝再次采取高度简洁的行为准则。负责国际产品的贾科莫·迪里戈利急于与用户"产生共鸣"，并尽可能多地向他们展示外汇汇率信息，让用户放心。他说："我们创建了这个支付屏幕，简直就是噩梦。"他详细描述了一个复杂的界面，显示当地汇率和大量其他相关信息。

团队技术设计师本杰明·里斯特文也记得，关于多币种页面设计发生了激烈争论。里斯特文打趣道："所有科技公司在解决世界上最大的问题时，似乎都陷入了最愚蠢的细小争论。"

贾科莫·迪里戈利永远忘不掉大卫·萨克斯的强硬回应。"大卫看了一眼，说：'不行。它需要尽可能地简单。比如，有人想在易贝上买东西。他需要给那个人 80 欧元。你应该有一个下拉框，上面写着 80 和当地货币的金额。然后在权限界面上，你可以把其他所有需要的东西放在这里……请做成这么简单。'"

2000年10月31日，在美国推出仅一年后，贝宝就向26个国家的客户开放了。起初，这些账户仅限于以美元结算，客户只能向在本国和美国的人汇款。但它们至少出现了，而且为公司创造了收入，每次支付收取最低0.30美元，并且收取每笔2.6%的手续费。

到2001年末，国际交易占公司总收入的近15%。团队发现，外国用户数量和交易额持续增加。随着多种货币交易的出现，这种增长进一步加速，为贝宝的全球扩张铺平了道路，使其在200个国家、以25种货币开展业务。

＊＊＊

并非所有新市场扩张都是传统的，贝宝也没有一头扎进所有可能有利可图的市场。里德·霍夫曼回忆说，有一位准商家为大麻生意寻求贝宝服务。"我告诉他，'我得去和律师谈谈'。"他的生意被拒绝了。

色情商品也很棘手。它是迄今为止最大的网络流量来源，但多名贝宝员工希望公司避开它。蒂尔发起与员工群体的对话。金-伊莱沙·普罗科特加入公司的时间不长，但她很看重首席执行官"会倾听我的担忧，并向我解释我们正在做的决定及其原因"。

贝宝高管妥协了。萨克斯解释说："我们不会寻求这种业务，但也不会在庞大的用户群中特意把它们找出来。"

一些新的市场增长让贝宝陷入了监管困境。2001年7月6日，公司登上了《纽约时报》头版，贝宝的标志被放在一篇文章旁边。这本应提高贝宝的声誉，但《纽约时报》把标志放在一家赌博网站的主页上，旁边的标题是《美国公司从互联网赌博激增中获利》。

随着互联网在20世纪90年代末兴起，在线赌博市场也随之爆发。在线赌博在美国大部分地区都是非法的，但美国人会登录海外网站，这些网站通常位于哥斯达黎加或加勒比地区。随着博彩业赚取巨额利

第十九章　征服世界

润，美国涌现了一批为博彩业提供支持的企业，包括博彩软件设计师和在美国公路上放置赌场广告牌的公司。甚至知名的互联网公司也加入这一行列：谷歌和雅虎拒绝做烟酒公司的广告，却接受在线赌博广告。2001年，一位谷歌高管对《纽约时报》表示："赌博对我们来说不是同一类。法律在这方面没有明确规定。"

虽然法律可能没有定论，但在线赌博激增的结果却愈加明确。"你会一直点击、点击、点击，"一位网络赌徒告诉记者，"你会感到狂喜，仿佛现实不存在一样。"这个赌徒在一个月内就失去了半年的到手收入，绝望中曾想把车开进太平洋自杀。

数字赌场在模糊的监管下经营。伍尔威解释说："不光是人们点击几下就会损失很多钱。它不像拉斯维加斯赌场，那里的老虎机受到内华达州博彩管理委员会的监查……这些在线赌场的问题是，你玩的在线老虎机来自位于阿鲁巴的公司……你怎么知道真正的概率是多少？"

赌徒还反映，经营赌场的公司行为不正当，尤其是在提取奖金时。他们表示，如果赌徒输了，钱就会迅速从他们的账户转到赌场手中。但如果他们赢了，赌场通常会扣留奖金几天，这是诱使他们继续赌博的一种手段。

出于以上和其他原因，许多美国传统金融机构避免为离岸赌场提供服务。但这给需要扩大客户群的初创企业创造了机会。塞尔比说："没有人愿意为他们服务，而我们介入并填补了这一空白。"2001年，团队经历了空白中的黑暗，因为几名贝宝员工在当年穿梭于美国海岸附近岛屿上的赌场。

* * *

1998年到1999年，一些在网络赌博中输钱的人对信用卡公司提起诉讼。加州一名女子在背上7万美元的信用卡债务后，将万事达和维萨告上了地方法院。她打赢了官司，债务也解决了。但由于此案和其他类似案件，以及媒体监督的加强，维萨、万事达和美国运通对境外赌场网站实施了更严格的禁令。

但正如贝宝从易贝那里学到的，任何被维萨、万事达和美国运通抛弃的市场都可能是一座金矿。贝宝仔细考虑了为在线博彩业务提供服务的风险和回报，争论上升到了董事会层面。作为谷歌和雅虎的董事会成员，迈克尔·莫里茨了解这一领域的优势，并支持贝宝参与其中。他建议，只要博彩业务对贝宝收入的贡献保持在足够低的水平，贝宝就不会触发警报。

贝宝并非初次涉足赌博业务，有一家网站一直在为赌场提供支付服务，并使用贝宝完成交易。业务开发团队成员丹·马登负责执行所谓的拉斯维加斯战略，他回忆道："这家公司在网站上列出了他们拥有的所有赌场。于是我说：'好，我可以打电话给所有赌场，说他们可以直接与我们合作。'"

赌场和贝宝都认为自己在交易中获益了：赌场获得了一个信誉日增的支付提供商；贝宝从赌场交易中收取高昂费用。于是，马登和业务开发团队开始了一项奇怪的勘探任务，他们前往多米尼加共和国、哥斯达黎加、危地马拉，以及荷兰的库拉索岛，这些都是世界上部分离岸博彩企业的大本营。

在线赌博领域被细分为两个部分。根据马登的说法，有来自欧洲的合法博彩公司，它们希望将业务扩展到加勒比地区。还有一个不那么光彩的部分：总部位于纽约和迈阿密的博彩公司，希望将其在法律上复杂的美国业务转移到海外。马登回忆起与一位离岸赌场大亨的难忘会面，他说："这很不舒服。我坐在会场，那家伙把手枪放在旁边的桌子上。"

虽然赌博只占贝宝支付总额的个位数比重，但利润率达到

20%~30%，远远高于公司从普通拍卖支付中获得的利润率。

从一开始，公司就将这项业务的风险视为对一个更大风险的对冲：易贝。伍尔威回忆说："我们一直在寻求易贝以外的业务。博彩业利润丰厚，增长迅速。我们独特的地位使自己成为理所当然的解决方案。"

但随着贝宝涉足在线赌博，它受到了更严格的监督，并被指控破坏国会证词。行业分析师和信用卡协会说客指出，由于贝宝是支付中介，而不是信用卡公司，它为赌场提供了绕过信用卡规则的便利掩护。

向赌博市场扩张虽然有利可图，但也让贝宝接触到博彩相关业务。"如果在你附近的某个城市有一家赌场，"欺诈调查员梅拉妮·塞万提斯解释说，"在赌场周围看到一系列犯罪事件很正常……同样的事情也发生在互联网上。如果你有赌场，其他欺诈行为就会聚集在赌场周围。"

这种被粗略描述的现象很难被忽视。"赌场是掩盖资金流动的好办法……如果弗拉迪米尔每逢第三周的周三向马耳他的某人支付5 000美元，而且很有规律，他可能是在分层。"塞万提斯指出，分层是洗钱过程的一个阶段，在这个阶段，犯罪分子在非法获得的资金和目的地之间增加"层"。"洗钱是非法的，它掩盖了现实世界中一些极为恶劣的罪行。"塞万提斯说。在探索赌博网络的过程中，他们发现了各种联系，从可卡因贩子到杀手，再到枪支贩子。这是一个巨大的数字地下世界，贝宝现在不得不在其中穿行和被监管。

* * *

尽管情况复杂，贝宝还是考虑采取以收购形式，进一步参与博彩业务。SureFire Commerce 是一家业内领先的支付处理公司，占据在线赌博交易量的 60%。

在贝宝内部，对 SureFire Commerce 的研究代号为"蓝宝石计划"（Project Sapphire），公司花了几个月开展尽职调查和风险评估。公司请来普华永道进行风险分析，SureFire Commerce 和贝宝的高管就各自的业务模式相互盘问。

随着贝宝高管对 SureFire Commerce 的业务深入研究，他们发现了一个危险信号：在网络赌博交易的信用卡关联代码方面，SureFire Commerce 有欺骗行为。为了更好地监控此类交易，信用卡协会为其设置了特殊代码：7995。如果该代码出现，交易将受到特别监管，许多交易将被彻底拒绝。

SureFire Commerce 没有使用 7995，而是偷偷选用其他代码，如 5999："其他网上交易"。这导致信用卡公司对该业务的关注有限。这种行为虽然不违法，但明显违反了信用卡协会的处理规定。

贝宝最终放弃了与 SureFire Commerce 的谈判。然而，团队利用他们学到的知识为自己服务。2001 年 7 月到 8 月，针对包括贝宝在内的支付处理方，维萨和万事达开始更严格地执行规则，打击伪造编码分类的行为。维萨注意到，一些来自海外赌博网站的赌场交易编码不当，贝宝也收到一封措辞严厉的问询信。

贝宝遵守规定，改变编码行为，然后更进一步，告知维萨和万事达，SureFire Commerce 的违规行为要明目张胆得多，值得仔细调查。这样做需要魄力，毕竟，贝宝和 SureFire Commerce 都犯了同样的错误。但贝宝团队发现了一个机会：如果 SureFire Commerce 的业务受到打击，贝宝就可以赢得更多赌场市场份额，而贝宝的老对手维萨则在做脏活累活。

在与 SureFire Commerce 暧昧、与易贝角力以及海外扩张的过程中，公司展现出最激进的一面。最初的发明往往必须通过强烈的机会主义才能生存下来：从未实现的待定贴牌产品；为可疑的离岸实体提供服

第十九章　征服世界

务；在易贝制造违约，并利用拍卖巨头自己的用户抗议来巩固变化。

在每一种情况下，这种手腕都有一个基本原理，一种以目的为手段的逻辑，这反映了支付业务低利润的现实。当然，公司并没有越过任何明确界线，它小心避免任何明显的非法行为，就像在大麻业务中，遵守蒂尔所谓的"不坐牢"原则。而一旦涉及绕开人为规则，如维萨和万事达的服务条款，团队几乎没有表现出内疚。

其中很大一部分源于公司领导人多年来面对的糟糕数据：贝宝大部分支付仍然来自易贝，这让公司的根基始终不稳固。因此，向其他市场扩张成为当务之急。

在公司通讯专栏中，萨克斯概述了他对进军新支付市场的想法。他写道："在实际情况中，贝宝只能开拓非常有限的市场，因为支付产品需要针对不同客户的需求进行定制。"

萨克斯估计，公司要花 3 个月进行上市前的准备，以及上市后积极的销售和营销工作，才能占领一个新市场。因此，贝宝探索的市场需要："（1）在功能方面相对接近我们的现有市场；（2）由于现有选择不足，对我们的服务有强烈需求。"

这一标准使一些可能的扩张目标被排除，比如，当一名员工提出，进军必胜客或亚马逊的时机已成熟时，萨克斯拒绝了他的建议。对萨克斯来说，进军线下零售商市场"对于今天的贝宝，是革命性（而非渐变性）的一步，而且贝宝在现有选择基础上增加多少也不清楚"。他还认为，向亚马逊和类似网站扩张没有希望：团队非常清楚潜入易贝支付流程中收获的挫败感和摩擦。他写道，知名网站"不愿将其付款环节外包给贝宝"。

最重要的是，贝宝将认真选择进攻目标。萨克斯总结说："征服世界无法通过不加选择地空降到敌对国家来实现。"

第二十章

措手不及

2000年夏天,马斯克宣称:"我们将进行热核式首次公开募股。"员工将这句话列为最难忘的马斯克名言之一。

但在贝宝成立一年后,市场刚刚经历一场大爆炸,对科技公司的首次公开募股变得不利。亚马逊支持的Pets.com就是一例。2000年2月,这家被大肆炒作的在线宠物食品公司首次公开募股,上市价格为每股11美元,后来达到每股14美元的最高价。到11月,该股跌至每股19美分。上市仅几个月后,该公司就被迫进行清算。这种情况并非个例:在2000年,互联网股票的总市值跌去3/4,市值蒸发了惊人的2万亿美元。

在一片废墟中,贝宝探索上市的选择。蒂尔宣布一个全公司的新目标:到2001年8月实现盈利。盈利并不是进入纳斯达克或纽约证券交易所的先决条件。2000年,只有14%的公司在首次公开募股前实现了盈利。但考虑到市场对科技股的悲观情绪,蒂尔认为盈利将说服怀疑者。

蒂尔和团队开始从各个角度实现这一目标,包括在最敏感的地方勒紧裤腰带：团队零食。2001年春天，公司通讯宣布了一个不可思议的决定：对苏打水和零食自动售货机收取费用。厨房将继续免费提供花生酱和牛奶等基本食品，但有补贴的公司午餐将缩减为每周3次三明治。"但最终，这些小小的牺牲都是值得的。"通讯作者宣称，尽管他们的肚子肯定都饿得咕咕叫。

免费零食自动售货机的终结激发了叛逆的创新行为。吉姆·凯拉斯回忆说："几个人聚在一起说，'去他的。如果我们要付钱，那么至少要得到我们想要的东西'。于是他们做了一个抽屉，里面有一堆糖果和其他东西。然后他们制造了一个扫描仪，用来扫描公司徽章背后的条形码。你用扫描仪扫描，它就会自动从你的贝宝账户扣费。"据悉，作为这家大胆的公司内部商店的创始人之一，乔治·石井将其命名为"Ishii Shou Ten"，意为"石井店"。

为了鼓励团队实现盈利，蒂尔同意打个赌。2001年4月中旬，《每周伙伴》的作者詹妮弗·郭写道："为了帮助公司成功，我们公司有很多人愿意放弃很多东西。我们放弃了睡眠、闲暇、锻炼和阳光。但现在，我们的首席执行官彼得·蒂尔愿意为团队做出最大的牺牲。他已同意……如果我们在8月实现盈利，他会把头发染成蓝色！"

* * *

私营企业申请在公共证券交易所交易有几个原因。首先是金融方面，通过向公众出售部分股票，公司可以在公开市场上向机构投资者、散户交易者等买家筹集资金。对于拥有股权的创始人和早期员工，这一过程将纸面财富变成现金。对许多人来说，在白手起家创建公司的辛苦工作后，这是一个退出的机会。基于公众股东愿意支付的每股价格，首次公开募股还对企业的公平市场价值进行了某种确定。最后，围绕首次公开募股的媒体报道可以作为品牌宣传，巩固公司在公众心目中的形象。

贝宝上市有很多原因,但最重要的是融资。2001年3月,团队向国际投资者完成另一轮9 000万美元的融资,公司正朝着盈利的方向努力。通过首次公开募股筹集的额外资金可以提供保险,尤其是应对公司正小心处理的对易贝的依赖、欺诈率以及与信用卡公司的脆弱关系等风险。

即便是在蓬勃发展的市场,首次公开募股也是一个令人担忧且漫长的过程,时间跨度从3个月到几年不等,且涉及众多律师和文书工作。在首次公开募股前,公司要接受投资银行、审计机构、监管机构、媒体和投资公众的审查。除了时间成本,首次公开募股还可能招致讨厌的诉讼和媒体关注,两者都可能对公司发展造成长期破坏。为了能够通过出售股票筹集资金,公司还必须同意美国证券交易委员会严格的报告和监管要求。即使在首次公开募股的考验结束后,员工也必须等待一个"锁定期",然后才能出售他们的股权。

到2001年7月,马克·伍尔威的工作从海外融资变成为公司马拉松式的首次公开募股做准备。首先,他帮助公司选择一家投资银行,这是一个至关重要的决定。该银行将带领公司度过首次公开募股过程中的风险,并担任其承销商,即发行股票的公司与想要购买股票的投资者之间的中介。银行家将核实上市要求,与投资者分享公司的故事,预估对股票的需求,并确定首次公开募股的价格和时间,以达到最佳效果。

当摩根士丹利同意担任其主承销商时,团队便早早取得胜利。摩根士丹利团队以明星分析师玛丽·米克尔为首,在科技公司首次公开募股方面享有盛誉,包括1995年网景著名的首次公开募股,这被视为互联网繁荣时期的发令枪。同年,米克尔出版了《互联网趋势》(*Internet Trends*)的创刊号,这是她关于数字世界的"国情咨文"。

2001年8月中旬,贝宝启动首次公开募股程序,准备了S-1,这是一份提交给美国证券交易委员会的数百页文件，详细说明了公司的财务、运营、历史和法律问题。8月最后一周，摩根士丹利团队飞往帕洛阿尔托，与贝宝团队会面，在此期间，他们承诺将在2001年底进行首次公开募股。

8月29日，蒂尔向所有贝宝员工和股东发出锁定协议，宣布贝宝将启动首次公开募股程序。信中发出严厉警告：从现在开始，员工应该小心分享关于公司的信息。《每周伙伴》重申了他的观点，并引用了二战时期的名言："嘴松船沉！"

* * *

首次公开募股还将有助于为公司定价，多次收购尝试显示，定价很难。"我们需要上市，"杰克·塞尔比说，"我们可以上市，让纳斯达克告诉你我们的价值，然后你就可以购买我们。"

随着首次公开募股程序的启动，更多追求者出现了。CheckFree是一家旨在将纸质账单流程数字化的公司，被贝宝的规模、庞大的支付量以及在第三方平台运营时获得的信任所吸引。CheckFree的创始人皮特·凯特说："消费者品牌有黏性，一旦涉及资金转移，信任就很难被建立起来。"

贝宝成功地将易贝支离破碎的支付系统变成成熟的业务，这让凯特印象深刻。"不一定是解决方案找到问题，"凯特谈到贝宝时说，"有时问题会找到解决方案。"

凯特知道贝宝计划上市的志向，但蒂尔对首次公开募股有顾虑。"蒂尔一直在说：'我不想经营一家上市公司。我无意成为上市公司的首席执行官。我宁愿做别的事情，不想上市。'他说服了我。我认为事情不会比这更复杂。"凯特回忆道。

两家公司很快就进行了两次收购尝试，并完成尽职调查。尽管他们对贝宝充满热情，CheckFree 团队还是担心贝宝对易贝的依赖，以及贝宝领导发表的一些寻求独立的激烈言论。"我大概说：'我很感兴趣，但我无意推翻政府。'"凯特说。在与凯特的谈话中，蒂尔试图减轻他对这两方面的担忧。

但是，CheckFree 最担心的是贝宝对信用卡协会网络的依赖。凯特担心，维萨或万事达的一次调整就可能让贝宝全军覆没。在这种情况下，"我们只会收购一家不被允许从事自身业务的公司"。

最终，凯特决定 CheckFree 不能继续收购贝宝。今天，凯特面对这个结果心平气和。"当人们谈起 CheckFree 的历史，对我说'你真聪明'时，我会说：'你认为我很聪明，但如果我说，我不仅有机会收购贝宝，而且有两次机会，但我都拒绝了，你会怎么想？'"

* * *

2001 年 8 月 31 日星期五，贝宝获得了第 1 000 万名注册用户。在贝宝位于安巴卡德罗街 1840 号的办公室，团队对即将到来的首次公开募股议论纷纷，并在下班后喝玛格丽塔酒庆祝。蒂尔发了一封邮件，回顾这一里程碑式的事件。

到本周为止，贝宝已获得第 1 000 万名用户。有人认为，整数成就被看得太重要了。尽管如此，它还是有助于我们回想取得成就时的背景：

（1）1999 年 11 月 18 日：1 000 名用户。我们仍然不确定产品是否会成功，或者在最初的爆发后，用户数量是否会下降。

（2）1999 年 12 月 28 日：1 万名用户。贝宝每天的注册用户约为 500 人，而且（人工）邮寄所有印有身份号码的信封变得越来越难。尽管如此，增长速度看起来每天都在上升。

（3）2000年2月2日：10万名用户。这绝对是指数级增长……但我们不知道该拿这些用户怎么办。我们开始对注册奖金（每人20美元）感到紧张，我们知道它无法永远持续……显然，支出也在呈指数级增长……同一条街上有家公司（X.com）也提供同样的奖金，我们害怕会在竞争中破产。（合并后，事实表明他们也有点儿害怕。）

（4）2000年4月15日：100万名用户。我们刚刚实现贝宝和X.com的合并，并凭借高速增长筹集了1亿美元。现在，我们要靠资本、员工和客户群来发展业务。dotBank是贝宝的早期竞争对手，被雅虎收购，后来发展为PayDirect。该公司首席执行官罗伯特·西蒙表示，第一家用户达到500万的公司将赢得在线支付的竞争。

大伙儿干得好。

"整数成就"是绝佳的新闻素材。文斯·索利托安排记者报道此事，贝宝还发布了一份新闻稿。然而，8月的成功并不包括蒂尔把头发染成蓝色。公司未能在众人希望的时间内实现盈利。

* * *

尽管蒂尔对担任上市公司首席执行官持保留态度，但他希望迅速推进首次公开募股。对他和管理团队来说，贝宝的业务仍然充满风险。除了其他好处，上市还将使公司与易贝平起平坐，表明贝宝不是一个恼人的附属品，通过改变规则就可以摆脱。

在一个周一下午，这个计划在纽约遇到了障碍。团队与摩根士丹利会面，并沮丧地离开。蒂尔汇报说，与他会面的两位分析师似乎对贝宝的业务一无所知，在会面之前甚至没用过贝宝。他们的问题包括："人们如何从贝宝获得资金？""贝宝收费多少？""贝宝是向汇款方还是收款方收费？"蒂尔认为这些问题"敷衍了事"。

在会上，摩根士丹利团队传达了一个坏消息：贝宝不可能在 2001 年底迅速进行首次公开募股。蒂尔在给董事会成员蒂姆·赫德的总结邮件中写道："他们给出的主要理由是，他们的分析师对贝宝的前景感到不确定，希望至少看到两个季度的盈利再继续。"蒂尔透露，摩根士丹利还向贝宝团队表示，贝宝必须让分析师至少跟踪公司半年。

蒂尔推测，贝宝陷入了摩根士丹利投资银行家和股票分析师之间的内部矛盾。银行家负责撮合交易，帮助企业融资，他们兴奋地将贝宝拉进来；而股票分析师负责追踪股票，并提供基于研究的投资指导，在这一过程中他们变得更加疑心深重。

蒂尔在给赫德的信中写道："分析师要维护自己的'独立性'，就必须抵制投资银行家。具有讽刺意味的是，这意味着对贝宝唯一的'独立'审查将得出一个无知的结论，即贝宝不适合上市（因为任何其他审查结果都会显得不够'独立'）。不幸的是，摩根士丹利是一个如此分裂的机构，它的内部争斗最终伤害了像我们这样的公司。"

"我们大家都被这个过程彻底打了个措手不及。"蒂尔写道。他曾得到保证，摩根士丹利的股票分析师支持贝宝上市，因此他为"在这一点上信任他们"承担责任。他总结道："只要我还是这家公司的首席执行官，我们就再也不会在任何工作中用到摩根士丹利。"团队将寻找一家新的主承销商，这一过程将推迟首次公开募股。

在整个首次公开募股过程中，团队表达了对整个金融行业的失望。"我认为他对这些投资银行家感到失望，"公司高级顾问兼首次公开募股主管丽贝卡·艾森伯格说，"因为他们太不诚实了……他们认为自己知道如何向美国证券交易委员会解释贝宝，但是你怎么解释自己都不理解的东西呢？彼得想要排挤他们是对的。投资银行家阻碍了贝宝取得成功。"

据说，在当天的会议上，蒂尔在一次争执中看着银行家们说："我希望，我们不要假装对这家公司没有很大的意见分歧。"令人沮丧

第二十章　措手不及

的会议结束后，蒂尔、博沙和波特诺伊前往机场，途中拥挤的交通使路途变得更加困难。蒂尔说："我太想离开这座城市了。"

这说起来容易做起来难，即使在团队到达机场后也是如此。那天晚上，纽约遭到猛烈的雷暴袭击，飞机在停机坪上停了几个小时，足够杰森·波特诺伊和罗洛夫·博沙看一部电影。最后，令他们大为宽慰的是，飞机终于起飞了。

团队于2001年9月10日晚回到西部。

* * *

太平洋标准时间第二天早上5点46分，美国航空公司11号航班撞上了美国世界贸易中心大厦北塔。

贝宝员工一觉醒来，发现整个国家都陷入了混乱。工程师詹姆斯·霍根回忆起贝宝网站流量下降的情景。"休息室上方的墙上有一个监控器，显示实时的网站使用情况，"他回忆道，"它总是有大致相同的形状，比如白天高，晚上低，就像过山车一样。那天，它完全崩溃了。这是一种发自内心的奇怪暗示，让我意识到那天世界的运作有多么不同。"

马克·伍尔威的首次公开募股前期工作陷入停顿。袭击将不止一家金融服务公司夷为平地，并导致市场关闭数日。在办公室里，员工惊恐地看着报道。有些人因为太震惊而无法继续工作，贝宝负责人明确表示，任何人想回家都可以回去。然而，其他人发现，工作可以让自己从悲伤中转移注意力。"我是单身，独自生活，我的生活就是工作，"霍根回忆道，"我的社交圈实际上就是我的同事。和其他人一起应对正在发生的事情，这很好。"

贾科莫·迪里戈利是搬到西部的纽约人。对他来说，9月11日无异于一记重击，他后来得知，两名大学同学和一名高中同学在袭击中丧生。贝宝律师丽贝卡·艾森伯格和丈夫在东海岸，计划于9月11日飞回西海岸。他们改变计划，提前一天回家。他们最初预订了从纽瓦克自由国际机场飞往旧金山国际机场的93号航班。在乘客反抗劫机者时，这架不幸的飞机坠毁在宾夕法尼亚州的一片田地里。

在国外工作的贝宝团队成员对此有不同感受。杰克·塞尔比和斯科特·布劳恩斯坦一起驻扎在伦敦，他们计划在附近的一家意大利餐厅共进午餐，把手机落在了办公室。

两人回到办公室时，布劳恩斯坦看到人行道上有一个歇斯底里的人。"她边过马路边说：'飞机起飞了！他们劫持了5架飞机！'"布劳恩斯坦回忆道。在办公楼楼梯下面的一个小房间里，塞尔比和布劳恩斯坦看到电视新闻。布劳恩斯坦说："我们完全不敢相信。"

当他们回到办公室时，塞尔比和布劳恩斯坦有几十个未接电话和未读消息。布劳恩斯坦回忆说："有人对我说'很遗憾'，就好像我正代表美国。我收到很多来自业务伙伴和朋友的极为真诚的消息，'我们与你们站在一起，这太可怕了'之类的。"

* * *

9月14日的《每周伙伴》通讯记录了员工的震惊、悲伤和愤怒。一位客户经理写道："我认识的一个人（不是密友，但是朋友最好的朋友）在飞机上去世了，感觉很恐怖。"另一名员工写道："我感到非常受伤，又非常脆弱。我有点儿多疑，想象一件同样可怕的事情就发生在我身上。"

彼得·蒂尔在14日周五给全公司发了一封反馈邮件：

上周是非常艰难的一周。就像国内其他地方的人一样，对于自内战以来美国本土遭受最严重的袭击，贝宝团队十分紧张。我们表现得很勇敢，表示要像以前一样继续前进。即便如此，我们知道有些东西也确实变了，而我们可能还没有完全意识到这一点。

4日上午在旧金山市区的一次会议上，我明白了这一点：我不能把车停在大楼的车库里（因为车库管理员不允许非工作人员停车）；当我终于找到另一个地方停车，到达大楼时，人们蜂拥而出，有人说有炸弹威胁。紧接着，大家发现根本没有威胁，但一些人已经开始恐慌，一切都像瀑布一样倾泻而下。同样，我最近注意到，我们帕洛阿尔托办公室的部分员工有点儿紧张。我希望在未来几周内，在我们齐心协力度过这场危机的过程中，各位表现得更加体贴一些。

那些认为只有疯狂和杀戮才能获得解放的恐怖分子怎么办？说他们是"伊斯兰"可能不对，原因很简单，他们根本没有积极的愿景。相反，他们的身份被定义为对敌人的虚无否定。他们的敌人是全球化、资本主义、现代世界、整个西方，尤其是美国。就个人而言，我认为摆脱这种疯狂的道路，必须包括对现代西方资本主义精髓的肯定，即对每个人生命（无论背景或个人特征）的尊严和价值的信仰，以及在自由交换思想、服务和商品的基础上建立一个和平的国际社会的希望。

我认为，恐怖分子不仅邪恶疯狂，而且非常愚蠢。炸毁一座高楼无法阻止世界贸易，即使它碰巧叫"世界贸易中心"。要阻止现代西方资本主义，就必须摧毁更多：全球通信网络和全球商贸的整个基础设施；必须关闭互联网，摧毁贝宝及其正努力打造的一切。因此，在某种意义上，对世贸中心的袭击是直接针对我们的，即使恐怖分子甚至从未听说过贝宝。

从积极的方面来看，我们所有员工都很安全，他们的直系亲属似乎也都安然无恙。我们还做了一项杰出的工作，调动部分资源来帮助受到伤害的人，略尽绵薄之力：截至本文撰写时，贝宝大家庭的22 238名成员已经向美国红十字会国家救灾基金捐赠了829 423美元。

我们思念纽约和华盛顿以及全世界遭受了毫无意义的暴力的受害者，并为他们祈祷。

* * *

和许多其他公司一样，贝宝在袭击发生后展开了救援行动。"我走进办公室，"维维安·戈回忆道，"所有人能想到的都是'好吧，我们怎么帮忙'？"

蒂尔强调加强救援行动的紧迫性。"彼得在这件事上非常聪明，"维维安·戈说，"他知道人们只有在最初的震惊中才会慷慨解囊。此后几周，这种震惊将逐渐减弱……他们会厌倦一切寻求帮助和捐助的呼吁……（我们）必须尽早行动。"丹尼斯·阿普特卡回忆说，她的同事诺拉·格拉斯汉姆当天早上立即行动起来，推动捐款活动。

基本功能在9月11日晚上线。公司迅速开设relief@paypal.com，接受电子邮件捐款，并随后将捐款交给美国红十字会。贝宝在其网站上添加捐款按钮，并创建Web Accept捐赠按钮，用户可以将其嵌入自己的网站和拍卖页面。到第二天，已有2 400人捐款11万美元。

贝宝的捐款活动与雅虎和亚马逊类似，3家公司都获得了媒体报道。文斯·索利托称，公司的反应"不假思索"，并承诺，只要有需要就会继续努力。截至9月15日，公众通过贝宝向美国红十字会捐款超过100万美元。2001年11月13日，在红十字会湾区总部，蒂尔向美国红十字会湾区分会首席执行官哈罗德·布鲁克斯递交了一张235万美元的超大支票。

团队的好胜心增强了行善的本能。例如，一位工程师注意到，亚马逊创建了一个点击页面，能更好地说明他们的捐赠工作，他建议贝宝也这样做。即便在为受害者募捐时，团队也加紧调整和部署变动，

第二十章 措手不及

以跟上竞争对手的步伐。

贝宝一直在密切关注老对手易贝的应对措施。这家拍卖巨头遇到麻烦，因为拍卖卖家不断发布与奥萨马·本·拉登和世贸中心有关的不雅物品，包括明信片、T恤和报纸。一个卖家发布了他声称是大厦烧焦的混凝土块，其他人试图出售大厦燃烧和倒塌的自拍视频。9月12日，易贝宣布禁止此类拍卖。

易贝发起了自己的救援行动，但这引起了麻烦。为了响应纽约州州长乔治·帕塔基和纽约市市长鲁迪·朱利安尼的直接呼吁，易贝发起 Auction for America 活动，这是一项雄心勃勃的计划，旨在通过其社群在 100 天内筹集 1 亿美元。卖家发布商品，所得资金将捐赠给慈善机构，易贝将把收益分配给 7 个不同的慈善基金。

这一消息引起轰动，易贝获得了许多知名合作伙伴和捐助者。《星球大战》创作者乔治·卢卡斯为活动捐赠电影纪念品，深夜节目主持人杰·雷诺捐赠了一辆珍贵的哈雷摩托车。所有现任国会议员都在旗帜上签名以供拍卖，还有 38 位州长捐赠物品，包括西弗吉尼亚州州长的一条床罩和夏威夷州州长的夏威夷一周免费旅行。

易贝发起 Auction for America 的初衷是好的，但它的社群内爆发了抗议。卖家不满易贝将慈善拍卖与普通拍卖对立，损害他们的销售。另一个争论点是：易贝让卖家承担慈善拍卖的运费，而不是买家。一位卖家当时向科技资讯网抱怨说："听起来好像我们很没良心，因为我们不愿意参与。并不是我们不想参与、不关心或不想付出，而是易贝在某种程度上把我们出卖了。"

易贝的 Auction for America 还要求用户用 Billpoint 支付拍卖费用，将贝宝挤出市场。易贝辩称，该政策确保了核算正确和慈善资金的准确转交。但卖家声称，易贝是在用慈善活动作为掩护，以增加 Billpoint 的注册人数。媒体迅速出击，这给了贝宝一个挖苦易贝的机会。据科技资讯网报道："一名贝宝代表周一告诉科技资讯网 News.

com，如果贝宝获准参加易贝拍卖，贝宝将免除费用。"

在幕后，贝宝展开攻势。里德·霍夫曼给易贝律师罗伯特·切斯纳特发去一封长邮件。霍夫曼写道："我写这封信是为了正式表达我的失望，因为易贝选择利用最近的悲剧，人为提高 Billpoint 的竞争地位。通过强制所有希望参与 Auction for America 的卖家注册易贝支付账户，你们剥夺了袭击受害者的重要救济。"

霍夫曼指出，大多数易贝卖家拒绝接受 Billpoint，并表示，易贝将因其"反竞争的敌意"而失去救济资金。霍夫曼写道："如果你们的目标真的是为这场悲剧筹集资金，你们应该邀请贝宝积极参与，并直接告诉我们，你们希望我们如何支持这一活动，使其成功。而合理的分析表明，你们只是在继续利用自己的市场力量，通过虚假广告和胁迫让卖家接受 Billpoint。"

就在贝宝指责易贝利用国难抢占支付市场之际，贝宝也将这场纷争加入自己不断扩大的反垄断纪录。

* * *

"9·11"恐怖袭击事件直接影响了公司的运营。尼克·德尼古拉斯曾被聘为软件开发副总裁，他每日从洛杉矶出发到旧金山湾区上班。据同事回忆，"9·11"恐怖袭击事件之后，他辞职了，理由是在"9·11"恐怖袭击后每日出行以及每天远离家人的时间让他感到焦虑和紧张。

约翰·科塔内克记得，各个政府机构突然对贝宝的工作产生了兴趣。"9·11"恐怖袭击事件之后……政府——我会用'政府'来指代他们——来找我们，他们说：'我们不知道钱如何以电子形式在全世界流动。'因为他们还在用纸笔工作……他们说：'你们能帮帮我们吗？'"

第二十章　措手不及

然后是贝宝上市的问题。公共证券交易所从 9 月 11 日至 17 日关闭，这是自 1933 年以来关闭时间最长的一次。当股市重新开盘时，跌幅超过 7%。经过 5 天交易，超过 1 万亿美元的市值蒸发了。没有一家公司在 2001 年 9 月上市，这是自 20 世纪 70 年代末以来第一个没有首次公开募股的月份。

即使在袭击之前，贝宝的首次公开募股看起来也并无把握，就像之前上市失败的一批网络公司那样。多起备受瞩目的企业会计丑闻悬而未决。2000 年，施乐公司承认虚报 15 亿美元收入。2001 年 10 月，有消息称，美国能源和大宗商品公司安然参与了令人震惊的欺诈，包括贿赂外国政府和操纵美国至少两个州的能源市场。当年 12 月，玛莎·斯图尔特卷入了个人证券欺诈丑闻。似乎每周都有涉及数百万美元的违法行为发生。

贝宝也卷入了旋涡。尽管环境恶劣，公司仍在上市的路上试探性地迈出步伐。在放弃摩根士丹利后，贝宝高管选择了所罗门美邦来完成首次公开募股。所罗门美邦的银行家建议将首次公开募股推迟到 2002 年，但蒂尔要求尽早进行。"我们上市的时间越晚，对我们的影响就越大。"塞尔比解释道。

尽管银行家不情愿，但蒂尔急于开展贝宝首次公开募股有几个原因。首先，他知道首次公开募股过程很漫长。"谁知道 3 个月后世界会变成什么样子？那就直接开始吧。"他想。

在大学，蒂尔沉迷于法国文学理论家和社会科学哲学家勒内·基拉尔的著作，后者以被称为"模仿欲望"的概念而闻名。基拉尔写道："人是不知道自己想要什么的生物，他要求助他人，才能最终确定。我们想要别人想要的东西，因为我们模仿他人的欲望。"基拉尔认为，这种模仿会产生竞争和冲突，人们应该对此保持警惕。

蒂尔对基拉尔的兴趣经常让他不走寻常路，这种本能影响了贝宝首次公开募股的申请。蒂尔解释说："如果没有人上市，那就是上市的时候了，这也许有点儿矛盾。因为，这是对混乱的积极应对。"

但是贝宝上市的时机并不只是基拉尔逻辑的胜利。蒂尔承认，竞争、冲突和情绪也发挥了重要作用。"我的竞争精神就是，如果银行家认为我们还没有准备好，那个时机就比以往任何时候都重要。这有点儿像华尔街和硅谷之间的较量，"他谈到自己的好胜心，"我的部分想法是，从情感上讲，我觉得华尔街的银行态度尤其消极，因为我们正在侵占他们的地盘。"

蒂尔在首次公开募股多年后反思这一问题，他承认，这些理由是后来找到的。这位著名的理性主义者还嘲笑其中的情绪。他说："我不希望自己如此好胜，但我不是每次都能做到。我认为这么好胜在情绪上不健康，但是我的个性就是如此。"

* * *

2001年9月28日，金融媒体爆出消息：贝宝已经提交S-1注册文件，并将以PYPL的代码上市。美国有线电视新闻网报道："贝宝公司已向美国证券交易委员会提交申请，计划筹集8 050万美元，在原本空荡荡的首次公开募股市场，贝宝的募股计划十分罕见。"

这种关注并没有为贝宝塑造正面形象。美国有线电视新闻网指出，贝宝与其大多数用户的来源易贝没有合同关系，易贝随时可以"限制贝宝广告的使用，或强迫卖家使用易贝的在线支付服务"。更糟糕的是，报道接着说："贝宝还没有实现盈利。"

路透社称，贝宝是"一种受欢迎但亏损的互联网支付服务"。美联社指出，2001年只有另外3家科技公司上市，最近的一家是Loudcloud Inc.，其上市价格为每股6美元，但到当时，股价已跌至1.12美元。《华尔街日报》称首次公开募股市场"寒气逼人"。著名互联网新闻聚合网站Scripting News援引一位名叫约翰·罗伯的作家评论贝宝的首次公

第二十章　措手不及

开募股的话，称："现在是提交首次公开募股申请的糟糕时机。"

相反的观点也出现了，不过即使贝宝支持者也承认形势严峻：

> 我们通常发现，大多数冷漠的旁观者（即媒体）对贝宝持明确的负面态度。的确，本周我们接受了美国一家重要出版物的采访，对贝宝由需求驱动的规模经济和内在价值主张，我们一句话也插不上，相反，我们被问及对一般公认会计原则（GAAP）亏损以及贝宝可能涉足成人和游戏行业有什么看法。简言之，这是一家媒体和公众可能讨厌的公司。

这段话的作者是 FinancialDNA.com 的加里·克拉夫特，他将负面报道的部分原因归于贝宝的"管理团队来自金融服务业外部，而不是内部"。

让蒂尔尤其恼火的一篇评论题为《国家大事——从地球到帕洛阿尔托》。"如果一家公司成立 3 年，从未实现年度盈利，即将亏损 2.5 亿美元，并且最近提交给美国证券交易委员会的文件警告，其服务可能被用于洗钱和金融欺诈，你会怎么办？"作者问道，"如果你是帕洛阿尔托贝宝背后的经理和风险投资家，你会让它上市。"文章作者将贝宝的首次公开募股归因于"成人监管"不足，并得出结论说，世界不需要贝宝首次公开募股，"就像不需要炭疽一样"。

蒂尔在办公室对媒体报道大发雷霆。工程师拉斯·西蒙斯回忆道："这真的把彼得惹毛了。他面对全公司发表讲话，说媒体都是白痴，我们会证明他们是错的。那是我见过他最激动的时刻之一。"

第二十一章

不法之徒

蒂尔在9月免遭染蓝头发,只是勉强逃过一劫:到2001年底,公司争取盈利的努力终于结出了果实。第四季度的每个月都实现盈利,但是不包括向员工分配股票的成本,以及Confinity和X.com合并带来的"商誉摊销"。[*]

关于这些成本是否应该计入企业盈利,会计圈存在激烈的争议,但至少从一种角度来看,贝宝现在可以认为自己已经盈利。

2001年9月,蒂尔在一份面向公司全体公告中解释了公司的基本财务状况。他写道:"我们的固定成本高,可变成本低,可变收入高。通过贝宝网络进行的支付越多,公司的利润就越高。对产品、市场、销售和业务开发部门的所有工作人员来说,挑战是将贝宝推向可以进一步增加业务量的方向,如果我们的增长率能再保持哪怕两个季度,

---

[*] 会计中的"商誉"是指量化无形资产,包括品牌价值、培训、员工忠诚等。在类似Confinity和X.com合并的金融交易中,它们尤其重要,这些无形资产必须出于会计目的定价。2001年,企业被要求在一段时间内"摊销"这些成本,这降低了企业的盈利能力。

贝宝都将令人刮目相看。"

到 2001 年末,甚至通过易贝的支付份额也出现了鼓舞人心的变化。成千上万的小企业网站已经采用贝宝,现在贝宝 1/3 的交易来自非易贝网站。这一增长大大降低了来自易贝的风险,并预示未来的收入将更加平衡。

首次公开募股时机令部分评论人士和外部观察人士不解,但这最终也对团队有利。"9·11"恐怖袭击事件发生后仅 17 天,贝宝就向美国证券交易委员会提交了 S-1 文件,当时股市暴跌至 3 年来的最低点。但在贝宝即将上市时,股市已经从 9 月的低点反弹了近 30%。由于蒂尔坚持要求,贝宝在国难之后尽快完成上市申请,贝宝成为 2002 年初准备上市的少数几家公司之一,公司获得了媒体和投资人的极大关注。

2004 年,蒂尔在反思时承认,这种关注是一把双刃剑。蒂尔说:"我认为首次公开募股会很酷,因为没有其他人在做。不幸的是,我们受到了比原本更多的审查。"的确,这种审查险些使贝宝的首次公开募股彻底流产。

* * *

团队暂定上市日期为 2002 年 2 月 6 日,并继续抓紧完成准备工作。由于金融丑闻不断,贝宝的首次公开募股将受到比以往更严格的审查。普华永道会计师事务所的工作人员睡在公司会议室里,对贝宝账簿进行仔细的逐行检查。

公司经营也需要加强。例如,2001 年底,贝宝曾宣布,员工的朋友和家人可以登记购买股票,这事本身对一家尚未上市的公司来说并不罕见。不过,贝宝寻求变化。团队决定使用贝宝服务向亲友出售股票,希望此举能吸引媒体报道。

但在 2002 年 1 月初,公司被迫改弦更张。一封发给全公司的邮件告知员工:"如果参与者将资金转入贝宝仅仅为了支付分配额度,应该尽快将资金转出。"

上市日期越近,公司的气氛就越紧张。"我只记得那种压力和紧张。我们需要保持网站运行。不要推送(代码),添加太新的功能,或者破坏网站。"金-伊莱沙·普罗科特回忆道。有一段时间,办公室内的屏幕曾显示所有用户、活跃用户、增长率和交易量等数据。现在,公司将信息仅限于用户统计数据。同样,罗洛夫·博沙的团队曾制作并随意分发的每日和每周报告,现在也限定在管理团队内部。

马克·沙利文现在已经成为投资者关系副总裁,他重申公司员工有必要对公司情况保密,即使是对亲密的朋友和家人也要保密。他在给团队的邮件中写道:"这些问题可能看起来并无恶意,但如果我们透露任何尚未公开的信息,将给我们公司造成可怕的后果。"公司必须保护自己不受意外泄密和内幕交易指控的影响。

尽管公司做好了迎接困难的准备,但旧习惯很难改掉。珍妮特·何在首次公开募股前收到聘书,她回忆起,团队招聘官蒂姆·温泽尔敦促她接受并尽快上班,即使她的另一份工作要求辞职前必须提前两周通知。温泽尔说:"你最好下周一上班。我不介意你同时做两份工作。"温泽尔希望珍妮特·何能从股票期权上市前的价格中受益。"他真的很好,提醒我这点。"她笑着回忆道。

* * *

在企业公开发行股票的前几个月,其承销银行会组织所谓的路演,以吸引机构投资人的兴趣。为了贝宝的首次公开募股,一些高管被派到各地宣传公司,杰克·塞尔比是其中之一。

随即,他就面临前一年网络公司失败的余波。"桌对面的这些家

第二十一章 不法之徒

伙说：'我们以前见过这个。我们被它伤害过，不会再买进这种垃圾了。'"塞尔比回忆道。作为企业，贝宝无法完全被归入投资人熟悉的公司类别。"这些家伙之前确实没有见过我们的业务类型……我们属于金融科技类型吗？我们属于科技类型吗？我们属于服务类型吗？作为混合型，我们很难解释我们属于什么类型，而这些人非常死板。"他回忆说。

另一个令人担忧的问题是团队相对年轻。作为S-1文件的一部分，公司需要记录其管理团队的姓名和年龄。就贝宝而言，高管的平均年龄不到30岁。"承销商说：'你们必须有更多经验丰富的高管。我们不能把这个给客户。'"伍尔威回忆道，"我们说：'不，我们团队就是这样。'"不过，伍尔威理解银行家的难处。他说："承销商的工作就是反对这些东西。他们的工作是出售股票，所以他们在做需要做的事情，使出售股票更容易。"

对任何公司来说，首次公开募股前的几个月都是脆弱时期。一旦对即将上市的公司采取法律措施，该公司就需要重新向美国证券交易委员会提交文件，这个过程可能花费巨大且十分烦琐，还会招致讨厌的媒体审查。竞争对手等参与者经常利用上市前的曝光期提起诉讼。蒂尔解释说："首次公开募股是起诉的好时机，因为这是非常敏感的时期，所以你通常愿意直接给他们支票，打发他们走。"

2月4日周一，贝宝遭遇第一宗诉讼。原告是CertCo，一家总部位于纽约的金融加密初创企业，濒临破产。该公司声称，贝宝的"电子支付和交易系统"侵犯了CertCo拥有的专利，专利号6029150。CertCo要求陪审团审判，"赔偿金额尚未确定"。

贝宝没人听说过CertCo。团队没把它当成竞争对手，而且据他们所知，自己从未从对方产品中窃取过一个想法或一段代码。尽管如此，拉夫琴还是打电话给技术顾问丹·博内，两人一起通宵研究对方所说的细节。

疯狂创新者

CertCo 曾在 1996 年申请这项专利，比 Fieldlink 成立早两年。移动安全公司 Fieldlink 后来发展为贝宝。CertCo 的专利于 2000 年 2 月获得批准，该专利概述了一种支付系统，在该系统中，一群客户通过"代理"向商家汇款。客户与代理有沟通渠道，商家也有。该专利申请确定了如何使用密钥来保护从客户到代理、代理到商家以及返回的信息流。

笼统地解释，这项专利就像贝宝大概的样子。即便如此，与许多其他在线支付系统（包括贝宝之前的几个）相比，CertCo 专利描述的过程也没有什么不同。严格来说，维萨、万事达、大多数银行以及几乎所有在线支付或数字现金初创企业都侵犯了 CertCo 的专利。

CertCo 诉讼案反映了一个更广泛的问题：美国专利及商标局倾向于批准过于宽泛的专利申请，这些申请涵盖的是创意，而不是发明。对这种做法的批评在科技圈尤其激烈。在 20 世纪 90 年代末的一个著名案例中，亚马逊获得了"一键下单"的专利，并以此起诉竞争对手巴诺书店。此案在法庭上僵持多年，直到 2002 年才结束。

亚马逊诉讼和一键下单专利受到广泛批评，包括技术先驱蒂姆·奥莱利，他普及了开源和网络 2.0 等术语。奥莱利在给杰夫·贝佐斯的公开信中写道："像你们这样的专利是破坏网络的第一步，它们不仅提高了竞争对手的进入门槛，而且提高了技术创新者的进入门槛，而他们可能会产生伟大的、你们可以将其应用到自己的业务中的新点子。"奥莱利将专利局的决定归咎于其缺乏数字技术知识。

CertCo 对贝宝的诉讼看起来和很多起诉类似，都源于本不该授予且过于宽泛的专利。当然，CertCo 采取诉讼的时机暗藏邪恶的目的。从 1998 年底到 2001 年，CertCo 从未对贝宝或其前身采取任何法律行动。拉夫琴解释说："专利侵权就是敲诈勒索。他们直接进来说：'看，我们有一个专利，你有一个产品。你有 100 万美元，我们没有钱。把钱交出来，否则我们就把你告上法庭。'"董事会成员蒂姆·赫

第二十一章　不法之徒

德对CertCo一案的描述更加生动："这完全是一派胡言。"

贝宝管理层也非常愤怒，决定不与CertCo和解。"彼得说：'绝对不行！'我们不会给这帮人一分钱！"赫德回忆道。这在一定程度上是因为CertCo已经提起诉讼，而不是有提出诉讼的可能性，并有可能选择和解。一旦对方提起诉讼，贝宝就没有和解的动机了。贝宝律师克里斯·费罗记得蒂尔犀利的说法："就像他们枪杀了人质，然后寄来勒索信。"

玩笑归玩笑，团队还是聘请一家律师事务所来打官司。2月11日星期一，公司做出回应。然而，CertCo破坏了贝宝的首次公开募股进程，诉讼迫使公司重新提交美国证券交易委员会文件，这使其首次公开募股推迟了整整一周。蒂尔怒不可遏。费罗回忆说："我参加过最惊心动魄的一次会议，是与CertCo的电话会议，当时首次公开募股正被推迟。彼得气得失去了理智，几乎无法保持冷静。我也很生气，但我意识到，无论这对我意味着什么，它对一个为此在过去4年拼命工作的人意义都大得多。"

在最初的S-1文件上，公司需要列举其业务风险。贝宝已经列出了其以拍卖为主的支付量、似乎每天都在涌现的新对手，以及从成立到2001年底超过2亿美元的亏损。现在，团队必须将CertCo的诉讼添加到记录中。

CertCo诉讼案及其导致的上市推迟引发了媒体的轰动。一位市场分析师对《福布斯》表示："在这样科技股低迷的市场，推迟上市给贝宝添上了一个污点。这是很大的消极影响。"

* * *

2月7日，贝宝发现自己成为另一起诉讼的目标。这次的原告是Lew Payne Publishing, Inc.，一家成人网站在线支付公司。它指控贝宝违反合同、侵犯商业秘密及故意虚假陈述。根据诉状，该公司曾向贝宝提出合作，希望将贝宝的支付业务与自己的定期账单服务结合。

根据 Lew Payne Publishing 的说法，贝宝违背协议，独自进军色情市场。Lew Payne Publishing 以收入损失和损害赔偿为由提起诉讼。但在这一点上，起诉时机也让人怀疑：诉讼在 2001 年 9 月首次提起，正好是贝宝宣布首次公开募股计划的时间。贝宝直到 2002 年 2 月 7 日才收到诉讼，当时它的首次公开募股即将启动。

第三个令人头痛的法律问题接踵而至：美国网络信息安全服务公司 Tumbleweed Communications 指控贝宝侵犯专利。该公司称，贝宝在发给用户的邮件中使用的链接，侵犯了 Tumbleweed Communications 已有的电子信息链接专利。当然，贝宝只是成千上万在邮件中添加链接的服务商之一，这是专利系统有问题的另一个例子。

与前两起诉讼不同，在 Tumbleweed Communications 案中，贝宝找到了出路。该公司只是通知贝宝，自己准备起诉，它还没有正式提起诉讼。由于对方没有在法庭上提起诉讼，贝宝没有义务修改提交给美国证券交易委员会的文件，因此它决定在首次公开募股前拖住 Tumbleweed Communications。

蒂尔派赫德去处理危机。Tumbleweed Communications 聘请了一家波士顿律师事务所的律师，而赫德计划去波士顿参加葬礼。如果当天 Tumbleweed Communications 没有提出诉讼，贝宝的首次公开募股就将被锁定。赫德的任务是把对方拖到下午 5 点。"那是我唯一的工作，"赫德回忆道，"直接过去，假装我在跟他谈判。只要能让那家伙在房间里待上 4 个小时，我就能想出各种办法。"

赫德在 5 点 15 分离开对方的办公室。他成功了。

第二十一章　不法之徒

* * *

与原告寻求起诉及和解的意图不同，美国证券交易委员会也一直在密切审查贝宝的首次公开募股，据贝宝称，这种关注可能有点儿过于密切了。"我们抽签时运气不好。我们在美国证券交易委员会那里的运气很差，"蒂尔后来在斯坦福告诉听众，"我们遇到一位在思想上反对企业的美国证券交易委员会审查员。他认为美国所有公司都是由骗子开的，作为美国证券交易委员会监管者，他的工作就是阻止企业上市。"伍尔威回忆起公司律师的反应，表示同意。"我们刚抽到审查员，我们的律师就说：'哦，糟了，我们遇到一个差的。'"他回忆道。

不管困难与否，贝宝选择在互联网泡沫破裂、"9·11"恐怖袭击事件和一系列财务不当行为出现之后上市。美国证券交易委员会加强审查反映的可能是大环境，而不是针对贝宝本身。不过，对一家累计亏损超过2亿美元的互联网公司，该机构有权给予特别关注。

美国证券交易委员会曾对贝宝进行过一次打击，指控其违反首次公开募股缄默期，这段时间从承销商提交企业首次公开募股登记开始，一直持续到股票开始交易几周后。在此期间，企业被禁止向媒体发表言论，或发布注册文件中未包含的新信息。缄默期的存在是为了防止内幕交易，但同时它也使普通公司的业务更加复杂麻烦。

美国证券交易委员会指出，贝宝曾向一家名为Gartner的信息技术研究公司支付费用。Gartner于2月4日发布的一份报告显示，贝宝已成为互联网上最受信任的私人支付服务。新闻稿强调贝宝的优势："调查称，33%的在线消费者认为，贝宝是十分受信任的支付服务提供商。第二受信任的服务是Billpoint，只有21%的受访者认为它十分受人信任。"

对于贝宝在报告结果公布之前就被告知了结果的事实，美国证券交易委员会提出了疑问。美国证券交易委员会并没有说这是违规行为，只是说这有可能违规。但无论如何，贝宝都被迫在其S-1文件中增加一条风险说明。他们写道："我们的一名员工最近与一份第三方发布的研究报告作者接触，如果这被认为违反了1933年的证券法，我们可能会被要求回购此次发行中出售的证券。"

从贝宝提交首次公开募股申请到上市，公司先后8次修改并向美国证券交易委员会重新提交招股说明书，这是易贝上市前修改并提交次数的两倍。这种额外的审查是那个时期的标志，但由于此前从未带领公司首次公开募股，高管团队大多数成员都认为这是意料之中的事。伍尔威回忆说："整个过程问题很多，时间也很长。但我不知道事情应该如何发展。"

* * *

与美国证券交易委员会一样，易贝也在密切关注贝宝的首次公开募股前景。贝宝公开募股威胁到易贝的地位：股票交易系统将赋予贝宝一定的信誉，以及筹集更多资金的途径。对易贝来说，把贝宝描绘成声名狼藉的麻烦将越来越难：在首次公开募股之后，这家位于易贝后院的支付初创企业将受到美国证券交易委员会的监管，就像易贝一样。

贝宝自身也对易贝感到担忧。"我们要上市了，所有这些人都会给易贝打电话，"霍夫曼解释道，"易贝会说：'哦，我们认为贝宝不会成功。我们会尽快把他们赶出我们平台。'"霍夫曼指出，公众投资者向来以厌恶风险著称。如果易贝说服这些投资者，贝宝的股票发行就可能会失败。

由于2002年初的大部分时间都处于缄默期，贝宝很难公开为自己辩护，于是霍夫曼和执行团队想出另一种方法来钳制易贝。霍夫曼记得自己当时想："如果他们正在谈判收购我们，又在公开市场发表

第二十一章 不法之徒

言论，那就违背了受托责任。"执行团队和董事会决定，贝宝将与易贝展开新一轮收购谈判，让易贝闭嘴。

然而，霍夫曼一直清楚未来可能会被易贝收购，因此不想自断后路。"我坚信，他们总有一天会收购我们，"霍夫曼回忆道，"因此，我们希望这个过程干脆利落，如果收购没有实现，他们也不会觉得自己受到了不公正对待，也会允许我们回去进行第三次谈判。"

2002年1月，霍夫曼和蒂尔接触贝宝董事会，为公司出售设定现金报价，这个价格要高到足以产生合理回报，但又不能高得让易贝高管立即止步。贝宝董事会及高管出价10亿美元。贝宝预计其首次公开募股定价在7亿至9亿美元之间，10亿美元的报价包含潜在买家的预期溢价。

霍夫曼带着这个报价找到易贝。易贝团队提出还价，但霍夫曼立场坚定。他记得自己说："我奉命以10亿美元出售公司，不打算讨价还价。"当然，在贝宝首次公开募股接近尾声之际，贝宝一天"不打算讨价还价"，易贝就会多沉默一天。

易贝意识到，在贝宝首次公开募股之前进行收购，在财务上可能是划算的，于是最终出价8.5亿美元。霍夫曼记得他对易贝说："如果你告诉我，你最后的报价是8.5亿美元，我可以把它提交给董事会。但我要明确一点，我受命以10亿美元出售公司。如果你给我10亿美元，公司就归你了。"

据悉，易贝首席执行官梅格·惠特曼对贝宝的不妥协表示不满，并向霍夫曼抱怨说，易贝在提高出价方面表现出了诚意，但贝宝没有做出相应的回应。"我想她以为我们会接受8.5亿美元，"霍夫曼说，"她不知道我的主要目的是让他们保持沉默，而不是出售公司。"

如果惠特曼在2002年初出价10亿美元，霍夫曼就会把它提交给董事会，据他说，董事会很可能会接受。"我向贝宝董事会反复确认的问题之一就是'不会反悔'。如果我带着10亿美元现金回来，我们就会这么做。否则，他们会恨死我们的。"霍夫曼回忆道。

霍夫曼尽量拖延谈判时间，并在贝宝上市前几天拒绝易贝的出价。当时，霍夫曼打电话告诉惠特曼，贝宝董事会不愿在10亿美元的价格上让步。惠特曼问，如果她愿意增加到10亿美元，贝宝会做何反应。当时距离首次公开募股只有几天，霍夫曼闪烁其词地回答说，他们可以在公开募股后重新考虑此事。

2002年初，关于贝宝即将上市的报道铺天盖地。一家即将上市的支付初创公司嵌套在另一家公司平台，这种奇事使每篇报道都提及易贝。然而，易贝高层在公开场合对贝宝始终保持沉默。

* * *

2002年2月7日星期四，另一场危机出现了。路易斯安那州通知贝宝，将立即禁止其在该州开展业务。

贝宝一直在路易斯安那等州运营，但没有州货币转账许可证，这是允许银行向州内其他银行转账的授权。这在很大程度上是因为贝宝始终坚称自己不是银行。蒂尔解释说："银行是什么，这一直是个问题。从根本上说，银行是在美国联邦储备系统支持下进行部分贷款的实体。"他指出，银行监管旨在保护消费者免受银行因部分贷款而倒闭的风险。他认为，由于贝宝不从事部分贷款业务，所以贝宝不是银行，不应该像银行一样受到监管。

当然，这样的表达符合贝宝的利益，因为成为银行意味着要像银行一样受到监管。贝宝的批评者——尤其是传统银行巨头——对这种自我标榜提出异议。在他们看来，贝宝吸收存款、发行借记卡、持有货币并支付利息，法律应该将其视为不叫银行的银行，其运营需要货币转账许可证。

贝宝此前一直顺利前行，因为各州对货币转账许可证的执行情况

第二十一章　不法之徒

差异很大。在贝宝首次公开募股受到媒体关注之前，路易斯安那州并未费心查看贝宝的许可状态。《商业周刊》记者罗伯特·巴克联系加州、纽约、爱达荷和路易斯安那的金融机构，要求对方提供报价。据蒂尔说，这些报价传到美国证券交易委员会，后者通知路易斯安那州。路易斯安那州金融制度局总顾问加里·纽波特对巴克说："我们的确不赞成任何人为客户保留资金。在我们解决我们的担忧之前，贝宝已被指示不得开展业务。"加州和纽约的有关部门也告知贝宝，其货币转账许可证是调查对象。贝宝再次被要求向美国证券交易委员会重新提交 S–1 文件。

路易斯安那州拥有大约 10 万贝宝用户，尽管这只占贝宝数百万用户中的一小部分，但公司担心，一块松动的砖头可能会动摇整座监管大厦。IPO.com 的一位分析师宣称："显然，在这样恐慌的市场中，你不希望出现这种负面消息。现在很难说会发生什么。一切都将取决于他们已经为首次公开募股找来的投资者的毅力。"

贝宝公开表示，它将保留"通过适当行政程序对路易斯安那州的命令提出异议的权利"。私下里，团队在该州寻找支持自己的监管机构，但当路易斯安那州针对贝宝展开行动时，该州正在准备一年一度的马蒂·格拉斯狂欢节，这一过程变得更加困难。蒂尔和公司设法找到一位州银行监理专员，并为他们的情况辩护。

团队指出，有 10 万路易斯安那州人依赖贝宝，如果州政府关闭这项服务，这些选民可能会指责州政府官员。"毕竟这些人要在路易斯安那州的选举中投票，政府真的想对付他们吗？"蒂尔记得自己说。"专员也同意这一点，是的，也许路易斯安那州不想被认为是异常落后的州。"蒂尔回忆说。此后不久，贝宝便重返路易斯安那州。

据团队中的其他人说，此举或许挽救了首次公开募股。"如果没有这么做……我们将不得不推迟申请，"塞尔比说，"那是一记英勇的射门，它拯救了比赛。"团队刚解决路易斯安那州的问题，蒂尔便敦促他们联系加州、纽约和爱达荷州的官员，以防止其他州效仿路易斯安那州的做法，使首次公开募股进程复杂化。

* * *

从 1 月中旬到 2 月初，贝宝面临了两起诉讼、一起诉讼威胁、路易斯安那州禁令、加州和纽约的许可证问询、Gartner 调查风波，以及投资者的怀疑。这些巨大阻力将首次公开募股从 2 月 6 日推迟到 2 月 15 日，团队中的一些人开始怀疑，首次公开募股能否成功。蒂尔自己也担心，下次冲击将是最后一根稻草。据说，蒂尔对同事说："我感觉，这笔交易再也承受不了这样的意外，不然整件事都会崩溃。"

蒂尔敦促团队和承销商尽快完成公开募股，即使这会导致股票定价低于预期。最初，贝宝的银行家预计，公司在公开市场发行的 540 万股股票，将以每股 12~15 美元出售，最高可筹集 8 100 万美元。现在，蒂尔对银行家说，如果能迅速完成首次公开募股，他可以少拿些钱。

公司充满了不确定性。有传言说，又有法律纠纷，甚至有人说首次公开募股将被完全取消。由于亲友受邀参加公开募股，员工现在还要宽慰老友和亲戚。在纽约，肯·豪威尔、罗洛夫·博沙、杰克·塞尔比等人正努力与银行家合作，更新文件，缓解机构投资人的焦虑。在帕洛阿尔托，多名员工连续熬夜处理专利诉讼，并打磨首次公开募股文件。

"我们差那么一点儿就不能完成首次公开募股了。"赫德捏着手指说。

第二十一章　不法之徒

* * *

2002年2月14日星期四晚上，美联社首先爆出消息，贝宝已将首次公开募股定价为每股13美元，并将于次日在纳斯达克交易所上市。

就像之前的首次公开募股报道一样，这篇上市前夜的报道其实并不光彩。IPOFinancial.com是一家报道公开募股的网站，其总裁戴维·门洛表示："我不禁认为，这家公司是在自找麻烦。这家公司的服务每天都有可能被关闭，为什么人们要积极购买这样的股票呢？"门洛曾认为，贝宝是那个季度最有前景的首次公开募股的公司之一，但在一连串负面消息之后，他最近将其降级为"风险股"。另一位首次公开募股分析师对贝宝的上市决定"感到困惑"。她问道："当所有人都在等待下一次打击时，他们为什么还要为这次发行定价？"

员工回忆起长达16个小时的忐忑，以及笼罩在办公室的恐惧感。对正在谈恋爱的贝宝员工来说，2月14日晚上是一个特别难受的情人节。许多人左右为难，一边是与另一半计划已久的共进晚餐，另一边是聚集在贝宝办公室、正紧张地敲定首次公开募股细节的同事们。

* * *

2002年2月15日星期五上午，纳斯达克开盘后，贝宝的540万股股票向公众投资者出售。该股最初定价为每股13美元，几分钟内就飙升至18美元。PYPL上市首日最高价为每股22.44美元，最终收于每股20.09美元，涨幅高达55%，是当年截至当时首次公开募股的最佳上市表现。

《电子商务时报》（*E-Commerce Times*）报道："在遭受一周坏消息的打击后，在线支付公司贝宝（纳斯达克股票代码：PYPL）终于蹒蹒走到华尔街的聚光灯下,成为近一年来第一家首次公开募股的互联网企业。"正面报道终于铺天盖地而来,贝宝公关负责人文斯·索利托也没有抑制自己的欣慰。"我感觉自己像个箱子,"文斯·索利托在中午向一家信用卡行业刊物承认,"什么东西都扔给我们。"

贝宝员工兴高采烈地给家人打电话,当天一早来到帕洛阿尔托的办公室时,团队成员的热情显而易见。"在当时,首次公开募股是你在一家公司所能达到的顶峰。我们是一家很小的公司,面对之前发生的事情,还能进行首次公开募股,这在某种意义上说明你成功了。"工程师桑托什·贾纳丹回忆道。

在易贝和亚马逊的首次公开募股过程中,两家公司告诫员工不要过于关注股价。在贝宝,管理层摒弃了这个谎言,在通常显示用户数据的屏幕上播送股价。斯科特·布劳恩斯坦记得:"大家每隔3分钟或3秒钟就查看一次股票行情表。"

下午,裸体淑女合唱团的歌曲《如果我有一百万美元》在办公室响起,这是聚会可以开始的信号。"我记得我当时想:'等等,我们不是一整天都在工作吗?这可能吗?'"艾米·罗·克莱门特说,"这让你有种歌曲在脑海里播放的感觉!"

对许多早期创始人和员工来说,他们曾经的小型初创企业现在变成了上市公司,这是一个决定性的时刻。"你真正付出了成千上万个小时的工作,终于,全世界都说你成功了……"埃里克·克莱因说,"你只看到自己的薪水,却看不到这些年来你的任何工作带来什么具体的成果。直到这一刻,一切突然降临到你身上。在此之前,你的工作文件都是废纸。"有几名员工整天都流着幸福和欣慰的眼泪。

早期Confinity工程师詹姆斯·霍根描述,首次公开募股那天的感觉"比'我们成功了!'还要深刻,它比共同的成就感更深刻……这不仅仅表示我们以弱胜强,赢得了这场战斗"。

对他来说,这代表了"我们经营所依靠的文化和价值观"的胜

第二十一章 不法之徒

利。停顿许久，霍根谈到"信任感，在某种程度上，这种信任感似乎基于这样一个事实，即每个人都愿意根据可行性来评估想法。我们能够找到一致价值，而不是讲空话。它能够帮助我们在世界上创造美好的事物，并拥有这样做的过程，每天一起工作，感受力量和活力，而不是一味地感到有压力，感到精疲力竭"。

约翰·科塔内克记得，他眺望停车场的人群，看到组成整体的个体。他说："我们仍然不是大公司，最多有几百人站在那里。你可以看着这些人，你会说：'我知道那个男的做了什么，让我们走到这一步。我知道那个女的做了什么，让我们走到这一步。我知道他和她，还有她和他……做了什么，让我们走到这一步。'我真的为大家感到骄傲。"

* * *

麦克斯·拉夫琴后来称，那是"我这辈子最快乐的一天"，同事回忆说，他们原本不苟言笑的首席技术官情绪激动。他整天都兴高采烈，照片中，他用一把超大的塑料剑刺穿美元符号形状的绿色礼品包。"考虑到我是在喝了一整瓶香槟之后这么做的，我能瞄得这么准，真是太神奇了。"他在个人网站的图片说明中写道。

与20世纪90年代末互联网公司的堕落派对相比，贝宝的首次公开募股庆典显得平淡无奇。派对在安巴卡德罗街1840号办公室的停车场举行，没有全美知名的音乐家，没有精美的冰雕，也没有昂贵的点心。相反，团队摆上塑料折叠桌，并安装了几台播放音乐的扬声器。成桶的啤酒、大量便宜的香槟和成堆的廉价食品都送来了。一些员工偷偷溜到帕洛阿尔托乳品店，买了菜单上最贵的东西：泡泡汉堡。一个150美元的汉堡配一瓶冰镇唐培里侬香槟王。

团队成员回忆说，看到首席执行官彼得·蒂尔和总法律顾问约翰·穆勒表演倒立喝啤酒，他们感到非常惊讶。杰里米·罗伊巴尔回忆说："他们显然从来没有做过倒立喝啤酒。"下午股市收市后，蒂尔和拉夫琴戴上纸王冠。长久以来，这是第一次只有少数贝宝员工计划在周五晚上工作。克莱因说："这是我们唯一可以不用担心工作的时候。"

当然，这些庆祝活动有贝宝式的特点，庆祝与竞争相互交织。员工对那天最清晰的记忆是，彼得·蒂尔在停车场同时下 10 盘快棋。每一盘都有现金赌注，钞票平整地塞在棋盘下面。一大群人围观，蒂尔在一盘棋上走一步，再快速走到下一盘。

有一次，蒂尔赢了 10 盘比赛中的 9 盘。"彼得不怎么喝酒……那天我们让他倒立喝啤酒，"贾纳丹回忆道，"在那之后，他半醉半醒，但仍然打败了 10 个对手中的 9 个！这太疯狂了。"大卫·萨克斯赢得了终身吹嘘的资本，因为他是唯一在同步国际象棋比赛中击败蒂尔的选手。（一位旁观者指出，"彼得在输了以后很生气。我记得他站起来，脸色铁青"。）

当天临近结束时，蒂尔就贝宝的成功发表演讲。"他说，贝宝的市场价值超过了联合航空、美国航空和达美航空的总和。"布劳恩斯坦回忆道。团队分发贝宝风衣，后来被称为"首次公开募股夹克"，它标志着贝宝早期员工的身份。迪翁·麦克雷把贝宝标志缝在一顶白色无檐便帽上，戴着它参加派对。

公司的庆祝活动一直持续到深夜。"首次公开募股派对在我脑海里基本上一片模糊。"拉夫琴回忆道。奥克萨纳·伍顿记得"快乐、庆祝、泪水……有点儿像庆祝新年……那种兴奋"。

尽管进行了庆祝，但部分贝宝领导人明白，首次公开募股不是结束，而是开始。艾米·罗·克莱门特于 1999 年 9 月加入公司，是少数几名 X.com 员工之一。她回忆起，对于贝宝已成为上市公司，自己感到"难以置信而又期待"。难以置信的是，"我们的辛勤工作正取得

第二十一章　不法之徒

某种程度的成果"。但这种感觉与期待交织在一起。她解释说:"我意识到真正的工作摆在我们面前。在很多方面,这只是新篇章的开始。我们现在是一家成熟的公司,对用户和投资者负有更大的责任。"

* * *

公开市场对贝宝的估值接近10亿美元。蒂尔、马斯克等高管团队成员经常游说董事会,向员工分配股权。对其中许多员工来说,首次公开募股带来了一笔可观的意外之财。伍尔威记得:"这是我们除了埃隆,第一次经历资产变现。"特别是对较早加入并经历多年动荡的员工来说,首次公开募股是成功的证明,这比用户增长或交易量更现实。

首次公开募股之后,蒂尔、拉夫琴等高管至少在账面上已经成为千万富翁,红杉资本、诺基亚风投、迪尔伯恩投资等投资方都看到了合理的投资回报。

毫无疑问,最大一笔个人意外之财属于埃隆·马斯克。根据公开文件,马斯克在历史上是贝宝公司最大的个人股东,随着时间的推移,他获得了更多股权。当公司股票在纳斯达克的屏幕上闪烁时,马斯克持有的贝宝股票甚至超过了诺基亚风投和红杉资本等机构投资者。基于他的持股,马斯克股份现在的价值超过了1亿美元。

4年内,马斯克的财富从8位数增加到9位数,这为他未来的事业奠定了基础。马斯克说:"贝宝上市让我有资金来创办太空探索技术公司,因为我可以出售股票或以股票为抵押借款。在那之前,我没有多少钱。"

第二十二章
我只得到一件 T 恤

首次公开募股之后，贝宝员工开始有了一个新习惯：查看 PYPL 的股价。由于股票锁定期，大部分员工在几个月内不能出售所持有的股份，即使过了锁定期，新员工的股份也是非既得的，会划拨但不会正式分配。

估算个人净资产也是有益的。贝宝上市不到一周，易贝就宣布，将以 4 350 万美元收购富国银行持有的 Billpoint 35% 的股份。这给贝宝带来一个问题。首先，这个价格让贝宝近 10 亿美元的估值显得过高。华尔街分析师问道，如果贝宝依赖于易贝的交易，那么易贝自家支付平台的价值怎么会比贝宝低那么多呢？在易贝宣布与富国银行交易的当天，贝宝的股价暴跌了 15%。

不过，更麻烦的是，易贝可能会完全拥有其支付部门。易贝将不再受到厌恶风险的银行家的制约，理论上可以扩大产品规模，进行交易，甚至如果它愿意，还可以将 Billpoint 作为独立实体剥离出来。媒体将这一举动报道为对贝宝的威胁，而 Billpoint 首席执行官珍妮特·克兰则强化了这些担忧，表示随着时间的推移，收购将使

"Billpoint 和易贝进一步整合"。

易贝也趁机获得对抗贝宝的筹码。从媒体的角度来看,贝宝和易贝重启了可能的交易谈判。在贝宝看来,对富国银行股份的收购是一种威胁:如果交易没有达成,这家拍卖巨头仍可以更积极地争夺支付市场份额。

从 2002 年 3 月下旬开始,贝宝内部团队准备了详细的 Billpoint 业务报告。2002 年 3 月 21 日,易贝提出以 13.3 亿美元的价格收购贝宝,合并协议中使用了两家公司的代号:贝宝被称为"虎鲸"(Orca),易贝被称为"摇奖机"(Ernie)。[在之前的合并协议中,贝宝选择了一种更小的海洋动物作为代号。在成为上市公司之前,贝宝的代号是"鼠海豚"(Poropose)。]

在 2002 年 3 月 22 日上午的董事会议上,贝宝的董事讨论了这一交易。根据董事会会议记录,蒂尔指出,"易贝高管表示,希望把有关两家公司可能合并的所有猜测都放在一边"。他补充说,这"对易贝来说是一个关键时刻,他们正在做出战略决策,要么单独发展并与贝宝'抗衡',要么收购贝宝"。

董事会的结论是,两家公司的命运息息相关,无论是好是坏,被易贝收购都比另一场旷日持久的争斗要好。董事会"授权莫里茨和蒂尔向易贝做出回应,并继续与易贝就可能的合并进行商讨"。

在谈判期间,董事会经常开会,但到 4 月 10 日,"蒂尔先生报告称,自上次董事会会议以来,完成合并的可能性已经降低"。在易贝提出收购至 4 月 10 日期间,贝宝开始准备其作为上市公司的第一次正式季报,并宣布其有史以来第一次季度盈利。在此期间,易贝的股价相对平稳,易贝高管"坚决反对在交易中为股价设定下限或上限"。

到 4 月 11 日,交易形势已经一落千丈。"(贝宝)董事会决定,鉴于即将宣布的第一季度盈利情况等因素,不准备按照目前的条款继续进行合并。"蒂尔被授权提出替代条款,包括"提高换股比率",以及"为在合并中获得的易贝股票价值设定上限或下限"。他们怀疑，两者都不符合易贝的要求。

谈判的消息泄露了，贝宝宣布第一季度盈利时，易贝可能收购和盈利这两个因素使贝宝的股价超过 26 美元，这使得交易更加不可能。团队中的一些人怀疑，泄露谈判信息是为了故意破坏交易。

最终，原因没有结果重要：交易现在（再次）取消，双方恢复了敌对状态。凯瑟琳·吴在首次公开募股前加入公司，她记得 2002 年春天的一次团队会议。"他们把我们都叫进会议室……并对我们发表讲话——激动人心的讲话！说易贝想要干掉我们。他们还说，易贝有数百名工程师负责 Billpoint，目的很明确，就是要干掉我们……我想，'今年夏天我要加倍努力工作了'。"她说。

* * *

2002 年初，易贝宣布将于 6 月 21 日在加州的阿纳海姆举行"易贝生活"活动（eBay Live），庆祝易贝计划开展的各个项目。这次活动将把易贝的卖家、买家、供应商和粉丝聚集在一起，首席执行官梅格·惠特曼将发表主旨演讲。

文斯·索利托的妻子在报纸上注意到这次活动。索利托回忆说："她把它圈出，剪下来给我。她说：'你们需要在场。'于是我把它给大卫（萨克斯），大卫说：'你说得对，我们需要到场。'"

公司已经计划参加，并做其他易贝供应商和第三方企业受邀做的事情：组织一个由员工组成的小展位。然而，萨克斯认为，这种场合应该有更戏剧化的表现。

经过头脑风暴，萨克斯和团队想出两个主意，都是为了刺激易贝。首先，贝宝将在"易贝生活"开始前一天晚上举办大型活动。贝宝发出邀请后，美国知名财经资讯网站 The Motley Fool 报道："贝宝

第二十二章 我只得到一件 T 恤

再次破坏易贝的派对。"

成功抢走风头之后，贝宝开始执行第二个想法。营销团队采购了数千件T恤，正面印有贝宝标志、背面印有"New World Currency"（新世界货币）字样。他们将在活动现场分发这些T恤，并且有奖励：在易贝现场穿上T恤的人将有资格获得250美元现金奖励。这样做的目的是提醒易贝高层，贝宝与它的卖家社群有着千丝万缕的联系。即使是易贝最卖力的宣传员也会穿上贝宝的衣服。

易贝现场开放后，贝宝标志到处都是，参与者穿着贝宝T恤，希望赢得奖金。易贝注意到了这一点。它也为活动订购了自己的T恤，但计划收费。然而，随着贝宝T恤的增加，易贝改变了策略。萨克斯回忆说："如果人们用贝宝T恤交换，易贝就会送他们一件易贝T恤。所以人们会找我们再领一件免费T恤，然后用它换一件易贝T恤。"

梅格·惠特曼上台发表主题演讲时，她面对的是数千名安静的易贝用户，以及数量惊人的贝宝T恤。对贝宝团队来说，最后一击来自2002年7月1日，《今日美国》在"金钱"版块首页刊登了关于易贝现场的报道。在随附的照片中，惠特曼微笑着签名，一位索要签名者站在她左边，胸前印着贝宝的标志。

* * *

易贝北美地区负责人杰夫·乔丹在易贝现场目睹这一切。当然，到那时为止，易贝和贝宝的冲突多年来已经成为他生活的一部分。贝宝在易贝现场的策略加深了他对竞争的厌恶。

乔丹于1999年加入易贝。他从商学院毕业，并在管理咨询业工作过一段时间，之后加入迪士尼，当时梅格·惠特曼是迪士尼的高管。乔丹最终成为迪士尼商店的首席财务官。站在消费者零售业的高位，乔丹可以看到互联网货运列车正在驶来。他加入在线视频租赁和点播网站 Reel.com，担任首席财务官。但 Reel.com 举步维艰，因为在乔丹看来，它的理念"早了 10 年"，于是他开始寻找下一项事业。*

1999 年，当时就职于易贝的梅格·惠特曼将乔丹招入麾下。6 个月后，2000 年初，乔丹被提拔为易贝北美分部负责人，职责包括监管支付和解决烦人的贝宝问题。易贝为了竞争而收购 Billpoint 后，乔丹本来要负责监管，但时任 Billpoint 负责人的珍妮特·克兰请求梅格·惠特曼亲自挂帅。乔丹表示："这可能是我职业生涯中发生过最好的事情。"

Billpoint 的市场份额被贝宝抢走后，乔丹发现，贝宝掌握了困扰其他公司的支付业务要素。"贝宝倾向于冒险。"乔丹解释道。通过承销易贝买卖双方的交易，贝宝赚取了一小部分支付收入，由于网络效应显现，这些收入不断增长。随着时间的推移，团队完善风险模型，减少欺诈行为，把原始的小规模业务变成了真正的事业。

由于乔丹负责易贝的北美业务，他曾因允许贝宝在平台上顺利运行而受到易贝领导层的批评。但他觉得自己束手束脚。他没有经

---

* 那次求职带来了一次难忘的面试。史蒂夫·乔布斯一直在为皮克斯寻找首席财务官，他联系了乔丹，乔丹同意与他在帕洛阿尔托的烘焙师餐厅共进早餐。乔丹回忆说："我穿着西装外套去，而乔布斯穿着凉鞋和破衣服，还迟到了 20 分钟。"乔布斯只有两个面试问题要问乔丹。第一个问题："你在 20 世纪 80 年代末进入斯坦福商学院，然后在世界上最激动人心的时代，你处于创业宇宙的中心……然而你却成了管理顾问，为什么？"第二个问题："你怎么能在迪士尼工作 8 年？那些家伙都是该死的笨蛋……"乔丹看到这些问题的本质：史蒂夫·乔布斯的压力测试。"我承认第一点，"乔丹说，"我花了 10 年才找到回到这里的路，但我回来了，而且会留下来。"至于迪士尼的问题，他极力回击。他说："你对迪士尼的看法是错的。"然后他解释说，迪士尼商店的消费者评分比迪士尼主题公园高。"我们还卖东西！"乔丹说。乔布斯似乎很满意，并推荐乔丹加盟皮克斯。乔丹表示反对，他刚当上首席财务官，正在寻找不一样的工作。乔布斯建议他加入苹果公司，领导一个新部门。"我对苹果商店有设想。"乔布斯说，然后他开始从头勾勒一种重新想象的购物体验。乔丹认为乔布斯是"痴心妄想"，礼貌地拒绝了这个提议。乔丹在评价乔布斯的零售理念时说："当然，他做到了。"

第二十二章　我只得到一件 T 恤

营 Billpoint（那是克兰的地盘），也没能阻止贝宝，让 Billpoint 成为易贝的默认支付系统。和业内其他人一样，乔丹对反垄断问题也有合理的恐惧。乔丹回忆说："我们有很多讲究的地方，比如在任何文件中都不能使用'主导'这个词。"贝宝团队故意煽动这种恐惧。对于里德·霍夫曼的反垄断表演，乔丹表示："这是非常好的姿态。他来见我，对我说：'哥们，如果你们试图把 Billpoint 和易贝捆绑在一起，那就是严重的反垄断问题，不是吗？'"

乔丹和团队也十分熟悉易贝社群，在那里，贝宝的使用数据说明了一切：数百万易贝用户积极选择贝宝进行交易。乔丹担心，要干掉贝宝，易贝不仅是攻击他人，也是自取灭亡。乔丹承认："对于打击贝宝，我很矛盾，因为它让我的业务成功了。"

乔丹等易贝团队成员回忆起无数次关于贝宝的会议，和对手一样，他和团队制订了一切可能的计划，与贝宝抗衡、关闭贝宝，或破坏贝宝的努力。但到 2002 年，他们认为计划失败了：贝宝已经成为一家拥有忠实用户的上市公司，易贝将不得不忍受贝宝存在的耻辱。

* * *

到那时，这种存在已经逐步发展为相互依赖。这一点在"易贝生活"活动上表现得最为明显。乔丹笑着回忆说："他们开展了一场出色的游击营销。"

对乔丹来说，T 恤战术有力地说明，两家公司应该被视为共生关系，而不是竞争关系。此外，对 T 恤市场份额的争夺说明了一切的虚无：用户热爱易贝和贝宝，但两家公司却憎恨彼此。

在活动现场，乔丹向大卫·萨克斯挥手示意。萨克斯说："我们基本上是在讨论，这种竞争变得多么愚蠢，我们正在 T 恤层面上竞争。"

萨克斯等团队成员早就得出了这个结论。艾米·罗·克莱门特强调说:"我们的很多交易量都来自易贝。我们完全依赖于敌人。"不过,贝宝团队中很少有人认为,如果两家公司不达成交易,风险会消失。"里德用一种精辟的方式描述了这种挑战:'有人朝你射了 5 发子弹,都没打中……不代表第 6 发子弹不会杀了你。'"基斯·拉布伊斯多年后在问答网站 Quora 上写道。

果然,易贝准备了第 6 发子弹。除了从富国银行手中回购 Billpoint 股份,易贝还悄悄与花旗银行展开谈判。据说 Billpoint 将被卖给花旗银行,并取消所有支付费用。这笔交易将解决易贝的支付问题,并使其收费低于贝宝,花旗银行将获得一批全新的客户。乔丹假设:"如果我们完成和花旗银行的交易,贝宝就完了。"

尽管如此,乔丹还是认为,比起将 Billpoint 出售给花旗银行,收购贝宝并将其整合进易贝有更多优势。毕竟,易贝刚与一家银行结束一段坎坷的关系,富国银行没做成的,花旗银行也不见得能成功。乔丹认为,贝宝是一家凭自身努力飞速发展的企业,他相信贝宝的规模会超过易贝本身。

贝宝团队听到有关易贝与花旗银行交易的传言,这引发了新一轮恐慌。萨克斯和拉夫琴找到霍夫曼,问是否可以利用反垄断文件来阻挠易贝的努力。霍夫曼解释说,反垄断文件充其量只是佯攻。关于易贝和花旗银行交易,没有任何内容会导致反垄断机构采取预防措施。除此之外,贝宝等服务仍然在易贝运行,这使得反垄断威胁徒有其名。"这把枪看起来很逼真。我可以向你挥动枪,可以拿枪指着你,还可以瞄准你,"霍夫曼解释道,"如果我扣动扳机,就会弹出一面小旗子,上面写着'嘭!',这不过是心理战。"

与花旗银行的谈判或许不足以引发监管行动,但它产生了另一个影响:这一威胁促使大卫·萨克斯重启易贝与贝宝的谈判。

第二十二章 我只得到一件 T 恤

* * *

在被迫取消贝宝首次公开募股前与易贝的谈判时,蒂尔和霍夫曼已经达成一致,蒂尔将向惠特曼传达这条消息,让霍夫曼成为交易终止的替罪羊。蒂尔告诉易贝领导层,霍夫曼的举动出乎贝宝高管团队的预料。当他宣布这一消息时,梅格·惠特曼怒不可遏地站了起来。据说,她对在场的蒂尔等贝宝高管说:"如果你们想打仗,那就打吧!"

这些和此前的谈判使人不堪回首。易贝领导层的不满是合理的:贝宝和易贝已经进行了4次收购谈判,易贝的出价从3亿美元提高到5亿美元,再到8亿美元,现在超过10亿美元。每一次,要么是因为交易总额,要么是因为交易条款,协议都未能达成。

这一次,作为和平缔造者,萨克斯和乔丹认识到,他们在内外部都面临细微的变化。如果媒体得知谈判消息,情况就会像4月那样,谈判结果将毁于一旦。

贝宝高管团队一致认为,鉴于过去的恩怨,蒂尔和霍夫曼应该回避谈判。巧合的是,梅格·惠特曼计划前往南加州,因而退出了谈判。乔丹表示:"我们最终达成协议的唯一办法,就是让梅格和彼得完全回避。"

7月3日至7日,易贝高管与大卫·萨克斯、约翰·马洛伊和罗洛夫·博沙商议了条款。乔丹回忆说:"我们在一个周六突然来到贝宝,开始做调查。"到周末结束时,乔丹和团队已经准备好提交易贝董事会的演示文稿。"我们在四五天内就完成从投资意向书到最终合并协议的所有文件。"萨克斯回忆道。

贝宝首次公开募股为最近的谈判铺平了道路。"首次公开募股对交易非常有帮助,因为有标记,"乔丹说,他指的是贝宝的股价提供了参考,"我们尝试过5次收购,但前4次都没能在价格上达成一致。

当它被标记并进行交易后，其价值为 14 亿美元。"萨克斯和乔丹都可以向各自的董事会提出明确的理由，根据贝宝的董事会会议纪要，易贝在一些关键合并条款上态度有所软化，包括"不限制易贝股票的价格"。

2002 年 7 月 6 日星期六，贝宝董事会进行了激烈的讨论，"详细讨论了目前拟议的交易、交易的替代方案以及进行交易或继续作为独立实体的风险"。尽管有更优惠的条款和 14 亿美元报价，多名董事会成员仍然认为，贝宝的好日子还在后面。例如，马斯克认为这个数字仍然低估了公司的价值。马斯克说："我说，你们都疯了。"贝宝董事会成员蒂姆·赫德和约翰·马洛伊也表示怀疑。马洛伊回忆说："我当时很纠结这个问题，因为我知道我们的售价低于我认为的公司的价值。"

那次周六会议的董事会纪要记录了贝宝的业务风险，并详细说明了易贝和贝宝的联盟如何降低风险：

- （贝宝和易贝的）合并将降低公司战略增长计划的风险；
- 公司在 2001 年进行的市场检验过程表明，易贝是公司唯一有现实可能的竞标者；
- 没有其他公司提出收购贝宝或与贝宝合并的建议，或提出与贝宝进行其他交易的有吸引力的建议；
- 合并将最大限度地降低无法处理在线拍卖网站支付的风险；
- 有可能降低信用卡协会规则变化的风险、欺诈风险，以及金融服务和在线博彩监管方面的不确定性；
- 目前的对价是可以与易贝达成的最高每股价格；
- 换股比率相对于首次公开发行价格、二次发行所售普通股价格及 2002 年 7 月 5 日股价的溢价；
- 合并未完成的潜在影响，无法留住关键员工的潜在影响。

最终，让马洛伊、赫德和马斯克下决心的因素是，执行团队坚持认为，他们及其直接下属已经筋疲力尽。斯凯·李回忆说："他们确实问过，我们是否想被易贝收购。我很累。我说：'我准备好了。我不能再这样下去了。'"马洛伊知道，麦克斯·拉夫琴能忍受极其辛苦的工作。"他对我说：'是时候了。'我知道我们必须出售，"马洛伊回忆道，"如果大家已经到了那种程度，你就不能强迫他们继续工作。"

对贝宝团队的许多人来说，在公司工作已经成为一种毅力的锻炼，而不是生产。卢克·诺塞克说："这种重复的濒死体验是人们无法忍受的。你想退出，因为太累了。与其让每个人都筋疲力尽，以至无法做你需要做的下一件事情，不如拿钱退出。"

马洛伊还指出，一旦易贝有了退出的想法及其相关经济回报可能发生变化，局面就很难挽回了。他说："普通人很难让一切恢复原样。"不过他认为，蒂尔不像其他人那样被退出后的财富动摇。马洛伊这样评价蒂尔："他对此更处之泰然，不会从世俗的层面去思考。他更像是在推迟风险。"

2002年7月7日星期日上午，董事会再次召开会议，对易贝的收购要约进行最终审议。蒂尔提议进行投票，马洛伊附议。根据会议纪要，"董事们单独投票。在场的董事都投了赞成票"。贝宝将被出售给易贝。

* * *

在易贝，杰夫·乔丹也要做说服工作，他老调重弹："我们是没有购物车的亚马逊。我们应该买购物车。"他记得自己说。

虽然易贝管理团队表示支持，但易贝董事会成员、星巴克首席执行官霍华德·舒尔茨建议团队三思。他指出，贝宝最近才实现盈利，而且只是勉强盈利。他认为，易贝的14亿美元花在其他地方会更好。

其他人则认为，此次收购不是为了在短期内解决支付问题，而是为了公司的长远发展。易贝董事会成员、财捷创始人兼前首席执行官斯科特·库克认为，贝宝将是易贝业务的补充，从长远来看，它将产生巨大的回报。

这与乔丹的观点一致。乔丹说："在我对董事会的陈述中，我说贝宝的规模将超过易贝，这引起了一些嘲笑。贝宝将帮助易贝，但它也将成为站在易贝肩上的一家巨型企业。"

尽管易贝董事会的多数成员最终投票赞成收购贝宝，但也有人投了反对票。乔丹说："这是易贝历史上第一次非全票通过。"

* * *

2002年7月8日星期一早上，消息传出：易贝将收购贝宝。两家公司将继续独立运营，交易将得到"股东、政府和监管机构的批准"。新闻稿称，易贝支付平台Billpoint将被逐步淘汰。

凌晨4点30分，萨尔·詹班科发出蒂尔面向全体的消息，正式宣布贝宝将被收购的公告。几分钟后，詹班科又发了一条消息，要求在山景城办公室召开全体会议（当天上午晚些时候，由于团队规模太大，会议分成了两场）。周一，大家走进办公室时，空气中弥漫着传言、闲聊和困惑。一名员工将这种情绪比作士兵在战场上战斗时得知停战协议。

有传言称，梅格·惠特曼将在中午向贝宝员工发表讲话。一座讲台出现在会议室里，梅格·惠特曼的名字被印成易贝标志的彩色风格，放在讲台上，这证实了传言。团队成员聚集在公司最大的会议室"北极圈"（Arctic Circle）（这是为了纪念公司之前办公室会议室里坏掉的恒温器）。蒂尔走上"梅格·惠特曼"讲台，台下一片窃笑。"看到我要忍受什么了吧？"他开玩笑说，"这就是我出售公司的原因。"

第二十二章　我只得到一件T恤

正如埃里克·杰克逊在《支付战争》中描述的，蒂尔向团队宣传了这笔交易的益处。"他们给了我们很好的报价，我们得到了比公司当前股价高出18%的溢价，"他告诉大家，"这种交易是否值得一直是个问题。但考虑到我们获得了不错的估值，并能消除公司的一个巨大风险，我认为它值得。"

他承诺，"除了Billpoint"，没人有失业的危险，也不会裁减任何职位。会议室里响起掌声和欢呼声。他说："交易完成和收购正式生效可能需要约6个月。在那之前，一切都将保持原样。两家公司将继续独立运营。交易完成后，贝宝仍将是易贝内部的一个独立部门，目前的管理团队将保持不变。"

在蒂尔简短的讲话之后，员工陆续走出会议室。"我想我们赢了，是吧？虽然我们被收购了，但感觉不像。"一个员工对另一个说。

欺诈分析师格林菲尔德不记得，他是在广播还是公司邮件中得知被易贝收购的消息。但他记得自己在上班路上的想法。"当我骑着自行车去上班时，我在想：'也许我应该申请研究生院？我真的不需要再待在这里了。'"

* * *

员工感到既惊讶，又释然，也焦虑。他们的公司刚被自己多年来对抗和嘲讽的对象收购。尽管蒂尔做出保证，但许多人都想知道，这对他们的角色和贝宝的未来意味着什么。

大卫·萨克斯告诉产品团队，如果两家公司继续斗下去，不清楚谁会是"赢家"。根据埃里克·杰克逊的叙述，萨克斯向团队解释说："在这种情况下，如果有一方胜出，通常就无法达成协议。胜利者不会希望被收购，因为他们知道自己会赢，而失败者则无法说服任何人收购自己。"他还向他们保证，他和博沙已经达成能取得的最佳交易，获得他和贝宝高级团队所认为易贝能给出的最高收购价。

贝宝的客户也有同感。一方面，有人在留言板上指出，这笔交易将结束易贝多种支付方式造成的混乱。但也有人指出，贝宝的优势之一是迅速推出"易于理解和使用的新功能"，这可能会因为换东家而岌岌可危。

部分媒体也对交易持怀疑态度。华尔街分析人士质疑，鉴于外界对贝宝的高度期望，此举是否正确。一位分析师狡黠地指出："出售给易贝可能只是一条容易的出路。"其他人则认为，这笔交易完全出于自身利益。CBS MarketWatch（美国著名财经新闻网站）专栏作家写道："只有少数人，即早期投资人、管理层和投资银行家，在离开时更富有。"

在办公室的一片嘈杂声中，梅格·惠特曼在中午出现，戴着一顶贝宝棒球帽。她走上讲台，热情地向大家致意。她问有多少贝宝员工使用易贝，一些人举起手。她坦承，那天早上，她曾问一群易贝员工，他们是否用过贝宝，几乎每个人都举手了。

惠特曼向贝宝团队介绍了易贝的业务，并概述其规模和增长。她最后说："尽管我们有时会设置一些障碍，但你们应该为自己创建的公司感到非常自豪。"最后，她感谢萨克斯和乔丹促成协议。在问答环节之后，贝宝员工离开会议室，在出门时领到易贝T恤，以纪念这一时刻。

惠特曼试图表现得和蔼可亲，但她面对的是一群极难对付的人，其中很多人并没有立即被收服。一名员工称她的演讲为"流行语大杂烩"。他说："她时不时就会说'协同'。我环顾四周，可以看出，她在头5分钟就失去了人心。因为每个人都像是在说：'这不是我们以前的公司。它非常非常官僚。'"替惠特曼说几句，有可能不管说什么，她都不会在那一刻赢得人心。在与Billpiont进行激烈竞争时，她面前的观众曾经做了一个"梅格·惠特曼礼品包"。

第二十二章　我只得到一件T恤

鲍勃·麦格鲁那天迟到了，还没有听到消息。有人扔给他一件易贝T恤，他问为什么，另一个人回答说："我们刚被易贝收购了。"

"这是怎么回事？"麦格鲁回忆道，"我逐渐意识到，这就是将要发生的事情。"

*　*　*

在贝宝上市之后，易贝的收购让人感觉虎头蛇尾而充满争议。多年来，贝宝成员一直在争论这一决定的优点，各方都有有力的支持者。

有些人认为，这笔交易有必要，也不可避免，毕竟，出售总比筋疲力尽要好。"我们不断失去，不是失去选择，而是失去动力，"维维安·戈说，"大量精力和资源都花在和易贝的斗争上，而不再是创造价值……很多人真的觉得出售会更好……这样，所有用来摧毁对方的资源就可以用在其他地方，用来真正地发展业务。"

凯瑟琳·吴负责非易贝商户服务，她认为，易贝和贝宝的交易是贝宝创立和在非易贝网站上发展之间的关键环节。她解释说："我们需要有立足点才能走到贝宝今天的位置。易贝是一个非常重要的立足点。所以我认为，我们需要经历这段时期，我们被易贝收购，完全整合，双方之间没有障碍，也没有战争……我们需要这一页，才能变得足够强大，然后被易贝认真对待。"她指出，通过成为易贝的默认支付提供商，贝宝可以迅速扩大规模，更快地改进欺诈模式，也更容易说服非易贝网站采用贝宝。

不过，也有人坚持认为，贝宝的真正价值尚未显现，将其出售给易贝阻碍了公司的增长。还有人认为，这笔交易破坏了贝宝的永恒使命：改变金融体系。"如果这是一场革命，你会为了钱把它卖掉吗？"卢克·诺塞克问道。

疯狂创新者

归根结底，出售给易贝是公司丰富的风险缓解策略记录中的又一笔，其他的策略还包括合并、削减奖金、打击欺诈，甚至上市。从某种角度来看，贝宝的成功既是创新，也是谨慎的对冲，而出售给易贝只是最近一次对冲。"人们不了解动态。他们不了解来自易贝的竞争压力和游说压力。它比表面看起来要复杂得多。"杰克·塞尔比说。

※ ※ ※

似乎是为了强调这一点，在宣布交易的第二天就出现了一个威胁。7月9日，贝宝收到纽约州总检察长埃利奥特·斯皮策的传票。斯皮策曾宣布，他正在调查贝宝与海外赌博的联系。

到2001年末，贝宝高管已开始对博彩业务产生警惕。由于网络赌博，公司与维萨和万事达本已脆弱的关系有进一步破裂的危险。他们还认为，如果贝宝成为世界领先的赌博支付服务提供商，中东地区的潜在投资者可能会望而却步。但最大的风险可能来自政治领域。美国国会开始密切关注离岸赌场，众议员吉姆·利奇曾在国会提出法案，禁止美国金融机构为这些赌场提供服务。各州总检察长也开始打击，收到斯皮策的传票是贝宝自食其果。

此时，易贝和贝宝已经宣布交易，但仍有待股东和监管机构的批准。换句话说，斯皮策的调查发生在敏感时期。然而，调查中的一件怪事却成为意外的幸运。霍夫曼回忆说："一件好玩的事情是，他们是用普通邮件寄送传票的。如果他们用联邦快递寄，邮件在我们和易贝达成交易之前就会送到。"

团队律师克里斯·费罗认为，传票风险是高压线。"我们担心易贝会认为，斯皮策的传票是'重大的不利变化'，他们会试图退出交易。所以彼得给我的命令是：'不要让它成为重大的不利变化。我们必须完成这笔交易。一定要做到。'"

第二十二章　我只得到一件T恤

当然，易贝对贝宝账上数百万美元的赌博收入并非不知情，在谈判过程中，这个问题一直是争论的焦点。萨克斯想保留赌博业务，惠特曼想立即放弃。最终，易贝获胜：贝宝同意放弃赌博业务，合并公告也说明了这一点。霍夫曼回忆道："在宣布交易时，我们表示将退出赌博业务，这对易贝来说至关重要。事实证明，这是及时雨。"（丹·马登登陆库拉索岛时，易贝的交易刚宣布。对他而言，这一消息绝非及时雨。他的赌场客户不断向他打听贝宝赌博交易管理的前途。他说："这是令人不安的一周。"）

贝宝宣布终止赌博业务，这虽然不能消灭斯皮策行动的全部火力，但至少减少了一些。贝宝仍需解决传票问题。霍夫曼认为，贝宝过去的表现并非完全清白：毕竟，贝宝一直在处理离岸赌场的支付业务，尽管公司没有违反法律，但也有一些灰色地带让其他支付处理公司陷入困境。

霍夫曼和贝宝的律师决定采用非常规的方式，霍夫曼说："我去公关部门，说我想要一本小册子……首先，告诉所有媒体，我们已经放弃了赌博业务。从所有最重要的全国媒体开始，然后是纽约最重要的媒体，然后是其他媒体。小册子要表示出'你们想要的媒体重大胜利'已经没有了。你们靠折磨我们是不会获得任何胜利的。"

在搜集了对自己不利的证据后，团队要求与纽约总检察长办公室会面。"我们告诉他们，我们希望在他们方便时尽快见面。'你直接告诉我们日期，无论你选择什么时间，作为执行团队的一员，我和法律总顾问等人都会出面。'"霍夫曼这样描述他的策略。"我们想表示'我们是成年人，而且诚实。我们是在合作，不是在逃避或拖延'。"

霍夫曼和贝宝律师向总检察长团队逐一介绍自己的不当行为，甚至承认了可能是最惊人的违规行为：在长达两周的时间里，维萨更改了赌博代码，而贝宝错误地处理了付款。"你可以看到他们姿势的变化……他们都靠在椅背上，打开文件夹，问道：'你说的是哪一天？'"霍夫曼回忆道。

公司配合的姿态削弱了检方的火力，尤其是团队提出协助寻找其他不良行为者。公司被罚款20万美元，最终逃过一劫。

※ ※ ※

7月下旬，贝宝团队以独立公司的身份进行了最后一次异地活动。在圣克鲁斯山山麓，他们选择了一个可以俯瞰硅谷的地方。蒂尔在庆祝活动中发表演讲，回顾公司历史，这段演讲被埃里克·杰克逊的《支付战争》记录。

"有时候我们会说，感觉全世界都在和我们作对……嗯，确实如此！"蒂尔开始演讲，"一开始，他们认为银行会让我们破产。这种情况没有发生，他们又说客户将不再使用我们的产品。这也没有发生，他们又呼吁全世界所有人加入他们。"

蒂尔接着引用了两篇文章，一篇题为《对贝宝失去信心》，另一篇是他的旧爱《从地球到帕洛阿尔托》。他念出后者那句令人清醒的话："如果一家公司成立3年，从未实现年度盈利，即将亏损2.5亿美元，并且最近提交给美国证券交易委员会的文件警告称，其服务可能被用于洗钱和金融欺诈，你会怎么办？"

蒂尔在观众的笑声中停顿了一下，然后切换话题，他说："21世纪有两大趋势。第一，经济全球化。经济在全球范围内不断增长，世界各地的人们正相互产生联系。现在有10亿人生活在出生地以外的国家。第二，对安全的追求。在这个全球化、去中心化的世界，暴力和恐怖主义四处蔓延，难以遏制。恐怖主义已经危害到所有国家，而且很难阻止。挑战在于，在开放的全球经济背景下，找到打击暴力的方法。"

第二十二章　我只得到一件T恤

蒂尔接着解释，在华盛顿之行期间，他对左翼和右翼都感到失望，他们似乎误解了世界的问题和可能的解决方案。"双方都没有就当前的迫切需求提出正确的问题。"

"在贝宝，这是我们以自己的方式一直在做的事情。我们一直在创建一个系统，使每个人都能参与全球贸易。我们一直在与那些伤害我们和用户的人做斗争。这是一个渐进、反复的过程，我们在这个过程中犯了很多错误，但我们始终在朝正确的方向前进，解决这些重大问题，而全世界一直在忽视这些问题。"

"因此，我想从帕洛阿尔托向地球发出一条信息。帕洛阿尔托的生活很好。我们已经改进了你们做事的许多方式。有时间来帕洛阿尔托参观、学习一些东西。我想你会发现，这里比地球其他地方好得多。"

虽然一些人回忆说，在庆祝首次公开募股的演讲中插入政治话题有些尴尬，但其他人后来也表达出这些情绪，指出贝宝的政治内涵与公司对个人成就的信念相吻合。维维安·戈说，她在贝宝的那段时间"把我变成了美国人"。她记得："早期的信条之一是让支付民主化，这样，世界上其他地方的小卖家本来没有选择，现在可以做生意，真正改善他们的生活。"

至少在她的经历中，这符合贝宝领导层向公司任何人赋权的意愿："贝宝高管真的对改变世界感兴趣，愿意赞美人们所能达到的最佳状态。所以他们赞美每个人的贡献。如果你只是普通人，这并不重要。如果你有话要说，他们愿意听……他们十分相信个人，而不是机构。"

* * *

在收购前的倒数第二天，团队在安巴卡德罗街 1840 号办公室的停车场举行了另一次庆典，这是他们成为易贝公司员工前的最后一次庆祝。高管团队穿上充气相扑服，同意在超大的场地上进行模拟摔跤比赛。贝宝即将被竞争对手完全拥有，它的创始人撞成一团，员工在场外为自己的上司加油助威。即使在贝宝独立的最后一天，友好的竞争也依然存在。

第二十二章　我只得到一件 T 恤

结局

地板

在贝宝被收购之后的几个月里,彼得·蒂尔没有实施全公司的过渡计划。相反,蒂尔在消息公布后就出国旅行了,让大卫·萨克斯负责。萨克斯一直担任首席运营官,有人预测,在贝宝被收购后,他有可能升任首席执行官。

就在交易完成之际,离别已经开始。蒂尔着手计划下一步行动:回归他的全球宏观投资基金。杰克·塞尔比、肯·豪威尔等多名贝宝成员加入,参与筹备工作。塞尔比说:"到10月,我们就开业了。"

2002年10月3日星期四,蒂尔向全公司发出一封简短的离职信:

所有人:

易贝将完成对贝宝的收购,并于今天收盘时生效。经过几周的仔细思考,我认为,现在是我迎接新挑战的时候了,因此,今天将是我在公司的最后一天。

对我们贝宝团队的所有人来说,这几年令人难以置信又令人难忘。我一直明白,人是任何企业最宝贵的部分,今天我比以往任何时候都更加确信这一点。只要我们继续聚焦这一事实，易贝和贝宝合并的未来就是光明的。

创建贝宝时，麦克斯和我首先雇用了一些朋友。随着时间的推移，我们又雇用了朋友的朋友，以此类推。既有的友谊得到巩固，又建立了许多新的友谊，我认为这是我们成功的永久证明。我知道，我们会保持联系的。

祝好。

彼得

* * *

在宣布收购和完成交易之间的几个月里，很明显，易贝和贝宝的高管都没有为合并双方的团队做好充分准备。贝宝高管并不热衷于成为易贝的员工。伍尔威回忆说："我们都得跟易贝的人玩这个游戏，告诉他们，我们想留下来。但很明显，易贝没人希望贝宝的人留下来……而贝宝的人都不打算留在合并后的公司。"

双方都预料到文化上的冲突，早期会议证实了两者在做事风格上的明显差异。一名贝宝董事会成员记得："安排一次会议可能要花一天时间，因为易贝太官僚了。"有一次，贝宝团队步行到易贝，却面对着100多张幻灯片的演示文稿。一位贝宝高管在会议结束后开玩笑说："好吧，我想我们需要雇一个做幻灯片的人。"

易贝的目标是整合贝宝的技术和用户，而不是招募人才。塞尔比解释说："作为领导团队，我们带来的绝大多数技能都是多余的。"梅格·惠特曼任命易贝自家高管马特·班尼克担任支付主管，大家认为他将是贝宝未来的总裁。萨克斯不会得到最高职位。

易贝煞费苦心地挽留某些人，包括几位担任关键职位的团队成员。例如，托德·皮尔森多年来一直负责维护公司与维萨和万事达的关系。他的技能和关系使贝宝保持运转。塞尔比说："如果皮尔森离开，他们就完蛋了。"

几个留在易贝的人觉得大公司的生活很无聊。"我们正在从穿牛仔裤的心态转变为穿卡其裤的文化。"戴维·华莱士说。但华莱士认为，对抗文化变革的潮流没有意义，因为易贝已经"决定了要做的事情……贝宝不再是一个放大版的家族企业"。

贝宝员工表示，办公室政治、会议和报告的增加令人心烦。作为一家更大企业的全资子公司，这在一定程度上是正常的副作用，但习惯独立和速度的贝宝员工感到无所适从。贾纳丹回忆说，他的易贝新老板不了解他的工作，甚至让他提供一份电子表格，上面详细说明贾纳丹做了什么，如何安排时间，"这样我就可以合理分配资源"。贾纳丹不知所措地表示："你在说什么？这不像是办公地点发生的事。"

贝宝员工承认，他们并没有降低两家公司整合的难度。"有3到6个月的时间像是炼狱。"金－伊莱沙·普罗科特回忆道。

贝宝员工毫不掩饰自己的不满。一个令人难忘的表现是，易贝在全公司范围内强调要设定明智的目标，并分发了毛绒狐獴玩具。在公司办公室的贝宝区域，贝宝员工"屠杀"了他们的狐獴。其中一只被以太网线勒住，吊在天花板上。另一只被插在墙上，胸骨插着一把刀。还有一只戴着微型荆棘王冠，被钉在十字架上。破坏狐獴并没有让贝宝员工获得易贝新兄弟的好感。"我认为，一些同事的行为令人尴尬，非常不合适，"艾米·罗·克莱门特承认，"没有证据告诉我，易贝的领导人不道德或邪恶。为什么不给他们一次机会呢？"

这一时期《每周伙伴》中的一段话证明了文化的转变。双方团队已经开始"整合会议"，一次回顾显示了融合文化的挑战，以及一些无疑令易贝员工反感的尖酸刻薄的事情：

贝宝和易贝产品端的整合会议进展非常顺利。易贝的工作人员花了很多时间准备这些会议，包括准备大量的模型。看到各种易贝网页的模型，上面到处都是贝宝标志，真是太棒了。

在一次产品集成会议上，他们问我们是否可以共享账号和密码。我们告诉他们，获得贝宝密码就像打开了通往用户全部资产的大门。大卫·萨克斯接着问："你们的网站被非法侵入过吗？"一位天真的易贝员工耸耸肩回答说："当然！"萨克斯说："好，那再也不会发生了。"他们同意了。

下面是一些日常对话的内容。

"哇，你们有免费的冷盘？！"

"在易贝，如果我们想在1月推出产品，我们必须在9月1日前完成产品需求文档（又名产品规格），以供高管审查。"

在易贝前台的对话："你是什么单位的？""贝宝。""你以前来过这里吗？""没有。""什么事？""你们收购了我们。""哦……好吧……嗯……我想你不需要登记。"

麦克斯·拉夫琴担任首席技术官的时间比许多人预期的要长，但他在易贝过得很艰难。他对大公司的生活感到失落，认为自己缺乏具体的各项职责。约翰·马洛伊把他的经历作为与创始人共事的教训。"因为麦克斯……当我的公司被收购时，如果我与所有创始人保持联系，我会对此更加敏感……因为会有茫然若失的感觉。它类似于抑郁症……你每天的生活都充满这个东西，但它消失了。你必须重塑自己。"

2002年11月，拉夫琴离开公司前，团队重现公司传说中的首次公开募股派对，这给了他一个惊喜。"首次公开募股日是我记忆中这辈子最美好的一天，"他后来在给少数人的邮件中说，"这次派对是个完美的重现，包括我在众人面前出丑。我不知道还能说些什么……我

结局　地板

爱这次派对，也爱你们，以及你们的各种卓越之处。"

* * *

拉夫琴等贝宝高层迅速离职，这让人觉得易贝正在失去人才。但这种说法忽略了一个事实，许多有才华的贝宝员工是在被收购后加入易贝的，并在那里度过了漫长、回报丰厚和影响深远的职业生涯。

凯瑟琳·吴于2002年加入贝宝，因此，她说："我不是彻头彻尾的贝宝人，为贝宝全力以赴。我来得不够早。"她留在公司，并在易贝收购贝宝后顺利成长。她指出，让她留下来的部分原因是，她对经理艾米·罗·克莱门特充满深深的敬意。凯瑟琳·吴说："艾米关心别人，她没有陷入这种思维：'他们是坏人，我们是好人。'"

对克莱门特来说，留在易贝的动力来自她参与培养的团队，他们从面包店楼上的几个人发展成国际金融公司。她解释说："我非常重视我的团队（以及设计、工程、质量管理和内容等），我对我们取得的成就感到非常自豪。我还没有准备好离开。与此相关的是，我关注自身领导力的成长。我知道我还有很多东西要学。"她认为公司还有未竟的事业。她说："我们必须立刻与'易贝的收银机'的说法做斗争。我们必须证明，支付比任何一个市场都重要。"

休伊·林对贝宝元老的离开感到失望，但他们的离去为她和其他人创造了机会。她解释说："高层管理人员都走了，我只得改变自己的技能。"很快，贝宝的中层领导迅速获得晋升，并学会如何管理人员和在更大的组织中驾驭机制。

易贝还提供培训项目，包括为管理人员开设的"学习和发展"课程，这对贝宝员工来说是新概念。"管理培训在贝宝不存在。你只是随机应变。"休伊·林回忆道。她和其他人从这些培训中受益，并将刚获得的技能用到后来的工作中。

部分贝宝员工指出，他们在易贝取得的成功在一定程度上取决于他们在公司的位置。例如，贝宝早期工程师戴维·高斯贝克加入架构团队，一直待到2008年，也就是被收购6年后。虽然他后来创立了自己的公司，但他很怀念在易贝工作的日子。他的团队"几乎与易贝业务无关。我还在解决同样的问题，还在开发同样的产品，而且干得相当开心。"他回忆说。

还有数十名贝宝员工留在易贝，许多人称赞易贝为他们提供了职业发展机会，教会他们如何将初创企业发展为成熟企业，并给予他们经济上的回报。截至本书英文版出版时，一些人仍在贝宝或易贝工作。对很多人来说，易贝的慷慨补偿产生了影响。拉夫琴、马斯克、蒂尔等人都从首次公开募股和被易贝收购中受益，部分原因是他们的股权"加快兑现"，这是此类交易中的常见做法。尽管如此，他们的许多同事都有数千股非既得股权。在易贝的日子让他们发了一笔意外之财。

* * *

马斯克、蒂尔、萨克斯、克莱门特和易贝的杰夫·乔丹等人都认为，贝宝在被收购后仍能保持增长。历史证明这些预测是正确的。2002年，贝宝在几十个国家拥有超过2 000万用户；到2010年，它在世界上几乎所有国家共拥有超过1亿用户。截至本书撰写时，贝宝拥有超过3.5亿用户，仅在2020年就完成了近1万亿美元的交易。

贝宝在易贝生态链中的业务份额也有增加。被收购5年后，贝宝占公司总营收的1/3；又过了5年，贝宝贡献了近一半的总营收。据估计，易贝2014年700亿美元的估值中，有一半要归功于贝宝。

随着时间的推移，贝宝在易贝内部取得惊人的增长，这使少数人呼吁应该让它独立。2002年，在斯坦福的演讲中，有人问蒂尔对贝宝有什么建议。他说："更大的市场在易贝之外，他们应该开发更多产品特性和功能，在非易贝环境下实现点对点支付。"

由于激进投资人卡尔·伊坎的支持，贝宝独立运动如火如荼。2013年，伊坎收购易贝大量股份，并开始推动易贝分拆贝宝。在2014年1月的季度报告中，易贝回应道："关于伊坎先生的分拆提议，易贝董事会……不认为分拆公司是将股东价值最大化的最佳方式。"

那年春天和夏天，伊坎和易贝发生争执。除了不断呼吁将贝宝剥离，伊坎还指责易贝内部存在利益冲突和公司治理失误。伊坎在2014年2月写道："多年以来，我们发现自己陷入了许多烦人的境地，但易贝完全无视问责制，这在我们见过的所有情况中是最明显的。"作为回应，易贝在题为"卡尔，坚持事实"的信中称伊坎"大错特错"。

伊坎通过致股东的公开信和媒体采访公开了自己的观点。他在接受《福布斯》采访时表示："贝宝是一颗宝石，而易贝正在掩盖它的价值。"贝宝前员工也加入辩论。马斯克表示："全球支付系统是拍卖网站的子公司，这不合理。这就好像塔吉特拥有维萨……如果贝宝继续作为易贝的一部分，它将被亚马逊的支付系统割裂，或者被苹果和初创企业等割裂。"马斯克此时已经是特斯拉和太空探索技术公司的双重首席执行官，他得出结论，贝宝要么被剥离，要么彻底沉沦。马斯克指出："卡尔·伊坎能看到这一点，而他甚至并不是顶尖技术专家。"

萨克斯表示赞同，他认为，从易贝的控制中解脱出来，贝宝可以提供比大多数银行更好的体验。萨克斯在接受《福布斯》采访时表示："如果你允许贝宝追逐自己的命运，它可以采取行动，成为世界上最大的金融公司。"萨克斯和马斯克认为，贝宝在易贝旗下的价值已经增长到300亿至400亿美元，但它自身有潜力成为价值1000亿美元的公司。

2014年夏天，贝宝总裁大卫·马库斯跳槽到脸书。苹果支付推出，阿里巴巴首次公开募股让人们认识其支付产品支付宝，结果，人们对移动支付的兴趣与日俱增。这一切促使易贝调整了策略。

2014年9月13日，易贝宣布将贝宝剥离为独立公司。2014年1月，易贝曾宣布，贝宝和易贝将继续作为一个整体。此时，贝宝首席执行官约翰·多纳霍改变说法，他写道："与董事会进行的全面战略评估显示，2015年之后，如果贝宝和易贝继续捆绑在一起，双方业务的战略和竞争优势都会减少。"易贝股东每持有一股易贝股票，便将获得一股贝宝股票。

因此，在宣布被易贝收购13年后，贝宝于2015年7月中旬再次上市。截至本书撰写时，易贝在纳斯达克的市值超过400亿美元。贝宝的市值超过3 000亿美元，是其2002年首次公开募股估值的300多倍。

经过20多年的发展，贝宝可以说已经成为其创始人设想的全球支付系统。然而，对一些人来说，即使这种规模的成功也不够。马斯克认为："贝宝应该是迄今为止世界上最有价值的金融机构。"离开多年后，马斯克向里德·霍夫曼提议，贝宝创始团队应该重新收购公司，并将其发展成世界金融中枢。

霍夫曼幽默地回忆起那一刻：一个野心勃勃的朋友在倾诉，他的待办事项包括电动汽车、太空技术、公共交通、太阳能、定制火焰喷射器等等。霍夫曼说："埃隆，算了吧。"

* * *

就像贝宝本身一样，公司的许多创始人和早期员工都发展顺利。其中一些人后来创办了优兔、Yelp、领英、太空探索技术公司和特斯拉等家喻户晓的公司。在一些情况下，这些公司最早的投资来自贝宝前员工网络。比如，Yelp的第一笔投资来自拉夫琴。据说，在拉夫琴的生日派对上，Yelp 联合创始人杰里米·斯托普尔曼和拉斯·西蒙斯谈到打算发展本地化点评，拉夫琴第二天就同意投资。

即使没有创业的人也加入了其贝宝弟兄创办的企业，比如，蒂姆·温泽尔、布兰登·斯派克斯和朱莉·安德森都曾短暂地加入马斯克后来的企业。蒂尔后来成立风险投资公司创始人基金，聘请了许多贝宝前员工，并对他们的创业公司进行投资。

不过，并不是所有人都能迅速调整。卢克·诺塞克说："在那段经历后，我有一年都不能工作。"相反，他在离开后周游世界。其他人则尝试节奏较慢、非初创企业的环境。鲍勃·麦格鲁和拉夫琴都有意从事学术研究。麦格鲁开始在斯坦福攻读博士学位。拉夫琴也攻读密码学博士学位，并与 Confinity 早期技术顾问丹·博内共同工作了一个夏天。但后来，拉夫琴回忆说，博内叫停了他蓬勃发展的学术事业。

"这样绝对行不通。"博内说。

"为什么？我爱这个！"拉夫琴答道。

"不，不，因为每次我们谈话，你都想知道这东西有什么用途。你在寻找下一项事业，"博内说，"你要创建下一家公司，而不是解决复杂的数学问题。"麦格鲁也退出了博士项目。蒂尔说服他加入大数据分析初创公司 Palantir，担任工程总监。

萨克斯离开贝宝后，首先不可思议地来到好莱坞。他与拉夫琴、伍尔威、蒂尔和马斯克共同制作了讽刺电影《感谢你抽烟》，该片在 2007 年获得两项金球奖提名。尽管取得了这次成功，但他很快就暂停了制作公司。2012 年，萨克斯对记者说："我们用 3 年时间创建贝宝，同样用 3 年时间创作一部电影。它们都是很棒的经历，但贝宝是一个价值 10 亿美元的成果，如今有超过 1 亿用户……你可以在科技领域取得电影界无法企及的成就。"萨克斯回到硅谷，创建企业社交网络 Yammer，并于 2012 年以 12 亿美元卖给微软。

贝宝的部分对手和贝宝与一些企业或个人的恩怨多年来一直存在，并在硅谷圈子里广为人知。然而，一些裂痕却出人意料地愈合了。2010 年，梅格·惠特曼竞选加州州长，她的支持者包括曾经的商业对手彼得·蒂尔。蒂尔为她的竞选活动捐献了 2.59 万美元，并在媒体上为她站台。

* * *

到 2006 年，贝宝前员工网络的故事开始出现在新闻报道中，包括《纽约时报》的一篇长篇介绍。但 2007 年，《财富》杂志的一篇文章让团队网络成为传奇。这篇文章的标题"PayPal 黑帮"引起了人们的关注。文章附带了蒂尔、拉夫琴和另外 11 名贝宝前员工的合照，他们身穿类似黑手党的服装。照片的灵感来自电影《教父》，拍摄于旧金山的标志性餐厅 Tosca Cafe，那里有毛绒皮沙发和意大利壁画。

尽管这张照片很受欢迎，但它的画面和描述激怒了许多贝宝前成员，有些人认为黑帮的标签太过有心机。"'黑帮'有点儿让我反感……贝宝不是这样的。它其实是一大帮朋友，他们认为自己可以想做什么就做什么，工作非常努力，也非常聪明，愿意冒险和失败。这不是什么大计划。"金-伊莱沙·普罗科特说。

对认识贝宝前员工并继续与他们共事的人来说，这个绰号意味着，公司一众粗犷人物缺少了些许优雅和神秘。马洛伊说："这里几乎每个人都觉得自己是外来者。根本就没有酷小子……而现在贝宝的人是酷小子，他们与此有着天壤之别。"

霍夫曼更喜欢"贝宝网络"这个词。他在接受《纽约时报》采访时表示："很多人把它称为'PayPal 黑帮'，认为这帮人以同样的方式思考世界。事实上，这帮人有共同的紧张经历……就像电视剧《兄弟连》一样，一群人一起参加战争，但朝着不同的方向前进。"

对于将贝宝创始人网络描述为黑手党，X.com 的第五号员工朱莉·安德森提出了异议。第一次看到这张只有男性贝宝前成员的照片时，她说自己感到"很恶心，因为没人代表我们"。她的批评不无道理：即使在 2000 年 11 月，公司的 150 人电话名单中也有 1/3 是女性，其中包括朱莉·安德森、丹尼斯·阿普特卡、凯西·多诺万、唐娜·德里斯科尔、莎拉·因巴赫、斯凯·李、劳里·舒西斯和艾米·罗·克莱门特等，她们担任管理职位，在公司的发展和成功中发挥了至关重要的作用。

"PayPal 黑帮"的照片让其成为虚假的偶像，一个令人担忧的偶像。正如埃米莉·张的著作《极乐男权》(Brotopia) 等书详细记录的，长期以来，在招聘、融资、晋升、董事会席位以及表彰成就方面，硅谷难以确保女性获得公平对待。"PayPal 黑帮"的照片和神话加剧了这个问题，它为"男孩俱乐部"的批评提供了照片证据。

对部分贝宝前员工来说，这张照片是一个不恰当的象征，表明曾经团结的团队在离开贝宝后是如何破裂的。"现实是，有一口充满沮丧、悲伤和愤怒的深井，"一位前成员在邮件中写道，"虽然我们（通常）在专业上做得很好，但男性却团结在一起，（普遍地）排斥我们，成为世界的领导者。"她和其他人都觉得自己在贝宝被赋予自主权，却从许多余辉中被抹去。如今，许多贝宝前成员认为，这张照片和"黑手党"标签是对贝宝早期团队可悲的片面描述，强化了行业的刻板印象。

马斯特曾提出"贝宝"这个名字，并对公司和品牌应该如何起名进行了大量思考，她也认为"黑手党"这个名称不太合适。后来，几位早期员工创办其他公司和项目时，她为他们做过咨询。根据马斯特对他们的了解，她认为他们是一群与众不同的技术迷，而不是技术暴民。在思考贝宝早年的人才群时，她觉得，就原团队的分支来说，"贝宝流散者"(PayPal Diaspora) 这个名字更为贴切。

虽然大卫·萨克斯出现在黑手党照片中，但他更喜欢"流散"（diaspora）这个词。"它不像俱乐部，更像是流散运动，"他说，"大概发生的是，我们的祖国被占领了。他们烧毁我们的庙宇，把我们赶了出去。我们更像犹太人，而不是西西里人。"

* * *

随着时间的推移，团队举办了多次聚会，包括分别在萨克斯家和蒂尔家的一次聚会。即使是与核心团体疏远的人，也惊叹队友与在大学大道时已大不一样。对布兰登·斯派克斯来说，见证前同事的进步使他备受鼓舞。就像他后来所说："很多人曾坐在我旁边，在隔间里写代码和构建系统，他们离开后创建了一些如今最伟大的公司。能和这些人重聚，听他们的故事，真是太鼓舞人心了。"在一次重聚之后，斯派克斯受到触动，打算筹资成立自己的公司。

许多人都保留着那个时期的纪念品。在为本书接受采访时，不止一个人穿着 X.com 的 T 恤，或在屏幕上挥舞印有品牌标志的马克杯。很多人指出，他们贝宝前成员的身份在科技圈很有影响力，直到今天，人们还经常问他们在那些年里学到了什么。

尽管如此，有些人还是觉得这种联系十分压抑。拉夫琴说："我不想仅仅是'创造贝宝的人'。"在之后的 20 年里，公司创始人的人生发生了很多变化，人们会对此有同感。在本项目的第一封邮件中，马斯克好奇，为什么会有人对他第二家创业公司的历史感兴趣。他写道："它现在已经是个非常古老的故事。"

但这个老故事投下了长长的阴影，马斯克也流露出怀旧情绪。在购买 X.com 网址几十年后，他于 2017 年再次买下了它。在讲述他重新获得域名的经历时，马斯克咯咯地笑着。把网址卖给他的中介将这笔交易视为自己的最高成就。"（网址）是他生活中最大的爱好，他确实很了解这些东西……他还给我写了一封发自肺腑的长信。"马斯克说。

当被问到他对这个网址有什么打算，马斯克在推特做出回应。"感谢贝宝允许我买回 X.com！"他写道，"现在还没有计划，但它对我来说很有感情价值。"截至本书写作时，X.com 的访问者只会看到一个字符 x，页面其余部分是空白的。

不过，马斯克在简陋的 X.com 网站上留下了彩蛋：截至本书写作时，输入网址的其他组合方式，如 www.x.com/q 或 www.x.com/z，都会显示字母 y。

* * *

尽管创始人当初很少明确谈论"公司文化"，但贝宝的文化无疑塑造了一代硅谷人才的工作方式。如今，创建贝宝的外来者已成为全球科技和工程领域最有影响力的业内人士，他们的言论被解读、剖析和辩论。他们是企业的领导者和投资人，每周都会收到数百次后起之秀充满奇思妙想、抱负和能量的自荐。

无论是在播客、会议，还是在演讲中，他们难免会分享在贝宝工作期间的收获。本项目受益于这些答案，但许多人也会很快附上免责声明。"总是不清楚……能从中吸取什么教训，因为你不可能真的在一家这样的公司尝试两次。"蒂尔解释说。

不过，毫无疑问，贝宝经历对团队未来的奋斗产生了影响。最重要的是，贝宝向其创始人证明，有才华的外来者可以颠覆一个行业，而他们已经在各个领域验证了这一点，从职业社交网络到政府承包，再到基础设施。霍夫曼说："我们从贝宝经历中学到的是……你可以和非常聪明、努力工作的人一起，部署人们以前从未见过的技术，从而彻底改变一个行业。于是，根据我们在贝宝的经验，你可能从事的行业一下子变得更加广泛。"艾米·罗·克莱门特也表达了同样的观点："如果不是我们，那会是谁？我们这群人形形色色，格格不入，却可以共同从无到有创业，这一点真的令人难以置信。"

贝宝前成员还将缺乏经验视为财富。欺诈分析团队成员迈克·格林菲尔德表示："公司最优秀的员工，很少有人以前有过支付领域的经验，许多最佳员工以前很少或根本没有互联网产品开发背景。"他说，如果公司以传统方式建立其反欺诈流程，他们"将雇用为银行干了20年建立逻辑回归模型但从未进行过创新的人，最终欺诈损失可能会吞噬整个公司"。

劳里·舒西斯回忆起，他们专门招聘没有经验的人。"在针对欺诈招募人员时，我们其实在寻找没有欺诈领域经验的人，因为我们不希望他们对自己将在贝宝做什么有先入为主的概念……我们希望他们能够跳出框框，从不同的角度看问题，而不是说'嗯，在某某银行，我们是这样做的，现在我们也应该这样做'。"

蒂姆·温泽尔回忆起，自己邀请一名求职者接受蒂尔的终面。当求职者结束面试后，蒂尔把他带到温泽尔的办公室，温泽尔送他出去。当他从门口回到计算机前时，一封蒂尔的电子邮件在等着他："到此为止。拜托，不要再找从事支付的人了。"

许多人是另一种意义上的外来者——X.com 和 Confinity 的 10 位最初联合创始人大多数都是在国外出生的。萨克斯解释说："移民是一种创业行为。你采取积极行动离开祖国，往往会抛下一切，这就是终极的创业行为。因此，当人们来到美国时，他们继续尝试创业，塑造自己的环境，这也就不足为奇了。"

拉夫琴为贝宝员工增加了一个意想不到的条件，他认为这促成了公司的成功以及贝宝成员后来的成就：贝宝的许多早期员工相当讨厌当员工。"无论任何职业或任何责任级别，最好的员工通常都认为，这是他们为别人打工的最后一份职业。他们接下来将为自己工作，"

拉夫琴说，"尽可能多地拥有这样的人是公司与众不同的原因，这也让它成为未来创业者的沃土。"董事会成员蒂姆·赫德更简单地解释了贝宝员工的条件："你聪明过人吗？这是第一点。你能做好我们需要你做的事吗？你会非常努力地去做吗？其他的都不重要。"

要想在硅谷取得成功，就要远离可能改变未来的非正统外来者。如今，贝宝的几位创始人与首相的关系，可能比与世界上叫汤姆·皮特尔的人更近。马洛伊说："你如果达到某种程度的舒适，就很难再把一切都押上，也很难欣赏再次把一切都押上的人。你真的了解那个睡在地板上的人吗？"

尤其是作为投资人，创始人必须找到应对这一挑战的方法。为此，在他访问的各所大学中，拉夫琴经常与小型学生组织见面，这可以追溯到他在计算机协会的日子。蒂尔以在生活圈之外开展座谈而闻名，偶尔会有高中生向他递来引人注目的纸条。霍夫曼强迫自己经常问别人："谁是你认识的最古怪或最不正统的人，我能见见他们吗？他们可能是疯子，也可能是天才。"他似乎在寻找一个不那么完美的、与他曾经不那么完美的同事一样的创始人，这群人把"一团糟"变成了世界上最大的上市公司之一。

* * *

不过，贝宝员工的这些特质只能解释这些——20世纪90年代末，硅谷遍地都是特立独行的"聪明过人"者，在创业成功的圣坛前，他们愿意牺牲社交和睡眠。公司的成功还有其他原因。

其一是坚持不懈地关注产品本身，而不是仅仅关注产品背后的技术。"我们非常专注于打造我们所能做出的最好产品……"马斯克谈到自己在Zip2和贝宝的工作时表示："我们非常执着于创造能够提供最佳用户体验的产品。相较于拥有庞大的销售队伍或营销噱头，或12

步流程什么的，这是更有效的销售工具。"

比起大卫·萨克斯和产品团队成员，很少有人更能体现这种专注。他们中许多人都在未来的产品岗位上拥有出色的职业生涯。萨克斯把从贝宝学到的产品经验带到了后来的事业中，特别是在产品分销方面。萨克斯说："在贝宝，我们从零开始，只有很少的资源，我们必须弄清楚如何进行分销。从掌上电脑产品……到网络产品，问题一直是，我们如何让人们发现它，让人们使用它？"

设计师瑞恩·多纳休记得，团队"痴迷于产品分销。他们有非常精明和成熟的观点，明白能够让产品到人们手中是多么重要，这实际上比产品质量等许多东西都重要"。艾米·罗·克莱门特指出，产品团队聘请了"高情商的领导者，他们能和客户产生共鸣"，这种共鸣在内部和外部传递。她说："我们组建产品管理团队，不仅是为了对客户有同理心，打造优秀的产品，也是为了把公司团结在一起。"

一旦产品问题得到解决，贝宝的快速增长就产生了另一批经验教训，它们影响了创始人未来的工作。例如，里德·霍夫曼的新词"闪电式扩张"和硅谷对快速增长的痴迷，至少部分可以追溯到大学大道上的这两家初创企业。拉斯·西蒙斯表示，这种规模的增长有一个意想不到的副作用，那就是影响了他对未来创业经历的看法。"这确实让我之后见怪不怪，因为我的感觉就像：'哦，你就是推出一个东西，然后它就成功了，对吧？'"他说。

* * *

产品及其推广在互联网泡沫破灭的严酷考验中成形，许多成员谈到了外部压力带来的动力。贝宝诞生于互联网繁荣的顶峰，在整个行业陷入低谷之际开始腾飞。杰克·塞尔比表示："我们的大部分经验都是在泡沫破灭之后获得的。"

贝宝也曾濒临崩溃，在2000年，公司的资金消耗率让它只剩下几个月的资金。但这些挑战激发了有效的结果：团队开始收费并打击欺诈，在这两个方面都快速迭代。团队中的许多人认为，如果没有外部的财务压力，这些创新可能不会发生。马洛伊表示："最好的团队应对流星。没有击中你的流星会创造机会。"

贝宝成员注意到，就连与易贝的争斗也体现出斗争精神。由于易贝拒绝在拍卖巨头的主场使用贝宝，团队不得不创造、发布、迭代和重复。斯凯·李指出："让我们真正走到一起的是与易贝的战斗，因为没有什么比拥有死敌更能团结一家公司了。"

蒂尔指出，这种压力是他贝宝生涯的最典型特征。他解释说："如果你在微软或谷歌这样极为成功的公司工作，你会推断，创办新企业比实际要容易。你会学到很多错误的东西。如果你在一家失败的公司工作，你估计会学到，创业是不可能的。在贝宝，我们差不多处于中间。我们不像硅谷的一些伟大的成功企业那样成功，但我认为人们在某种程度上进行调整，并学到最好的一点，那就是这很难，但是可行。"

他们的经历也使其对未来的初创企业创始人做出严格的评判。在谈到创业成功时，塞尔比说："创业比人们想象的要难得多。"在作为投资人的工作中，团队不仅会判断创业团队的想法是否可靠，还会评判他们的毅力。他们的行动有多快？他们适应挑战的速度有多快？团队是否会为了学习而走向失败？霍夫曼指出："如果你没有全速前进，没有遭遇能够从中吸取教训的失败，那么你可能学得不够快。"

当然，这样高压的环境也有不利的一面。有时，对破产、易贝或新对手的恐惧会让人打起精神，但它也会削弱斗志。几名员工半开玩笑地提起"贝宝创伤后应激障碍"。在一家濒临破产的公司夜以继日地工作，与可能聪明得可怕的同事共事，确实会带来这样的心理负担。

为了解释贝宝内部的摩擦，拉夫琴将它和自己的下一个创业项目——照片分享服务 Slide——进行了对比。斯坦福大学一门关于初创企业的课程公开笔记中记录了这段思考：

贝宝的管理团队经常不合拍。管理层会议并不和谐，董事会会议更糟糕。这些会议无疑是富有成效的。我们做了决定，办成了事情。但如果有人犯错，他们就会被称为白痴。

后来，在 Slide，我们试图创造一个更好的环境。在人们真正喜欢彼此的地方开会，这个想法似乎很棒。但实际上很愚蠢。错误在于把愤怒与缺乏尊重混为一谈。聪明和精力充沛的人经常生气，通常不是生彼此的气，而是对我们"还没有成功"感到愤怒。也就是说，当他们应该解决更大的问题时，却不得不解决另一个问题。贝宝的不和谐实际上是健康动态的副作用。

如果人们在背后抱怨别人，你就有问题了。如果人们不相信彼此能做好工作，你就有问题了。但如果人们知道队友将不负所望，你就会很好，即使他们互相骂对方是白痴。

萨克斯认为，贝宝的冲突文化也是一种真理文化。"这是'寻求真理'的过程……有很多摩擦。我们互相尊重，这就是它成功的原因。大家经常大喊大叫，而这只是因为我们在乎得到正确答案。"他说。

不常发言的团队成员戴维·高斯贝克认为，贝宝的文化不是以冲突为主，而是以高标准为特征。后来，作为 3D 媒体平台 Matterport 的首席技术官和创始人，他借鉴了自己在贝宝高功能团队的心智模型。"你建立了一定的期望。就像在团队工作时，我希望所有人都非常出色。这是我的经验。"他说。

***

尽管他们强调努力工作、聪明才智、产品分销和令人清醒的诚实，但许多贝宝成员都庆幸自己获得了另一样东西：好运。塞尔比说："有很多有技术的聪明人，但到目前为止，更重要的因素是一定程度的运气。一系列事件汇合起来，像星星一样连成线。你想怎么描述都行。这让我们成功了。"

"人们总是希望故事简单，"马洛伊说，"但事实并非如此，里面有很多运气。我不是指找到硬币那样的运气，而是面对变化坚持不懈，从而创造自己的运气。但即便如此，如果这个想法不符合潮流，那么你也可能注定会失败。"

对贝宝来说，运气有好几个方面。公司幸运在创始团队能走到一起。它的时机也很幸运。公司最终没有成为被遗忘的掌上电脑配件或失败的金融服务平台，这与它推出的时间和提供的产品有很大关系。2000年春天，就在市场触底之前，贝宝还成功获得了一轮9位数的巨额融资。

贝宝产品设计的时机也恰到好处：电子邮箱已经普及，在贝宝诞生时，互联网已不可或缺。如果贝宝早一年或晚一年出现，时机都可能太早或太迟，公司很可能会步电子货币邮件、PayPlace、c2it等同时代数十家失败的支付初创企业的后尘。

尽管经历了重重困难，但贝宝成功跻身易贝生态链，这也是幸运的。如果易贝在1999年春天通过Billpoint解决了支付问题，那么贝宝可能不会在当年晚些时候找到种子用户群。易贝为贝宝提供了活跃、直言不讳的用户社群，帮助贝宝推广产品。蒂尔说："当时有机会创办像贝宝这样的公司，但即使在3年后，我也不确定是否还有可能。"

公司还在互联网复兴之前上市，并被易贝收购。在越来越多的质疑声中，作为互联网的忠实信徒，贝宝成员结束了在公司的任期。他们曾目睹其他公司倒闭，战场上到处是伤亡人员，但贝宝没有倒下。于是，他们一头扎进"网络2.0"运动，创建并投资了下一代互联网公司。

正因为运气是故事的核心，贝宝成员很快就戳穿了任何关于其成功是必然的神话。马洛伊说："当你在硅谷成名时，你可能是彻头彻尾的外来者，但硅谷会拉拢你。你变成了传说，传说占了上风……我们都很擅长编故事，却忽视了其中的人性……谁会成功，谁不会，天哪，处境太危险了。"贝宝幸运地化险为夷，这让部分成员决心将其发展壮大。"这让我开始思考，我们是如何培养别人做梦的能力的。"艾米·罗·克莱门特说。

贝宝早期员工将至高的赞美留给走过同样崎岖道路的不同领域的创始人。离开贝宝多年后，麦克斯·拉夫琴在个人博客中写道："把远大想法带进严酷而不可预测的现实，这样的人是实践者，是具有高影响力的人，我几乎毫无保留地钦佩他们。成为这种人的一个关键因素，是几乎非理性地无惧失败和保持乐观，但也有更有策略的一面：他们设法不被所有的细枝末节困扰……同时还能清楚看到真正重要的部分。"

在人生的那个阶段，麦克斯·拉夫琴已经把几个想法带入了"严酷而不可预测的现实"。不过，他最后诚恳地征求建议："要想产生高影响力，肯定还有很多重要因素。我想更好地了解这种类型的人……这样我就能将自己的影响力最大化。你有什么建议吗？"

结局　地板

后记

在完成本书的过程中,我为"PayPal 黑帮"一词设置了数字警报。就像故事中的人物一样,我与这个词建立了一种复杂的关系。一方面,它是媒体偏爱的描述符号,可以快速解释我正在做什么;另一方面,这个词还不够,因为它解释了后来的创业奋斗和联系,而不是贝宝本身的创建。我发现,这个词和附带的照片排除了故事中的许多关键人物,并把这个群体描绘得比实际情况更加同质。

虽然我尽量避免将主题放在当代,过多地沉迷于这条或那条最新推文或近期言论,但我确实想追踪贝宝成员作为一个群体的影响。不出所料,"PayPal 黑帮"这个绰号在科技界很受欢迎。在首次公开募股或重大公司收购之后,推特等论坛都会提到这个或那个"帮"。

这个词在国外尤其流行。在欧洲,因金融科技企业 Revolut 和 Monzo 的成功而诞生了"金融科技帮"。在加拿大,劳动力管理服务提供商 Workbrain 的成员受到同样的关注。在非洲,数字支付服务平台 Kopo Kopo 的联合创始人明确表示要建立"东非的贝宝帮"。在印度,人们谈论电子商务巨头 Flipkart 的成功如何催生了"Flipkart 帮"。

一些类似的说法如"素食帮",虽然不是在技术领域,但加上"帮"这个字后就突出了类似的情感和抱负:一群种子人才能培育一个生态系统吗?

经朋友提醒和介绍,我得到了几十个这样的例子,但我发现了"PayPal黑帮"在一个远离科技创业的地方最有趣的应用。我甚至不愿在这里分享这个故事,但它值得被记录,哪怕只是为了子孙后代。这是一个奇特的故事,它发生在远离硅谷的美国的另一端。

* * *

1997年12月,一辆白色面包车将一个名叫克里斯·威尔逊的少年送到帕塔克森特监狱,这是马里兰州杰瑟普的一家安全级别最高的惩教机构,位于巴尔的摩市郊。

克里斯在华盛顿长大,当时可卡因在他的社区肆虐。数十名年轻的非洲裔美国人在周围的混乱中成为受害者。7岁时,克里斯开始睡在卧室地板上,而不是床上,以躲避流弹。到10岁时,他参加的葬礼比生日派对还多。14岁时,他每次都会带枪出门。

然后,克里斯得到了使用它的机会。一天深夜,两名男子在一家便利店外靠近他。"克里斯,我们有个消息给你。"其中一人说。克里斯没有等着听是什么消息。他掏出0.38口径的手枪,连开了6枪。一人当场死亡,另一人逃跑。克里斯作为成年人受审,被判终身监禁。

对他来说,事情本不该如此。克里斯关心他的家人。他热爱读书,还会下棋和拉大提琴。他相信自己的未来。但他已经被卷入周围汹涌的杀戮和犯罪浪潮。如果是恐惧让克里斯带上枪,那是因为他看到了让他害怕的东西。

他妈妈的一个男朋友是坏警察。克里斯说:"有一天,他把我打晕,当着我的面强奸了我妈妈,还用他的配枪敲破她的头骨。"他的

后记

母亲活了下来，但她和克里斯都变了。

一天晚上，在去祖母家的路上，他记得自己从街上的尸体上踩过。他问道："当周围的人像苍蝇一样掉下来时，你怎么能指望一个孩子正常呢？"

监狱令人震撼，即使对经历过太多可怕事情的人也是如此。到达后，他和另外9名男子挤在一个房间里，脱光衣服，并被要求弯腰进行身体检查。克里斯回忆说，那是他一生中最屈辱的时刻。

他领会了现实：帕塔克森特将是他余生的家。一年时光在压抑的阴霾中过去。克里斯每天醒来后会想，自己前途无量的年轻生命怎么就这样过早地结束了。他想自杀，并吸食、偷运毒品，诅咒命运把自己带到这里。

* * *

斯蒂芬·爱德华兹在帕塔克森特的入狱之路与克里斯相似：16岁时被判一级谋杀罪。入狱前，斯蒂芬的人生与克里斯截然不同。斯蒂芬的父母都是虔诚的基督徒，他在福音的熏陶中长大。他的童年相对舒适，享有特权：他的父亲在美联储工作，家庭培养了他早早显露的非凡才能。

斯蒂芬是个数学奇才。他的父亲会在下班后把工作计算机带回家，斯蒂芬会长时间学习如何在计算机上编程和游戏。他对计算机动画特别感兴趣。斯蒂芬花了8个月时间，编写美国航空航天局火箭发射的5分钟动画代码。当像素火箭成功发射时，斯蒂芬露出了笑容。

12岁时，斯蒂芬开始在华盛顿的一所公立学校上学。在那里，他的智商成了负担。他经常受到残酷的欺凌。一天晚上，他被十几个大男孩袭击。他们用撬棍砸破他的头，并刺伤他的胸腔。虽然他的伤口愈合了，但精神并没有痊愈。他变得偏执，担心再次遭到袭击，并开始携带枪支保护自己。16岁时，他开枪打死了一个他以为要杀他的人。斯蒂芬被判终身监禁。

* * *

和克里斯一样，在监狱的第一年，斯蒂芬也遇到同样的问题，却几乎找不到答案。但随着迷雾逐渐消散，斯蒂芬重拾老爱好：计算机。他想，如果有什么东西可以支撑他度过多年的监禁，计算机也许能。

斯蒂芬的父母提供了一些旧编程书，他开始自学新的编程语言。在无法接触到真计算机的情况下，他和年轻的麦克斯·拉夫琴在基辅时一样，在黄色信笺上手写假想的程序。由于没有计算机来运行程序，他只能猜测程序的准确性。但他喜欢编程中的解谜过程，也享受从零开始创造的满足感。

在监狱里待了一年后，克里斯遇到了斯蒂芬。"我遇到一个人，他也未成年，被判无期徒刑，"克里斯回忆道，"这个人非常专注。他正在学习成为计算机程序员。他有目标和成就，想走出监狱。我记得我嘲笑他，因为他连计算机都没有，也没有使用计算机的机会。"他们成了亲密的朋友和狱友。

斯蒂芬对自我提升的执着感染了克里斯。他俩决定执行健身、学习、祈祷、写日记和阅读的计划，并对彼此负责。当克里斯在普通同等学历证书模拟考试中漏掉一道数学题时，斯蒂芬就会数出克里斯欠他的俯卧撑。

斯蒂芬的抱负点燃了克里斯的想象力。斯蒂芬在没有计算机的情况下进行计算机编程，克里斯受到启发，给自己列了一张雄心勃勃的人生目标清单。他说这是他的"总体计划"，其中包括学习西班牙语、获得大学学位和工商管理硕士学位、购买一辆黑色科尔维特和环游世

后记

界。他把这份文档寄给了判处他无期徒刑的法官。

* * *

克里斯和斯蒂芬成了模范囚犯。几个月后,克里斯获得普通同等学历证书,斯蒂芬说服监狱领导,让他使用监狱里唯一的办公计算机编程。作为交换,他同意开发软件来帮助减轻监狱的行政工作量。斯蒂芬编程时,一名警卫会站在旁边看着;斯蒂芬记得,"没有人陪同,犯人不能靠近计算机"。

编程瘾发作,斯蒂芬每天敲好几个小时的键盘,但即使这样也无法让他满足。"我宁愿做这个,也不愿做这栋楼里的任何事!我怎样才能得到更多时间呢?"斯蒂芬记得自己曾想。随着有关他懂技术的消息传开,其他监狱部门的负责人找到他,请他编写"小程序",斯蒂芬也通过游说获得更多使用计算机的机会。不久后,斯蒂芬成为帕塔克森特的无薪系统管理员。他回忆说:"在坐牢期间,我写了50个不同的应用。"

不久之后,监狱领导给了克里斯和斯蒂芬更多责任。他们被要求给新入狱的囚犯上课,并成立读书俱乐部和职业中心。他们还发现了商机——囚犯的父母和家属想要他们亲人的照片,于是两人说服监狱领导购买了一台数码相机。他们会收取照片费用,并将利润捐给 Inmate Welfare Fund(囚犯福利基金),帮助支付改善监狱的各项费用。

每年,克里斯都会把总体计划的进展寄给法官,并自豪地把已完成的项目从清单上划掉。而每年,他都没有收到回复。但这个最初只是幻想的总体计划却带来了有意义的回报:克里斯获得了多个学位,学会了3种语言,阅读了大量书籍,并从零开始做起一门生意。

在克里斯入狱的第16年,他的年度总体计划进展落入另一位法官的手中。在他的故事中,新法官看到了矫正系统应该起到的改造作用。她修改了之前的判决，这样他就可以被假释了。

"站在法庭上，我不光说过后悔的话，"克里斯后来在《巴尔的摩太阳报》(*Baltimore Sun*)写道，"我带着证明自己成就的证据而来。我获得了高中毕业证书和副学士学位。我自学西班牙语、意大利语和汉语，还辅导过无数刚进监狱的年轻犯人。但对法官来说，最重要的是，我的总体计划证明了我为实现目标十年如一日的坚持。"

新法官对他说："你所做的事震撼人心。"他在 32 岁时获得自由，距离他走进帕塔克森特过了 16 年。他的狱友斯蒂芬在两年后获释，服刑 20 年。

* * *

在写作本书的过程中，我与克里斯和斯蒂芬成为朋友，那时他们已经假释很久了。出狱后，斯蒂芬利用编程才能经营一家软件咨询公司，然后创办了一家初创公司，用技术帮助学校、企业等机构在新冠病毒肺炎疫情期间保持开放。由于在自然语言处理方面的工作，斯蒂芬甚至获得了专利，专利号 US10417204B2：用于创建和交付动态通信的方法和系统。

克里斯紧随其后。他创办了两家公司，写了一本广受好评的书，并开启第二职业，成为一名周游世界的艺术家，这是一段非凡的出狱后轨迹，最终以在特雷弗·诺亚的《每日秀》宣传他的书《总体计划》(*The Master Plan*)而达到顶峰。

克里斯和斯蒂芬都带着少有的紧迫感生活，这种紧迫感来自对生命珍贵的深刻认识。和许多见过他们的人一样，我想知道，他们到底是怎么做到的？他们是如何克服不利环境，在监狱里取得比我们大多数人在自由世界中更多的成就的？

克里斯坦率地谈到运气的作用，他遇到斯蒂芬，当然，还遇到一位仁慈的法官,但他也清楚个人努力的重要性。他设定了明确的目标,并以宗教信仰般的信念坚持下去。多年来,他每天都在想象并记录他的总体计划,他活着就是为了把清单上的项目划掉。这张单倍行距的纸贴在牢房的墙上,是他醒来后最先看到的两样东西之一,也是他睡前最后看到的两样东西之一。

克里斯每天醒来后,激励他的另一件东西,钉在监狱墙上的总体计划旁边,那是一张照片,代表总体计划对他的意义。在最高安全级别的帕塔克森特监狱,在克里斯·威尔逊牢房的墙上,在他的总体计划旁边,挂着一张从 2007 年 11 月的《财富》杂志上剪下来的照片,上面是"PayPal 黑帮"。

* * *

克里斯和斯蒂芬对这个故事的兴趣远远超出封面照片。在马里兰州的监狱里,两人成为贝宝创始人生活和工作方面的业余专家。

起初,斯蒂芬的家人为了支持他的创业兴趣,出资订阅了一些商业杂志——《Inc.》《福布斯》《财富》《快公司》。2007 年底,那期《财富》杂志送到后,斯蒂芬是第一个读到这篇报道的人,他被迷住了:在他面前的,是把计算机代码变成成功人生的路线图。

斯蒂芬把那篇文章一口气读了两遍,然后把杂志递给克里斯。"读读那篇文章,伙计。"斯蒂芬对他说。克里斯也被深深打动:"我当时想,'这太疯狂了'。这就是我们出去后要做的事情。我们必须开始努力。"

克里斯记得他在文中看到"10 亿"这个词,被这个数字迷住了。"甚至试图衡量 10 亿美元有多少。10 亿!"他说,"怎么会有人值这么多钱呢?……我开始阅读有关贝宝成员的资料,他们白手起家,现在却值这么多钱。然后我们开始讨论,'我们要用这些钱做什么?我们怎样改变世界'？然后就有了这张照片，照片上是几位成功者。"

斯蒂芬和克里斯保存这张照片，用来激励自己。"我用一层又一层透明胶带把它压好，"克里斯回忆道，"这看起来有点儿滑稽，但很有效。"这张胶布层压的照片获得特殊待遇，贴在墙上的人生目标旁边。"你醒来看到它，睡觉时看到它，"克里斯说，"这就是我的动力。我在做俯卧撑时看着它们。禁闭期间，我看着它们，就像罗伯特·德尼罗在《海角惊魂》里演的那样。"斯蒂芬说，每天看到这张照片"把它深深地印在我们心里"。

"我会告诉看过我保存的这张照片的人，'我要出狱。我要过这样的生活。我要在社会上有影响力'。他们会对我说：'伙计，你疯了。'"克里斯说。

* * *

两人把埃隆·马斯克、彼得·蒂尔、麦克斯·拉夫琴、里德·霍夫曼等贝宝成员能找到的所有信息都剪了下来。随着贝宝创始人的公开资料越来越多，克里斯和斯蒂芬搜集了大量剪报，并把它们奉为《圣经》。"这些是我唯一看重的东西，因为只有它们才能让我活下去，"斯蒂芬承认，"这是事实。有这些人作为榜样，并提醒我，他们是像你我一样的人。"

两人开始认真考虑，出狱后将经商和创业作为可行的人生道路。"你已经知道，出去后，社会不会接纳你。没有真正的'重返社会'，"斯蒂芬解释道，"现在重返社会的意思是，你跪着出来，我们会给你一些施舍，也许在麦当劳工作或收垃圾。但如果你觉得，你要像我们这些没坐过牢的人一样生活，那么祝你好运。所以对我们来说，重要的是看到还有另一条路。开创自己的事业是唯一不受限制的道路。"

在那之前，斯蒂芬和克里斯都不知道有像贝宝这样雄心勃勃的企

后记

业，也不知道产生这种企业的关系网络。斯蒂芬和克里斯接触过的网络涉及洗钱、毒品和暴力，它们有一个不同的名字：帮派。"'PayPal黑帮'是帮派的正面例子，"斯蒂芬说，"很多坐牢的人出于错误的原因联系在一起。他们没有很多积极的友谊。"

* * *

故事从他们的牢房传开。在为新囚犯开设的课程中，克里斯和斯蒂芬将第一课命名为"你可以从'PayPal黑帮'学到什么"。他们复印自己搜集的文章并分发出去，封面是"PayPal黑帮"的照片。"这张照片非常暗，我曾经很生气，因为大家总是想用原件复印，"斯蒂芬说，"但我想让他们用复印件复印，这样原件就不会被毁了！"

他们会分享，"PayPal黑帮"成员如何从底层起家，其中有多少人是移民，创始人多么年轻——没有经验，缺乏自信，有时候不成功。"我们宣传贝宝。我们找到了协同效应。故事把大家联系起来。"斯蒂芬说。

当然，他们也会谈到金钱，并与听众所熟知的财富例子进行对比。"如果你认为你应该追随毒贩，因为毒贩冒着生命危险，经历暴力、枪支、袭击、监禁和死亡，所有这些事情，他最多能赚100万美元，那么我们现实点儿。那是你到地狱走一遭才能赚到的，"斯蒂芬说，"让我向你展示相反的情况：没有经历这些的人赚了数十亿美元。让听说贝宝故事的人感到困惑的是，为什么从来没有人告诉他们这是一种选择。"

新囚犯被马斯克和拉夫琴的经历惊呆了。"他们会看着我说：'等等，我也能做到吗？那该多酷啊！'"斯蒂芬回忆道。创业公司提供了从街头走向财富的道路，这种想法本身就是突破——一幅囚犯从未见过的世界地图。克里斯说："我用它来指导那些想要比现在更强大的人。我身边几乎每个人都是这样，因为我们在一座安全级别最高的监狱里。"

* * *

在讲述贝宝的故事时，斯蒂芬和克里斯有意强调了"帮派"主题：贝宝的创始人和员工相互支持。斯蒂芬说："当我与帮派的年轻人交谈时，他们能感同身受。"他们敦促囚犯采取行动，以照片人物为榜样，并与志同道合的人联系起来。"研究他们的背景，"斯蒂芬会说，"这样你就能发现，他们和你一样……看看他们都干了些什么。他们和你没有什么不同，因为他们和你流着同样的血，呼吸着同样的空气。"

斯蒂芬和克里斯知道，他们的话什么时候能击中要害，什么时候不能。他们也了解自己的听众：他们在同样恶劣的社区长大，走进同样的监狱大门。这些囚犯对任何看似遥远或虚伪的东西都持怀疑态度，他们对胡说八道有敏锐的判断力。

但当斯蒂芬和克里斯说起贝宝时，听众都聚精会神。这是真的，贝宝网络是真的，这张照片是真的，钱是真的。斯蒂芬说："这个故事对我的人生意义重大，对我们很多狱友的人生也意义重大。你不能否认他们取得的一切，以及他们所代表的东西。你无法否认。要讲道理很容易。"

致谢

起初，麦克斯·拉夫琴和彼得·蒂尔认为，创建 Fieldlink 的过程会很短暂。创办公司，迅速扩大规模，然后将其出售，以利用早期的互联网淘金热。对他们来说，一个本应持续一年的项目变成 5 年，而且这家公司持续经营了 20 多年。

本书最初也是一个大约两年半的项目，后来延长到 5 年。5 年里，无数人帮助把这本书变成现实，并耐心听执着的作者讲述一家 20 世纪 90 年代末互联网公司的故事和奇闻。对许多宽容的朋友来说，能够写下以下文字是一种解脱：是的，终于完成了，我终于可以结束这本关于贝宝的书了。

如果不是贝宝的数百名创始人和工作人员，我不可能写出这句话。他们花时间向一个完全陌生的人解释，自己如何加入公司，在那里做了什么，以及这对他们意味着什么。这个项目的最大乐趣是能与这些人交谈数小时，我非常感激他们抽出时间，毫无保留，回首过往，分享笔记和回忆。

由于我的编辑爱丽丝·梅休（已过世），西蒙·舒斯特出版社给本项目开了绿灯。早些时候,她看到了我所看到的:在这个时刻,这家公司具有比许多人所理解的更多意义,而没人知道它是如何创建的。她是本书最早的支持者,更重要的是,当我对这个项目失去信心时,她让我振作起来。

她还为本书设定了高标准,就像她为她所有的项目所做的那样。"吉米,你必须向我证明,你在书里写的东西经得起时间的考验!为什么这个故事在 50 年后依然有价值?怎么能把它留在我们的书中?"她追问道。作为编辑,爱丽丝希望书能流传下去,也要求她的作者写的书能流传下去。

我不能确定本书是否符合爱丽丝的高标准,但在她与我的最后一次交流中,她暗示我们可能很接近了。她刚读了 X.com 和 Confinity 历史的前几章,并评论团队温室般的气氛:"爱迪生会感到惊讶的。"我希望爱丽丝也会为故事的最后讲述感到骄傲。没有她,这一切都不可能实现。

当爱丽丝在 2020 年初去世后,我惊慌失措。这本书是一项艰巨的任务,不仅对我来说是如此,对任何有勇气接受挑战的编辑来说都是如此。谢天谢地,爱丽丝的接力棒传给了才华横溢、无与伦比的斯蒂芬妮·弗雷里奇。在西蒙·舒斯特的老板把这个项目交给她之前,我甚至没有和斯蒂芬妮沟通过一次。我不知道她会怎么想,也不知道她会如何在已经很满的安排中增加这个任务。她根本不认识我,拒绝这个任务无可指摘。

我很高兴她没有拒绝。斯蒂芬妮·弗雷里奇负责本项目是最大的幸事。她把本书的每一行都读了好几遍,全身心推动我的思考,并在延期和全球疫情的情况下为项目奋斗。没有足够篇幅来指出她纠正的每一处错误或加强的薄弱句子,如果本书能够忠实而出色地讲述贝宝的故事,那是因为她的努力。她是每个作者所希望的:一个像作者一样重视项目的编辑。想到她的付出,我感动得热泪盈眶,对她感激

致谢

不尽。

* * *

那个"就是知道"一切最终都会解决的人，是那个无论我的信心受挫多少次，似乎都一直对我的写书计划有信心的人。劳拉·约克一直容忍我（不知道为什么），同时作为能看到它的潜力的经纪人，她以全部的热情守护着这本书。有无数次，作者想要把草稿扔出窗外，并宣布项目死亡；也有无数次，经纪人拯救了项目，并帮作者打起精神。劳拉在本书创作中所做的一切超过了经纪人应该做的，为此，我很感激。

我的朋友贾斯汀·里士满忍受了本书几乎所有段落、想法和引文的最初版本，它们通常是在大清早通过短信发送的。当我有了做这个项目的想法后，他是第一个接到我电话的人，从那以后，他收到了成千上万的信息、邮件和电话。每天与他交流使本项目成为可能，我感谢他，也感谢他的友谊。

格雷格·法夫尔有多重身份——消防员、公共安全官员、海军军官、天才运动员和老头子。作为朋友，他也看重完成长期项目所需的毅力，我很感激他在各种时刻给予我鼓励，展现坚忍的智慧，或者以其他方式确保我继续前进。如果格雷格每次对我说"待在马鞍上！"（乔恩·兰道在《逃狱惊魂》中对吉米·艾欧文的建议），我就能得到5美分，那我就发财了。谢谢你，格雷格。现在我会向下一座山前进。

劳伦·罗德曼让完成本书的艰难过程变得很快乐。每次胜利——包括最早的采访、初稿和重大修改——劳伦都要庆祝一番。在每一个阶段，她都至少要求一顿晚餐，为小小的成功干杯。世界上每个人都应该有一个像劳伦·罗德曼这样的朋友，她这些年一直提醒我，本项目已经取得了多大进展。

我的朋友格蕾丝·哈里看到本项目的愿景，并在方方面面呵护它的星火。格蕾丝是世界上最有才华的音乐艺术家的伯乐，并在关于本书及其抱负和范围的许多对话中，倾注了所有的智慧和见解。她和搭档阿米尔·"寻爱"·汤普森使我注意到，这家公司和历代创意群体之间的联系——艺术家、诗人、作家和音乐家，他们都是在特定的文化氛围中成长起来的。格蕾丝还在我最需要的时候提出创造性的鼓励和观点。我们不是在音乐工作室，但我现在明白，为什么那么多著名的音乐家需要她走进他们的工作室。她促成了这个项目，并留下许多她的印记。

非常感谢我的导师、朋友和教练，劳伦·赞德。如果不是她要求我开始并完成本书，它很可能还只是我的想法。几乎所有作家都面临焦虑、冒充者综合征、恐惧、自我怀疑和相关干扰，而我可能比大多数人更容易受到影响。劳伦是屏蔽所有影响的盾牌，她以坚定、专注和同情回应各种疯狂信息。没有比她更好的朋友了，对于她的坚持和鼓励，我很感激。

还有很多人帮助本书诞生。西蒙·舒斯特出版社的艾米丽·西蒙森耐心而友善地指导我完成编辑过程。伊丽莎白·塔列瑞克自愿阅读本书前几章，并提供支持和建议，包括我在起草和重新起草的低谷期。玛吉·谢里姆敦、米兰达·弗拉姆和罗伯·古德曼都从编辑的视角审阅草稿，他们的参与使成果更加出色。

凯勒布·奥斯特罗姆加入本项目较晚，在我们的工作中，我对他说过几十次，我真希望能早点儿遇到他。他是一流的思想伙伴，我很感激他为把本书变成现实所做的一切，包括热情地容忍我的各种故事、想法和电话，其中一些肯定考验了他的耐心。谢谢你忍受这一切，凯勒布。

作家需要作家朋友，而我有幸拥有这个行业里最好的朋友。我的朋友赖安·霍乐迪首先引荐了彼得·蒂尔，并引发连锁反应。艾伦·甘尼特沉迷于我们定期进行的"作家治疗"晚餐，他对本项目的信心帮助我更好地完成这本书。作为埃隆·马斯克权威传记的作者，阿什利·万斯和一个他从未见过的人坐下来吃了很长时间的饭，然后建立了重要的联系，并给出只有他才能提供的编辑智慧。

沃尔特·艾萨克森是另一位"爱丽丝·梅休的作者"，在本项目开始时，他让我相信它的意义和潜力。在最后，他提供了只有从事同一领域多年的人才能给出的建议。从脚注到事实核查，再到采访，他对这一切的想法，我都很感激。

在我需要一处安静的住所进行常规工作时，我的朋友戴维和凯特·海尔布隆纳提供了他们的家。戴维也用他对纪录片叙事和传奇人物的热爱，点燃我对本项目的热情。当我需要另一处远离尘嚣的地方进行编辑和修改时，希尔和玛妮·尼尔提供了他们的家，还提供了恰到好处的拥抱、生动的交谈和奶酪通心粉。克里斯·威尔逊、安迪·尤曼斯、莉亚·费金、本特利·米克尔、娜迪亚·罗尔斯、布兰登·克莱曼、凯蒂·博伊尔、帕克·布里登、雅各布·霍金斯、亚瑟·陈、凯文·柯里、布莱恩·维希、恩娜·埃斯金、史蒂夫·维尔斯、迈克·马托奇奥、马特·格莱德希尔、马特·霍夫曼、汤姆·布坎南、久巴川美穗、特里莎·贝利、尼基·阿金、亚历克斯·列维、布朗温·刘易斯、卡伊·拉尔森、梅根·柯克帕特里克和本杰明·哈迪，感谢你们许许多多鼓励的话（以及忍受我许多次的缺席）。不会再有关于这本书的短信了，我保证。

* * *

最后，感谢威尼斯，这本书是献给你的。这个项目在你 1 岁时产生，在你 6 岁时完成。中间的 5 年是我一生中最快乐的时光，这在很大程度上是你的功劳。你也沉迷于麦克斯·拉夫琴和埃隆·马斯克的故事，并在我对项目感到怀疑时，提出自己的机智想法。你可能不太会记得过去 5 年发生的大部分事情。但我永远不会忘记。

这类书的作者通常应该避免让读者背上"收获"的包袱——读者足够聪明，可以自己得出收获。但对于作为父亲的我，这条规则有一个特殊的例外。我将借此机会，把信息传递给你，你可以在任何时候抽出时间来阅读这些文字。

你的生活将由你创造的东西以及与你共事的人塑造。我们通常担心前者，却对后者没有给予足够的重视。贝宝的故事不仅是人们联合起来打造产品的故事，也是人们联合起来塑造自己的故事。公司的创始人和早期员工相互推动和激励，并对彼此提出更高要求。

我希望你也能找到这样的人，和他们一起创造。这听起来很简单，但实际上非常难。我很幸运：在我的生命中有一连串这样的人，其中许多人的名字我已经在前面提到过。你知道他们是"劳伦阿姨"、"格蕾丝阿姨"和"贾斯汀叔叔"等。他们是对我负责的人。我们不仅享受彼此的陪伴，还让彼此变得更好。我们的友谊建立在有效的不适之上，我们足够爱对方，可以说出该说的话。

有意思的是，我不确定我能否为你扮演那个角色。我太爱你了，有些东西没法教你，所以你需要自己去学习。同伴会有帮助。书籍需要编辑，生活也是如此。

就像我所有的建议一样，请对本书持保留态度。我可能不用担心这一点。如果你打开这本书，坐着看了这么久，读到这里，也许你会一切都好的。

吉米·索尼
纽约

关于信息来源和方法的说明

我写作本书大约是在书中所述事件发生 20 年后。我以前的书都是历史传记，我也以类似的方式开始这个项目。首先，我创建了丰富的档案，搜集关于贝宝公司及其前身 Fieldlink、Confinity 和 X.com 的所有书籍、文章、学术论文和相关出版物。

只要有可能，我会尽量忠实于从 1998 年到 2000 年年中出版的资料。我还整理了一份电子表格，记录贝宝早期创始人和与贝宝关系密切的员工的所有博客文章、采访和媒体报道，然后阅读、观看或收听每一次报道，并从中挖掘宝贵信息。事实证明，那数千篇文章和数百小时的影像素材必不可少，尤其是与相关事件更接近的回忆。

其中最有价值的是埃隆·马斯克 2003 年在斯坦福大学的演讲、彼得·蒂尔和麦克斯·拉夫琴 2004 年的联合演讲，以及贝宝成员在问答平台 Quora 上的评论。在项目进行过程中，我从各高校、媒体机构、图书馆等许多组织的档案和编目工作中获益匪浅。（颇具讽刺意味的是，如果没有优兔，这本书就不可能完成，而优兔是由在贝宝开始职业生涯的人创建的数字视频网站。）

我也得益于互联网档案馆的记录。这座非营利性图书馆做着自给自足的工作，如果某个外星文明想要破解我们这个物种的密码，没有什么途径比从 archive.org 入手更好了。

除了从书籍、文章和现有的视听内容中搜集材料，我还广泛接触贝宝前员工、投资者、准投资者、竞争对手以及贝宝宇宙内外的其他人。在项目过程中，我试图联系过数百人，超过 200 人回复并同意与我交流。我很感激一路采访过的贝宝前成员，其中许多人总是时间紧张，但仍拨冗与我进行长时间讨论。我希望这个结果新颖而有启发性，即使对当事人来说也是如此。

对于书中涉及的场景或谈话，我尽量采访至少两名熟悉事件的人。我尽可能用书面或电子邮件记录支撑这些事件，包括董事会会议记录、推广文件和内部备忘录。我采访过的很多人都有收藏癖，我从他们保存的各种笔记、邮件、文件和信件中受益良多。特别是，我得以深入研究这段时期几十亿字节的邮件，总计数十万页。这帮助我理解和记录大大小小的时刻。我特别幸运地发现了贝宝 4 年的公司通讯（从《每周 X 通讯》到《每周伙伴》），这为我的研究增加了真实感和即时性，我希望在本书中也能体现出来。

书中的引文来自我的访谈以及一手和二手的资料。为了使本书具有可读性，我没有在书中注明所有来源，但我仔细编制了尾注，以说明引文。我尊重信息提供者希望不透露身份的情况，也尽最大努力限制使用匿名引用。

本书经历了多次重写、编辑检查和仔细通读，其中包括西蒙·舒斯特顶尖团队几位编辑的通读，以及他们签约的 Miller Korzenik Sommers Rayman LLP 律师事务所的法律通读。另外，我还获得资深事实核查员本杰明·卡林的支持，他以敏锐的眼光审查本书。本杰明要求严格，非常重视事实。我很感激有他陪伴我走过这段旅程。

和所有同样长度的项目一样，书中可能会有错误，它们完全是我个人造成的。我为本项目写了几十万字的草稿,仅我的采访音频总时长就超过 15 天。你手中的是无数次主观判断和痛苦编辑的产物。剪辑室的地板都被堆满了。

从设计上看,本项目存在叙事谬误:描述公司特定的时刻,却没有写隔壁发生的事情。布拉德·斯通与杰夫·贝佐斯讨论第一本关于亚马逊的书时,贝佐斯问,作者如何应对线性叙事的局限。贝佐斯说:"一家公司提出想法时,这是一个混乱的过程。没有恍然大悟的瞬间。"

他的回答完全正确,不过斯通的回答也是对的:作家必须考虑到叙事谬误,"尽管向前冲"。我想补充的是,这类书就是要记录这种混乱。打造任何事物(包括本书)都是一个遍布死胡同、未选之路和随着时间的流逝而消失的时刻的过程。希望本书阐明了那种坚韧、反复的努力,就像它揭示了关于技术或企业战略的伟大见解一样。

在写作过程中,我尽量涵盖采访中反复出现的话题,同时也记录那些让我感动或惊讶的故事和想法。但这些都是编辑时的选择,不同的选择会产生另一本书。我冒昧地猜测,贝宝的历史还有多个版本有待书写,未来的作者可以努力再次探索这一时期。

因此,我尽力编写以下详细的尾注。如果有勇士重新绘制这片水域的地图,下面就是我在旅途中发现的河流。我希望你能在探索中标出新的河流,如果那时我还活着,告诉我一声。我会和你一起兴致勃勃地研究贝宝的那些年。

吉米·索尼

注释

前言

1. *"Fuck, you're"* . . . *"twenty years"*: Author interview with Elon Musk, January 19, 2019.
2. *"scaling love"*: Author interview with Amy Rowe Klement, September 24, 2021.
3. *"You have folks"*: Author interview with Derek Krantz, July 29, 2021.
4. *"There was something really special"*: Author interview with Denise Aptekar, May 14, 2021.
5. *"It is"* . . . *"something that defines"*: Author interview with Jason Portnoy, December 15, 2020.
6. *"Calling us a mafia"*: Author interview with John Malloy, July 25, 2018.
7. *"As much as it [did]"*: George Kraw, Law.com, "Affairs of State—Earth to Palo Alto," accessed July 25, 2021, https://www.law.com/almID/900005370549/.
8. *"it was a hard company"*: "PandoMonthly: Fireside Chat with Elon Musk," accessed July 29, 2021, https://www.youtube.com/watch?v=uegOUmgKB4E.
9. *"I remember her talking"*: Author interview with Huey Lin, August 16, 2021.
10. *"like veterans"*: David Gelles, "The PayPal Mafia's Golden Touch," *New York Times*, April 1, 2015, https://www.nytimes.com/2015/04/02/business/dealbook/the-paypal-mafias-golden-touch.html.
11. *"It was crazy exciting"*: Author interview with Amy Rowe Klement, October 1, 2021.
12. *"I felt like"*: Author interview with Oxana Wootton, December 4, 2020.
13. *"To this day"*: Author interview with Jeremy Roybal, September 3, 2021.
14. *Fugitive Poets, the Bloomsbury Group, and the Soulquarians*: My understanding of this subject was immeasurably improved by a book called *Collaborative Circles: Friendship Dynamics and Creative Work* by Dr. Michael Farrell. He covers the Fugitive Poets as well as the Rye Circle and the French Impressionists, among other "collaborative circles," and his insights into their formation and operation is first rate. (Michael P. Farrell, *Collaborative Circles: Friendship Dynamics and Creative Work* [Chicago: University of Chicago Press, 2001].)
15. *"very fertile scenes"* . . . *"think about culture actually"*: Brian Eno commentary at

the 2009 Luminous Festival at the Sydney Opera House, Australia, http://www.moredarkthanshark.org/feature_luminous2.html.

16. *"There was some way where"*: Author interview with James Hogan, December 14, 2020.

第一章　基石

1. *"Peace and Plenty"* . . . *"one in 10,000 years"*: "Peace and Plenty in Pripyat," *Soviet Life*, February 1986 (Washington, DC: Embassy of the Soviet Union in the US, 1986), 8–13.
2. *"This notion of you can tell a machine"*: "Working Hard & Staying Humble," Sarah Lacy interview with Max Levchin, Startups.com, December 9, 2018, https://www.startups.com/library/expert-advice/max-levchin.
3. *"If I type it out"*: Author interview with Max Levchin, June 29, 2018.
4. *"My standard self-definition as a programmer had"*: "Working Hard & Staying Humble," Sarah Lacy interview with Max Levchin, Startups.com, December 9, 2018, https://www.startups.com/library/expert-advice/max-levchin.
5. *She advanced*: F. Lukatskaya, "Autocorrelative Analysis of the Brightness of Irregular and Semi-Regular Variable Stars." Symposium—International Astronomical Union, 1975, 67, 179–182, doi:10.1017/S0074180900010251.
6. *"She basically said, 'I can't die'"*: David Rowan, "Paypal Cofounder on the Birth of Fertility App Glow," *Wired*, May 20, 2014, https://www.wired.co.uk/article/paypal-procreator.
7. *"It was one of these crazy"*: "Working Hard & Staying Humble," Sarah Lacy interview with Max Levchin, Startups.com, December 9, 2018, https://www.startups.com/library/expert-advice/max-levchin.
8. *"I just kind of strolled through"*: Author interview with Max Levchin, June 29, 2018.
9. *"Where did you learn English?"*: Sarah Lacy, *Once You're Lucky, Twice You're Good* (New York: Gotham Books, 2008), 21.
10. *"Max"* . . . *"is a perfectionist"*: Author interview with Jim Kellas, December 7, 2020.
11. *"I said, 'I really want to get into MTI'"*: Sarah Lacy, "'I Almost Lost My Leg to a Crazy Guy with a Geiger Counter': Max Levchin and Other Valley Icons Share Their Stories of Luck," August 17, 2017, https://pando.com/2017/08/17/i-almost-lost-my-leg-crazy-guy-geiger-counter-max-levchin-and-other-valley-icons-share-their-stories-luck/.
12. *"I'm international-ish"* . . . *"my people"*: Author interview with Max Levchin, June 29, 2018.
13. *"I've seen entire"*: University of Illinois Computer Science Alumni Association,

Alumni News, Spring 1996 (Vol. 1, no. 6), 26, https://ws.engr.illinois.edu/sitemanager/getfile.asp?id=550.

14. *"I can tell you that Eric Johnson's"*: Kim Schmidt and Abigail Bobrow, "Maximum Impact," *STORIED* series from the University of Illinois, May 30, 2018, https://storied.illinois.edu/maximum-impact/.
15. *"What are you working on?"*: Author interviews with Scott Banister (July 25, 2018), Max Levchin (June 29, 2018), and Luke Nosek (October 28, 2018).
16. *"I started to shift"* . . . *"do that"*: Author interview with Luke Nosek, October 28, 2018.
17. *"Caffeine"* . . . *"ID cards"*: "Scott Banister and Jonathan Stark: ACMers reunited at idealab!" *Department of Computer Science Alumni News*, January 2001 (vol. 2, no. 4), https://ws.engr.illinois.edu/sitemanager/getfile.asp?id=542 .
18. *"Jesus-like"*: Author interview with Ken Howery, June 26, 2018.
19. *"[Nosek and Banister] were the subversives"*: Author interview with Max Levchin, June 29, 2018.
20. *"Don't bring that near me"*: Ibid.
21. *"Max is the person"* . . . *"fairly big deal"*: Author interview with Scott Banister, July 25, 2018.
22. *"We burned through"*: Max Levchin, "Seven Sixty Four," Max Levchin Personal Blog, July 15, 2016.
23. *"I don't think PayPal"*: Author interview with Luke Nosek, October 28, 2018.
24. *"I was a very happy nerd"* . . . *"my bathroom"*: Author interview with Max Levchin, June 29, 2018.
25. *"Perhaps nowhere"* . . . *"Mighty Morphin' Power Rangers"*: "CS Alums as Media Darlings," University of Illinois Computer Science Alumni Association, *Alumni News*, Spring 1995 (Vol. 1, no. 5), 17, https://ws.engr.illinois.edu/sitemanager/getfile.asp?id=551.
26. *"I came to U of I"*: Author interview with Jawed Karim, December 14, 2020.
27. *"One thing that really shaped"*: Kim Schmidt and Abigail Bobrow, "Maximum Impact," *STORIED* series from the University of Illinois, May 30, 2018, https://storied.illinois.edu/maximum-impact/.
28. *"Your grandma's already dying"*: Author interview with Max Levchin, June 29, 2018.
29. *"Higher education"*: Dan Fost, "Max Levchin Likes the Edge," *San Francisco Chronicle*, February 26, 2006, https://www.sfgate.com/business/article/Max-Levchin-likes-the-edge-Starting-another-2540752.php.
30. *"extraction from poverty"* . . . *"as possible"*: Author interview with Max Levchin, June 29, 2018.

第二章 卖点

1. *"I had been"* . . . *"end of the world"*: Peter Thiel, Commencement Speech, Hamilton College, May 2016, https://www.hamilton.edu/commencement/2016/address.
2. *"quarter-life crisis trying to find [himself]"*: Author interview with Peter Thiel, November 28, 2017; see also: Dina Lamdany, "Peter Thiel and the Myth of the Exceptional Individual," *Columbia Spectator*, November 22, 2016, https://www.columbiaspectator.com/opinion/2014/09/28/column/; Bill Kristol conversation with Peter Thiel, July 29, 2014, https://conversationswithbillkristol.org/transcript/peter-thiel-transcript/; Harriet Green, "PayPal Co-founder Peter Thiel Talks Quarter-Life Crises and How to Tackle the State," *City A.M.*, November 2, 2014, https://www.cityam.com/real-thiel/.
3. *"We would like to present alternative views"*: "Editor's Note," *Stanford Review*, June 1987.
4. *"Open or Empty"*: Andrew Granato, "How Peter Thiel and the *Stanford Review* Built a Silicon Valley Empire," *Stanford Politics*, November 27, 2017, https://stanfordpolitics.org/2017/11/27/peter-thiel-cover-story/.
5. *"Peter might be the"* . . . *"like a closet"*: Author interview with Ken Howery, June 26, 2018.
6. *"billionaires' breakfast club"* . . . *"I did nothing"*: Author interview with Luke Nosek, June 25, 2018.
7. *"In retrospect, just about everything"* . . . *"like two hundred"*: Author interview with Peter Thiel, November 28, 2017.
8. *"In my mind, it hurt"*: Author interview with Luke Nosek, June 25, 2018.
9. "Wow, if I ever do anything in the financial world" . . . is a nerd: *NerdTV* episode 2, Robert Cringley interview with Max Levchin, September 13, 2005, https://archive.org/details/ntv002.
10. *"[Thiel] needed to be bailed out"*: Author interview with Max Levchin, June 29, 2018.
11. *"Somebody ought to scrape"*: Author interviews with Max Levchin (June 29, 2018) and Peter Thiel (November 28, 2017).
12. *"I basically emulated"*: Jessica Livingston, "Max Levchin," *Founders at Work* (New York: Apress, 2018), 2.
13. *"There is some art involved in how"*: Ibid., 3.
14. *"I've seen these devices"* . . . *"measure exactly 45 minutes"*: Author interviews with Max Levchin and Peter Thiel, 2017, 2018, and 2021.
15. *"Peter wasn't technical"*: Author interview with Luke Nosek, May 31, 2018.
16. *"They sound like cute puzzles"* . . . *"take too long"*: Author interview with Max Levchin, June 29, 2018.
17. *"I'm not a great"* . . . *"best way to hire"*: Author interview with Erik Klein, April 25, 2021.
18. *"We probably lost out"*: Author interview with Santosh Janardhan, June 15, 2021.

19. *"It's just really"*: Author interview with early X.com employee. Commentary on background.
20. *Several rounds*: Thiel Capital's initial investment is detailed in the S-1 documents for PayPal's IPO, https://www.sec.gov/Archives/edgar/data/1103415/000091205701533855/a2059025zs-1.htm.
21. *It seems like this kid*: Author interview with John Powers, August 3, 2018.
22. *"tall, gangly, wacky"*: Author interview with Max Levchin, July 24, 2018.
23. *"You could see" . . . "completely sensible"*: Author interview with John Powers, August 3, 2018.
24. *"I thought, Wow, that's"*: Author interview with Max Levchin, July 24, 2018.
25. *"CEOs and founders"*: Author interview with John Malloy, July 25, 2018.

第三章　正确的问题

1. *At one point, Elon came across an article*: Peter Nicholson biographical details drawn from author interview with Nicholson, July 19, 2019; Lawrence Powell, *Cape Breton Post*, November 19, 2017; as well as published biographies from the Canadian Institute for Climate Choices and Macdonald-Laurier Institute.
2. *"I think it's fair to say"*: Author interview with Peter Nicholson, July 19, 2019.
3. *"philosophy, economics, the way the world" . . . "giant brain"*: Author interview with Elon Musk, January 19, 2019.
4. *"We were a little like DARPA"*: Author interview with Peter Nicholson, July 19, 2019.
5. *"a lot of time talking"*: Amit Katwala, "What's Driving Elon Musk?," *Wired*, September 8, 2018.
6. *"His real love"*: Author interview with Peter Nicholson, July 19, 2019.
7. *"A secondary"*: Lawrence Powell, "Curious by Nature—Order of Nova Scotia recipient Peter Nicholson always in the thick of things," *Cape Breton Post*, November 19, 2017.
8. *"I was literally" . . . "they did nothing"*: Author interview with Elon Musk, January 19, 2019.
9. *"What Elon may not have fully appreciated"*: Author interview with Peter Nicholson, July 19, 2019.
10. *"how lame" . . . "do not innovate"*: Author interview with Elon Musk, January 19, 2019.
11. *"I was concerned"*: Alaina Levine, "Profiles in Versatility," *APS News*, October 2013 (vol. 22, no. 9).
12. *"I was in an advanced securities analysis class"*: Alaina Levine, "Profiles in Versatility," *APS News*, November 2013 (vol. 22, no. 10).
13. *"Nerdmaster 3000"*: "Computer History Museum Presents: An Evening with Elon Musk," January 22, 2013, https://www.youtube.com/watch?v=A5FMY-K-o0Q.

注释

14. *"I had an existential crisis"*: Alaina Levine, "Profiles in Versatility," *APS News*, October 2013 (vol. 22, no. 9).
15. *"hyperintelligent"*: Douglas Adams, *The Hitchhiker's Guide to the Galaxy*, 1st edition (New York: Del Rey, 1995).
16. *"A lot of times"*: "Computer History Museum Presents: An Evening with Elon Musk," January 22, 2013, https://www.youtube.com/watch?v=A5FMY-K-o0Q.
17. *Once Musk started college*: Ashlee Vance, *Elon Musk* (New York: Ecco, 2017), 53–54.
18. *"I thought I might"*: Alaina Levine, "Profiles in Versatility," *APS News*, October 2013 (vol. 22, no. 9).
19. *"He was the 'disc flipper'"*: Email from Mark Greenough to author, June 24, 2020.
20. *"destroy an alien space freighter"*: Elon Musk, "Blastar," *PC and Office Technology*, December 1984, 69.
21. *"Musk Computer Consulting" . . . "evening"*: *Queen's Journal* (vol. 118, no. 28), January 22, 1991, 2.
22. *"I was too shy"*: Kevin Rose interview, "Foundation 20: Elon Musk," September 7, 2012, https://www.youtube.com/watch?v=L-s_3b5fRd8.
23. *"I was trying to think"*: "Computer History Museum Presents: An Evening with Elon Musk," January 22, 2013, https://www.youtube.com/watch?v=A5FMY-K-o0Q.
24. *"Look Elon, the dot-com"*: Author interview with Peter Nicholson, July 19, 2019.
25. *"I would spend several years"*: "Computer History Museum Presents: An Evening with Elon Musk," January 22, 2013, https://www.youtube.com/watch?v=A5FMY-K-o0Q.
26. *"I'm not a born risk-taker"*: Phil Leggiere, "From Zip to X," *Pennsylvania Gazette*, November 1999.
27. *"Well, give it a shot"*: Author interview with Elon Musk, January 19, 2019.
28. *"Maye told him" . . . "big brother"*: Author interview with Jean Kouri, September 12, 2021.
29. *"trickster" . . . "powers for good"*: Author interview with Elon Musk, October 3, 2021.
30. *"During [World War II]"*: Joseph Keating and Scott Haldeman, "Joshua N. Haldeman, DC: The Canadian Years, 1926–1950," *Journal of the Canadian Chiropractic Association*, (vol. 39, issue 3), September 1995.
31. *"The new product" . . . "suitably awed"*: Editors, "Datelines," *San Francisco Chronicle*, February 2, 1996.
32. *"They were originally"*: Ashlee Vance, *Elon Musk* (New York: Ecco, 2017), 66.
33. *"I thought they were on crack"*: Alice LaPlante, "Zipping Right Along," Upside US ed., *Foster City* (vol. 10, issue 11), November 1998, 57–60.
34. *"telecom companies"*: Chris Bucholtz, "Internet Directory May Help Carriers Dial in New Business," *Telephony* (vol. 231, issue 4), July 22, 1996, 28.

35. *"a world-class"*: Zip2 Press Release from September 30, 1996, PR Newswire.
36. *"Newspaperdom's new superhero"*: Heidi Anderson, "Newspaperdom's New Superhero: Zip2," *Editor and Publisher*, January 1996, 4–8.
37. *"Zip2's groundbreaking maps"*: Zip2 Press Release from September 30, 1996, PR Newswire.
38. *"By mid-1997"* . . . *"mini-Microsoft"*: Heidi Anderson, "Newspaperdom's New Superhero: Zip2," *Editor and Publisher*, January 1996, 4–8.
39. *"never been a sports"* . . . *"go about things"*: Ashlee Vance, *Elon Musk* (New York: Ecco, 2017), 73.
40. *"We developed"*: Author interview with Elon Musk, January 19, 2019.
41. *"We think"*: Laurie Flynn, "Online City Guides Compete in Crowded Field," *New York Times*, September 14, 1998.
42. *"It wasn't a philosophical issue"*: Max Chafkin, "Entrepreneur of the Year, 2007: Elon Musk," *Inc.*, December 1, 2007.
43. *"Despite all the interest"*: Laurie Flynn, "Online City Guides Compete in Crowded Field," *New York Times*, September 14, 1998.
44. *"Literally, to my mailbox"* . . . *"$21,005,000"*: Author interview with Elon Musk, January 19, 2019.
45. *"he has the clean-cut appearance"*: Alice LaPlante, "Zipping Right Along," Upside US ed., *Foster City*, (vol. 10, issue 11), November 1998, 57–60.
46. *"I knew how"* . . . *building blocks"*: Author interview with Elon Musk, January 19, 2019.

第四章 "我在乎的是赢"

1. *"Unfortunately, with dial-up"* . . . *"on the website"*: Alyssa Bentz, "First in online banking," March 14, 2019, Wells Fargo corporate history, https://www.wellsfargohistory.com/first-in-online-banking/.
2. *"the Amazon of financial services"*: Multiple early X.com employees confirmed this phrasing, and it tracks with the one-stop-shop vision that Musk had set out to achieve.
3. *"bunch of mainframes"*: Author interview with Elon Musk, October 3, 2021 (See also: Elon Musk, interviewed by Walter Issaccson, at Vanity Fair's New Establishment Summit, 2014, https://www.youtube.com/watch?v=fPsHN1KyRQ8.)
4. *"There was a desire"* . . . *"unnecessary"*: Author interview with Elon Musk, January 19, 2019.
5. *"They're both intensely"*: Author interview with Peter Nicholson, July 19, 2019.
6. *"He's one of the greatest"*: Author interview with Harris Fricker, July 31, 2019.
7. *"What do you want"* . . . *"driving him"*: Author interview with Chris Payne, September 13, 2019.
8. *"Imagine you could"* . . . *"Yahoo goes by"*: Author interview with Ed Ho, August 8, 2019.

9. *"the coolest URL"*: Author interview with Elon Musk, January 19, 2019.
10. *They sold X.com*: The details of the transaction are included in PayPal's S-1 filing, under a section regarding Goodwill and Other Intangible Assets. "In May 1999, the Company acquired the X.com domain name in exchange for 1,500,000 shares of the Company's Series A mandatorily redeemable convertible preferred stock at an aggregate value of $0.5 million," https://www.sec.gov/Archives/edgar/data/1103415/000091205.
11. *"Under the looming"*: Email from Dave Weinstein to author on August 9, 2019, containing "The Early History of X.com" as a Word document.
12. *The negotiation drew*: Lisa Bransten, "Bartering for Equity Can Offer Sweet Rewards in Silicon Valley," *Wall Street Journal*, September 2, 1999, https://www.wsj.com/articles/SB936223888144908543.
13. *"First of all" . . . "better guide"*: Author interview with Elon Musk, January 19, 2019.
14. *"He was really passionately"*: Author interview with Chris Payne, September 13, 2019.
15. *"At the time"*: Author interview with Ed Ho, August 8, 2019.
16. *"[He] could get a meeting on"*: Author interview with Chris Payne, September 13, 2019.
17. *"One of the things"*: Author interview with Harris Fricker, July 31, 2019.
18. *His commitment*: Author interview with Elon Musk, October 3, 2021.
19. *"I'd make a phone call"*: Author interview with Ed Ho, August 8, 2019.
20. *"Craig was a legal"*: Author interview with Harris Fricker, July 31, 2019.
21. *"There were a few"*: Author interview with former X.com employee. Commentary on background.
22. *"We're just going to" . . . "the consumer"*: Author interview with Ed Ho, August 8, 2019.
23. *"We are a bank"*: "Virtual Banker," *Forbes*, June 15, 1998, https://www.forbes.com/forbes/1998/0615/6112127a.html?sh=3fa9fe86432b.
24. *"The tradeoff is"*: Author interview with Ed Ho, August 8, 2019.
25. *"What can be very frustrating"*: Elon Musk presentation to Stanford University Entrepreneurial Thought Leaders, October 8, 2003, https://spacenews.com/video-elon-musks-2003-stanford-university-entrepreneurial-thought-leaders-lecture/.
26. *"We shouldn't be afraid"*: Author interview with Chris Payne, September 13, 2019.
27. *"When approached with"*: Author interview with early X.com employee. Commentary on background.
28. *"You have capital requirements"*: Author interview with Chris Payne, September 13, 2019.
29. *"The description of what"*: Author interview with Harris Fricker, July 31, 2019.

30. *"This was all a little"* . . . *"widgets get sold"*: Author interview with Chris Payne, September 13, 2019.
31. *"It's not linear"*: Author interview with Ed Ho, August 8, 2019.
32. *"You start off"*: "Elon Musk Talks About a New Type of School He Created for His Kids 2015," Elon Musk interviewed on BTV Chinese television, 28:15, https://www.youtube.com/watch?v=y6909DjNLCM.
33. *"Whenever they'd get"*: Author interview with Ed Ho, August 8, 2019.
34. *"They were just never"*: Author interview with Chris Payne, September 13, 2019.
35. *"Elon, please rejoin"* . . . *"not in a small way"*: Email to Elon Musk, May 9, 1999, shared with author by Harris Fricker.
36. *"There were livid"*: Author interview with Ed Ho, August 8, 2019.
37. *"set things right"* . . . *"this start-up"*: Author interview with Peter Nicholson, July 19, 2019.
38. *"We knew something"* . . . *"just happened"*: Author interview with Chris Payne, September 13, 2019.
39. *"Elon sat everyone down"*: Author interview with Doug Mak, June 18, 2019.
40. *"He was being"*: Author interview with Chris Payne, September 13, 2019.
41. *"[The episode] kind of rattled"*: Author interview with Elon Musk, January 19, 2019.
42. *"be worth"*: Author interview with Chris Chen, August 26, 2019.
43. *"loved working"* . . . *"on top of that"*: Author interview with Ed Ho, August 8, 2019.
44. *"There's something about Elon"*: Author interview with Doug Mak, June 18, 2019.
45. *"I sort of looked"* . . . *"answer to come"*: Author interview with Julie Anderson, July 19, 2019.
46. *"A hot minute"* . . . *"in start-ups"*: Author interview with Elon Musk, January 19, 2019.
47. *"I would have"* . . . *"addressed it"*: Author interview with Harris Fricker, July 31, 2019.
48. *"They were two"*: Author interview with Peter Nicholson, July 19, 2019.

第五章　转账者

1. *"We didn't have much money"*: John Powers email to author, July 17, 2021.
2. *"The only guy I knew"* . . . *"persuade him"*: Author interview with Max Levchin, June 29, 2018.
3. *Howery was concerned*: Author interview with Ken Howery, June 26, 2018.
4. *"Well, yeah, but I'm coding"*: Author interview with Max Levchin, June 29, 2018.
5. *"He would go to work"*: Author interview with Russel Simmons, August 24, 2018.
6. *"He just disappeared"* . . . *"convincing"*: Author interview with Yu Pan, July 24, 2018.
7. *"Russ is brilliant"*: Author interview with Max Levchin, June 29, 2018.
8. *"I'm not very strategic"*: Author interview with Russel Simmons, August 24, 2018.

9. *"This place rocks"*: Email from Max Levchin (delph@netmeridian.com) to Russel Simmons (resimmon@uiuc.edu) on September 16, 1998, shared with author.
10. *"I knew"* . . . *"like a scam"*: Author interview with Russel Simmons, August 24, 2018.
11. *"[She] was like"*: Ibid.
12. *"I thought security"* . . . *"with this group"*: Author interview with Luke Nosek, June 25, 2018.
13. *What exactly would Nosek*: Author interviews with Luke Nosek (June 25, 2018) and Max Levchin (June 29, 2018).
14. *"Luke"* . . . *"was one of those"*: Author interview with Max Levchin, June 29, 2018.
15. *"That's when I learned"*: Author interview with Luke Nosek, May 31, 2018.
16. *"Everybody I told"*: Author interview with Max Levchin, June 29, 2018.
17. *"Can I just"* . . . *"working on this"*: Author interview with Max Levchin, June 29, 2018.
18. *"We realized that"*: Jessica Livingston, "Max Levchin," *Founders at Work* (New York: Apress, 2018), 3.
19. *The team closed a $500,000*: Investment documents shared with author.
20. *Thiel's fund:* Later, much would be made of the fact that some portion of Thiel's investment was done through a Roth IRA, a recently created retirement vehicle that allowed Thiel's Confinity-turned-PayPal shares to grow tax-free. Because Thiel had purchased his Confinity equity early in the company's life cycle, this investment grew substantially as the company succeeded. The basic facts of the situation appear to be true: Thiel reportedly purchased $1,700 of Confinity equity and did so with a Roth IRA, at a low price per share, based on reporting from ProPublica. But given the company's deeply uncertain prospects, Thiel's Roth IRA bet looks more like retirement roulette than prescient forecasting. The decision was, essentially, a gamble—one with relatively low downside and big potential upside. If the company succeeded, as it did, Thiel's investment would grow tax-free; if Confinity failed (as looked likely), the dollar amount that Thiel risked was low, at least to someone with a legal degree and his mix of work experience. Thiel wasn't alone in this move, and other PayPal employees also reportedly purchased equity with their retirement accounts in order to take advantage of tax-free growth.
21. *"went looking for deals"*: Author interview with Graeme Linnett, June 19, 2019.
22. *"I didn't know anything about"*: "Pals Make Ideas Pay," *Contact*, May 16, 2016. https://alumni.uq.edu.au/contact-magazine/article/2016/05/pals-make-ideas-pay.
23. *"Today's handheld"* . . . *"and celerity"*: Confinity February 1999 business plan shared with author.
24. *"prehistory"*: Adam Grant, "Want to Build a One-of-a-Kind Company? Ask Peter Thiel," *Authors@Wharton* podcast, October 3, 2014, https://knowledge.wharton.upenn.edu/article/peter-thiels-notes-on-startups/; see also: Jackie Adams,

"5 Tips from Peter Thiel on Starting a Startup," *LA*, October 3, 2014, https://www.lamag.com/culturefiles/5-tips-peter-thiel-starting-startup/.

25. *"It was this"* . . . *"talking that way"*: Author interview with David Wallace, December 5, 2020.
26. *"[His boss Paul Tuckfield]"* . . . *"smart people"*: Author interview with Santosh Janardhan, June 15, 2021.
27. *"We had to recruit"*: "A Fireside Chat with David Sacks '98," University of Chicago Law School, May 16, 2014, https://www.youtube.com/watch?v=9KX920RJTp0.
28. *"It was a challenge"*: Peter Thiel commentary at Stanford eCorner Entrepreneurial Thought Leader session, "Selling Employees, Selling Investors, and Selling Customers," January 21, 2004.
29. *"We can do it"*: Author interview with Vince Sollito, April 25, 2019.
30. *"If you had a pulse"*: Author interview with Santosh Janardhan, June 15, 2021.
31. *"I did have a lot"* . . . *"from then on"*: Author interview with Tom Pytel, December 4, 2020.
32. *"He was a true vagabond"*: Author interview with Max Levchin, June 29, 2018.
33. *"His toes"*: Author interview with Russel Simmons, August 24, 2018.
34. *"They were the most comfortable"*: Author interview with Tom Pytel, December 4, 2020.
35. *"The fact that"*: Author interview with Russel Simmons, August 24, 2018.
36. *"At that point in your life"*: Author interview with Tom Pytel, December 4, 2020.
37. *"If you store them"* . . . *"my passphrase"*: Jessica Livingston, "Max Levchin," *Founders at Work* (New York: Apress, 2001), 3.
38. *"Not all applications"* . . . *"inches or so"*: Bill Dyzel, "Beaming Items with Your Palm Device," *PalmPilot for Dummies*, October 1, 1998, https://www.dummies.com/consumer-electronics/smartphones/blackberry/beaming-an-item-from-your-palm/.
39. *"While the port is not powerful enough"*: A. J. Musgrove, "The PalmPilot's Infrared Port," *Dr. Dobb's Journal*, April 1, 1999, https://www.drdobbs.com/the-palm-pilots-infrared-port/184410909?queryText=musgrove.
40. *"quaint and silly"*: Jessica Livingston, "Max Levchin," *Founders at Work* (New York: Apress, 2001), 3.
41. *"I remember thinking"*: Author interview with Lauri Schulteis, December 11, 2020.
42. *"better than cash"* . . . *"US Treasury"*: Confinity presentation shared with author by Peter Thiel.
43. *To this day*: Author interview with Peter Thiel, November 28, 2017. In a follow-up discussion in September 2021, Thiel offered the following regarding Satoshi's identity: "Let me frame it a bit more generally. I think if you try to figure out who Satoshi is, there are basically two frameworks. One is that he came from inside

the sort of cyberpunk crypto anarchist world. Or he or she was some sort of idiot savant, completely disconnected from everybody. [With the] second theory, it's impossible to figure out. So just like you have to look for the lost keys under the lights, you have to assume the first theory is true, if you have any hope of solving it. And then if the first theory is true, then he would have been in Anguilla."

44. *"It is hard to understate"*: Peter Thiel commentary at Stanford eCorner Entrepreneurial Thought Leader session, "Beating Competitors—and the Conventional Wisdom," January 21, 2004.
45. *"He said, 'We've looked at'"*: Author interview with Mark Richardson, September 6, 2019.
46. *"an excruciating"*: Peter Thiel commentary at Stanford eCorner Entrepreneurial Thought Leader session, "Selling Employees, Selling Investors, and Selling Customers," January 21, 2004.
47. *"You just didn't do"* . . . *"so stood out"*: Author interview with John Malloy, July 25, 2018.
48. *"You have Peter"* . . . *"by reputation"*: Author interview with Pete Buhl, July 30, 2018.
49. *A well-prepared Levchin walked him through*: One of the papers Levchin referenced during this period was the 1998 tract "Experimenting with Electronic Commerce on the PalmPilot" by Dr. Neil Daswani and Dr. Dan Boneh. "This paper describes our experience with implementing an electronic payment system for the PalmPilot. Although Palm OS lacks support for many desired security features, we are able to build a system suitable for small payments. We discuss the advantages and disadvantages of using a PDA to make secure payments as opposed to using a smartcard or a desktop PC," https://citeseerx.ist.psu.edu/viewdoc/summary?doi=10.1.1.40.770.
50. *"I don't know"*: Author interview with Max Levchin, June 29, 2018.
51. *But despite the temptation*: Author interviews with Steve Jurvetson (April 8, 2019) and Luke Nosek (October 28, 2018).
52. *"John was a"*: Author interview with Scott Banister, July 25, 2018.
53. *"the unsung"*: Author interview with Max Levchin, October 30, 2018.
54. *"had bought"* . . . *"tumultuous day"*: Author interview with John Malloy, October 29, 2018.

第六章　败局已定

1. *"I'm like"*: Author interview with Elon Musk, January 19, 2019.
2. *"[The infrared technology]"*: Author interview with Max Levchin, June 29, 2018.
3. *"The stuff"*: Author interview with Yu Pan, July 24, 2018.
4. *"And of course"*: Max Levchin commentary to Stanford eCorner, January 21, 2004.
5. I need: Author interview with Max Levchin, June 29, 2018.

6. *"anticlimactic"*: Author interview with Pete Buhl, July 30, 2018.
7. *"No! We cannot do it again"*: Author interview with Max Levchin, July 24, 2018.
8. *"It was a phenomenal way"*: Peter Thiel commentary at Stanford eCorner Entrepreneurial Thought Leader session, January 21, 2004, https://ecorner.stanford.edu/videos/selling-investors-beaming-at-bucks/.
9. *"This was one"* . . . *"things would go"*: Author interview with Luke Nosek, May 31, 2018.
10. *"I think we needed"*: Ibid.
11. *"We figured"*: Author interview with Luke Nosek, May 31, 2018.
12. *"the history of the book"* . . . *"creative process"*: Author interviews with SB Master, October 31, 2018, and July 15, 2021.
13. *"Convenient"* . . . *"Spain, Italy"*: Slide from 1999 naming presentation shared by SB Master.
14. *"most promising"*: Author email from SB Master, September 23, 2021.
15. *"highfalutin' tone"*: Author interview with SB Master, October 31, 2018.
16. *"Conveys"*: Slide from PayPal presentation shared by SB Master.
17. *"If people"* . . . *"of this"*: Author interview with SB Master, October 31, 2018.
18. *"I remember all of us"*: Author interview with Russel Simmons, August 24, 2018.
19. *"It was definitely"*: Author interview with Jack Selby, October 30, 2018.
20. *"People are not going to trust"*: Author interview with Pete Buhl, July 30, 2018.
21. *"The initial way"*: Author interview with David Wallace, December 5, 2020.
22. *"I said, 'I think' "*: Author interview with Scott Banister, July 25, 2018.
23. *"Chose PayPal"*: May 12, 2020, email from SB Master to author.
24. *"He was very excited"*: Author interview with James Hogan, December 14, 2020.
25. *"Engineers are very cynical"*: Blake Masters, "Peter Thiel's CS183: Startup—Class 1 Notes Essay," http://doc.xueqiu.com/13bd54e4b2f11b3fbbcbbbab.pdf.
26. *"as a cog"*: Author interview with James Hogan, December 14, 2020.
27. *"There was a huge"*: Author interview with Erik Klein, April 25, 2021.
28. *"Max kept repeating"*: Author interview with Santosh Janardhan, June 15, 2021.
29. *"aura test"*: Author interview with Luke Nosek, October 28, 2018.
30. *"stop by"* . . . *"something here"*: Author interview with Skye Lee, September 24, 2021.
31. *"I left the interview"*: Author interview with Denise Aptekar, May 14, 2021.
32. *"Lunch turned"* . . . *"must be like!"*: Author interview with Benjamin Listwon, May 21, 2021.
33. *"Firing people"*: Blake Masters, Peter Thiel's CS183: Startup—Class 1 Notes Essay, http://doc.xueqiu.com/13bd54e4b2f11b3fbbcbbbab.pdf.
34. *"We probably should"*: Author interview with early stage PayPal employee. Commentary on background.
35. *"If you're alone"* . . . *"argue about it"*: Blake Masters, "Peter Thiel's CS183: Startup—Class 1 Notes Essay," http://doc.xueqiu.com/13bd54e4b2f11b3fbbcbbbab.pdf.

36. *"I was very bullish"*: Author interview with Scott Banister, July 25, 2018.
37. *By 1999, more than five million*: James Niccolai and Nancy Gohring, "A Brief History of Palm," *PC World*, April 28, 2010, https://www.pcworld.com/article/195199/article.html.
38. *"We are living"*: Author interview with Reid Hoffman, July 30, 2018.
39. *"That should have been a clue"*: Author interview with Max Levchin, June 29, 2018.
40. *"Things happen on the internet"*: Author interview with Erik Klein, April 25, 2021.
41. *Sacks's grandfather*: Suzanne Herel, "Meet the Boss: David Sacks, CEO of Yammer," *SFGATE*, February 22, 2012, https://www.sfgate.com/business/meettheboss/article/Meet-the-Boss-David-Sacks-CEO-of-Yammer-3347271.php.
42. *"Sacks definitely"*: Author interview with early stage PayPal employee. Commentary on background.
43. *"It was a dumb" . . . "doing was wrong"*: Author interview with David Sacks, November 28, 2018.
44. *"Peter said"*: Jason Calacanis interview with David Sacks, "This Week in Startups—David Sacks, CEO of Yammer," June 29, 2010, https://www.youtube.com/watch?v=TYA_vdHSD8w.
45. *"For as much as people"*: Author interview with Giacomo DiGrigoli, December 9, 2020.
46. *"We worked"*: Author interview with Max Levchin, June 29, 2018.
47. *"None of us"*: Author interview with Erik Klein, April 25, 2021.
48. *"It's kind of funny"*: Author interview with Russel Simmons, August 24, 2018.
49. *"What an amazingly" . . . "nobody gets hurt"*: SlashDot thread "Beaming Money," July 27, 1999, https://slashdot.org/story/99/07/27/1754207/beaming-money#comments.
50. *"Was this technical FAQ"*: FAQ section of paypal.com website, October 12, 1999, accessed through Internet Archive paypal.com/FAQ.HTML.
51. *"If you're an engineer"*: Author interview with Max Levchin, June 29, 2018.
52. *"After Peter had"*: Author interview with David Wallace, December 5, 2020.
53. *"Even in the current"*: Author interview with Erik Klein, April 25, 2021.
54. *"For a moment"*: Blake Masters, "Peter Thiel's CS183: Startup—Class 1 Notes Essay," http://doc.xueqiu.com/13bd54e4b2f11b3fbbcbbbab.pdf.
55. *"We were all developing"*: Author interview with David Gausebeck, January 31, 2019.
56. *"It was the closest" . . . "to launch"*: Author interviews with Max Levchin, June 29, 2018, and July 24, 2018.
57. *"Palm" . . . "break this"*: Author interviews with Dan Boneh (June 27, 2018) and Max Levchin (July 24, 2018).

第七章　有钱能使鬼推磨

1. *Missing were*: Phone lists from that period were shared by several employees. These two lists—the before-and-after of the departures—were shared by Doug Mak, X.com employee number 6.
2. *"Even though"* . . . *"money talks"*: Author interview with Scott Alexander, June 17, 2019.
3. *Venture capital invested*: Milford Green, "Venture Capital Investment in the United States 1995–2002," *Industrial Geographer* (vol. 2, issue 1), October 2011, 2–30.
4. *"We didn't need"*: Author interview with Elon Musk, January 19, 2019.
5. *In one famous deal*: Nicholas Carlson, *Marissa Mayer and the Fight to Save Yahoo!* (New York: Grand Central Publishing, January 2015.
6. *"the venture equivalent"* . . . *"with the decision"*: Author interview with Mike Moritz, December 19, 2019.
7. *"[Moritz] was like"*: Author interview with Elon Musk, January 19, 2019.
8. *"He's like"*: Author interview with Steve Armstrong, January 29, 2021.
9. *"There was almost"*: Author interview with Scott Alexander, June 17, 2019.
10. *"a combination"*: "Zip2 Founder Launches 2nd Firm: Readies Financial Supersite," *Computer Business Review*, August 29, 1999, https://techmonitor.ai/technology/zip2_founder_launches_2nd_firm_readies_financial_supersite.
11. *"To have someone's entire"*: Lee Barney, "John Story Astutely Shifts Directions," *Mutual Fund Market News*, September 13, 1999.
12. *"X.com had very high"*: Author interview with Chris Chen, August 26, 2019.
13. *"[entries] in a database"*: Musk has used this expression to describe money at several points, including at an October 8, 2003, lecture at Stanford University and again in late 2020 at the Wall Street Journal CEO Council summit. The latter commentary received far more attention, as it took place at a time when cryptocurrencies were soaring—and Musk's own personal wealth had hit staggering heights.
14. *"My vision"*: Author interview with Elon Musk, January 19, 2019.
15. *"At this point"* . . . *"I'm in"*: Author interview with Tim Wenzel, December 4, 2020.
16. *"was the most diverse"* . . . *"dignity and grace"*: Author interview with Deborah Bezona, October 13, 2020.
17. *"We would let them talk"*: Author interview with Elizabeth Alejo, October 14, 2020.
18. *"A company with zero assets"*: Ken Schachter, "Will X.com Mark the Spot for Financial Services?," Ignites.com, September 2, 1999.
19. *"My career . . . gray hair"*: Author interview with Mark Sullivan, October 19, 2019.
20. *"I remember that I used the words"*: Author interview with Sandeep Lal, May 19, 2021.

21. *"I always wanted"* . . . *"flowing for everybody"*: Author interviews with Amy Rowe Klement, September 24, 2021, and October 1, 2021.
22. *"unsung hero"*: Author interview with Elon Musk, October 3, 2021.
23. *"I always wanted"*: Author interview with Oxana Wootton, December 4, 2020.
24. *"I felt like I had"*: Author interview with Colin Catlan, April 5, 2019.
25. *"I was a little worried"*: Author interview with Branden Spikes, April 25, 2019.
26. *"Register your email"* . . . *"courtesy of Zip2 Corp"*: Internet archive, X.com, October 13, 1999, https://web.archive.org/web/19991013062839/http://x.com/about.html.
27. *"Our sales cycle"* . . . *"they were live"*: Author interview with Satnam Gambhir, July 28, 2020.
28. *In September, X.com announced*: "X.com Uses Barclays to Close Retail Loop," *American Banker*, November 1, 1999.
29. *This agreement would allow*: Several details regarding the First Western National Bank and X.com agreement are available in S-1 documents filed by PayPal when the company prepared to go public in 2002. "First Western National Bank" is also visible on the back of the X.com Titanium Card, a debit card launched by the company.
30. *The user application* . . . *"customer advocacy"*: Carol Curtis, "Move Over, Vanguard," CNBC.com, November 12, 1999.
31. *weak on the technology side*: "Zip2 Founder Launches 2nd Firm: Readies Financial Supersite," *Computer Business Review*, August 29, 1999, https://techmonitor.ai/techonology/zip2_founder_launches_2nd_firm_readies_financial_supersite.
32. *"We will not be undercut"*: John Hechinger and Pui-Wing Tam, "Vanguard's Index Funds Attract Many Imitators," *Wall Street Journal*, November 12, 1999, https://www.wsj.com/articles/SB942358046539516245?st=jjzy7eh1f8w5jwp&reflink=mobilewebshare_permalink.
33. *"poised to become"*: Mark Gimein, "Fast Track," Salon.com, August 17, 1999, https://www.salon.com/1999/08/17/elon_musk/.
34. *"Elon was ready"*: Author interview with Colin Catlan, April 5, 2019.
35. *"The way he conducted"*: Author interview with Mark Sullivan, October 19, 2019.
36. *"We slept"*: Author interview with Colin Catlan, April 5, 2019.
37. *"Most CEOs"*: Author interview with Branden Spikes, April 25, 2019.
38. *"I didn't"*: Author interview with Mark Sullivan, October 19, 2019
39. *"I remember"* . . . *"look like"*: Author interview with Wensday Donahoo, December 11, 2020.
40. *"Elon says"* . . . *"literally buy"*: Author interview with Nick Carroll, March 29, 2019.
41. *"It was a bank"*: Author interview with Branden Spikes, April 25, 2019.
42. *"What's our front-end"*: Author interview with Nick Carroll, March 29, 2019.
43. *"For me"* . . . *"well-written code"*: Author interview with Scott Alexander, June 17, 2019.

44. *"I remember thinking"*: Author interview with Nick Carroll, March 29, 2019.
45. *"There was so much to do"*: Author interview with Mark Sullivan, October 19, 2019.
46. *"We had done"* . . . *"in little time"*: Author interview with Scott Alexander, June 17, 2019.
47. *"If you fast forward"*: Author interview with Elon Musk, January 19, 2019.
48. *"At the time"*: Author interview with Nick Carroll, March 29, 2019.
49. *"I had previously been"*: Author interview with Amy Rowe Klement, October 1, 2021.
50. *"I still remember"*: Author interview with Scott Alexander, June 17, 2019.
51. *"Elon was very, very happy"*: Author interview with Mark Sullivan, October 19, 2019.

第八章　如果你建起来

1. *"The first day"*: Author interview with Colin Catlan, April 5, 2019.
2. *"wildfire"*: Author interview with Julie Anderson, July 19, 2019.
3. *"There was a time"*: Author interview with Colin Catlan, April 5, 2019.
4. *"It's like, 'Oh, cool' "*: Author interview with Ken Miller, January 21, 2021.
5. *"I can't tell you"*: Author interview with Steve Armstrong, January 29, 2021.
6. *"A friend and I"*: Email from Maye Musk to Elon Musk, January 21, 2000.
7. *"There were a ton of bugs"*: Author interview with Elon Musk, January 19, 2019.
8. *"He was the nicest guy"*: Author interview with Branden Spikes, April 25, 2019.
9. *"Security Flaw Discovered at Online Bank"* . . . *"banking system"*: John Markoff, "Security Flaw Discovered at Online Bank," *New York Times*, January 28, 2000.
10. *"They ought to go"* . . . *"business anyway"*: Kevin Featherly. "Online Banking Breach Sparks Strong Concerns," Newsbytes PM, *Washington Post*, January 28, 2000.
11. *"The name X.com"*: John Engen, "X.com Tries to Stare Down the Naysayers," *US Banker*, March 2000, 11, 3.
12. *"That whole thing was"*: Author interview with Julie Anderson, July 19, 2019.
13. *"People were working"* . . . *"slow leak"*: Author interview with David Gausebeck, January 31, 2019.
14. *"Macks@Confinity"* . . . *"unclaimed"*: Author interview with Max Levchin, June 29, 2018.
15. *"Every single person"*: Caption on levchin.net photo, http://www.levchin.com/paypal-slideshow/3.html.
16. *"a sense of dread"* . . . *"prepared for"*: Author interview with David Wallace, December 5, 2020.
17. *"Every day, we'd all come"*: Author interview with Colin Catlan, April 5, 2019.
18. *"I just wrote"*: Author interview with Ryan Donahue, May 5, 2021.
19. *"It wasn't even"*: Author interview with Elon Musk, January 19, 2019.
20. *Confinity hopped on the*: The "You've got cash" imbroglio was explained to me

by former PayPal lawyer Chris Ferro. The company's IPO filing also includes a reference to the legal headache: "We also have applied to register the service marks 'X.com,' 'You've Got Money' and 'You've Got Cash' in the U.S. America Online, Inc. has filed an opposition to the latter two applications."

21. *"It's trivial to do money"*: Author interview with Elon Musk, January 19, 2019.
22. *"if even that"*: Author interview with Nick Carroll, March 29, 2019.
23. *"user acquisition"*: Author interview with Amy Rowe Klement, September 24, 2021.
24. *"We would show people"*: Elon Musk commencement speech at Caltech, 2012.
25. *"It was very important"* . . . *"misdirection"*: Author interview with Elon Musk, January 19, 2019.
26. *"I wanted to"* . . . *"build this"*: Author interview with David Sacks, November 28, 2018.
27. *"You would count"*: Author interview with Denise Aptekar, May 14, 2021.
28. *"[Sacks] was like, 'I do not understand' "*: Author interview with Giacomo DiGrigoli, December 9, 2020.
29. *"We always had"*: Lee Gomes, "Fix It and They Will Come," *Wall Street Journal*, February 12, 2001, https://www.wsj.com/articles/SB981489281131292770.
30. *"When we were first told"*: Author interview with David Wallace, December 5, 2020.
31. *"Attention is finite"*: Tim Draper and Steve Jurvetson, "Viral Marketing," *Netscape M-Files*, May 1, 1997.
32. *"You've got to be"* . . . *"This is beautiful!"*: Author interview with David Jaques, August 12, 2021.
33. *"So therefore"*: Author interview with David Sacks, November 28, 2018.
34. *"rings of referrals"*: Author interview with Erik Klein, April 25, 2021.
35. *"Elon had the story"*: Author interview with Nick Carroll, March 29, 2019.
36. *"It was important"*: Author interview with Elon Musk, January 19, 2019.
37. *"You have to take your hat off"*: Author interview with Colin Catlan, April 5, 2019.
38. *At first*: Adam Cohen, *The Perfect Store: Inside eBay*, 1st ed. (Boston: Little, Brown and Co, 2002), 4–5.
39. footnote *"electronics geek"*: *Meet the Buyer Behind EBay Founder Pierre Omidyar's First Ever Sale*, accessed October 14, 2021, https://www.youtube.com/watch?v=n7tq4EiGkA4.
40. *"We will investigate"*: Email from Peter Thiel (Peter@confinity.com) to Graeme Linnett and Peter Davison, April 8, 1999, shared with author by Peter Davison.
41. *"eBay was such a sketchy"*: Peter Thiel commentary. "Selling Customers—Getting the Product Out," Stanford Entrepreneurial Thought Leaders forum, January 21, 2004, https://ecorner.stanford.edu/videos/selling-customers-getting-the-product-out/.

42. "Phew, okay": Author interview with Luke Nosek, June 25, 2018.
43. *David Wallace forwarded*: Author interview with David Wallace, December 5, 2020.
44. "It was one of those" . . . "organically": Author interview with David Sacks, November 28, 2018.
45. "I had a fairly vague" . . . "our site": Author interview with Max Levchin, October 30, 2018.
46. "We thought": Author interview with Doug Mak, June 18, 2019.
47. "On the product side": Author interview with Skye Lee, September 24, 2021.
48. "I think there would be no PayPal": Author interview with Vivien Go, May 6, 2021.
49. "One aim of the course": "Philosophy 80: Mind, Matter, and Meaning" syllabus for Stanford's winter term 1986, shared with author by Dr. Michael Bratman.
50. "Peter and I still": Author interview with Reid Hoffman, July 30, 2018.
51. "The ASSU has": "ASSU Spring Election Pamphlet," 1987, 5–6, https://archives.stanforddaily.com/1987/04/09?page=6&section=MODSMD_ARTICLE4#issue.
52. "If elected": "Nominations and Elections Committee," *Daily Pennsylvanian* (vol. CIX, no. 26), March 1, 1993, 12.
53. "I literally" . . . "hot mess": Author interview with Reid Hoffman, July 30, 2018.
54. "It seemed odd": Author interview with Pete Buhl, July 30, 2018.
55. "[Hoffman] sees people": Author interview with Vivien Go, May 6, 2021.
56. "If you don't believe": Author interview with Luke Nosek, May 31, 2018.
57. *By his own*: Reid Hoffman, "Game O," *Greylock* (blog), May 18, 2021, http://greylock.com/greymatter/reid-hoffman-game-on/.
58. "He'd sit": Author interview with Dan Madden, May 6, 2021.
59. *BeFree went public*: "Digits: Gambits & Gadgets In the World of Technology," *Wall Street Journal*, March 9, 2000, https://www.wsj.com/articles/SB952559753465844367.
60. "We were working" . . . "came back": Author interview with Tom Gerace, March 21, 2019.
61. "The virality" . . . "real revenue": Author interview with Pat George, March 26, 2019
62. "It was very hard" . . . "deal done": Author interview with Tom Gerace, March 21, 2019.
63. "[Thiel and Levchin] were both looking": Author interview with Pat George, March 26, 2019.
64. "one of the great": Author interview with Tom Gerace, March 21, 2019.
65. "He seemed like": Author interview with Pat George, March 21, 2019.
66. "Peter is even less" . . . "CEO of Tesla": Author interview with Elon Musk, January 19, 2019.
67. "San Diego" . . . "boldness": Author interview with Bill Harris, July 3, 2019.

注释

68. *"The things"*: Author interview with Colin Catlan, April 5, 2019.
69. *"Everything looks great"* . . . *"hire CEOs"*: Author interview with Elon Musk, January 19, 2019.
70. *"X.com sounds like"*: "Ex-Intuit Exec Joins Internet Financial Services Startup as CEO," Gomez Staff, Gomez.com, December 7, 1999.

第九章　部件战争

1. *"They were paranoid"*: Author interview with John Malloy, July 25, 2018.
2. *"Hey, if you're going"*: Author interview with Max Levchin, October 30, 2018.
3. *"We were getting"*: Author interview with David Wallace, December 5, 2020.
4. *"I had a little window"*: Author interview with Elon Musk, January 19, 2019.
5. *"We had an early"* . . . *"everything else"*: Author interview with Ken Howery, September 26, 2018.
6. *"Network effects"*: Ibid.
7. *"That increased the delta"*: Author interview with Yu Pan, July 24, 2018.
8. *"We got probably"*: Author interview with Oxana Wootton, December 4, 2020.
9. *"We had to become"* . . . *"cigarette smoke"*: Author interview with Denise Aptekar, May 14, 2021.
10. *"It was kind of adversarial"*: Author interview with David Gausebeck, January 31, 2019.
11. *"I thought"* . . . *"widget wars"*: Author interview with Elon Musk, January 19, 2019.
12. *"Everyone knew he was"*: Author interview with Doug Mak, June 18, 2019.
13. *"We didn't have any problem"*: Author interview with Luke Nosek, May 31, 2018.
14. *"It was a worthy"* . . . *"Whoa. Respect."*: Author interview with Elon Musk, January 19, 2019.
15. *"I think generally"*: Author interview with Julie Anderson, July 19, 2019.
16. *"We were very forthright"*: Author interview with Colin Catlan, April 5, 2019.
17. *"It's incredibly exciting"*: Peter Thiel interview with Dave Rubin of *The Rubin Report*, September 12, 2018, https://www.youtube.com/watch?v=h10kXgTdhNU.
18. *"We thought"*: Author interview with Yu Pan, July 24, 2018.
19. *"couldn't afford AAA"*: Max Levchin—Startup School 2011, https://www.youtube.com/watch?v=9R2xgM-pu18.
20. *"It was very much"*: Author interview with Max Levchin, June 29, 2018.
21. *"Elon had already"*: Author interview with Jack Selby, October 30, 2018.
22. *"Peter likes to confront"*: Author interview with Luke Nosek, May 31, 2018.
23. *"Peter was good"*: Author interview with John Malloy, July 25, 2018.
24. *"Show me"*: George Packer, "No Death, No Taxes," *New Yorker*, November 28, 2011, https://www.newyorker.com/magazine/2011/11/28/no-death-no-taxes.
25. *"He would have to, like,"*: Author interview with David Wallace, December 5, 2020.

26. *"He was merciless"*: Author interview with Ed Bogas, July 29, 2019.
27. *"We kept running"*: Author interview with Ken Howery, September 26, 2018.
28. *"Let there be no doubt"*: Anthony Deden, "Reflections on Prosperity," *Sage Chronicle*, December 29, 1999.
29. *He thought back*: Thiel, Nosek, Levchin, and Powers made repeated comments in author interviews about the number of times that Confinity was turned down for financing. The most detailed public reflection on this moment comes from Thiel and Levchin's 2003 presentation to Stanford students. The clip of that presentation "Selling Employees, Selling Investors, and Selling Customers" is available online as well as in transcript form, https://ecorner.stanford.edu/videos/selling-employees-selling-investors-and-selling-customers/.
30. *"A lot of us"*: Author interview with Ken Howery, September 26, 2018.
31. *"My instinct" . . . "don't denigrate"*: Author interview with Vince Sollitto, April 25, 2019.
32. *"We were both" . . . "monopolistic business"*: Author interview with Bill Harris, July 3, 2019.
33. *"Bill had on his suit" . . . "for this"*: Author interview with Max Levchin, October 30, 2018.
34. *"We walked out"*: Author interview with Pete Buhl, July 30, 2018.
35. *"Eight percent" . . . "inexperienced people"*: Author interview with John Malloy, October 29, 2018
36. *"push the gas pedal"*: Author interview with Luke Nosek, June 25, 2018.
37. *"My impression" . . . "were ahead"*: Author interview with Elon Musk, January 19, 2019.
38. *"Elon was a reluctant"*: Author interview with Bill Harris, July 3, 2019.
39. *"He's obviously"*: Author interview with Max Levchin, October 30, 2018.
40. *"I'll help you fold"*: Author interviews with Bill Harris (July 3, 2019) and Max Levchin (October 30, 2018).
41. *"I don't think"*: Author interview with Max Levchin, October 30, 2018.
42. *"I was like" . . . "on the deal"*: Author interview with Elon Musk, January 19, 2019.
43. *"Would there have been" . . . "getting size"*: Author interview with Bill Harris, July 3, 2019.
44. *"It was always"*: Author interview with John Malloy, July 25, 2018.
45. *"A merger"*: Author interview with Luke Nosek, October 30, 2018.

第十章　崩溃

1. *"work of art . . . engineering"*: In addition to expressing this sentiment during an interview, Musk also made these comments on several occasions over the years. See also: Paul Henderson, "Elon Musk's Car Collection Is Out of This World," *GQ*, June 28, 2020, https://www.gq-magazine.co.uk/lifestyle/article/elon-musk-car-collection.

2. *Even among McLarens*: Personal blog of Sami Aaltonen, reviewing each one of the cars that joined for the McLaren F1 Owners Club 25th Anniversary Tour in the South of France, https://samiaal.kuvat.fi/kuvat/1993-1998+MCLAREN+F1+/MCLAREN+F1+-+ENGLISH/CHASSIS+067/.
3. "*The F1 will*": Andrew Frankel. "The Autocar Road Test: McLaren F1." *Autocar*. May 11, 1994.
4. "*Just imagine*": Author interview with Erik Reynolds, July 22, 2021.
5. *owner*: "Rowan Atkinson's McLaren F1: From Twice-Crashed Mess to £8m Icon," *CAR* magazine, accessed October 15, 2021, https://www.carmagazine.co.uk/car-news/motoring-issues/2015/rowan-atkinsons-mclaren-f1-from-twice-crashed-mess-to-8m-icon/.
6. *Around the moment*: Darius Senai, "Three Killed as Pounds 627,000 McLaren Crashes," *The Independent*, October 23, 2011, https://www.independent.co.uk/news/three-killed-pounds-627-000-mclaren-crashes-1082273.html.
7. "*The McLaren forces restraint*": Peter Robinson, "Tested: 1994 McLaren F1 Humbles All Other Supercars," *Car and Driver*, August 1994, https://www.caranddriver.com/reviews/a15142653/mclaren-f1-supercar-road-test-review/.
8. "*Just three years ago*": Elon Musk commentary in CNN interview, "Watch a Young Elon Musk Get His First Supercar in 1999," CNN, https://www.youtube.com/watch?v=s9mczdODqzo.
9. *unlike other owners*: Musk commentary to Sarah Lacy, "Elon Musk: How I Wrecked an Uninsured McClaren F1," *Pando Daily*, July 16, 2012, https://www.youtube.com/watch?v=mOI8GWoMF4M.
10. "*It was like this Hitchcock*": Author interview with Peter Thiel, September 11, 2021.
11. "*So, what can this thing do*" . . . "*like a discus*": Author interview with Elon Musk, January 19, 2019. See also: Musk commentary to Sarah Lacy, "Elon Musk: How I Wrecked an Uninsured Mclaren F1," *Pando Daily*, July 16, 2012, https://www.youtube.com/watch?v=mOI8GWoMF4M.
12. "*I didn't really know*": Ibid.
13. "*like a discus*": Ibid.
14. "*They never told*": Author interview with Bill Harris, July 3, 2019.
15. "*I think it's safe*": Author interview with Elon Musk, January 29, 2019.
16. "*I'd achieved lift-off*": Author interview with Peter Thiel, September 11, 2021.
17. "*The biggest thing*": Max Levchin commentary to Stanford University eCorner, January 21, 2004, https://ecorner.stanford.edu/videos/when-and-why-to-merge-with-a-competitor-to-dominate-a-market/.
18. "*win-win*": Email from user to Julie Anderson and Vince Sollitto, March 5, 2000.
19. "*The primary objection*": "eBay's Billpoint Might Tap Visa," *CBS Market Watch*, February 29, 2000.

20. *"I remember hours"*: Author interview with Amy Rowe Klement, September 24, 2021.
21. *"We would be issuing lines"*: Author interview with Ken Miller, January 21, 2021.
22. *"If we were standing"*: Reid Hoffman commentary to Sarah Lacy, "Pando-Monthly: Fireside Chat with Reid Hoffman," *PandoDaily*, August 12, 2012, https://www.youtube.com/watch?v=lKDcbFGct8A.
23. *"If the fraud"*: Author interview with Elon Musk, January 19, 2019.
24. *"At the time I think"*: Author interview with Colin Catlan, April 5, 2019.
25. *"Internally, it was positioned"*: Author interview with David Gausebeck, January 31, 2019.
26. *"Look, this isn't a bad deal"*: Eric Jackson, *The PayPal Wars* (Los Angeles: World Ahead Publishing, 2004), 72.
27. *"It was fun"*: Author interview with Ken Howery, September 26, 2018.
28. *"It ended up being"*: Author interview with Erik Klein, April 25, 2021.
29. *"Nobody wanted"*: Author interview with Todd Pearson, October 8, 2018.
30. *"It wasn't a big shock"*: Author interview with Julie Anderson, July 19, 2019.
31. *The 21,874 square-foot*: Terms located in lease agreement between X.com and Harbor Investment Partners, https://corporate.findlaw.com/contracts/land/1840-embarcadero-road-palo-alto-ca-lease-agreement-harbor.html.
32. *"It can sound mundane"*: Author interview with Lee Hower, November 1, 2018.
33. *"It's Official"*: Sal Giambanco email to all@paypal.com and all@x.com. March 30, 2000.
34. *"We've had a tremendous"* . . . *"payments"*: Press release titled "X.com Announces $100 Million Financing Round," April 5, 2000, https://www.paypalobjects.com/html/pr-040500.html.
35. *"literally"* . . . *"is near"*: Author interview with Jack Selby, October 30, 2018.
36. *"I wouldn't call it"*: Author interview with Elon Musk, January 19, 2019.
37. *"They were excited beyond"* . . . *"last forever"*: Peter Thiel commentary to Stanford University eCorner, January 21, 2004, https://ecorner.stanford.edu/wp-content/uploads/sites/2/2004/01/1027.pdf.
38. *"Peter kicked"*: Author interview with David Sacks and Mark Woolway, November 28, 2018.
39. *"If we don't"*: Author interview with Ken Howery, September 26, 2018.
40. *"Any change"* . . . *"rough experience"*: Phil Leggiere, "From Zip to X," *Pennsylvania Gazette*, October 26, 1999, https://www.upenn.edu/gazette/1199/leggiere.html.
41. *"This is the longest"*: Ibid.
42. *"ridiculous"*: Author interview with Elon Musk, January 19, 2019.
43. *"I knew a bit"* . . . *"for me"*: Author interview with Tim Hurd, November 15, 2018.

44. *"a phalanx"*: Press release titled "X.com Announces $100 Million Financing Round," April 5, 2000, https://www.paypalobjects.com/html/pr-040500.html.
45. *"Months of greed"*: Catherine Tymkiw, "Bleak Friday on Wall Street," CNNFn, April 14, 2000, https://money.cnn.com/2000/04/14/markets/markets_newyork/.
46. *"I would sit"*: Catherine Tymkiw, "The Internet Lives On," CNNFn, December 23, 2000, https://money.cnn.com/2000/12/23/technology/internet_review/index.htm.
47. *"Perhaps the peak of insanity"*: Author interview with Peter Thiel, November 28, 2017.
48. *"All the other companies"*: Author interview with David Sacks, November 28, 2018.
49. *"Back then, there were"*: Author interview with Vince Sollitto, April 25, 2019.
50. *"I don't think people"*: Author interview with Amy Rowe Klement, September 24, 2021.
51. *"If the team"*: Author interview with Mark Woolway, January 29, 2019.
52. *"There was this feeling of"*: Author interview with David Wallace, December 5, 2020.
53. *"Uh, Peter's got"* . . . *"be sued"*: Author interview with Tim Hurd, November 15, 2018.
54. *"The pure drama"* . . . *"at PayPal"*: Author interview with John Malloy, July 25, 2018.

第十一章　酒吧政变

1. *"PayPal has worked"* . . . *"greased lightning"*: Weekly eXpert, June 9, 2000.
2. *"The users loved us"*: Author interview with Colin Catlan, April 5, 2019.
3. *"We actually built"*: Author interview with Jim Kellas, December 7, 2020.
4. *"Twenty-four hours a day"*: Author interview with Reid Hoffman, August 24, 2018.
5. *"[Wallace] pokes his head"*: Author interview with David Sacks, November 28, 2018.
6. *"I checked my . . . with your company"*: Customer complaint sent to X.com on February 22, 2000.
7. *"I was just declined twice"*: Email from Elon Musk to X.com team on April 10, 2000.
8. *"be in touch"*: BEWARE OF "X.COM"!!! by: wzardofodd. E-pinions, February 26, 2000.
9. *"I would get served"*: Author interview with Vivien Go, May 6, 2021.
10. *"People thought we"*: Author interview with Skye Lee, September 24, 2021.
11. *"Someone started yelling"* . . . *"outside my house"*: Author interview with Dionne McCray, May 18, 2021.
12. *"They charged us tons"*: Author interview with Elon Musk, January 19, 2019.

13. *"I dont know why or where"*: Author interview with Julie Anderson, July 19, 2019.
14. *"Just go hog wild"*: Author interview with Elon Musk, January 19, 2019.
15. *"They were great"*: Author interview with Julie Anderson, July 19, 2019.
16. *"the email backlog"*: Email from *Weekly eXpert* to all@x.com, May 12, 2000.
17. *"We would find a glitch . . . We had bomb threats"*: Author interview with Michelle Bonet, January 7, 2021.
18. *"Looking back, after"*: Author interview with Amy Rowe Klement, October 1, 2021.
19. *"They crushed it"*: Author interview with Elon Musk, January 19, 2019.
20. *"I never stopped"*: Author interview with Julie Anderson, July 19, 2019.
21. *"He came back" . . . "is awesome"*: Author interview with Ryan Donahue, May 5, 2021.
22. *"I remember once"*: Author interview with Giacomo Drigoli, December 9, 2020.
23. *"If there were two paths"*: "Elon Musk's First Public Speech—Talks Paypal and SpaceX, 2003," accessed July 29, 2021, https://www.youtube.com/watch?v=n3yfa0MU01s.
24. *"I sort of showed up and clocked in"*: Author interview with early X.com employee. Commentary on background.
25. *"Two or three months" . . . "in a room!"*: Author interview with David Sacks, November 28, 2018.
26. *"He never solved"*: Author interview with early X.com employee. Commentary on background.
27. *"Four guys"*: Author interview with Bill Harris, July 3, 2019.
28. He directed: Email from Bill Harris to all@x.com, March 9, 2000, subject line: "X.com Announcements—REVISED."
29. Let's staunch: Author interview with Bill Harris, July 3, 2019.
30. *"took PayPal a month"*: Eric Jackson, *The PayPal Wars* (Los Angeles: World Ahead Publishing, 2004), 95.
31. *"It was a mistake"*: Author interview with Luke Nosek, October 25, 2019.
32. *"But if I had a TiVo"*: Author interview with early X.com engineer. Commentary on background.
33. *"The more transactions"*: Author interview with Amy Rowe Klement, September 24, 2021.
34. *"All, Effective today"*: Email from Peter Thiel to all@x.com. May 5, 2000.
35. *"I was very unhappy"*: Author interview with David Sacks, November 28, 2018.
36. *"I was pretty unhappy" . . . "spitballing session"*: Author interview with Elon Musk, January 19, 2019.
37. *"By the time"*: Author interview with ex-PayPal executive. Commentary on background.
38. *"He was shocked"*: Ibid.
39. *"[Harris] tried to make"*: Author interview with Elon Musk, January 19, 2019.

40. *"Hi folks"*: Email from Elon Musk to all@x.com. May 12, 2000.
41. *"It was a shock"*: Author interview with Sandeep Lal, May 19, 2021.
42. *"The bottom line"*: Author interview with Denise Aptekar, May 14, 2021.
43. *"disappointed" . . . "were CEO"*: Author interview with Bill Harris, July 3, 2019.
44. *"[Harris] created lots"*: Mark Gimein, "CEOs Who Manage Too Much," *Fortune*, September 4, 2000, https://money.cnn.com/magazines/fortune/fortune_archive/2000/09/04/286794/.
45. *"They put him"*: Author interview with John Malloy, July 25, 2018.
46. *"We saw what"*: Author interview with David Sacks, November 28, 2018.
47. *"The founder" . . . "towards the reef"*: Author interview with Elon Musk, January 19, 2019.
48. *"This might have"*: Author interview with David Sacks, November 28, 2018.
49. *"I think we just lost" . . . "I'll be CEO"*: Author interview with Elon Musk, January 19, 2019.
50. *"It wasn't quite"*: Author interview with Luke Nosek, May 31, 2018.

第十二章 循规蹈矩

1. *"He refocused"*: Author interview with Mark Woolway, January 29, 2019.
2. *Another Musk dispatch*: Email from Elon Musk to all@x.com on June 8, 2000.
3. *"I felt fairly sheltered"*: Author interview with James Hogan, December 14, 2020.
4. *"[W]hen schedule slippage"*: Frederick Brooks, *The Mythical Man Month* (Boston: Addison Wesley Pub. Co., 1975; 25th anniversary edition, 2000), 14.
5. *"The word* manager*" . . . "deliberate tactic"*: Author interview with David Sacks, November 28, 2018.
6. *"When I joined"*: Author interview with Janet He, June 30, 2021.
7. *"It wasn't"*: Author interview with Jeremy Stoppelman, January 31, 2019.
8. *"I remember in my interview"*: Author interview with Kim-Elisha Proctor, May 15, 2021.
9. *"You've just been" . . . "more of that"*: Robert Cringely, *Nerd TV*, episode 2, "Max Levchin," September 13, 2005, https://archive.org/details/ntv002.
10. *"[Workaholism] does no good for me"*: Author interview with William Wu, December 5, 2020.
11. *"You'd get to work"*: Author interview with Dionne McCray, May 18, 2021.
12. *"You get sucked into it"*: Author interview with Oxana Wootton, December 4, 2020.
13. *"You grew thick skin"*: Author interview with early X.com employee. Commentary on background.
14. *"I remember everybody"*: Author interview with early X.com employee. Commentary on background.
15. *"critical" . . . "difference??!!"*: Email exchange, July 11, 2001, subject line: "RE: Debit cards for cat1 buyers."

16. *"a number of individuals"*: Email from David Sacks to all@x.com on June 22, 2000.
17. *"What PayPal was, at its heart"*: Author interview with Vince Sollitto, April 25, 2019.
18. *"They should have killed"*: Author interview with Todd Pearson, October 8, 2018.
19. *"I called it"*: Author interview with Tim Hurd, November 15, 2018.
20. *"The internal transaction"*: Author interview with Elon Musk, January 19, 2019.
21. *"We gave back"*: Author interview with David Sacks, November 28, 2018.
22. *"If you're forced"* . . . *"screwed"*: Author interview with Elon Musk, January 19, 2019.
23. *"They kind of liked it"* . . . *"faxed checks"*: Author interview with Sanjay Bhargava, January 22, 2019.
24. *"This is amazing"*: Author interviews with Todd Pearson (October 8, 2018) and Sanjay Bhargava (January 22, 2019).
25. *"All the check layouts"*: Author interview with Skye Lee, September 24, 2021.
26. *In time, X.com*: Email from David Sacks to all@x.com, July 21, 2000, subject line: "FW: Live: PayPal's $10,000 Lucky Bank Account Sweepstakes."
27. *"That was a fundamental breakthrough"*: Author interview with Elon Musk, January 19, 2019.
28. *"an idea that, like Velcro"*: David Sacks email to all@x.com on June 14, 2000.
29. *"As a legal"* . . . *"at PayPal"*: Author interview with Daniel Chan, April 26, 2021.
30. *"whole suite . . . off eBay"*: Author interview with David Sacks, November 28, 2018.
31. *"It was like, 'Oh man'"*: Author interview with Ryan Donahue, May 5, 2021.
32. *"by allowing"* . . . *"to integrate"*: From March 24, 2000, Word document file name "XClick Product Description 2.doc" that reviews the X-Click product.
33. *"It painted"*: Author interview with Amy Rowe Klement, September 24, 2021.
34. *"This is it"*: Author interview with Sandeep Lal, May 19, 2021.
35. *"We had to have"*: Author interview with Elon Musk, January 19, 2019.
36. *"eBay's roots were in a very scrappy"*: Author interview with Rob Chestnut, July 19, 2021.
37. *"less than half"*: Email from update@paypal.com to all users, June 15, 2000, "Important News About Your PayPal Account."
38. *"In that meeting"*: Author interview with Sandeep Lal, May 19, 2021.
39. **"No one will be forced"**: Email from update@paypal.com to all users, June 15, 2000, "Important News About Your PayPal Account."
40. *"Once we got"*: Author interview with David Wallace, December 5, 2020.
41. *"If we make these items happen"*: Elon Musk email to all@x.com, May 18, 2000.
42. *"Users typing"*: Julie Anderson email to all@x.com, July 14, 2000.
43. *"X.com recently merged with PayPal"*: "Can Community Banks Win Over the

注释

'Nintendo Generation' While Still Appealing to Their Grandparents?," *ABA Banking Journal*, September 1, 2000.

44. *"X.com crossed"*: Email from Eric Jackson to all@x.com, June 1, 2000, subject line: "Daily User Data (6/1/00)."
45. *"The torrid growth"*: *Weekly eXpert*, May 12, 2000.
46. *"Moving from"*: *Weekly eXpert*, June 16, 2000.
47. *"was even able to fend off"*: *Weekly eXpert*, July 7, 2000.
48. *"Our Chairman, Peter Thiel, was"*: *Weekly eXpert*, June 23, 2000.
49. *"led by his wife, Justine"*: *Weekly eXpert*, June 30, 2000.
50. *"Yes . . . we've gotten that big!"*: *Weekly eXpert*, August 4, 2000.
51. *"Naturally, given that we are"*: Elon Musk email to all@x.com, June 1, 2000.

第十三章 剑

1. *"There are people" . . . "to die"*: Author interviews with Roelof Botha, December 11 and December 19, 2019.
2. *"Luke, I think"*: Author interview with Luke Nosek, October 28, 2018.
3. *"The site" . . . "really foresee"*: Author interview with Ken Brownfield, December 28, 2020.
4. *"We still had two"*: Author interview with David Gausebeck, January 31, 2019.
5. *geek fatigue*: Charles Mann, "Living with Linux," *The Atlantic*, August 1999, https://www.theatlantic.com/magazine/archive/1999/08/living-with-linux/377729/.
6. *"It was like"*: Author interview with early PayPal employee. Commentary on background.
7. *"The evidence" . . . "in the world"*: Author interview with Elon Musk, January 19, 2019.
8. *"Our engineering team"*: *Weekly eXpert*, July 21, 2000.
9. *"He would say"*: Author interview with Luke Nosek, October 28, 2018.
10. *"Microsoft Database Server"*: Author interview with Ken Brownfield, December 28, 2020.
11. *"written because"*: Author interview with early PayPal employee. Commentary on background.
12. *"The problem" . . . "five minutes"*: Author interview with Jawed Karim, December 14, 2020.
13. *"We were doing"*: Author interview with David Kang, December 10, 2020.
14. *"Right now, the"*: Email from X.com engineer to Robert Frezza, July 20, 2000.
15. *"every thirteen seconds"*: Author interview with early X.com employee. Commentary on background.
16. *"As we kept going"*: Author interview with early X.com employee. Commentary on background.

17. *"I come back"* . . . *"could have scaled"*: Author interview with Sugu Sougoumarane, December 3, 2020.
18. *"It's a more"* . . . *"successful then"*: Author interview with Doug Mak, June 18, 2019.
19. *"If you're spending"*: Author interview with early X.com employee. Commentary on background.
20. *"Fan boys"* . . . *"patient and persistent)"*: "Is Linux server more secure than Windows server?" nixCraft, https://www.cyberciti.biz/tips/page/87.
21. *"For me, my life"*: Author interview with Ken Brownfield, December 28, 2020.
22. *"A lot of people"*: Author interview with Jawed Karim, December 14, 2020.
23. *"When I was coding"*: Author interview with William Wu, December 5, 2020.
24. *"It was a really weird"*: Author interview with David Kang, December 10, 2020.
25. *"To make timing"* . . . *"work like hell"*: Elon Musk email to several recipients, including engineering@x.com, August 27, 2000, Subject: "spicing up the V2 launches."
26. *"I knew this engineering"*: Author interview with Todd Pearson, October 8, 2018.
27. *"Wondering when V2.0"*: *Weekly eXpert*, September 22, 2000, sent to all@x.com.
28. *"We have a really limited"*: Author interview with Reid Hoffman, September 1, 2018.
29. *"There was this phrase thrown"*: Author interview with Santosh Janardhan, June 15, 2021.
30. *"If you want"*: Author interview with Elon Musk, January 9, 2019.
31. *"again and again"* . . . *"goal of the company was"*: Author interview with Vivien Go, May 6, 2021.
32. *"so many terrible"* . . . *"company was"*: Author interview with Rena Fischer, January 8, 2021.
33. *"X was the core"*: Author interview with Amy Rowe Klement, October 1, 2021.
34. *"If that had been"*: Author interview with Reid Hoffman, September 1, 2018.
35. *"There's a decision"*: Author interview with Elon Musk, January 9, 2019.
36. *"I think the thing"*: Author interview with Peter Thiel, September 11, 2021.
37. *"He's the kind"*: Author interview with Reid Hoffman, September 1, 2018.
38. *"We had about $65 million"*: Author interview with Peter Thiel, September 11, 2021.
39. *"I built a company"*: Author interview with Elon Musk, January 19, 2019.
    "I'm just going to leave": Author interview with Max Levchin, September 23, 2021.

第十四章　雄心的代价

1. *"company drama"* . . . *"turning point"*: Author interview with Elon Musk, January 19, 2019.

2. *"David [Sacks], pulling us all into a room"*: Author interview with Giacomo DiGrigoli, December 9, 2020.
3. *"Just another Tuesday"*: Author interview with early X.com employee. Commentary on background.
4. *"Maybe they thought"* . . . *"twelve of you"*: Author interview with Elon Musk, January 19, 2019.
5. *"in the lobby"* . . . *"get back"*: Author interview with John Malloy, October 29, 2018.
6. *"That should have been"*: Author interview with early PayPal board member. Commentary on background.
7. *"It's got four"*: Author interview with Tim Hurd, November 15, 2018.
8. *"[Musk] realized the [broader X.com] business"* . . . *"the speed"*: Author interview with Sandeep Lal, May 19, 2021.
9. *"There was such tumult"*: Author interview with John Malloy, October 29, 2018.
10. *"The board met"*: Author interview with Elon Musk, January 19, 2019.
11. *"I was presented"* . . . *"end of the year"*: Email from early X.com employee to board member Tim Hurd and group of X.com employees, September 23, 2000, subject line: "Elon Musk."
12. *"Thanks folks"*: Email from Elon Musk to early X.com employees, September 23, 2000, subject line: "RE: Elon Musk."
13. *"It was a done deal"*: Author interview with Elon Musk, January 19, 2019.
14. *"It was a fait accompli"*: Author interview with Sandeep Lal, May 26, 2021.
15. *"All, as you know"*: Email from Peter Thiel to all@x.com, September 24, 2000, subject line: "Email to all employees."
16. *"Hey everyone"*: Email from Elon Musk email to all@x.com, September 25, 2000, subject line: "Taking X.com to the next level."
17. *"It was very odd"*: Author interview with Branden Spikes, April 25, 2019.
18. *"While I didn't agree"*: Elon Musk remarks at the 2008 Inc. 5000 conference in National Harbor, Maryland, https://www.youtube.com/watch?v=Xcut1JfTMoM.
19. *"He behaved"*: Author interview with John Malloy, October 29, 2018.
20. *"He does not hold"*: Author interview with Max Levchin, September 23, 2021.
21. *"Give the first woman the living child, and by no means kill him"*: 1 Kings 3:27, New American Standard Bible.
22. *"I did view"*: Author interview with Elon Musk, January 19, 2019.
23. *"He looked"*: Author interview with Jawed Karim, December 14, 2020.
24. *"Fly not; stand stiff"*: William Shakespeare, *Julius Caesar*, act 3, scene 1.
25. *"Nobody's happy"*: Author interview with Erik Klein, April 25, 2021.
26. *"Hey, I just got fired"*: Author interview with Mark Woolway, January 29, 2019.
27. *"I remember to this day"*: Author interview with Jawed Karim, December 14, 2020.
28. *"mini-crisis"* . . . *"mature way"*: Author interview with Amy Rowe Klement, October 1, 2021.

29. *"We all loved"* . . . *"defanged me"*: Author interview with Jeremy Stoppelman, January 31, 2019.
30. *"To this day"*: Author interview with Sandeep Lal, May 26, 2021.
31. *"When the coup happened"*: Author interview with Sandeep Lal, May 19, 2021.
32. *"They were polite"*: Author interview with Branden Spikes, April 25, 2019.
33. *"I could tell"*: Author interview with Jeremy Stoppelman, January 31, 2019.
34. *"The challenges"*: Author interview with Lee Hower, November 1, 2018.
35. *"It was a well-executed"* . . . *"technical move"*: Author interview with Elon Musk, January 19, 2019.
36. *"It's hard to argue"* . . . *"buried their hatchet"*: Elon Musk remarks at the 2008 Inc. 5000 conference in National Harbor, Maryland, https://www.youtube.com/watch?v=Xcut1JfTMoM.
37. *"trillion-dollar company"*: Author interview with Elon Musk, January 9, 2019.
38. *"spring of hope"* . . . *"winter of despair"*: Charles Dickens, *A Tale of Two Cities* (New York: Penguin Classics, 2003), 1.
39. *"Elon"* . . . *"I am sorry"*: Note shared with author by Seshu Kanuri.
40. *"Steve Jobs made Pixar"*: Email from Scott Alexander to author, June 18, 2019.
41. *"We were at this"*: Author interview with Mark Woolway, January 29, 2019.
42. *"the first privately developed"*: "SpaceX Launches Falcon 1 Liquid Fuel Rocket into Orbit," October 3, 2008, https://www.militaryaerospace.com/home/article/16718119/spacex-launches-falcon-1-liquid-fuel-rocket-into-orbit.

第十五章 伊戈尔

1. *"It was the most"*: Author interview with board member. Commentary on background.
2. *"not being intellectually rigorous"*: Author interview with John Malloy, October 29, 2018.
3. *"Peter doesn't really want"*: Author interview with Reid Hoffman, September 1, 2018.
4. *"We pretended"*: Author interview with David Sacks and Mark Woolway, November 28, 2018.
5. *"He was a brilliant"*: Author interview with Peter Thiel, February 23, 2019.
6. *"When I was in my upper twenties"*: Author interview with David Solo, February 26, 2019.
7. *"There's a very high probability"*: Author interview with Tim Hurd, November 15, 2018.
8. *"a big role"*: Author interview with Peter Thiel, February 23, 2019.
9. *"pretty unhappy"*: Author interview with early PayPal employee. Commentary on background.
10. *"The great thing"*: Author interview with Rebecca Eisenberg, September 1, 2021.

11. *"At that time, at PayPal"*: Author interview with Oxana Wootton, December 4, 2020.
12. *"We thought"*: Author interview with Mark Woolway, January 29, 2019.
13. *"All, here's a quick"*: Email from Peter Thiel email to all@x.com, September 28, 2000, subject line: "Company update."
14. *"naïve about fraud"*: Commentary by Max Levchin to Stanford eCorner, "Coping with Fraud," January 21, 2004, https://ecorner.stanford.edu/wp-content/uploads/sites/2/2004/01/1028.pdf.
15. *"Merchant fraud" . . . "brake on it"*: Author interview with Roelof Botha, January 21, 2019.
16. *"If we"*: Author interview with Tim Hurd, November 15, 2018.
17. *"go to the north" . . . "lose the war"*: Akira Kurosawa, *Seven Samurai [Shichinin no samurai]*. Directed by Akira Kurosawa, Toho Company, 1954.
18. *"[Fraud] saved us"*: Author interview with Luke Nosek, May 31, 2018.
19. *"You would marvel"*: Author interview with Todd Pearson, October 8, 2018.
20. *"I propose to consider"*: TURING, A. M. "I.—COMPUTING MACHINERY AND INTELLIGENCE," *Mind* (vol. LIX, no. 236), October 1, 1950, 433–60, https://doi.org/10.1093/mind/LIX.236.433.
21. *"What is something"*: Author interview with David Gausebeck, January 31, 2019.
22. *"The world is run"*: John Mulaney, "Robots," segment of *Kid Gorgeous* Netflix special featuring John Mulaney, https://www.facebook.com/watch/?v=10155540742988870.
23. *"'are you fucking kidding me?'"*: Author interview with David Sacks, November 28, 2019.
24. *"It can't take long"*: Author interview with Skye Lee, September 24, 2021.
25. *"Peter called it"*: Author interview with David Sacks, November 28, 2019.
26. *"tight, iterative loop"*: Email from David Sacks to author, December 1, 2018.
27. *"Where a lot of our competitors"*: Author interview with Ken Miller, January 21, 2021.
28. *"Thanks for referring"*: Email from Peter Thiel to Bill Frezza, March 2, 2000.
29. *"At first, I thought"*: Author interview with Max Levchin, October 30, 2018.
30. *"And then I said"*: Author interview with Jawed Karim, December 14, 2020.
31. *"I had one conversation"*: Author interview with Max Levchin, October 30, 2018.
32. *"I think the joke" . . . "just happened"*: Author interview with Bob McGrew, November 1, 2018.
33. *"He mentioned to me"*: Author interview with John Kothanek, May 11, 2021.
34. *"The bad guys"*: "How a Scam Artist Helped the Art of Monitoring," *American Banker*, August 28, 2006.
35. *"Then they'd send"*: Author interview with Bob McGrew, November 1, 2018.
36. *"It became this arms race"*: Author interview with Ken Miller, January 21, 2021.

37. *"We were just printing"*: Author interview with John Kothanek, May 11, 2021.
38. *"Suddenly, with the click"*: Author interview with Ken Miller, January 21, 2021.
39. *"A simple layman's explanation"*: Author interview with Santosh Janardhan, June 15, 2021.
40. *"[Our work] put the dumb"* . . . *"trying to do something suspicious"*: Author interview with Bob McGrew, November 1, 2018.
41. *"The people who ended up"*: Author interview with Santosh Janardhan, June 15, 2021.
42. *"They effectively"* . . . *"We would create one hundred of those"*: Author interview with Mike Greenfield, August 7, 2020.
43. *"PayPal is, actually, more or less"* . . . *"retrieve the money"*: Commentary by Max Levchin to Stanford eCorner, "Coping with Fraud," January 21, 2004, https://ecorner.stanford.edu/wp-content/uploads/sites/2/2004/01/1028.pdf.
44. *"Losing a lot of money"*: Mike Greenfield. "Data Scale—Why Big Data Trumps Small Data," Numerate Choir (blog), accessed July 22, 2021, http://numeratechoir.com/data-scale-why-big-data-trumps-small-data/.
45. *"As the Russian"*: *"PayPal is, more or less"*: Commentary by Peter Thiel to Stanford eCorner, "Coping with Fraud," January 21, 2004, https://ecorner.stanford.edu/wp-content/uploads/sites/2/2004/01/1028.pdf.
46. *"You could see like the cost"*: Author interview with Ken Miller, January 21, 2021.
47. *Levchin notched*: "Innovator Under 35: Max Levchin, 26," *MIT Technology Review*, accessed July 22, 2021, http://www2.technologyreview.com/tr35/profile.aspx?TRID=224.
48. *For Levchin and Frezza's*: System and method for depicting on-line transactions, accessed July 22, 2021, https://patents.google.com/patent/US7249094B2/en.
49. *"IGOR is one of the two"*: Nicholas Chan, "Heart Failure Claims Talented Senior Frezza," *Stanford Daily*, January 8, 2001.
50. *"There was a lot of grieving"*: Author interview with Tim Wenzel, December 4, 2020.
51. *"interesting, personal"*: Email from Max Levchin to PayPal.com-1840Embarcadero@paypal.com, December 20, 2001.
52. *"I can say without"* . . . *"comfort to me"*: Email Max Levchin forwarded to PayPal.com-1840Embarcadero@paypal.com, December 30, 2001. The email contains the text of a note from Bill Frezza to PayPal employees Max Levchin, Nellie Minkova, Peter Thiel, and Sal Giambanco.

第十六章　使用强力

1. *"saw a really cool"* . . . *"previously free service"*: "The Investor Show: PayPal Founder Member Paul Martin on Starting PayPal," accessed July 23, 2021, https://www.youtube.com/watch?v=EATXYARdMZI.
2. *"Button collectors"* . . . *"talk to me?"*: Adam Cohen, *The Perfect Store: Inside eBay* (1st ed.) (Boston: Little, Brown and Co, 2002), 42.

3. *"This is not a new policy"*: Multiple authors, Word document titled "X.COM UPSELL CAMPAIGN TALKING POINTS," September 12, 2000.
4. *"Upgrade to Business"*: Multiple authors, Interstitial page "A message to our sellers," September 12, 2000.
5. *"Let the upsells"*: Email from Eric Jackson to all@x.com, September 13, 2002, subject line: "The Upsell Clickthrough Page is Live."
6. *"When I signed up"*: David Baranowski, "PayPal's Plea for Honesty," *Auction Watch*, September 13, 2000.
7. *"Is it up to PayPal"*: Greg Sandoval, "PayPal 'Reminds' Businesses to Pay Up," CNET, September 13, 2000.
8. *"Bait and switch"*: Email from Damon Billian to community@x.com, September 13, 2000.
9. *"There are well over"*: Ibid.
10. *"As a result of the changes"*: Email from Damon Billian to community@x.com, September 15, 2000.
11. *"The early results"*: Email from Eric Jackson to all@x.com, September 13, 2000.
12. *"X.com is committed"*: Multiple authors, Interstitial page, "A message to our sellers," September 12, 2000.
13. *"So the time" . . . "I guess"*: David Baranowski. "PayPal's Plea for Honesty," *Auction Watch*, September 13, 2000.
14. *"We found that"*: Commentary by Peter Thiel to Stanford eCorner, "Coping with Fraud," January 21, 2004, https://ecorner.stanford.edu/wp-content/uploads/sites/2/2004/01/1028.pdf.
15. *"Human beings"*: Email from Amy Rowe Klement to author, October 4, 2021.
16. *"We ask sellers"*: Multiple authors, Interstitial page, "A message to our sellers," September 12, 2000.
17. *"We were always . . . happen"*: Author interview with Amy Rowe Klement, September 24, 2021.
18. *"But the word freemium"*: Barbara Findlay Schenck, "Freemium: Is the Price Right for Your Company?," *Entrepreneur*, February 7, 2011, https://www.entrepreneur.com/article/218107.
19. *"We figured no one"*: "The Investor Show: PayPal Founder Member Paul Martin on Starting PayPal," accessed July 23, 2021, https://www.youtube.com/watch?v=EATXYARdMZI.
20. *"Starting two weeks" . . . "bulk of our costs"*: Eric Jackson email to all@x.com, October 3, 2000, attachment in email covered "an email that's going out to many of our active Personal Account users tonight to inform them of our new limit on credit card funds received by Personal Accounts."
21. *"The truth is it"*: Author interview with David Sacks, November 28, 2018.
22. *"[PayPal] gave" . . . "use it"*: Damon Billian email to community@x.com, October 4, 2000.

23. *"Protest all you want"*: Damon Billian email to community@x.com, October 5, 2000.
24. *"What on Earth"*: Damon Billian email to community@x.com, October 4, 2000.
25. *"Freemium developers act"*: "Freemium Business Model | The Psychology of Freemium | Feedough," September 28, 2017, https://www.feedough.com/freemium-business-model/.
26. *"On Friday November 24"*: *Weekly eXpert*, December 8, 2000.
27. *"The bad news"*: Email from Branden Spikes to all@x.com, November 27, 2000.
28. *"Speculations abound"*: *Weekly eXpert*, October 13, 2000.
29. *"Our very own"*: *Weekly eXpert*, November 3, 2000.

第十七章　犯罪进行中

1. *"security consulting services"* . . . *"our back"*: Steve Schroeder, *The Lure: The True Story of How the Department of Justice Brought Down Two of the World's Most Dangerous Cyber Criminals* (1st ed.) (Boston: Cengage Learning PTR, 2011,) 40–72.
2. *Together, they had*: Mike Brunker, "FBI Agent Charged With Hacking," MSNBC, August 15, 2002, https://www.nbcnews.com/id/wbna3078784.
3. *"hacking skills"* . . . *"for resale"*: Raymond Pompon, "Russian Hackers, Face to Face," F5 Labs, August 1, 2017, https://www.f5.com/labs/articles/threat-intelligence/russian-hackers-face-to-face.
4. *"When I had gotten back"* . . . *"Nobody cares about computers"*: Author interview with John Kothanek, May 11, 2021.
5. *"Does anyone at X.com"*: Email from JKothanek@x.com to all@x.com, June 16, 2000.
6. *"They were like"* . . . *"I'd get an email"*: Author interview with John Kothanek, May 11, 2021.
7. *"bizarre rapport"*: Dan Fost, "Max Levchin Likes the Edge," *San Francisco Chronicle*, February 26, 2006.
8. *"I must say"*: Steve Schroeder, *The Lure: The True Story of How the Department of Justice Brought Down Two of the World's Most Dangerous Cyber Criminals* (1st ed.) (Boston: Cengage Learning PTR, 2011), 104.
9. *"You think you got me?"*: Dan Fost, "Max Levchin Likes the Edge," *San Francisco Chronicle*, February 26, 2006.
10. Kothanek: *"Hey buddy"*: Steve Schroeder, *The Lure: The True Story of How the Department of Justice Brought Down Two of the World's Most Dangerous Cyber Criminals* (1st ed.) (Boston: Cengage Learning PTR, 2011), 108.
11. *"Screw you"*: Dan Fost, "Max Levchin Likes the Edge," *San Francisco Chronicle*, February 26, 2006.
12. *"They were blatant"*: Deborah Radcliff, "Firms Increasingly Call on Cyberforensics Teams," CNN.com, January 16, 2002," accessed July 23, 2021, https://www.cnn.com/2002/TECH/internet/01/16/cyber.sleuthing.idg/index.html?related.

13. *"I am the impenetrable Russian"*: Dan Fost, "Max Levchin Likes the Edge," *San Francisco Chronicle*, February 26, 2006.
14. *"We got all the evidence"* . . . *"about it"*: Author interview with Elon Musk, January 19, 2019.
15. *"We started out"* . . . *"prosecute it"*: Author interview with Melanie Cervantes, June 25, 2021.
16. *"We were able"*: Deborah Radcliff, "Firms Increasingly Call on Cyberforensics Teams," CNN.com, January 16, 2002," accessed July 23, 2021.
17. *"appropriately furious"*: Steve Schroeder, *The Lure: The True Story of How the Department of Justice Brought Down Two of the World's Most Dangerous Cyber Criminals* (1st ed.) (Boston: Cengage Learning PTR, 2011), 108.
18. *"The development team"*: Author interview with David Gausebeck, January 31, 2019.
19. *"There were standards"* . . . *"fraud analysts"*: Author interview with Bob McGrew, November 1, 2018.
20. *"permissioning" tools* . . . *"to it"*: Author interview with Huey Lin, August 16, 2021.
21. *"to the point"* . . . *"into the cabinet"*: Author interview with Colin Corbett, July 16, 2021.
22. *"This was so elaborate"*: Author interview with Kim-Elisha Proctor, May 15, 2021.
23. *"If you're someone"* . . . *"need help"*: Author interview with Melanie Cervantes, June 5, 2021.
24. *"Kothanek"* . . . *"get 'em"*: Author interview with Jeremy Roybal, September 3, 2021.
25. *"You know when"*: Author interview with Melanie Cervantes, June 5, 2021.
26. *"Wild horses"*: Author interview with John Kothanek, May 11, 2021.
27. *"Fraud is love"* . . . *"fintech nerd"*: "Max Levchin of Affirm: Why I Built Affirm after PayPal," *Evolving for the Next Billion* podcast, February 24, 2021, https://nextbn.ggvc.com/podcast/s2-ep-38-max-levchin-of-affirm-after-paypal/.
28. *"Fraud catching"*: Author interview with Melanie Cervantes, June 5, 2021.
29. *"I think the big turning point"*: Author interview with John Kothanek, May 11, 2021.
30. *In retaliation*: Mike Brunker, "FBI Agent Charged with Hacking," NBC News, accessed July 23, 2021, https://www.nbcnews.com/id/wbna3078784.

第十八章　游击队

1. *By the third quarter*: "EBay Inc. Releases Third Quarter 2000 Financial Results," accessed July 24, 2021, https://investors.ebayinc.com/investor-news/press-release-details/2000/EBay-Inc-Releases-Third-Quarter-2000-Financial-Results/default.aspx.
2. *"one of the few"*: David Kathman, "EBay Shows Why It's the Cream of the Internet

Crop," Morningstar, Inc., October 19, 2000, https://www.morningstar.com/articles/8203/ebay-shows-why-its-the-cream-of-the-internet-crop.

3. *"as you may know"*: David Sacks email to group of X.com employees, October 15, 2000.
4. *"Better yet"*: ceo@Billpoint.com email titled "New Lower Fees from eBay Online Payments" to customers, September 19, 2000.
5. *"No gimmicks"*: Billpoint email to customers, posted to forums on October 13, 2000, Damon Billian sent to full company on October 13, 2000.
6. *"Unfortunately because"* . . . *"than price"*: David Sacks email to group of X.com employees, October 15, 2000.
7. *Even as eBay*: Author interview with Reed Maltzman, June 27, 2019.
8. *He had witnessed*: CBR Staff Writer, "Auction Universe Re-launches With Anti-Fraud Guarantee," TechMonitor, September 15, 1998.
9. *"We hired executives"*: Meg Whitman and Joan O'C. Hamilton, *The Power of Many: Values for Success in Business and in Life* (New York: Currency, 2010), 66.
10. *"We couldn't do much"*: Author interview with Jason May, June 11, 2019.
11. *"In a way"*: Author interview with Ken Howery, September 26, 2018.
12. *"People probably"*: Ibid.
13. *"It was easily"*: Eric M. Jackson, *The PayPal Wars: Battles with EBay, the Media, the Mafia, and the Rest of Planet Earth* (1st ed.) (Los Angeles: World Ahead Pub, 2004), 176.
14. *"while members"*: Note from eBay to its sellers, cited in Damon Billian "End of day for October 25th" note, October 25, 2000.
15. *"Took over a week . . . Billpointless"*: Email from Joanna Rockower to X.com employees, October 23, 2000.
16. *"I am a seller"*: Damon Billian email to Community@X.com, November 22, 2000.
17. *"We are working"*: Grant Du Bois, "'Buy It Now' Feature Flawed," eWeek/ZDNet.
18. *"This is a marathon"*: Adam Cohen, *The Perfect Store: Inside EBay* (1st ed.) (Boston: Little, Brown, 2002), 231.
19. *"Billpoint's market share"*: Eric Jackson email to early X.com employees, November 28, 2000.
20. *"Billpoint online-payment"*: David Kathman. "EBay Shows Why It's the Cream of the Internet Crop," Morningstar, Inc., October 19, 2000.
21. *"David and Peter"*: Author interview with early PayPal employee. Commentary on background.
22. *"trust and safety"* . . . *"admire that"*: Author interview with Rob Chestnut, July 19, 2021.
23. *"PayPal was"*: Meg Whitman and Joan O'C. Hamilton, *The Power of Many: Values for Success in Business and in Life* (New York: Currency, 2010), 65.

24. *"agreements"*: Email from Reid Hoffman to robc@ebay.com, October 11, 2000.

25. *"We had our first official"* . . . *"obvious uncertainty"*: Email from Reid Hoffman to full company, November 10, 2000.

26. *"If Billpoint's criteria"* . . . *"the risk it is taking"*: Reid Hoffman email to several X.com employees, December 18, 2000.

27. *In one gambit*: Author interview with Premal Shah, August 23, 2021.

28. *"Had I rushed"*: Eric M. Jackson, *The PayPal Wars: Battles with EBay, the Media, the Mafia, and the Rest of Planet Earth* (1st ed.) (Los Angeles: World Ahead Pub, 2004), 207.

29. *"We don't like"* . . . *"Billpoint account permanently"*: Rosalinda Baldwin,. "Billpoint's Unethical Tactics," *Auction World*, July 14, 2001, accessed July 24, 2021, http://auctionguild.com/ebart/ebayart012.htm.

30. *"There were some sellers"*: Author interview with Rob Chestnut, July 19, 2021.

31. *"One of the"*: Author interview with David Sacks, November 28, 2018.

32. *"eBay had this whole history"*: Author interview with David Sacks, November 28, 2018.

33. *"[Shutting PayPal down]"*: Author interview with Jason May, June 11, 2019.

34. *"We were really"*: Author interview with Rob Chestnut, July 19, 2021.

35. *"We had a big magnet"*: Adam Cohen, *The Perfect Store: Inside EBay* (1st ed.) (Boston: Little, Brown and Co., 2002), 101.

36. *"We would get suggestions"* . . . *"malware"*: "The Investor Show: PayPal Founder Member Paul Martin on Starting PayPal," accessed July 23, 2021, https://www.youtube.com/watch?v=EATXYARdMZI.

37. *"These things sound simple"*: Ibid.

38. *"eBay is abusing"*: Letter to Meg Whitman, shared with company board in June 2001.

39. *"Rob, if eBay has defaulted"*: Reid Hoffman email to robc@ebay.com, January 2, 2001.

40. *"[eBay's] view was"*: Author interview with Vince Sollitto, April 25, 2019.

41. *"In fairness"* . . . *"if we shut [PayPal] down"*: Author interview with Rob Chestnut, July 19, 2021.

第十九章　征服世界

1. *"global center for all money"* . . . *"financial system"*: Author interview with Elon Musk, October 3, 2021.

2. footnote *"We did a lot of trades"*: William Boston. "Purchase of Germany's Alando.de Expands EBay's Global Presence," *Wall Street Journal*, June 23, 1999, https://www.wsj.com/articles/SB930088782376234268.

3. *In 1998*: Bruno Giussani, "France Gets Along With Pre-Web Technology," *EuroBytes*, September 23, 1997, https://archive.nytimes.com/www.nytimes.com/library/cyber/euro/092397euro.html.

4. *"If you were a collector"*: Author interview with Bora Chung, August 16, 2021.
5. *"David [Sacks] had"*: Author interview with Giacomo Drigoli, December 9, 2020.
6. *"Silicon Valley"*: Author interview with Mark Woolway, January 29, 2019.
7. *"the most"* . . . *"banking laws"*: Author interview with Scott Braunstein, November 6, 2018.
8. *"[US] Regulators are"*: Author interview with Sandeep Lal, May 19, 2021.
9. *"Within an hour"*: Author interview with Scott Braunstein, November 6, 2018.
10. *"the first US"*: Jessica Toonkel, "Web-Only Telebank First in US to Plan Operations Overseas," *American Banker*, April 25, 2000.
11. *"In order to localize"* . . . *"When I went there"*: Author interview with early X.com employee, June 23, 2021.
12. *"There's not a lot"*: Author interview with Scott Braunstein, November 6, 2018.
13. *"When I'd land"*: Author interview with Mark Woolway, January 29, 2019.
14. *"I arrived"* . . . *"tremendous"*: Email from Jack Selby to all@x.com, May 28, 2000, subject line: "X.com has friends in China, specifically the China Development Bank."
15. *"We were essentially"*: Author interview with Jack Selby, October 30, 2018
16. *"The Crédit Agricole"*: Author interview with Mark Woolway, January 29, 2019.
17. *"We were all rowing"*: Author interview with Jack Selby, October 30, 2018.
18. *"One thing that was"* . . . *"commerce"*: Author interview with Sandeep Lal, May 26, 2021.
19. *"an ecommerce success"* . . . *"website"*: *Weekly Pal*, June 14, 2002.
20. *"If you got this"* . . . *"regulators"*: Author interview with Sandeep Lal, May 19, 2021.
21. *"empathize"* . . . *"nightmare"*: Author interview with Giacomo DiGrigoli, December 9, 2020.
22. *"All tech companies"*: Author interview with Benjamin Listwon, May 21, 2021.
23. *"David took"*: Author interview with Giacomo DiGrigoli, December 9, 2020.
24. *"I told him"*: Author interview with Reid Hoffman, September 1, 2018.
25. *"would listen to my concerns"*: Author interview with Kim-Elisa Proctor, May 15, 2021.
26. *"We wouldn't seek out"*: Author interview with David Sacks, November 28, 2018.
27. *"US Companies Profit"* . . . *"on this"*: Matt Richtel, "US Companies Profit from Surge in Internet Gambling," *New York Times*, July 6, 2001.
28. *"You just keep"*: Matt Richtel, "Bettors Find Online Gambling Hard to Resist," *New York Times*, March 29, 2001.
29. *"It's not just that"*: Author interview with Mark Woolway, January 29, 2019.
30. *"No one would process"*: Author interview with Jack Selby, October 30, 2018.
31. *In 1998 and 1999*: Davan Maharaj, "Courts Toss Online Gambling Debts," *Los Angeles Times*, November 23, 1999. (See also: Matt Richtel, "Who Pays Up If Online Gambling Is Illegal?" *New York Times*, August 21, 1998.)

32. *"[This company] listed"* . . . *"desk with them"*: Author interview with Dan Madden, May 6, 2021.
33. *"We were always looking"*: Author interview with Mark Woolway, January 29, 2019.
34. *"If you have a casino"* . . . *"crimes in the real world"*: Author interview with Melanie Cervantes, June 25, 2021.
35. *business models*: Company emails and documents related to Project Sapphire, May 16 to May 29, 2001.
36. *"As a practical matter"* . . . *"hostile lands"*: *Weekly Pal* newsletter, November 30, 2001.

第二十章 措手不及

1. *"We will have a thermonuclear"*: Several employees shared this memory from their time at X.com during the year 2000.
2. *Profitability wasn't*: Corrie Driebusch and Maureen Farrell, "IPO Market Has Never Been This Forgiving to Money-Losing Firms," *Wall Street Journal*, October 1, 2018.
3. *"in the end"*: *Weekly Pal* newsletter, April 6, 2001.
4. *"A couple of guys"*: Author interview with Jim Kellas, December 7, 2020.
5. *"A lot of people"*: *Weekly Pal* newsletter, April 13, 2001.
6. *"Loose lips"*: *Weekly Pal* newsletter, September 7, 2001.
7. *"We needed"*: Author interview with Jack Selby, October 30, 2018.
8. *"Consumer brands"* . . . *"turned them both down"*: Author interview with Pete Kight, January 7, 2019.
9. *"As of this week"*: Peter Thiel, "Presidential Reflections," *Weekly Pal*, August 31, 2001.
10. *"perfunctory"* . . . *"work again"*: Email from Peter Thiel to Tim Hurd, September 12, 2001.
11. *"I think he got"*: Author interview with Rebecca Eisenberg, September 1, 2021.
12. *"I hope we're"* . . . *"so bad"*: Author interview with Peter Thiel, September 11, 2021.
13. *"There was a monitor"* . . . *"going on"*: Author interview with James Hogan, December 14, 2020.
14. *"She's crossing"* . . . *"That sort of thing"*: Author interview with Scott Braunstein, November 6, 2018.
15. *"I lost"* . . . *"happening right at me"*: *Weekly Pal* newsletter, September 14, 2001.
16. *"This last week"*: Email from Peter Thiel sent to full company by Sarah Jane Wallace, September 14, 2001, subject line: "FW: presidential reflections."
17. *"I get into the office"* . . . *"possible to the event"*: Author interview with Vivien Go, May 6, 2021.
18. *"It sounds like"*: Troy Wolverton, "eBay's Charity Auction Upsets Some Sellers," CNET, September 18, 2001.

19. *"I write to formally"* . . . *"accept Billpoint"*: Email from Reid Hoffman to robc@paypal.com, September 18, 2001.
20. *"After 9/11"*: Author interview with John Kothanek, May 11, 2021.
21. *Then there was*: Alexander Osipovich, "After the 9/11 Attacks, Wall Street Bolstered Its Defenses," *Wall Street Journal*, September 7, 2021. (See also: David Westenberg and Tim Gallagher, "IPO Market Remains Dormant in the Third Quarter of 2001," WilmerHale law firm website publication, https://www.wilmerhale.com/en/insights/publications/ipo-market-remains-dormant-in-the-third-quarter-of-2001-october-18-2001.)
22. *"The longer it takes"*: Author interview with Jack Selby, October 30, 2018.
23. *"Who knows where"*: Author interview with Peter Thiel, September 11, 2021.
24. *"We desire what"*: Rene Girard, "Generative Scapegoating," in Robert G. Hammerton-Kelly, ed., *Violent Origins: Walter Burkert, René Girard, and Jonathan Z. Smith on Ritual Killing and Cultural Formation*. (Stanford University Press, 1988), 122.
25. *"If you're in a world"* . . . *"drove it"*: Author interview with Peter Thiel, September 11, 2021.
26. *"PayPal Inc"* . . . *"profitability"*: "PayPal Files $80.5M IPO—Oct. 1, 2001," CNNfn, accessed July 24, 2021, https://money.cnn.com/2001/10/01/deals/paypal/.
27. *"a popular but money-losing Internet payment service"*: Reuters, "News Scan: December 17, 2001," https://www.forbes.com/2001/12/17/1217autonewsscan10.html?sh=3116310144a3.
28. *The Associated Press*: "PayPal Inc. Files Plans to Test Frosty IPO Market," accessed July 25, 2021, https://www.foxnews.com/story/paypal-inc-files-plans-to-test-frosty-ipo-market.amp.
29. *"frosty"*: Don Clark, "PayPal Files for an IPO, Testing a Frosty Market," *Wall Street Journal*, October 1, 2001, https://www.wsj.com/articles/SB1001792898981822840.
30. *"Talk about a bad"*: John Robb comment from aggregator Scripting News, September 30, 2001, aggregated links, http://scripting.com/2001/09.html.
31. *"We usually find"*: Gary Craft, "The Week of January 25th in Review," Weekly report from FinancialDNA.com, January 26, 2002.
32. *"What would you do"* . . . *"anthrax epidemic"*: George Kraw, "Affairs of State—Earth to Palo Alto," Law.com, accessed July 25, 2021, https://www.law.com/almID/900005370549/.
33. *"It really pissed"*: Author interview with Russel Simmons, August 24, 2018.

第二十一章　不法之徒

1. *"We have high fixed"*: "Presidential Reflections . . . by Peter Thiel," *Weekly Pal* newsletter, September 7, 2001.

2. *"I thought the [IPO]"*: Peter Thiel—The Initial Public Offering (IPO), accessed July 25, 2021, https://www.youtube.com/watch?v=nlh9XB0KbeY.
3. *"Participants who moved"*: *Weekly Pal* newsletter, February 1, 2001.
4. *"I just remember the stress and pressure"*: Author interview with Kim-Elisha Proctor, May 15, 2021.
5. *"The questions may seem"*: Email from Mark Sullivan to all@paypal.com, January 14, 2002.
6. *"[Wenzel] said"*: Author interview with Janet He, June 30, 2021.
7. *"These guys across"*: Author interview with Jack Selby, October 30, 2018.
8. *"[The underwriters] were like"*: Author interview with Mark Woolway, January 29, 2019.
9. *"The IPO is a good time"*: Peter Thiel—The Initial Public Offering (IPO), accessed July 25, 2021, https://www.youtube.com/watch?v=nlh9XB0KbeY.
10. *On Monday, February 4*: Kristen French, "PayPal IPO Not Coming Before Monday," *TheStreet*. February 7, 2002, https://www.thestreet.com/opinion/paypal-ipo-not-coming-before-monday-10008463.
11. *"an agent"*: David Kravitz, Payment and transactions in electronic commerce system, US Patent Number 6029150A.
12. *"Patents such as yours"*: Tim O'Reilly, "Tim O'Reilly Responds to Amazon's 1-Click and Associates Program Patents in His 'Ask Tim' Column," February 29, 2000, accessed July 25, 2021. https://www.oreilly.com/pub/pr/537.
13. *"They just come in"*: Max Levchin commentary to Stanford eCorner, January 21, 2004, https://ecorner.stanford.edu/wp-content/uploads/sites/2/2004/01/1029.pdf.
14. *"Peter goes"*: Author interview with Tim Hurd. November 15, 2018.
15. *"It's like" . . . "four years on it"*: Author interview with Chris Ferro, September 3, 2021.
16. *"In this kind of depressed"*: "PayPal's IPO Delayed," *Forbes*, February 7, 2002, accessed July 25, 2021, https://www.forbes.com/2002/02/07/0207paypal.html.
17. *"That was my only job"*: Author interview with Tim Hurd, November 15, 2018.
18. *"We had the bad luck"*: Peter Thiel—The Initial Public Offering (IPO), accessed July 25, 2021, https://www.youtube.com/watch?v=nlh9XB0KbeY.
19. *"Right when we got our examiner"*: Author interview with Mark Woolway, January 29, 2019.
20. *"33 percent of"*: Trintech's Marketspace Digest, February 7, 2002.
21. *"If recent contacts"*: "Risks Related to This Offering," SEC FORM S-1. 2002, https://www.sec.gov/Archives/edgar/data/1103415/000091205702005893/a2060419zs-1a.htm.
22. *"The whole process was problematic"*: Author interview with Mark Woolway, January 29, 2019.

23. *"We're going public"* . . . *"fucking hate us"*: Author interview with Reid Hoffman, September 1, 2018.
24. *"There is always this question"*: Peter Thiel commentary to Stanford eCorner, January 21, 2004, https://ecorner.stanford.edu/wp-content/uploads/sites/2/2004/01/1036.pdf.
25. *"We do frown"*: Robert Barker, "Why PayPal Might Not Pay Off," *Businessweek*, Feburary 3, 2002, https://www.bloomberg.com/news/articles/2002-02-03/why-paypal-might-not-pay-off.
26. *"Obviously, you don't want"*: Michael Liedtke, "PayPal May Shut Down in Louisiana, Casting Cloud Over IPO," Associated Press, February 12, 2002.
27. *"the right to contest"*: Troy Wolverton, "PayPal Asked to Stay Out of Louisiana," ZDNet, February 12, 2002, accessed July 26, 2021, https://www.zdnet.com/article/paypal-asked-to-stay-out-of-louisiana/.
28. *"Did they really"*: Peter Thiel commentary to Stanford eCorner, January 21, 2004, https://ecorner.stanford.edu/wp-content/uploads/sites/2/2004/01/1029.pdf.
29. *"Absent that"*: Author interview with Jack Selby, October 30, 2018.
30. *"My sense"*: Eric M. Jackson, *The PayPal Wars: Battles with EBay, the Media, the Mafia, and the Rest of Planet Earth*, 1st ed. (Los Angeles: World Ahead Pub, 2004), 242.
31. *"We came that close"*: Author interview with Tim Hurd, November 15, 2018.
32. *"I can't help"* . . . *"shoe to drop"*: Michael Liedtke, "PayPal Prices IPO at $13 Per Share," Associated Press, February 14, 2002.
33. *"Bruised and battered"*: Keith Regan, "PayPal IPO Off to Spectacular Start," *ECommerce Times*, February 15, 2002, accessed July 26, 2021, https://www.ecommercetimes.com/story/16368.html.
34. *"I feel like a tank"*: Thomson Financial's Card Forum, "PayPal Has a Successful Debut on the Nasdaq," February 15, 2002.
35. *"The IPO was"*: Author interview with Santosh Janardhan, June 15, 2021.
36. *"Everybody was checking"*: Author interview with Scott Braunstein, November 6, 2018.
37. *"I remember thinking"*: Email from Amy Rowe Klement to author, October 4, 2021.
38. *"You have literally thousands"*: Author interview with Erik Klein, April 25, 2021.
39. *"deeper than"* . . . *"soul-sucking"*: Author interview with James Hogan, December 14, 2020.
40. *"We weren't a big company"*: Author interview with John Kothanek, May 11, 2021.
41. *"Considering I am doing this"*: Max Levchin personal website, http://www.levchin.com/paypal-slideshow/13.html.
42. *"People doing keg stands"*: Author interview with Jeremy Roybal, September 3, 2021.

注释

43. *"Peter doesn't drink"*: Author interview with Santosh Janardhan, June 15, 2021.
44. *"When Peter lost"*: Author interview with X.com employee. Commentary on background.
45. *"He said how PayPal's"*: Author interview with Scott Braunstein, November 6, 2018.
46. *"The IPO party"*: Max Levchin commentary to Stanford eCorner, January 21, 2004, https://ecorner.stanford.edu/wp-content/uploads/sites/2/2004/01/1029.pdf.
47. *"happiness, celebration"*: Author interview with Oxana Wootton, December 4, 2020.
48. *"disbelief and anticipation"*: Email from Amy Rowe Klement to author, October 4, 2021.
49. *"This was the first"*: Author interview with Mark Woolway, January 29, 2019.
50. *"PayPal going public"*: Author interview with Elon Musk, January 19, 2019.

第二十二章 我只得到一件 T 恤

1. *"increased integration of Billpoint"*: Ina Steiner, "EBay Spends $43.5 Million to Gain 100% Control of Billpoint Payment Service," *eCommerceBytes*, February 22, 2002, accessed July 27, 2021, https://www.ecommercebytes.com/cab/abn/y02/m02/i22/s01.
2. *"Orca" . . . "in the merger"*: Merger agreement drafts and board minutes from early 2002.
3. *"They called us all"*: Author interview with Katherine Woo, July 1, 2021.
4. *"She circled it"*: Author interview with Vince Sollitto, April 25, 2019.
5. *"PayPal's Crashing eBay's Party"*: Rick Aristotle Munarriz, "PayPal Crashing eBay's Party, Again," Motley Fool Take, June 14, 2002.
6. *"[eBay offered] people an"*: Author interview with David Sacks, January 29, 2019.
7. *"ten years too early" . . . "guerrilla marketing"*: Author interview with Jeff Jordan, April 26, 2019.
8. *"We basically struck up"*: Author interview with David Sacks, January 29, 2019.
9. *"So much of our"*: Email from Amy Rowe Klement to author, October 4, 2021.
10. *"Reid had a pithy"*: Keith Rabois, "Why Did PayPal Sell to EBay?—Quora," September 5, 2010, accessed July 27, 2021, https://www.quora.com/Why-did-PayPal-sell-to-eBay.
11. *"If we did the CitiBank"*: Author interview with Jeff Jordan, April 26, 2019.
12. *"The gun looks very real"*: Author interview with Reid Hoffman, August 24, 2018.
13. *"If it's war you want"*: Adam Penenberg, *Viral Loop: From Facebook to Twitter, How Today's Smartest Businesses Grow Themselves* (1st ed.) (New York: Hyperion, 2009), 179.
14. *"The only way" . . . "doing diligence"*: Author interview with Jeff Jordan, April 26, 2019.

15. *"We went from term sheets"*: Author interview with David Sacks, January 29, 2019.
16. *"[The IPO] was"* . . . *"$1.4 billion"*: Author interview with Jeff Jordan, April 26, 2019.
17. *"lack of a collar"* . . . *"key employees"*: PayPal board minutes, July 6, 2002.
18. *"I'm like, you guys"*: Author interview with Elon Musk, January 19, 2019.
19. *"I struggled with"*: Author interview with John Malloy, October 29, 2018.
20. *"They did ask"*: Author interview with Skye Lee, September 24, 2021.
21. *"When he told me"* . . . *"gotten to that point"*: Author interview with John Malloy, October 29, 2018.
22. *"This repeated experience"*: Author interview with Luke Nosek, May 31, 2018.
23. *"It's very hard"* . . . *"deferring risk"*: Author interview with John Malloy, October 29, 2018.
24. *"I'm Amazon"* . . . *"eBay's history"*: Author interview with Jeff Jordan, April 26, 2019.
25. *"stockholder, government, and regulatory approvals"*: SEC.gov, "eBay to Acquire PayPal," https://www.sec.gov/Archives/edgar/data/1103415/000091205702026650/a2084015zex-99_1.htm.
26. *"See what I"* . . . *"left intact"*: Eric M. Jackson, T*he PayPal Wars: Battles with eBay, the Media, the Mafia, and the Rest of Planet Earth* (1st ed.) (Los Angeles: World Ahead, 2004), 282.
27. *"I guess we won"*: Eric M. Jackson, *The PayPal Wars: Battles with eBay, the Media, the Mafia, and the Rest of Planet Earth* (1st ed.) (Los Angeles: World Ahead, 2004), 283.
28. *"I was riding my bike"*: Author interview with Mike Greenfield, August 7, 2020.
29. *"In these cases, if it's clear"*: Eric M. Jackson, *The PayPal Wars: Battles with eBay, the Media, the Mafia, and the Rest of Planet Earth* (1st ed.) (Los Angeles: World Ahead, 2004), 287.
30. *"Selling to eBay"*: Bambi Francisco, "Who's Really Getting Paid, Pal?" MarketWatch, July 9, 2002, accessed July 27, 2021, https://www.marketwatch.com/story/whos-really-getting-paid-pal.
31. *"You should be very proud"*: Eric M. Jackson, *The PayPal Wars: Battles with eBay, the Media, the Mafia, and the Rest of Planet Earth* (1st ed.) (Los Angeles: World Ahead, 2004), 284.
32. *"buzzword bingo"* . . . *"corporate"*: Author interview with early X.com employee. Commentary on background.
33. *"We just got bought"*: Author interview with Bob McGrew, November 1, 2018.
34. *"We just kept"*: Author interview with Vivien Go, May 6, 2021.
35. *"We needed"*: Author interview with Katherine Woo, July 1, 2021.
36. *"If this was the revolution"*: Author interview with Luke Nosek, May 31, 2018.
37. *"People don't understand the dynamics"*: Author interview with Jack Selby, October 30, 2018.

38. *"Among the entertaining"* . . . *"godsend"*: Author interview with Reid Hoffman, September 1, 2018.
39. *"We were worried"*: Author interview with Chris Ferro, September 3, 2021.
40. *"It was an uncomfortable week"*: Author interview with Dan Madden, May 6, 2021.
41. *"I went to the PR department"* . . . *"they were again?"*: Author interview with Reid Hoffman, September 1, 2018.
42. *"Sometimes we've said it feels"* . . . *"place than Earth"*: Eric M. Jackson, *The PayPal Wars: Battles with eBay, the Media, the Mafia, and the Rest of Planet Earth* (1st ed.) (Los Angeles: World Ahead, 2004), 294–295.
43. *"turned me into"* . . . *"as opposed to institutions"*: Author interview with Vivien Go, May 6, 2021.

结局　地板

1. *"We were up trading by"*: Author interview with Jack Selby, October 30, 2018.
2. *"All: Effective"*: Email from Peter Thiel to all@x.com, October 3, 2002, subject line: "My departure from PayPal."
3. *"We all had to play the game"*: Author interview with Mark Woolway, January 29, 2019.
4. *"It would take"* . . . *"Well I guess"*: Author interviews with former X.com board member and executive team member. Commentary on background.
5. *"The vast majority"*: Author interview with Jack Selby, October 30, 2018.
6. *"If he were to walk"*: Ibid.
7. *"We're changing from our jeans-wearing"*: Author interview with David Wallace, December 5, 2020.
8. *"so that I"*: Author interview with Santosh Janardhan, June 15, 2021.
9. *"There were three to six months"*: Author interview with Kim-Elisha Proctor, May 15, 2021.
10. *"I found the"*: Email from Amy Rowe Klement to author, October 4, 2021.
11. *"The PayPal/eBay Integration meetings"*: *Weekly Pal* newsletter, August 16, 2002.
12. *"Because of Max"*: Author interview with John Malloy, July 25, 2018.
13. *"The IPO Day"*: Email from Max Levchin to a small group of PayPal employees, November 25, 2002, subject line: "Thank you!!!"
14. *"I wasn't like"* . . . *"we're good"*: Author interview with Katherine Woo, July 1, 2021.
15. *"I cared"* . . . *"one marketplace"*: Email from Amy Rowe Klement to author, October 4, 2021.
16. *"Senior management"* . . . *"wing it"*: Author interview with Huey Lin, August 16, 2021.
17. *"was pretty insulated"*: Author interview with David Gausebeck, January 31, 2019.
18. *"The larger market is off eBay"*: Peter Thiel commentary to Stanford eCorner,

January 21, 2004, https://ecorner.stanford.edu/wp-content/uploads/sites/2/2004/01/1034.pdf.

19. *"Regarding Mr. Icahn's"*: "eBay Inc.'s Statement on Carl Icahn's Investment and Related Proposals," January 22, 2014, https://www.ebayinc.com/stories/news/ebay-incs-statement-carl-icahns-investment-and-related-proposals/.

20. *"The complete disregard"*: Maureen Farrell, "Carl Icahn Charges eBay's Board with 'Complete Disregard for Accountability,'" *Wall Street Journal*, February 24, 2014, https://blogs.wsj.com/moneybeat/2014/02/24/carl-icahn-charges-ebays-board-with-complete-disregard-for-accountability/.

21. *"dead wrong"*: "Stick to the Facts, Carl: eBay Inc. Responds to Carl Icahn," February 26, 2014, https://www.ebayinc.com/stories/news/stick-facts-carl-ebay-inc-responds-carl-icahn/.

22. *"PayPal is a jewel" . . . "in the world"*: Steven Bertoni, "Carl Icahn Attacks eBay, Marc Andreessen and Scott Cook in Shareholder Letter," *Forbes*, accessed July 29, 2021, https://www.forbes.com/sites/stevenbertoni/2014/02/24/carl-icahn-attacks-ebay-marc-andreessen-and-scott-cook-in-shareholder-letter/.

23. *"A thorough strategic"*: "eBay Inc. to Separate eBay and PayPal Into Independent Publicly Traded Companies in 2015," September 30, 2014, https://www.businesswire.com/news/home/20140930005527/en/eBay-Inc.-to-Separate-eBay-and-PayPal-Into-Independent-Publicly-Traded-Companies-in-2015.

24. *"PayPal should be"*: Author interview with Elon Musk, January 19, 2019.

25. *"It's like, Elon, let it go"*: Author interview with Reid Hoffman, September 1, 2018.

26. *"I couldn't work"*: Author interview with Luke Nosek, May 31, 2018.

27. *"This is never going to work"*: Author interview with Max Levchin, July 24, 2018.

28. *"We created PayPal in three years"*: Suzanne Herel, "Meet the Boss: David Sacks, CEO of Yammer," *SFGATE*, February 22, 2012, https://www.sfgate.com/business/meettheboss/article/Meet-the-Boss-David-Sacks-CEO-of-Yammer-3347271.php.

29. *"PayPal Mafia"*: Jeff O'Brien, "The PayPal Mafia," *Fortune*, November 13, 2007.

30. *"The 'mafia' [label] just kind"*: Author interview with Kim-Elisha Proctor, May 15, 2021.

31. *"Almost everybody here feels"*: Author interview with John Malloy, July 25, 2018.

32. *"By grouping it"*: David Gelles, "Reid Hoffman: 'You Can't Just Sit on the Sidelines,'" *New York Times*, May 31, 2019, https://www.nytimes.com/2019/05/31/business/reid-hoffman-linkedin-corner-office.html.

33. *"so nauseous"*: Author interview with Julie Anderson, July 19, 2019.

34. *"The reality is"*: Email from early PayPal employee to author. This quote was used with the employee's approval, and it was kept on background at both the employee's and author's discretion.

35. *"PayPal Diaspora"*: Author interview with SB Master, October 31, 2018. (One

year prior to the "PayPal Mafia" headline in *Fortune*, writer Rachel Rosmarin used the term "PayPal Diaspora" in a piece for *Forbes* on July 12, 2006, titled "The PayPal Exodus.")

36. *"It's not like a club"*: "This Week in Start-Ups: David Sacks of Yammer," *TWiST* #245, April 6, 2012, topicplay.com/v/2180.
37. *"A lot of these people"*: Author interview with Branden Spikes, April 25, 2019.
38. *"I don't just want to just be 'the guy'"*: Author interview with Max Levchin, March 1, 2018.
39. *"It's a pretty old story at this point"*: Email from Elon Musk to author, December 11, 2018.
40. *"[URLs] are his"*: Author interview with Elon Musk, January 19, 2019.
41. *"Thanks PayPal"*: Elon Musk, tweet sent July 10, 2017.
42. *"It's always unclear"*: Peter Thiel commentary at Stanford, January 21, 2004, ecorner.stanford.edu/videos/1021/Lucky-or-Brilliant/.
43. *"What we learned"*: Peter Thiel and Reid Hoffman Discuss PayPal and Startup Success, accessed October 14, 2021, https://www.youtube.com/watch?v=qvpCN3DqORo.
44. *"If not us, then who?"*: Email from Amy Rowe Klement to author, October 4, 2021.
45. *"Very few of the top"*: Mike Greenfield post on Quora, "What Strong Beliefs on Culture for Entrepreneurialism Did Peter, Max, and David Have at PayPal?" accessed October 14, 2021, https://www.quora.com/What-strong-beliefs-on-culture-for-entrepreneurialism-did-Peter-Max-and-David-have-at-PayPal.
46. *"When we were"*: Author interview with Lauri Schulteis, December 11, 2020.
47. *"That's it"*: Author interview with Tim Wenzel, December 4, 2020.
48. *"Immigrating is"*: Author interview with David Sacks, November 28, 2018.
49. *"The very best"*: Max Levchin commentary at panel discussion, Startup2Startup: PayPal Mafia 2.0 (Part 1), accessed October 14, 2021, https://www.youtube.com/watch?v=1WPud4dmdG4.
50. *"Were you an intellectual rock star"*: Author interview with Tim Hurd, November 15, 2018.
51. *"If you get to a certain level"*: Author interview with John Malloy, July 25, 2018.
52. *"Who is the"*: Author interview with Reid Hoffman, October 10, 2021.
53. *"We were really focused"*: Elon Musk presentation to Stanford eCorner, October 8, 2003, https://ecorner.stanford.edu/wp-content/uploads/sites/2/2003/10/384.pdf.
54. *"we were starting"*: Author interview with David Sacks, November 28, 2018.
55. *"obsessed with the distribution"*: Author interview with Ryan Donahue, May 5, 2021.
56. *"high EQ"* . . . *"company together"*: Author interview with Amy Rowe Klement, October 1, 2021.

57. *"It definitely spoiled me"*: Author interview with Russel Simmons, August 24, 2018.
58. *"The majority"*: Author interview with Jack Selby, October 30, 2018.
59. *"The best teams"*: Author interview with John Malloy, October 29, 2018.
60. *"If you're at a fantastically"*: Binary Truths with Peter Thiel | Disrupt SF 2014, accessed July 29, 2021, https://www.youtube.com/watch?v=Kl8JvF5id6Q.
61. *"It's so much harder"*: Author interview with Jack Selby, October 30, 2018.
62. *"If you're not redlining"*: LinkedIn Speaker Series with Reid Hoffman, accessed July 29, 2021, https://www.youtube.com/watch?v=m_m1BaO9kcY.
63. *"The management team"*: Blake Masters, "Peter Thiel's CS183: Startup—Class 5 Notes Essay," Tumblr, Blake Masters (blog), April 20, 2012, https://blakemasters.tumblr.com/post/21437840885/peter-thiels-cs183-startup-class-5-notes-essay.
64. *"It was 'truth-seeking'"*: "This Week in Start-Ups: David Sacks of Yammer," *TWiST* #245, accessed July 29, 2021, https://www.youtube.com/watch?v=lomz3f7kdy8.
65. *"You build certain expectations"*: Author interview with David Gausebeck, January 31, 2019.
66. *"There's a lot of skill"*: Author interview with Jack Selby, October 30, 2018.
67. *"People always want it to be"*: Author interview with John Malloy, July 25, 2018.
68. *"There was an opening"*: "Trump, Gawker, and Leaving Silicon Valley | Peter Thiel | TECH | Rubin Report," accessed July 29, 2021, https://www.youtube.com/watch?v=h10kXgTdhNU.
69. *"When you become famous"*: Author interview with John Malloy, October 29, 2018.
70. *"It's made me"*: Email from Amy Rowe Klement to author, October 4, 2021.
71. *"Those that bring"*: Max Levchin, "High Leverage Individuals," too long to tweet, 2013, accessed July 29, 2021, https://max.levch.in/post/35659523095/high-leverage-individuals.

后记

1. *In Europe*: Isabel Woodford, "Europe's Fintech 'Mafia': Meet the Employees-Turned-Founders," *Sifted*, accessed July 25, 2021, https://sifted.eu/articles/digital-bank-mafia/.
2. *in Canada*: Murad Hemmedi, "Canada's PayPal Mafia: The Surprising Afterlife of Workbrain, the 2000s-Era Startup That Inspired Some of Canada's Most Promising Tech Companies," *The Logic*, December 30, 2020, https://thelogic.co/news/the-big-read/canadas-paypal-mafia-the-surprising-afterlife-of-workbrain-the-2000s-era-startup-that-inspired-some-of-canadas-most-promising-tech-companies/.

3. *In Africa*: Eric M. K. Osiakwan, "The KINGS of Africa's Digital Economy," *Digital Kenya*, 2017, 55–92, https://doi.org/10.1057/978-1-137-57878-5_3.
4. *In India*: "How The Flipkart Mafia Flipped the Fate of the Indian Startup Ecosystem," *Inc42 Media*, May 6, 2017, https://inc42.com/features/flipkart-mafia/.
5. *"Vegan mafia"*: Christina Farr, "Meet the 'Vegan Mafia,' a Secret Group of Investors Betting on the Future of Food," CNBC, August 12, 2017, https://www.cnbc.com/2017/08/11/vegan-mafia-food-investor-network-includes-bill-maris-kyle-vogt.html.
6. *"Chris, we got a message"* . . . *"maximum security prison"*: Author interview with Chris Wilson, September 18, 2018.
7. *"One day"*: Isaac Simpson. "After Life." *Breakout*, February 17, 2017, https://medium.com/breakout-today/after-life-5ea4c1ea6d72.
8. *"could not be"* . . . *"easy preach"*: Author interview with Stephen Edwards, September 18, 2018.
9. *"I didn't just have words of regret"*: Chris Wilson, "Allow Children Sentenced to Life a Second Chance," *Baltimore Sun*, accessed July 25, 2021, https://www.baltimoresun.com/opinion/op-ed/bs-ed-parole-wilson-20150308-story.html.